HISTOIRE

DE LA RÉPUBLIQUE

DE VENISE.

Tome IV.

DE L'IMPRIMERIE DE FIRMIN DIDOT,
IMPRIMEUR DU ROI ET DE L'INSTITUT.

HISTOIRE
DE LA RÉPUBLIQUE
DE VENISE.

Par P. DARU,
de l'académie française.

SECONDE ÉDITION, REVUE ET CORRIGÉE.

TOME QUATRIÈME.

A PARIS,
CHEZ FIRMIN DIDOT, PÈRE ET FILS,
LIBRAIRES, RUE JACOB, N° 24.

1821.

HISTOIRE

DE

LA RÉPUBLIQUE DE VENISE.

LIVRE XXV.

Rivalité de l'empereur Charles-Quint et de François Ier. — Guerre en Italie. — Combat de la Bicoque. — Bataille de Pavie. — Traité de Madrid. — Traité de Cognac. — Prise de Rome par les Impériaux. — Nouvelle expédition des Français à Naples. — Paix de Bologne, 1519-1529.

L'ITALIE venait enfin d'être pacifiée, mais c'était parce que d'autres causes préparaient ailleurs de plus grandes agitations. On a vu que les puissances de la péninsule, les puissances belligérantes même, n'avaient pas été consultées, lorsqu'on avait réglé leurs intérêts à Noyon. Cela annonçait que d'autres se croyaient assez pré-

I.
Rivalité de Charles-Quint et de François Ier pour la couronne impériale. 1519.

Tome IV.

pondérantes pour se constituer arbitres. Il ne s'agissait plus de savoir si les Vénitiens posséderaient telle ou telle ville de plus ou de moins. Il s'agissait de la Navarre, que l'Espagne avait usurpée : il s'agissait du royaume de Naples, sur lequel les maisons de France et d'Arragon avaient des droits; de la Castille, dont la reine titulaire vivait encore, mais dans un état de démence; du trône d'Arragon, que Ferdinand laissait vacant par sa mort, après avoir eu la précaution de faire deux testaments contraires : il s'agissait enfin de la couronne impériale, qu'on allait avoir à se disputer immédiatement après la mort de Maximilien.

Cette mort arriva au commencement de l'année 1519 : les deux concurrents à cette dignité suprême, étaient l'héritier des maisons d'Autriche, de Bourgogne, de Castille, d'Arragon et de Naples, et le roi de France, alors souverain de Gênes et du Milanais. Il était inévitable d'opter entre ces deux princes, et impossible de ne pas prévoir qu'en choisissant l'un ou l'autre, on se donnait un maître; mais d'une autre part, l'empire croyait avoir besoin d'un appui contre la puissance ottomane, qui venait de faire d'immenses progrès. Les Turcs avaient envahi l'Égypte et la Syrie; le fameux Soliman II était sur le trône de Constantinople.

François Ier, plus âgé de cinq ans que son rival, était déja recommandé par ses exploits aux suffrages du corps germanique, qu'il tâchait encore de s'assurer en les achetant. Les Vénitiens favorisèrent ouvertement les prétentions du roi de France, se liguèrent avec lui par un traité nouveau, du 15 octobre 1517 (1), lui promirent même des secours d'argent pour l'aider à réussir dans son dessein, ce qui n'empêcha pas son concurrent de l'emporter. Ainsi la république, dès le commencement de ce règne, eut envers l'empereur Charles-Quint, le tort d'avoir traversé son élection.

L'inquiétude qu'elle en conçut lui fit attacher beaucoup d'importance à renouveler les traités, qui lui garantissaient la paix avec le grand-seigneur. Elle n'hésita pas à lui continuer le tribut qu'elle payait précédemment aux soudans d'Égypte, comme seigneurs suzerains du royaume de Chypre, et obtint en échange la confirmation de tous les priviléges, dont les négociants véni-

II.
La république renouvelle ses traités avec la Porte.

───────────

(1) Ligue estroite du roi François Ier avec les Vénitiens, en conséquence du traité de Blois, du 23 mars 1513, faicte le 8 octobre 1517. (Man. de la Bibliothèque-du-Roi, provenant de la biblioth. de Brienne, n° 14.) Voyez aussi *Codex Italiæ diplomaticus*. LUNIG, tom. II, pars 2, sectio 6. XXXIII.

tiens jouissaient dans les ports d'Égypte, de Syrie, et des anciennes possessions ottomanes. Cette protection spéciale du sultan était le prix de l'indifférence avec laquelle la république, quoiqu'elle eût alors une flotte considérable en mer, avait laissé prendre l'île de Rhodes, que ses nobles défenseurs n'avaient évacuée que parce qu'ils se voyaient abandonnés de toute la chrétienté. Lorsqu'en 1521 Soliman porta ses armes en Hongrie, le roi de ce pays sollicita vivement les Vénitiens de lui fournir des secours; mais ils se réduisirent à un prêt de trente mille ducats, et à des démonstrations de zèle pour former une ligue de la chrétienté contre les infidèles. Le grand-seigneur se croyait tellement assuré, sinon de l'amitié, au moins de la neutralité de la république, qu'il lui envoya faire part du succès de ses armes et de la prise de Belgrade.

III.
Antoine Grimani, doge.
1521.

Cette année fut celle de la mort du doge Léonard Loredan, dont le règne avait été marqué par la guerre la plus mémorable que la république eût eu à soutenir.

Le choix des électeurs tomba sur un homme qui avait éprouvé, vingt ans auparavant, la disgrace de la république. On se rappelle qu'Antoine Grimani, généralissime de la flotte, pendant la guerre de 1499 contre les Turcs, avait mérité un bannissement perpétuel, pour avoir laissé prendre Lépante sans combattre.

Après sa condamnation, il s'était retiré à Rome, auprès d'un de ses fils qui était cardinal. Dans son exil, il chercha à se réconcilier avec sa patrie par quelques services. La guerre de Cambrai, et les affaires importantes que la république avait fréquemment à la cour de Rome, lui en fournirent le moyen. D'abord il se servit de l'influence de son fils; il donna des conseils, il obtint plusieurs fois ce que le gouvernement sollicitait. Tantôt servi avec succès, tantôt averti par lui de ce qui se tramait contre la république, le sénat ne désavoua point un zèle qui pouvait lui être utile. C'était un des caractères distinctifs de ce gouvernement, de ne jamais se laisser diriger par la passion. Il révoqua le bannissement de Grimani, lui permit de revenir à Venise, le rétablit successivement dans ses biens, dans son rang, et, à la vacance du trône ducal, ce proscrit, quoique âgé alors de quatre-vingt-sept ans, se vit appelé à la dignité suprême. Exemple mémorable qui doit nous apprendre que la patrie n'est pas toujours ingrate, et comment il est beau de s'en venger.

A peine l'élection de Grimani était-elle consommée, qu'on apprit que le pape, qui n'avait cessé de représenter la puissance de Charles-Quint comme très-dangereuse pour l'Italie, venait de conclure une ligue avec ce prince, pour

IV. Campagne de 1521. Les Français perdent le Milanais.

en chasser les Français. Le pape avait un intérêt irrésistible à ménager le chef de l'empire ; la révolte de Luther venait d'éclater en Allemagne, et le concours de la puissance séculière était indispensable pour en arrêter les progrès. Les Vénitiens, ne pouvant se dispenser de prendre un parti, demeurèrent du moins fidèles à celui du roi. Ils rassemblèrent une petite armée sous les ordres de Théodore Trivulce, et la mirent à la disposition du maréchal de Lautrec, qui commandait dans le Milanais ; c'était un abandon, que le caractère généreux de François Ier devait d'autant plus apprécier, qu'il n'était pas ordinaire à la république. Elle ne se borna point à ce secours : elle fournit à Lautrec des sommes assez considérables pour renforcer son armée, se chargea en outre de payer la solde des troupes du duc de Ferrare, et même celle de trois mille Français.

André Gritti, que nous avons vu tour-à-tour général, amiral, négociateur, et provéditeur à l'armée, servant constamment sa patrie avec autant de courage que de talent, fut envoyé auprès de Lautrec, pour concerter avec lui les opérations de la guerre qui allait éclater.

Dans les premières campagnes, les Vénitiens ne furent qu'auxiliaires, et n'agirent que comme des alliés très-circonspects. La république avait, il est vrai, professé hautement ses sentiments pour la France; mais à partir de ce moment, elle mit toute son application à diriger l'emploi de ses troupes, de manière qu'elles ne prissent aucune part aux opérations; elle eut même le soin de faire avertir le pape que, si elle avait fourni des secours au roi, c'était seulement pour remplir les obligations du traité qui la liait avec la France (1). Ici commence ce système de politique timide et versatile, qui prend trop souvent l'irrésolution pour la prudence, et l'inconstance pour la dextérité, système funeste, qui fait perdre aux états toute leur considération, et les réduit bientôt à ne plus compter d'amis. Si les Vénitiens se crurent obligés d'adopter ce système, il ne fut qu'une conséquence de leurs fautes antérieures. Ce fut pour avoir appelé les Français en Italie, qu'ils se virent pressés entre la France et l'Autriche, et réduits à être tour-à-tour des alliés inutiles, des amis peu sûrs, et des ennemis méprisés.

Dans cette guerre, où ils ne signalèrent que leur versatilité, ils ne méritèrent point, par leurs faits d'armes, d'être cités comme ayant eu part aux évènements militaires.

Les Impériaux entrèrent en Italie. A en croire

---

(1) GUICHARDIN, liv. 14.

les proclamations de Charles-Quint, ils n'y venaient point pour conquérir le duché de Milan au nom de l'empereur, mais pour en chasser les Français, et y rétablir un autre Sforce, frère de Maximilien. Les troupes de la ligue, c'est-à-dire du pape, de l'empereur, des Florentins et du marquis de Mantoue, avaient commencé la campagne par le siége de Parme.

L'armée française le leur fit lever; mais bientôt, affaiblie par le départ des Suisses, elle se vit obligée de se replier, et cédant tout le pays sans combattre, se retira jusque dans Milan, avec les Vénitiens.

Les alliés vinrent attaquer cette capitale : la porte devant laquelle ils se présentèrent, était gardée par des troupes de la république, qui prirent la fuite dès le premier choc (1). Théodore Trivulce, leur général, fut fait prisonnier. Lautrec avec les Français, et Gritti avec le reste des siens, se sauvèrent à Côme, et mirent ensuite l'Adda entre eux et les ennemis.

Telle fut l'issue de la campagne de 1521, dans laquelle les Français se trouvèrent avoir perdu le duché de Milan, comme ils l'avaient conquis plusieurs fois, en trois semaines, et presque sans avoir combattu.

---

(1) GUICHARDIN, liv. 14.

Le pape Léon X mourut dans ces circonstances, et l'influence de l'empereur était déja telle, qu'il qu'il fit élever au pontificat un cardinal, Hollandais de naissance, sa créature, autrefois son précepteur, qui n'était jamais venu à Rome. On peut juger de l'extrême étonnement de tout ce qui avait composé la voluptueuse cour de Léon X, lorsqu'on vit dans la chaire pontificale un prêtre austère, qui ne savait point la seule langue moderne digne alors d'être étudiée, et qui, lorsqu'on le conduisit devant l'Apollon du Belvédère, détourna les yeux avec effroi, parce qu'il n'y voyait, disait-il, qu'une idole. « Les « cardinaux, dit un historien (1), ne pouvaient « se rendre raison du choix qu'ils venaient de « faire d'un barbare, et ne trouvèrent aucun

Mort de Léon X. 1522.

---

(1) Non sapendo quelli medesimi che l'avevano eletto, rendere ragione per che causa, in tanti travagli e pericoli dello stato della chiesa, avessero eletto un pontefice barbaro, e assente per si lungo spazio di paese, e al quale non conciliavano favore nè meriti precedenti, nè conversazione avuta con alcuni altri cardinali, da quali appena era conosciuto il suo nome, e che mai non aveva veduto Italia, e senza pensiero o speranza di vederla; della quale stravaganza non potendo con ragione alcuna scusarsi, trasferivano la causa nello spirito santo, solito, secondo dicevano, a inspirare nell' elezione de' pontefici i cuori de' cardinali.
(GUICHARDIN, liv. 14.)

« autre moyen de justifier cette extravagance, « que de l'attribuer au Saint-Esprit. » Cette élection d'Adrien VI annonçait assez que le saint-siége persisterait dans l'alliance avec l'Autriche.

<small>V.
Combat de
la Bicoque.
1522.</small>
Cependant le maréchal de Lautrec, qui avait reçu un renfort de Suisses, et déterminé le sénat de Venise à augmenter l'armée de la république, s'avança dans le Milanais. Le nouveau duc François Sforce, second du nom, venait d'y être proclamé. Les Français et les Vénitiens avaient entrepris le siége de Pavie; mais cette ville se défendait vaillamment. L'armée des alliés vint se poster à la Chartreuse, qui est près de cette ville. Les assiégeants n'osèrent hasarder un assaut en sa présence, et quand ils s'avancèrent pour lui offrir le combat, elle changea de position, et alla camper au château de la Bicoque, entre Monza et Milan.

Les Suisses qui servaient dans l'armée française ne cessaient de se mutiner. Ils voulaient qu'on allât au-devant de la caisse militaire. Ils accusaient les généraux de faire traîner la guerre en longueur. Pour les retenir, on se vit obligé de les mener à l'ennemi. Le maréchal de Lautrec fut forcé de se résoudre à attaquer les alliés campés dans le parc de la Bicoque, c'est-à-dire derrière une muraille et un fossé. Les Suisses formaient l'avant-garde; la gendarmerie française marchait en seconde ligne, et en arrière étaient les Vénitiens. Un corps détaché devait tourner les ennemis, et assaillir l'extrémité opposée de leur camp, pendant qu'ils auraient à soutenir l'attaque principale.

Aussitôt que ces dispositions furent convenues, les Suisses, sans donner le temps au corps qui devait faire une seconde attaque, d'arriver au point où il pouvait la commencer, sans attendre même l'artillerie, se précipitèrent sur les retranchements des alliés, descendirent dans le fossé, s'attachèrent à la muraille, et firent d'héroïques mais d'inutiles efforts pour la franchir. Après avoir perdu près de trois mille hommes, ils y renoncèrent et se retirèrent en bon ordre. Dans ce moment, l'autre attaque commençait et avait un plein succès. Les Français avaient pénétré dans le camp ennemi, et y semaient le désordre. Mais cette diversion qui, faite simultanément avec l'attaque principale, devait être décisive, ne fut plus qu'une témérité malheureuse. Les impériaux, n'étant plus pressés de l'autre côté, se rallièrent contre ces nouveaux assaillants, et les repoussèrent avec une perte considérable.

Lautrec voulut faire recommencer l'assaut. Les Suisses ne le voulurent plus. Ce combat de la Bicoque ruina entièrement les affaires des Français. Les Suisses les quittèrent pour rentrer dans leurs montagnes. Le reste de l'armée repassa l'Adda, et se retira sur le territoire vénitien. Lodi, Pizzighittone, Crémone, se rendirent aux impériaux; Gênes fut surprise; toute la Lombardie était évacuée, à l'exception des citadelles de Crémone, de Novarre et de Milan. François Ier, qui dissipait son trésor, faisait pendre son ministre des finances pour n'avoir pas envoyé des fonds à Lautrec, et les plaintes des Vénitiens contre une armée, qui désormais leur était à charge, avertissaient les Français des véritables dispositions de la république.

VI.
Les Vénitiens se détachent de la France pour s'allier avec l'empereur.
1523.

Pour rentrer plus facilement en grace auprès de l'empereur, elle refusa de renouveler son alliance avec le roi, et licencia même une partie de ses troupes. Charles-Quint, dont l'objet principal était alors d'écraser la France, voulait que les Vénitiens se déclarassent contre elle. Ce changement était humiliant, et pouvait être dangereux. Il s'agissait de deviner les évènemens. On employa toutes les ressources de la diplomatie, pour éluder la nécessité de prendre un parti décisif.

L'un des moyens qu'on imagina, pour éloigner le moment où il faudrait céder, fut de demander, qu'avant de conclure cette alliance, on réglât les limites entre le domaine de Venise et le territoire autrichien. Pendant ce temps-là, les sollicitations de l'ambassadeur de France, pour que les Vénitiens renouvelassent leur alliance avec son maître, augmentaient l'irrésolution et les anxiétés du sénat. André Gritti, partisan de ce qu'on appelait le systême français, représentait que, si la France avait perdu l'état de Milan, c'était pour n'avoir pas déployé ses forces; qu'elle ne pouvait manquer de le faire; et que, suivant toutes les probabilités, elle devait redevenir puissance prépondérante en Italie; que les Suisses lui prêteraient toujours leur appui, parce qu'il ne pouvait entrer dans leur politique d'agrandir la maison d'Autriche.

Manquer de fidélité au roi de France, c'était encourir l'inimitié d'un voisin redoutable. Persister dans son alliance, c'était conserver un protecteur puissant.

Au contraire, faciliter à l'empereur l'expulsion des Français, c'était lui donner le duché de Milan, qu'assurément il ne voulait pas conquérir pour un autre. C'était appeler en Italie un étranger de plus, qui serait un voisin dangereux et un allié peu reconnaissant.

Le sénateur Georges Cornaro opposait à ces raisons, qu'il était plus sûr de se régler d'après l'état actuel des choses; que, dans le fait, les Français avaient perdu leurs possessions en Italie; que depuis deux ans ils n'avaient pas développé autant de ressources qu'on leur en supposait; qu'il était fort douteux enfin qu'ils fissent tous les efforts nécessaires pour recouvrer le duché de Milan. Le roi avait d'autres affaires dans son royaume, ses finances n'étaient pas en bon état; or, s'il était probable que l'empereur resterait maître du champ de bataille, il était plus sûr de s'accommoder d'avance avec celui-ci; d'autant mieux qu'il ne réclamait pas le Milanais pour lui-même, mais pour un Sforce, voisin préférable, pour la république, à l'empereur et au roi de France.

Ce dernier avis prévalut, et le 28 juin 1523, le sénat, après avoir épuisé tous les délais, passa de l'alliance de la France à celle de l'empereur.

<small>André Gritti, doge. 1523.</small> Le doge étant mort sur ces entrefaites, le choix de son successeur fut encore une espèce de garantie de la bienveillance que la république conservait à la France. On éleva à cette dignité l'illustre Gritti, qui assurément la méritait à tous égards; mais qui, s'étant opposé fortement à l'alliance avec l'empereur, ne promettait pas à la ligue une coopération bien sincère. André Gritti, malgré ses éminents services, jouissait de peu de popularité. Chargé de chaînes à Constantinople pendant son ambassade, pri-

sonnier de guerre à Brescia, témoin des désastres d'Agnadel et de la Motta, s'il n'avait pas toujours été heureux, il pouvait montrer les glorieuses marques des fers qu'il avait portés pour sa patrie, raconter les dangers qu'il avait courus, et sur-tout s'honorer de la défense de Padoue et du succès de ses négociations. Mais les hommes, qui, dans les dangers publics, montrent une grande énergie, ne doivent s'attendre à la faveur populaire, qu'après que le succès a justifié leur opiniâtre constance : tant que le mal se prolonge, on leur en reproche la durée; Gritti en fit l'épreuve. La multitude ne répondit que par des murmures insolents à la proclamation qui lui annonçait son nouveau prince (1).

Le traité de la république avec l'empereur venait d'être conclu, lorsqu'une armée française de dix-huit cents gendarmes et de trente mille hommes d'infanterie, parmi lesquels on comptait dix mille Suisses (2), passa les Alpes du

VII.
L'armée française passe les Alpes. Retraite des Français. Siège de Marseille. 1524.

---

(1) Andreæ GRITTI *Vita*, *Nicolao Barbadico autore*.
Voici une des maximes de ce doge. Aiunt solitum dicere se in vitâ rebus seriis nunquam ita operam dedisse ut jocosas intermiscuerit, nunquam ita jocosis ut serias neglexerit.

(2) GUICHARDIN, liv. 15.

Dauphiné, pour venir reconquérir la Lombardie, sous le commandement de l'amiral Bonnivet.

Il fallut que les Vénitiens envoyassent leur armée pour repousser ces mêmes Français avec lesquels ils marchaient la campagne précédente ; mais elle ne s'avança que jusqu'à l'Oglio : on n'obtint qu'après une longue négociation l'ordre du sénat, pour qu'elle vînt sur les bords de l'Adda. Ce fut bien autre chose lorsque les alliés demandèrent qu'elle passât cette rivière ; de sorte qu'il était évident, pour les moins clairvoyants, que le sénat avait formé le projet de se faire un mérite auprès de l'empereur de son alliance, et auprès du roi de son inaction.

Les fautes du général français permirent aux alliés de regarder comme assez indifférente l'inertie des Vénitiens. L'amiral Bonnivet se laissa affamer, fatiguer, repassa le Tésin, puis la Sésia, puis enfin le Grand-Saint-Bernard. Ce fut dans cette retraite que le chevalier Bayard fut tué si glorieusement.

L'armée de la république, que les généraux alliés avaient entraînée jusques sur les bords de la Sésia, n'eut garde de passer cette rivière. La neutralité du duc de Savoie était une trop bonne raison pour que les Vénitiens ne s'en prévalussent pas, afin de se dispenser de se mettre à la poursuite des Français. Ceux-ci n'y gagnèrent

rien, ils perdirent leur artillerie et leurs bagages au pied des Alpes. Les impériaux les passèrent avec eux, envahirent la Provence, et allèrent mettre le siége devant Marseille (1). Mais le roi, avec une nouvelle armée, fondit sur ses ennemis, les contraignit à se jeter de l'autre côté des monts, et les poursuivit l'épée dans les reins. « Ma résolution est prise, dit-il, de passer moi-
« même en Italie; que nul n'entreprenne de m'en
« faire changer, s'il craint de me déplaire. Pro-
« fitons de l'occasion que nous offrent la justice
« divine et l'imprudence de nos ennemis. »

A son approche, le sénat s'empressa de rappeler son armée sur l'Adige. Il se repentait alors vivement d'avoir abandonné l'alliance du roi. Cependant, pour ne pas se compromettre par une défection trop précipitée, il fit faire quelques marches à ses troupes vers l'Adda.

Tout porte à croire que, si François Ier eût pressé les alliés sans leur donner le temps de se reconnaître, et s'il n'eût pas détaché deux corps de son armée, l'un pour tenter la surprise de Gênes, l'autre pour faire une diversion dans le royaume de Naples, il aurait réduit les ennemis à chercher un asyle dans les places fortes du

VIII.
Les Vénitiens rentrent dans l'alliance du roi.

Bataille de Pavie.
24 février 1525.

───────────

(1) Le 19 août 1524.

domaine vénitien ; mais son malheur voulut qu'il en crût le conseil de l'amiral Bonnivet, et qu'il s'arrêtât pour faire le siége de Pavie, le 18 octobre 1524. Pendant que le général des impériaux demandait à grands cris que l'armée vénitienne vînt le joindre, le roi faisait négocier très-secrètement, pour détacher la république de l'alliance de Charles-Quint. Les perplexités des Vénitiens recommençaient chaque fois qu'il devenait inévitable de prendre un parti. Le pape venait de leur donner l'exemple de l'inconstance en traitant avec le roi.

Après une délibération solennelle (1), où chaque orateur tâcha d'établir la probabilité des évènements tels qu'il les prévoyait, le sénat se rangea du côté qu'il croyait être celui de la fortune, et, par un nouvel oubli de ses derniers engagements, se sépara de l'empereur, pour

---

(1) On peut voir les discours qu'on dit avoir été prononcés à cette occasion, dans l'*Histoire vénitienne*, de Paul Paruta, liv. 5. Je ne les rapporte point ici, parce qu'ils sont très-longs, et moins forts que ceux de Guichardin, parce que l'abbé Laugier les a déja traduits, enfin parce que leur authenticité me paraît douteuse. En effet, Georges Cornaro, à qui on en prête un, était mort avant cette époque, si j'en juge par le récit d'un autre historien, P. Justiniani.

rentrer dans l'alliance du roi (1); mais en ayant soin de tenir ce traité fort secret. On ne pouvait pas se flatter qu'il restât ignoré, car il était de l'intérêt des Français de le divulguer. La fortune sembla se faire un jeu de tromper tous les calculs de la vaine prudence du gouvernement vénitien. François Ier, par trop de confiance dans les dispositions de Bonnivet, et dans la force de son armée, dont il n'avait pas eu soin de s'assurer (2), fut vaincu, blessé et fait prisonnier

---

(1) Traicté entre le roy François Ier et la sérénissime république de Venise, 1524.
(Manusc. de la Biblioth.-du-Roi, provenant de la bibl. de Brienne, n° 14.)

(2) J'ai souvent ouï dire à un capitaine célèbre que François Ier avait été battu à Pavie, pour avoir compté sur quinze mille hommes de plus qu'il n'en avait. Je ne sais pas où il avait pris ce nombre de quinze mille hommes ; mais il est de fait que ce prince était trompé sur la force de son armée. Guichardin le dit en plusieurs endroits. Suivant lui, les impériaux avaient sept cents hommes d'armes, sept cents chevau-legers, seize mille hommes d'infanterie allemande ou espagnole et mille Italiens. Le roi, ajoute-t-il, payait treize cents gendarmes, dix mille Suisses, quatre mille lansquenets, cinq mille hommes d'infanterie française et sept mille Italiens. Mais il s'en fallait bien qu'il en eût ce nombre. L'avarice des officiers, et la négligence des commissaires étaient cause de ce désordre. Cet historien revient sur cette assertion. « François Ier, dit-il ailleurs, donnant

devant Pavie, le 24 février 1525. Il y perdit neuf mille hommes et l'Italie.

A cette nouvelle, la consternation fut extrême dans Venise ; on n'avait guère que mille gendarmes et dix mille hommes d'infanterie à opposer au ressentiment d'un allié trahi, et d'un vainqueur irrité. Le sénat s'empressa de négocier auprès du pape, qui était alors Clément VII, successeur d'Adrien, pour former une ligue qui pût im-

---

la majeure partie du temps aux plaisirs et négligeant les affaires, n'écoutait que les conseils de Bonnivet. Son armée n'était pas si considérable qu'on le publiait, ni qu'il le croyait lui-même. Il n'y avait guères que huit cents lances au camp. Quant à l'infanterie, le roi la payait comme si elle eût été complète, et cependant elle ne l'était pas. Les Italiens sur-tout le trompaient à cet égard. »

Le roi avait passé les Alpes avec deux mille lances et une nombreuse infanterie. D'après cet exposé, on voit qu'il croyait avoir encore treize cents lances et vingt-six mille hommes d'infanterie ; mais il faut en défalquer :

1° Deux mille hommes d'infanterie valaisanne qui avaient été surpris et taillés en pièces par la garnison de Pavie.

2° Ce qu'il avait laissé à Milan sous les ordres de Théodore Trivulce, c'est-à-dire trois cents gendarmes et deux mille hommes de pied (il y en avait neuf mille auparavant, mais il en avait rappelé sept mille).

3° Le corps détaché sous la conduite du duc d'Albanie, pour marcher vers Naples. Ce corps consistait en deux cents gendarmes, six cents chevau-légers, deux mille hom-

poser à l'empereur. On se proposait de lever en Suisse un corps de dix mille hommes, à frais communs. Ces conseils auraient été bons, et l'Italie aurait pu se constituer en état de neutralité armée, avant les derniers évènements; mais depuis le désastre de Pavie, il n'y avait plus moyen d'être neutre. Des deux puissances belligérantes, une avait totalement disparu du champ de bataille. Il ne restait que deux partis à pren-

---

mes d'infanterie italienne, quatre cents Suisses et seize cents Allemands. Les deux mille Italiens avaient été rappelés, mais ils s'étaient laissé prendre.

4° Un autre détachement que commandait le marquis de Saluces et qui manqua Gênes; ce détachement était de quatre mille hommes. Ainsi l'on voit qu'il y avait cinq cents gendarmes, six cents chevau-légers, et dix ou douze mille hommes d'infanterie qui ne purent se trouver à la bataille.

Si l'armée eût été réellement dans l'origine de deux mille lances et de vingt-six mille fantassins, il se se serait trouvé devant Pavie quinze cents lances et seize mille hommes d'infanterie; mais pour peu qu'il y eût erreur dans l'évaluation primitive, cette armée devait se trouver trop faible entre une armée de sept cents gendarmes, sept cents chevau-légers, dix-sept mille hommes d'infanterie, et la garnison de Pavie. Il était difficile de se tromper de quinze mille hommes sur une armée aussi faible, mais l'erreur, quelle qu'elle fût, devait être de grande conséquence. S'il est vrai que les Français perdirent neuf mille hommes pris ou tués dans la bataille, ce fut au moins la moitié de leur armée.

dre, résister ou se soumettre au vainqueur. Pour l'attaquer, sur-tout avec des forces très-inférieures, il aurait fallu un courage héroïque, et cet accord qui suppose une parfaite unité de vues et d'intérêts. Ménager son accommodement avec l'ennemi, était un parti beaucoup plus conforme au caractère de la politique italienne.

Comme la défection des Vénitiens n'avait pas été annoncée officiellement, le général des Impériaux se fit un malin plaisir de leur envoyer un officier pour leur faire part de la victoire de Pavie.

L'évêque de Bayeux, ambassadeur de France, sortait en ce moment de l'audience du collége, où le doge lui avait fait, sur le malheur du roi, un compliment de condoléance qu'on pouvait croire sincère. Quand l'envoyé espagnol eut été introduit, le doge lui répondit par les paroles de saint Paul : « Nous nous affligeons avec ceux « qui pleurent, nous nous réjouissons avec ceux « qui sont dans la joie. »

Il s'agissait de savoir quels ordres arriveraient d'Espagne, lorsque Charles aurait appris le succès inespéré de ses armes. Toute l'Europe, et sur-tout les Vénitiens, attendaient avec inquiétude les sentiments qu'allait manifester l'empereur en se voyant désormais sans rival.

On apprit qu'à la réception de cette nouvelle et d'une lettre de François 1er, où ce malheureux prince s'exprimait plus en prisonnier qu'en roi, Charles était allé sur-le-champ rendre grace à Dieu de sa victoire; que le lendemain il avait ordonné une procession, et l'avait suivie avec toute sa cour, après avoir reçu l'eucharistie; qu'il avait défendu les réjouissances publiques, plaignant son illustre prisonnier, et disant qu'on ne devait pas se réjouir d'avoir versé le sang des chrétiens (1); que, lorsque les ambassadeurs étaient venus lui présenter leurs hommages de félicitation, il n'avait parlé que des graces qu'il avait à rendre à la Providence, ajoutant qu'il n'appréciait sa victoire que parce qu'elle lui donnait les moyens de témoigner son amitié à ses alliés, et de rétablir la paix. C'était avec cette gravité, qui ne laissait percer ni joie ni ostentation, qu'un prince de vingt-cinq ans re-

---

(1) La cour de Madrid ne prit pas toujours le même soin de dissimuler ses sentiments, car en 1632, lorsque Gustave-Adolphe eut été tué à la bataille de Lutzen, que ses troupes gagnèrent après sa mort, le roi d'Espagne eut le courage d'assister pendant plusieurs jours à la représentation d'une comédie en vingt-quatre actes, dont le titre était : La mort du roi de Suède. Voyez les *Mémoires du père* DAVRIGNY, *pour servir à l'Histoire universelle*, tom. II.

cevait la nouvelle d'une bataille, qui le rendait
le maître de la moitié de l'Europe.

L'ambassadeur de Venise n'avait pas manqué
de se trouver parmi les ministres étrangers,
accourus pour féliciter l'empereur, et, en prodiguant les compliments au nom de sa république, il avait tâché d'amener la justification de
la conduite qu'elle avait tenue dans ces derniers
temps. Charles, sans donner aucune marque de
ressentiment ni de bienveillance, mais sans répondre directement à l'ambassadeur, s'était
tourné gravement vers les autres ministres, et
avait dit, en peu de mots, qu'une telle justification paraissait bien peu recevable.

Si cette réponse ne laissait point d'espoir de
reconquérir la confiance de l'empereur, la modération qu'il montrait aurait rassuré sur ses
projets de vengeance des politiques moins pénétrants que les Vénitiens. Leur méfiance s'accrut encore qnand ils apprirent avec quelle facile bonté Charles avait reçu les propositions
d'accommodement que le pape lui avait fait faire.
Il accorda la paix à cet allié infidèle; il promit
même de lui faire rendre les villes de Reggio
et de Rubiera, dont le duc de Ferrare s'était
emparé. Il est vrai que, pour prix de cette paix,
il lui demanda deux cent mille ducats, dont
ses généraux avaient un pressant besoin,

pour retenir les troupes impériales sous les drapeaux.

Une chose à laquelle les Vénitiens ne s'attendaient pas, ce fut de voir que, dans ce traité d'alliance entre l'empereur et le pape, les deux parties contractantes avaient réservé à la république la faculté d'y adhérer dans un délai de trois semaines. Ce fut pour elle une puissante raison de ne pas précipiter ses démarches. Rien ne désobligeait davantage ce gouvernement que la nécessité qu'on lui imposait de prendre un parti.

Pendant ce temps-là il était sollicité par la régente de France, de ne pas perdre courage, et de ne pas abandonner la cause d'un allié malheureux.

On apprit que le conseil de Madrid mettait pour prix à la liberté de son prisonnier la cession du duché de Milan, de la Provence et de la Bourgogne : que les troupes impériales n'évacuaient point les états de l'église, malgré la paix : qu'on imaginait des prétextes pour grossir la la contribution stipulée, et qu'on ne rendait point au saint-siége les villes de Rubiera et de Reggio.

D'un autre côté, les généraux espagnols tenaient toutes les places de la Lombardie, et on les vit entrer dans Milan à main armée, obliger le nouveau duc, à qui l'empereur venait de donner l'investiture du duché, pour cinq cent mille ducats, à se refugier dans le château, l'y bloquer étroitement, occuper sa capitale, et forcer le peuple de prêter serment à Charles-Quint. La cause de cette révolution était la découverte d'une conjuration tramée, disait-on, par le chancelier du duc de Milan, pour faire perdre à l'empereur la couronne de Naples.

IX.
Ligue contre Charles-Quint.

Cet évènement ne laissait plus aucune incertitude sur les vues ambitieuses de l'empereur. Les Vénitiens sentirent qu'il n'y avait point de sûreté dans l'alliance de ce prince, et que peut-être le seul moyen d'en être traités avec quelque ménagement, était de se présenter dans une attitude moins soumise. Ils parvinrent à persuader le pape, et à former une nouvelle ligue entre le saint-siége, l'état de Florence, et la république, par laquelle ces trois puissances se garantissaient mutuellement leur indépendance, et convenaient d'unir leurs forces pour la défense commune.

Traité de Madrid.

Heureusement pour cette ligue, le roi d'Angleterre commença à voir avec inquiétude les progrès de la puissance de Charles-Quint; le roi de France acquit sa liberté par le traité de Madrid (1), qu'il ne tint pas, et peu de temps

---

(1) Signé le 14 janvier 1526.

après, c'est-à-dire le 22 mars 1526, il conclut avec les confédérés une alliance, dont les conditions, si elles eussent été susceptibles d'être réalisées, auraient assuré la paix de l'Italie.

Ce traité qu'on appela le traité de Cognac (1), portait que le roi renonçait à ses prétentions sur le duché de Milan, que François Sforce le posséderait, en payant annuellement à la France une somme de cinquante mille ducats; qu'enfin le roi conserverait le comté d'Asti et la souveraineté de Gênes. On voit que, si cet arrangement eût pu recevoir son exécution, les Vénitiens y auraient trouvé le grand avantage de n'avoir ni les Français ni les Allemands dans la Lombardie; mais c'était disposer des conquêtes de l'empereur sans son aveu.

Traité de Cognac. 1526.

On lui avait réservé le droit d'adhérer au traité, à condition qu'il rendrait la liberté aux fils du roi, retenus en Espagne comme ôtages du traité de Madrid; qu'il se contenterait, pour leur rançon, d'une somme à régler ultérieurement, et qu'il cesserait d'exiger la cession de la Bourgogne.

Pour appuyer ces propositions, la ligue devait lever une armée de deux mille cinq cents gen-

---

(1) *Codex Italiæ diplomaticus.* Lunig, tom. I, pars 1, sectio 1, XXXIV.

darmes, trois mille chevau-légers et trente mille hommes d'infanterie, et équiper une flotte composée de trente et quelques galères. Les Vénitiens devaient fournir le tiers de ces forces, avec lesquelles on se promettait d'enlever aux Espagnols, non-seulement le Milanais, mais aussi le royaume de Naples.

<small>X.
Guerre
entre
la ligue et
l'empereur.</small>

Comme on ne pouvait pas douter de la réponse de l'empereur, on se hâta de commencer les hostilités. Il n'y avait pas de temps à perdre, le château de Milan, où François Sforce se trouvait assiégé, était réduit à la dernière extrémité. L'armée vénitienne marcha pour le secourir; quelques troupes du pape s'y joignirent, et, après avoir emporté Lodi, se présentèrent devant Milan. Pendant ce temps-là les galères vénitiennes, sorties de Corfou, allaient prendre celles du pape à l'embouchure du Tibre, et se réunissaient à l'escadre française dans la mer de Toscane. C'était la première fois depuis l'entrée des troupes de Charles-Quint en Italie, que le gouvernement papal et le gouvernement vénitien montraient quelque vigueur; mais l'exécution de ces projets ne répondit pas à l'audace avec laquelle ils avaient été conçus. La flotte combinée, après avoir soumis quelques villes de la côte de Ligurie, qui se rendirent sans résistance, fit près de Gênes un inutile débarquement. L'armée de terre attaqua Milan, avec peu de résolution, le 7 juillet 1526, et s'enfuit dès la nuit suivante, avant même que les ennemis fussent sortis de la place (1). Le château, qui depuis long-temps était aux abois, capitula, et ce François Sforce, à qui les alliés voulaient donner le duché, n'eut plus d'asyle que dans leur camp. Quelque temps après ils s'emparèrent de Crémone, place fort importante, qui leur coûta, je ne dirai pas beaucoup d'efforts, mais plusieurs tentatives.

Cette guerre se conduisait mollement. Les impériaux avaient été pris au dépourvu, leurs troupes étaient mal payées. Dans l'armée de la ligue il y avait bien quelques Suisses, mais les troupes du pape et les Vénitiens n'étaient pas renommées pour leur vigueur, il avait passé en proverbe que leurs épées n'avaient point de tranchant.

La mésintelligence régnait entre les deux généraux ; c'était, pour la république, le duc d'Urbin ; et pour les troupes de l'église, François Guichardin ; le premier passait pour trop circonspect ; le second, qui s'est rendu célèbre

---

(1) GUICHARDIN raconte cette fuite (liv. 17) ; il prétend qu'il s'était opposé à cette retraite, et ajoute que le duc d'Urbin aurait pu dire : *Veni, vidi, fugi.*

comme historien, n'a pas obtenu une aussi brillante réputation comme militaire.

Pendant ce temps-là le pape se vit attaqué dans sa capitale par les partisans de l'empereur, obligé de se refugier dans le château Saint-Ange, et de signer une trève qu'il rompit dès qu'il fut revenu de sa frayeur. L'armée impériale avait reçu des renforts; mais plus elle devenait nombreuse, plus elle se montrait insubordonnée, parce qu'il était impossible de la payer. Charles-Quint, le prince le plus puissant de l'Europe, en était un des plus nécessiteux. La constitution de ses royaumes d'Espagne ne lui permettait pas de lever des impôts proportionnés à ses besoins. Ses diverses affaires en Flandre, en Allemagne, en Italie, absorbaient ses moyens, et ne lui laissaient pas de quoi entretenir l'armée qu'il avait dans le Milanais. Son général, qui était le connétable de Bourbon, la conduisit du côté de Parme, sur la rive droite du Pô.

Cette marche annonçait d'autres intentions que celle d'attaquer le territoire de la république; les Vénitiens, au lieu de se porter vivement au secours de leur allié, dont ils étaient mécontents, rappelèrent leur armée sur leur frontière.

Cependant une flotte espagnole de trente-six voiles arrivait dans la mer d'Italie, avec la double mission de ravitailler Gênes, que la flotte combinée bloquait étroitement, et de jeter un corps de six mille hommes dans le royaume de Naples. Il y eut, à la vue de Sestri di Levante, un combat assez vif, mais très-court, qui fut interrompu par une tempête. Amis et ennemis furent écartés de Gênes; quelques bâtiments chargés de munitions s'y réfugièrent, le reste de la flotte espagnole s'éloigna, et alla se jeter dans le port de Gaëte.

La flotte combinée arriva immédiatement après sur ces côtes, enleva plusieurs villes peu importantes, et se présenta devant Naples, qu'on somma de se rendre. Hugues de Moncada, qui y commandait, sortit avec trois mille hommes, pour s'opposer au débarquement. Écrasé par l'artillerie des vaisseaux, il ne put l'empêcher, et eut beaucoup de peine lui-même à ramener ses canons. Les ennemis le poursuivirent si vivement qu'un de leurs détachements resta maître, pendant quelques instants, d'une des portes de la ville. Le peuple parlait déjà de se rendre; mais Moncada, jugeant bien que les alliés ne pouvaient avoir une armée suffisante, pour s'emparer d'une capitale aussi populeuse que Naples, sut contenir à-la-fois les habitants et les ennemis. Ceux-ci reconnurent en effet l'inutilité de leur entreprise, et se rembarquèrent.

XI.
Prise
de Rome
par les
impériaux.
6 mai 1527.

Cette retraite, laissant aux impériaux une pleine liberté d'agir de ce côté, mit l'état de l'église dans un grand danger. Le pape se voyait pressé entre l'armée espagnole, nouvellement débarquée sur la côte de Naples, et celle du connétable de Bourbon, dont les soldats, sans solde et sans discipline, demandaient à grands cris qu'on les menât piller la Toscane ou l'état de l'église. Clément VII, qui ne prenait jamais conseil que de ses frayeurs, se hâta de changer encore une fois de parti, malgré les remontrances des Vénitiens, et acheta, par l'envoi d'une somme d'argent, une trêve de huit mois avec l'empereur.

Cela n'empêcha point l'armée du connétable de Bourbon de s'avancer vers la Romagne. Elle n'avait ni magasins, ni équipages, presque point d'artillerie; mais, s'il était facile de lui interdire l'entrée des villes un peu fortifiées, comme on fut assez heureux pour pouvoir le faire à Parme et à Bologne, on sentait assez tout ce qu'on avait à craindre d'une troupe affamée, en désordre, qui assassinait ses officiers, et à la tête de laquelle on voyait marcher à pied un général sans autorité, un prince, réduit, pour se populariser, à mêler sa voix aux chansons licencieuses ou satiriques des soldats.

Les Vénitiens, craignant qu'elle n'obligeât

aussi Florence à se détacher de la ligue, ce qui aurait infailliblement attiré l'ennemi sur leur territoire, ordonnèrent à leur général de suivre l'armée impériale, et de se jeter dans la Toscane avant elle, si cela était possible. Le duc d'Urbin exécuta ce mouvement avec succès. Cette armée indisciplinée, qui ne cherchait que le pillage, voyant qu'il y avait à combattre avant de saccager Florence, se détourna de cette route, et marcha à grandes journées sur Rome, au mépris de la trève accordée au pape si récemment. Les troupes du connétable arrivèrent aux portes de cette ville, le 6 mai 1527. Rien n'avait été préparé pour la défense d'une capitale, dont la vaste enceinte aurait exigé des travaux immenses, et de nombreux soldats. Le premier choc fut soutenu avec assez de vigueur par les gardes du pape. Les échelles étaient déja appliquées aux murailles, lorsque le connétable de Bourbon, qui était à la tête des assaillants, reçut une blessure, dont il mourut quelques heures après. Mais, loin que cet accident sauvât Rome, il devint un nouveau malheur pour elle. Les soldats, furieux de la perte de leur général, franchirent le rempart, renversèrent les milices, composées d'artisans et de domestiques des cardinaux, et forcèrent l'entrée du faubourg du Vatican.

Le pape, pendant ce temps-là, était dans la basilique de Saint-Pierre, prosterné sur les marches de l'autel. Les cris d'alarme vinrent l'en tirer. Sur son passage, il vit courir ses milices éperdues, et tout le peuple de sa capitale que poursuivaient des soldats également avides de carnage et de butin, et il n'eut que le temps de se jeter dans le château Saint-Ange. De là il entendit les cris de plus de quatre mille personnes égorgées par les vainqueurs. Tous les palais étaient au pillage. On voyait des soldats allemands, italiens, espagnols, dans la double ivresse du sang et du vin, promener sur des ânes des prélats en habits pontificaux, traîner des cardinaux dans les rues, et les charger d'outrages et de coups. L'avidité mutilait les chefs-d'œuvre des arts, dépouillait et dispersait les reliques, enfonçait les tabernacles. La licence brisait les portes des maisons et des monastères. Dans ce désordre, la bibliothèque du Vatican fut pillée par des barbares, qui n'en connaissaient pas le prix. Les places de Rome étaient un marché, où les soldats troquaient les femmes et le butin; et ces excès épouvantables, qui rappelaient toutes les fureurs des Vandales et des Goths, durèrent, sans se ralentir, non pas quelques heures, non pas quelques jours, mais plus de deux mois.

Les officiers de cette troupe effrénée n'avaient plus d'autorité sur elle. Les rappels, le signal d'alarme même, rien ne pouvait parvenir à la rassembler. Pendant les premiers jours, il fut impossible d'arracher les soldats du pillage, pour placer un poste devant les portes du château Saint-Ange. Le pape était le maître de s'échapper; un de ses officiers, qui accourait avec un millier d'hommes à la défense de cette capitale, et qui arriva quelques heures trop tard, aurait vraisemblablement pu la venger, s'il eût eu la témérité de se lancer, avec cette poignée de monde, au milieu de cette grande ville, dans laquelle une armée de pillards était dispersée.

Les confédérés, c'est-à-dire les Vénitiens, les Suisses à la solde de la France, et quelques Florentins, avaient suivi, mais de loin, et avec beaucoup de circonspection, la marche de l'armée impériale. Quand ils eurent appris la prise et le sac de Rome, au lieu de hâter leur marche, ils perdirent le temps en expéditions qui les écartaient de cette route, tellement que les ordres du gouvernement vénitien, pour tenter de délivrer le pape, trouvèrent les troupes encore à plusieurs journées de cette ville.

XII. Traité du pape avec l'empereur.

Le duc d'Urbin s'avança jusques près des murs; mais là, soit timidité, soit par un sentiment de haine contre le pape (1), il éleva mille difficultés sur les opérations à entreprendre. Il ne pouvait croire à la possibilité du succès. Il exagérait l'insuffisance des quinze mille hommes qu'il commandait; enfin il poussa la malveillance jusqu'à la dérision; car, après avoir soutenu que, pour attaquer les impériaux, il était indispensable de faire arriver quarante pièces de gros canon, de lever dix mille arquebusiers, trois mille pionniers et seize mille Suisses, il pria Guichardin, de qui nous tenons ces détails, d'engager le pape, qu'on savait n'avoir que pour quelques jours de vivres, à tenir bon jusqu'à l'arrivée de ces renforts. Enfin l'armée des alliés sembla n'être venue jusqu'à la vue du château Saint-Ange, que pour donner au pape le déplaisir de voir s'éloigner et s'évanouir sa dernière espérance.

Le pape resta donc bloqué dans cette forteresse par les troupes de l'empereur; il se vit réduit à se nourrir de vils aliments, de chair d'âne (2), et pendant ce temps-là, l'empereur prenait le deuil à cause de cette victoire, désavouait ses généraux, et faisait faire des prières

---

(1) Guichardin, liv. 18. Robertson, *Histoire de Charles-quint*, liv. 4.

(2) P. Jove, *Vit. Colon.* Robertson, *ibid.* liv. 4.

publiques pour la liberté du père commun de la chrétienté (1). Mais il laissait continuer le siége, et ses troupes, au lieu de recevoir l'ordre de sortir de Rome, recevaient et attendaient de nouveaux renforts.

Les Vénitiens, qui voyaient croître le danger pour leur république, se hâtaient de lever des troupes, équipaient une flotte, obtenaient du roi de France les fonds nécessaires pour faire marcher les dix mille Suisses, que ce prince avait promis à la ligue, envoyaient quelque argent au duc François Sforce, pour le mettre en état de remonter sa petite armée, et, sous prétexte de protéger les possessions de l'église, s'empressaient de mettre des garnisons dans Ravenne et dans Cervia.

Enfin le pape n'entrevoyant plus aucune voie d'où pût lui arriver un secours, et effrayé de la peste, qui, après s'être déclarée dans l'armée impériale, avait fait des progrès dans Rome, et gagné le château Saint-Ange, le pape, dis-je, se résigna à sa destinée, et acheta, à de très-dures conditions, non pas sa liberté, mais la grace d'être tiré de ce château. Il se soumit à payer

---

(1) Ruscelli, *Lettere de' principi*, 2. *Histoire de Venise* de Morosini, liv. 3. Robertson *ibid.*; liv. 4.

quatre cent mille ducats, à remettre aux troupes de l'empereur le château Saint-Ange, Ostie, Civita-Vecchia, Civita-Castellana, Parme, Plaisance et Modène, sans qu'il fût rien stipulé pour leur restitution, et, pour mieux marquer qu'on ne regardait point ces places comme des gages de la somme promise, on exigea qu'il livrât en ôtage deux cardinaux, un de ses ministres, et deux de ses parents. Ce ne fut pas tout : on stipula qu'il ne sortirait du château qu'après le paiement effectif d'un premier à-compte de cent cinquante mille ducats. Telles furent les conditions auxquelles on voulut bien lui promettre de le transférer à Gaëte, ainsi que les cardinaux renfermés avec lui, pour y attendre ce que l'empereur déciderait sur leur sort.

La peste que les impériaux avaient apportée dans Rome, les en avait chassés, du moins en partie. Ceux qu'on avait cantonnés au-dehors ravageaient les campagnes, et ceux qui étaient demeurés dans la ville opprimaient la population et le pape lui-même, pour obtenir le paiement du restant de la contribution. Ils se portaient aux plus violentes menaces, jusque-là qu'ils conduisirent un jour sur la place publique les ôtages qu'on leur avait livrés (1), et firent

---

(1) Guichardin, liv. 18.

dresser une potence, en jurant qu'ils allaient les faire pendre si l'argent n'arrivait tout-à-l'heure.

Mais cette armée, que les renforts venus de Naples avaient portée à vingt-quatre mille hommes, n'entreprenait aucune opération militaire. Elle l'aurait pu, car celle des alliés se réduisait à quatorze ou quinze mille combattants; savoir, à la solde du roi de France, trois cents gendarmes, trois cents archers français, trois mille Suisses, et mille hommes d'infanterie italienne; à la solde des Vénitiens, cinq cents gendarmes, trois cents chevau-légers, mille lansquenets, et deux mille fantassins italiens; enfin quatre-vingts lances, cent cinquante chevau-légers, et quatre mille hommes de pied, que les Florentins avaient fournis. Ces troupes ne témoignaient guère plus d'envie d'agir que les impériaux.

Mais une nouvelle armée française de mille gendarmes, et de vingt-quatre mille hommes d'infanterie descendit en Italie au commencement du mois d'août 1527, sous le commandement du maréchal de Lautrec. Après avoir soumis Gênes et Alexandrie, elle opéra sa jonction avec un corps de trois mille Vénitiens, et alla mettre le siége devant Pavie, qui fut emportée d'assaut, au bout de quatre jours, et livrée au pillage, comme si cette malheureuse ville eût dû être responsable des souvenirs amers qu'elle rappelait aux Français. Les succès de cette armée décidèrent le duc de Ferrare et le marquis de Mantoue, à accéder à la ligue, de sorte que, dans ce moment, toute l'Italie se trouvait confédérée avec les rois de France et d'Angleterre, contre l'empereur.

On négociait en Espagne, on négociait à Rome, pour la liberté du pape, car il n'avait pas encore été transféré à Gaëte. Quand on vit l'armée française traverser le Pô, et faire mine de marcher sur Rome, les plénipotentiaires de Charles-Quint se désistèrent peu-à-peu de leurs prétentions. L'empereur, après beaucoup de difficultés, consentit à relâcher son prisonnier, pour de nouvelles sommes d'argent. Quatre ou cinq cardinaux devaient rester en ôtage entre ses mains, et le pape devait renoncer à la ligue. Ce traité venait d'être conclu le 30 novembre 1527, lorsque, dans la nuit du 8 au 9 décembre, Clément trouva le moyen de s'évader du château Saint-Ange, sous un déguisement, et arriva heureusement à Orviette. C'est une singularité dans la destinée de Charles-Quint d'avoir eu en son pouvoir le roi de France et le pape sans en tirer parti.

Depuis la prise de Pavie, les Français et les

Vénitiens ne cessaient point d'être en contestation sur le plan de campagne. Les Vénitiens disaient qu'avant tout il fallait chasser les impériaux de l'Italie septentrionale, et en s'emparant de toutes les places qui leur restaient encore, rendre impossible l'arrivée des secours que l'Allemagne devait leur fournir. Cet avis était évidemment le plus sage, le plus sûr; mais les instructions que Lautrec avait reçues portaient tout le contraire.

Les Vénitiens ne se bornèrent pas à soutenir qu'il fallait chasser les impériaux des postes qu'ils occupaient; ils surprirent (1) Ravenne et Cervia, qui appartenaient au pape, et étaient gardées par ses milices.

Le roi prenait beaucoup moins d'intérêt au Milanais, depuis qu'il ne s'agissait plus de l'acquérir pour lui-même. Ce prince, qui avait ses fils en ôtage en Espagne, jusqu'à ce qu'il eût remis la Bourgogne, brûlait de conquérir le royaume de Naples pour dégager à-la-fois la Bourgogne et ses fils. Il craignait aussi, disait-on, que le duc de Milan et les Vénitiens ne devinssent des alliés indifférents, si on leur procurait une entière sécurité.

---

(1) *Storia fiorentina di* Benedetto VARCHI, lib. 4.

XIII.
Nouvelle
invasion
des Français
dans
le royaume
de Naples.
1528.

Lautrec partit donc, au mois de janvier 1528, pour Naples, emmenant même avec lui deux ou trois mille Vénitiens, et cela dans le temps que de nouvelles troupes allemandes se présentaient, pour entrer en Italie par les vallées de l'Adige et du Tyrol. Les Vénitiens avaient consenti à laisser cette division à la disposition du général français, parce qu'il leur avait promis de mettre la république en possession des ports qu'elle avait précédemment occupés sur les côtes de la Pouille. Au lieu de prendre sa route par Rome, comme il en était sollicité par le pape, pour en chasser les impériaux, il longea la côte de l'Adriatique, et rentra sur le territoire napolitain par la province de l'Abruzze.

Les généraux qui commandaient l'armée impériale dans Rome, sentirent qu'ils ne pouvaient laisser conquérir le royaume de Naples sous leurs yeux, sans se porter à sa défense : mais le difficile était de déterminer des soldats indisciplinés à sortir d'une capitale qu'ils saccageaient depuis dix mois (1). Ces bandits, que le pillage avait enrichis, déclaraient qu'ils ne marcheraient pas, si on ne leur payait tout ce

---

(1) Ils y étaient entrés le 6 mai 1527 et en sortirent le 28 février 1528.

qui était arriéré de leur solde. L'empereur, qui croyait s'être acquitté, en abandonnant à leur discrétion la ville de Rome, n'avait point fait de fonds. On eut à négocier avec le pape, qui, brûlant de rentrer dans sa capitale, paya quarante mille ducats aux impériaux, pour les décider à en sortir.

Lautrec se crut en droit de se plaindre d'un arrangement si contraire aux intérêts de son souverain; il allait avoir cette armée à combattre; il est vrai que la peste et le désordre l'avaient réduite de moitié; mais ce n'en était pas moins un corps considérable, qui venait à la défense de Naples.

Le pape, après avoir délivré Rome, sommait les Vénitiens de lui rendre Ravenne et Cervia. Le sénat ne jugea pas que les affaires fussent assez éclaircies, pour se dessaisir de places qui étaient à sa convenance. Il imagina des prétextes, pour retarder cette restitution, et méprisa les menaces du pape, qui déclarait que l'injustice de ses alliés allait le forcer à se détacher de la ligue, et à se jeter dans le parti de l'empereur. On voit qu'il régnait peu d'accord entre les confédérés.

Pendant que l'armée de Lautrec, secondée par une escadre vénitienne de seize galères, après avoir conquis beaucoup de petites places dans le royaume de Naples, mettait le siége devant la capitale, et que la république rentrait en possession des ports de Monopoli, de Trani et de Brindes, un corps de dix mille hommes de troupes impériales, sous les ordres du duc de Brunswick, descendait dans la province de Vérone, et venait attaquer les frontières de l'état vénitien. Le général de cette armée, parodiant les cartels envoyés à Charles-Quint par Henri VIII et par François Ier, fit appeler en duel le doge Gritti, alors octogénaire.

Les suites de son expédition furent dignes de cette ridicule bravade. Il trouva par-tout de la résistance, ne sut la vaincre nulle part, ravagea les campagnes, perdit presque toutes les troupes qui lui avaient été confiées, et se retira avec honte.

De grands succès semblaient promis à l'armée française, du côté de Naples. Elle n'avait plus à conquérir que cette capitale et Gaëte. Naples était assiégée par terre, et son port était bloqué par la flotte alliée, qui avait battu et presque détruit la flotte de l'empereur. Il n'existait plus de moyens de ravitailler cette grande ville. Le maréchal de Lautrec ne présumait pas trop de sa fortune, lorsqu'il écrivit à François Ier que bientôt il espérait le rendre maître de ce beau royaume. (1)

Cette espérance ne se réalisa point, mais ce fut par des causes qui ne pourraient avec justice être imputées à ce général. Au lieu des sommes qu'on lui avait promises pour l'entretien de son armée, il ne reçut que de faibles à-compte. Le génois André Doria, le plus grand homme de mer de son temps, était au service de la France. On commit la faute de lui donner des sujets de mécontentement. Il fit son accommodement avec l'empereur (2), et vint lui-même, avec les galères qui lui appartenaient, ravitailler Naples.

Désastres de cette armée.

---

(1) Res Napolitana in magnum discrimen præcipitata, quum classe exuti à mari interclusi essent ; quare, ut annonæ consulerent, urbem ab inutili turbâ exonerarunt. Et jam spes Lotrecho creverat, quia et litteræ interceptæ erant quæ Cæsaris auxilium in extremâ rerum inopiâ petebant ; et pestilitatem in urbe obsessâ grassari nunciabant. . . . . . . Lotrechus, etsi imperator longâ rerum experientiâ confirmatus, maximâque apud suos in auctoritate esset, animo tamen elatiore et imperiosiore quàm ducem deceret, erat, quæ res et ipsi et cunctis exitio fuit.

(Huberti Goltzii *Siciliæ Historia*. Collection de Grevius et Burmann, tom. VII du *Thesaurus antiquitatum Siciliæ*, p. 159.)

(1) Andras Doria classem Genuæ subduxerat, ibidemque duces à Philippo (ut memoravimus) captos benignè acceperat ;

Le fléau de la peste, que les impériaux avaient rapporté de Rome, gagna le camp des assiégeants, et y fit d'horribles ravages. Il ne restait pas quatre mille hommes en état de combattre. Lautrec lui-même fut atteint de cette funeste maladie, et y succomba. Quand le marquis de Saluces, qui le remplaça dans le commandement, aurait eu des talents extraordinaires, il lui eût été impossible de sauver l'armée dans ces déplorables circonstances. Comment livrer combat avec des troupes si affaiblies et découragées? Comment effectuer une retraite avec tant de malades intransportables? Il décampa, à la faveur d'une nuit orageuse, abandonnant presque toute son artillerie : au point du jour, il vit la cavalerie impériale à sa poursuite. Les Français ne firent qu'une faible résistance; Pierre Navarre, qui, quoique malade, commandait le corps de bataille, fut fait prisonnier et emmené à Naples; il fut étranglé dans le fort même dont les Espagnols lui avaient dû la conquête vingt-cinq ans auparavant (1).

---

ipseque aut marchionis Vasti consilio persuasus, aut animi dolore quia, se à Galliarum rege negligentiùs haberi angebatur, ad partes Cæsaris transiit.

(Huberti Goltzii, *Siciliæ Historia*, etc.)
(1) Paul Jove dit (liv. 26), que, par égard pour le vieux guerrier, le commandant le fit étouffer.

Ce ne fut qu'avec peine que les Français dispersés, arrivèrent jusque sous les murs d'Aversa; là, Saluces se vit bientôt assiégé à son tour, blessé d'un coup de canon, et réduit à capituler le 30 août 1528. On ne lui accorda que la permission de se retirer, mais sans armes, sans drapeaux, et une division des troupes de l'empereur escorta les débris de l'armée française jusqu'aux frontières. Saluces ne revit point sa patrie, il succomba à sa blessure et à son chagrin.

Les affaires de Naples étaient déja désespérées, lorsque François Ier fit un effort pour envoyer du secours à son armée. Le comte de Saint-Pol arriva dans le Milanais, à la fin de juillet, avec cinq cents hommes d'infanterie; il voulait passer tout de suite dans l'Italie méridionale; mais il n'était déja plus temps. Les Vénitiens firent les plus vives instances pour le retenir dans la Lombardie, et envoyèrent eux-mêmes une flotte avec cinq mille hommes de troupes, pour secourir l'armée de Naples, ou plutôt pour s'assurer la conservation des ports que la république avait fait occuper sur cette côte. Pendant ce temps-là, le comte de Saint-Pol et le duc d'Urbin mirent encore une fois le siége devant Pavie, qui était retombée entre les mains des impériaux, la prirent d'assaut, et renouvelèrent les horreurs dont cette malheureuse ville avait été victime quelques mois auparavant.

Une insurrection qui éclata à Gênes par suite de la défection d'André Doria, vint changer les projets du comte de Saint-Pol. Il voulut absolument marcher au secours de la citadelle qui tenait encore; mais il ne put déterminer les Vénitiens à le suivre. Ceux-ci voulaient qu'on marchât sur Milan. Ces deux petites armées se séparèrent, et n'obtinrent ni l'une ni l'autre aucun succès. La campagne de 1528 se termina ainsi, laissant les alliés malheureux, et par conséquent désunis.

XIV. Préparatifs des Vénitiens. 1529.

La campagne de 1529 s'annonçait pour devoir être encore plus désastreuse. On publiait que l'empereur faisait armer une puissante flotte dans les ports d'Espagne, et qu'il arriverait lui-même en Italie. Il en était le maître et pouvait choisir entre Gênes et Naples pour son débarquement. La plupart des places que les alliés avaient conquises dans l'Italie méridionale tenaient encore, mais elles ne pouvaient manquer de succomber successivement. Les Vénitiens firent des efforts dignes d'une si grande cause.

Ils augmentèrent leurs troupes, qu'ils payaient toujours généreusement et exactement, fournirent des subsides au duc de Milan, au roi de France, et mirent une flotte de cinquante galères à la mer: Mais la diversité des intérêts continuait de nuire à l'ensemble des opérations. Le recouvrement de Gênes était l'objet des efforts de l'armée royale, tandis que les Vénitiens voulaient qu'on fît ces mêmes efforts pour rétablir François Sforce sur le trône de Milan. Agissant séparément, les Français se firent battre, et les Vénitiens, trop faibles pour rien hasarder, laissèrent échapper quelques occasions favorables.

Charles-Quint parut alors en Italie; il venait sur une flotte de deux cents voiles, pour se mettre à la tête d'une armée de quarante mille hommes. Le pape, mécontent de ses alliés, avait déjà fait sa paix avec lui dès le 20 juin, et, par cette paix, ce pontife, naguère prisonnier de l'empereur, lui avait donné l'investiture de Naples, était devenu l'arbitre des affaires du Milanais, et avait reçu l'assurance de rentrer en possession de Ravenne et de Cervia, encore occupées par les Vénitiens. Un congrès était assemblé depuis quelque temps à Cambrai, où on négociait la réconciliation de l'empereur avec le roi de France. L'ambassadeur de la république auprès du roi s'était mis en route pour s'y rendre, mais François Ier l'avait fait inviter à s'arrêter à Saint-Quentin. C'était exclure la république de la négociation, et lui faire entrevoir

XV.
Arrivée de Charles-Quint en Italie.
1529.

que l'issue ne pouvait lui en être favorable. En effet, on apprit que le roi avait signé un traité avec l'empereur, par lequel il obtenait la liberté de ses fils pour de l'argent, et en abandonnant toutes ses prétentions sur l'Italie.

Son traité
de Cambrai
avec
François 1er

Au lieu de comprendre les Vénitiens dans son traité, il avait seulement stipulé qu'ils seraient libres d'y accéder, mais à condition qu'ils restitueraient les places qu'ils occupaient dans le royaume de Naples, et s'ils s'y refusaient, le roi avait pris l'engagement de les y contraindre par la force des armes : ce n'était pas seulement abandonner ses alliés, c'était les trahir; ce qui fit dire à André Gritti que cette ville de Cambrai était le purgatoire des Vénitiens, où l'empereur et le roi de France leur faisaient expier les fautes que la république avait faites en s'alliant avec eux.

Le gouvernement vénitien, quand on lui donna connaissance de ce traité, répondit avec une fermeté mesurée, que le roi n'avait pu stipuler, sans le concours de la république, une clause qui fût obligatoire pour elle; qu'elle ne pouvait consentir à se dessaisir des places qu'on réclamait, qu'autant que cette cession ferait partie d'un traité définitif, qui assurerait l'indépendance de l'Italie, et qu'enfin les fils du roi ne devant être rendus à leur père que dans deux mois, on pouvait profiter de cet intervalle pour terminer cet arrangement.

Charles-Quint se trouvait en Italie avec des forces fuffisantes pour imposer la loi aux Vénitiens, et on ne doute pas qu'il n'y fût venu avec cette intention (1); mais la guerre durait depuis près de dix ans : les peuples d'Espagne, qui en supportaient tout le poids, murmuraient depuis long-temps : les opinions de Luther avaient jeté la division dans l'empire, et les Turcs avaient été appelés par le prince de Transylvanie, à qui l'inimitié de l'archiduc d'Autriche, Ferdinand, avait rendu cette protection nécessaire. Soliman II avait pénétré en Hongrie, était maître de Bude, et marchait à grandes journées à la tête de cent cinquante mille hommes sur Vienne, qu'en effet il assiéga bientôt après. Il y avait dans l'armée de Soliman, un Vénitien né à Constantinople, qui s'était insinué dans la confiance du sultan et de ses ministres. C'était un fils naturel du doge André Gritti. Plus d'une fois, il obtint de la Porte des témoignages d'intérêt en faveur de la république (2).

Ces circonstances devaient faire desirer à

---

(1) ROBERTSON, *Histoire de Charles-Quint*, liv. 5.
(2) On peut voir dans un manuscrit de la Biblioth.-du-Roi, n° 745 de la collection de Dupuy, la traduction de la

Charles-Quint de ménager ou d'obtenir des sommes considérables, en terminant les affaires d'Italie, pour être libre de se porter avec toutes ses forces au secours de son frère et de l'empire. Les esprits qui sont constants dans leurs projets, n'en précipitent pas l'exécution. Charles, affermi sur le trône de Naples, renvoya à un autre temps l'exécution de ses desseins sur Milan. Comme il renonçait pour le moment à s'en emparer, il lui importait peu que ce duché recouvrât les provinces qui avaient été conquises par la république. Ce sujet de contestation écarté, il ne lui restait plus à réclamer que les places qu'elle tenait encore dans la Pouille, mais on voyait assez que les Vénitiens ne les regardaient déja plus que comme un moyen de faire leur paix.

XVI. Paix de Bologne. 1ᵉʳ janvier 1530.

L'empereur était assez grand pour faire les avances. Un de ses ministres vint proposer au sénat d'entrer en négociation, pour conclure une paix définitive. Le sénat, quoique cette guerre lui eût déja coûté presque autant que celle de la ligue de Cambrai, évita de montrer un empressement, qui eût annoncé un abandon trop facile de ses prétentions.

---

capitulation du sultan Soliman avec la seigneurie de Venise, en 1530.

Il chargea cependant Gaspard Contarini, son ambassadeur auprès du pape, de ses pleins pouvoirs, de sorte que les conférences eurent lieu à Bologne, où l'empereur allait avoir une entrevue avec le pape. Les bonnes nouvelles qu'on reçut d'Autriche, et la retraite des Turcs qui venaient de lever le siége de Vienne, n'empêchèrent pas Charles-Quint de persévérer dans le système de modération, qu'il avait adopté pour terminer cette négociation. Les conférences avaient commencé avec le mois de novembre 1529, et les traités, qui en furent le résultat, furent publiés le premier jour de l'année 1530 (1).

Relativement au duché de Milan, qui était l'objet principal de la négociation, il fut arrêté que François Sforce en conserverait la possession. L'empereur lui en donna l'investiture, moyennant une somme de cinq cent mille ducats, et en outre cent mille, pour dédommagement des frais de la guerre. Quant aux Vénitiens, ils rendirent au pape Cervia et Ravenne (2),

---

(1) La paix fut signée le 23 décembre 1529. On peut en voir les art. dans l'*Hist.* de Morosini, liv. 3, et dans le *Codex Ital. dipl.* de Lunig, tom III, sect 1.

(2) Le condizioni furono queste, che dovessero restituire al papa di presente Cervia e Ravenna, cosa che non si pen-

et à l'empereur les ports qu'ils occupaient sur les côtes de Naples. Ils payèrent en outre trois cent mille ducats. A ce prix, l'empereur reconnut l'indépendance absolue de tous leurs états, confirma tous les priviléges dont leur commerce jouissait auparavant dans le royaume de Naples, et leur rendit tout ce que ses troupes avaient conquis dans leurs provinces de terre-ferme.

Le duc de Milan et la république signèrent un traité d'alliance pour la défense mutuelle de leurs états, et garantirent le royaume de Naples à Charles-Quint.

On peut dire que Venise sortait triomphante de cette longue lutte, car son objet principal était rempli. Elle conservait toutes ses anciennes possessions, et elle voyait sur le trône de Milan, un prince moins redoutable que l'empereur et le roi de France.

---

sava, preso argumento delle sue parole medesime, che dovessero mai fare e a Cesare per tutto gennaro tutto quello che possedevano nel regno, etc.

(Benedetto VARCHI, *Storia fiorentina*, lib. x.

LIVRE XXVI.

Vacance du trône de Milan. — Guerre contre les Turcs, 1530-1540. — Acquisition de Marano dans le Frioul. — Paix de trente ans, 1540 - 1570.

La paix ramenée dans l'Italie, toute l'attention de l'Europe se tourna vers deux objets principaux, les progrès de la réforme de Luther, et ceux de la puissance ottomane. Étrangers aux troubles de l'Allemagne, sans les voir d'un œil indifférent, les Vénitiens n'auraient pas souffert que le schisme s'introduisît chez eux (1), mais

1.
Soins de la république pour se maintenir en paix.

---

(1) Il y eut bien quelques sujets vénitiens qui embrassèrent l'hérésie ; mais pour la professer en sûreté, ils furent obligés de s'enfuir. On cite Jérome Zanchi, chanoine de Bergame, Celse Martinengo de Brescia, Paul Lacize, professeur à Vérone, et Pierre Paul Vergère, dont la défection fut un grand scandale, car il était évêque de Capo d'Istria, et nonce apostolique.

ils ne se crurent pas obligés d'employer leurs armes, pour l'extirper chez les autres. Ils résistèrent invariablement à toutes les demandes du pape, qui avait voulu prêcher une croisade contre les Luthériens, et refusèrent même de prendre, par leurs ambassadeurs, la moindre part aux conférences qui eurent lieu à Bologne pour cet objet.

Le motif de cette circonspection n'était pas qu'ils favorisassent le luthéranisme, quoiqu'au fond ils vissent sans regret le pape et l'empereur occupés d'une affaire difficile à terminer; mais ils craignaient que les Turcs, alors en guerre avec l'Autriche, ne se crussent menacés, par cette union de plusieurs puissances chrétiennes, et ne s'en vengeassent sur les possessions de la république.

Elle apporta tous ses soins à se maintenir en paix avec Soliman comme avec Charles-Quint; et, pour rendre sa neutralité respectable, elle arma une flotte de soixante galères qui parcourait ses colonies, croisait à l'entrée du golfe, accueillait avec une égale amitié Barberousse et Doria, les deux amiraux des flottes impériales, et se mettait en bataille quand l'un ou l'autre faisait quelque démonstration de vouloir entrer dans l'Adriatique.

Cette conduite réussit pendant quelque temps

a concilier à la république les égards des puissances belligérantes.

Les chevaliers de Saint-Jean-de-Jérusalem, établis dans l'île de Malte, que Charles-Quint leur avait donnée, depuis la prise de Rhodes par les Turcs, faisaient des courses sur toutes les mers du Levant, pour enlever les vaisseaux des infidèles. Le sénat leur fit signifier de ne pas se présenter dans le golfe, et d'avoir à respecter le pavillon de la république. L'un d'eux s'étant avisé de faire le métier de corsaire, fut pris par les galères vénitiennes et mis à mort.

Les armes ottomanes venaient d'enlever aux Mamelucks la possession de l'Égypte (1). Soliman avait entrepris de rappeler à Constantinople, tout le commerce de l'Asie. Cinquante mille hommes travaillaient infructueusement à creuser un canal de communication entre la mer Rouge et la Méditerranée. Dans cette vue, il avait défendu à toutes les nations étrangères, de rien acheter en Égypte ou en Syrie, et il faisait transporter dans sa capitale, toutes les marchandises qui arrivaient dans les ports de ces deux pays. Non-seulement les Vénitiens eurent l'art de le désabuser de ce système, et d'obtenir la permission de commercer librement dans ces

Leurs efforts auprès de Soliman pour conserver le commerce de l'Égypte.

---

(1) En 1517.

échelles, comme par le passé; mais ils conquirent de nouveaux avantages, et le grand-seigneur leur permit l'exportation du salpêtre, des blés, et de quelques autres objets. Depuis que les Turcs étaient maîtres de ces contrées, les Vénitiens avaient avec eux un intérêt commun, celui de disputer aux Portugais le commerce de l'Asie.

<small>Retour de Charles-Quint en Italie. 1533.</small> Lorsque Charles-Quint revint en Italie, en 1533, pour avoir une nouvelle conférence avec le pape, la république lui fit rendre de grands honneurs sur son passage; mais elle évita soigneusement d'entrer dans la ligue qu'il voulait former contre ce qu'il appelait les ennemis de l'empire. L'empereur, qui voulait rendre les Vénitiens suspects au sultan, pour les obliger à faire cause commune avec lui contre les infidèles, affecta de laisser croire qu'il était d'accord avec le sénat. Soliman en conçut quelque ombrage, mais le gouvernement vénitien réussit à dissiper ses soupçons.

Quelques nuages s'élevèrent encore entre la Porte et la république, notamment lorsque une escadre vénitienne, ayant rencontré la nuit quelques galères turques, qu'elle avait prises pour des corsaires, les attaqua vivement, en coula deux à fond, et en amena cinq. Dès que l'erreur fut reconnue, on la répara le mieux qu'il fut possible, en renvoyant les galères et les prisonniers et en prodiguant aux blessés les soins et les égards. Ces réparations furent admises, et Soliman, qui, à la première nouvelle de ce combat, avait fait arrêter tous les vaisseaux vénitiens qui se trouvaient dans ses ports, ne tarda pas à les relâcher.

Pendant ce temps-là les armées ottomanes et autrichiennes combattaient avec des succès divers, et Soliman, après avoir mis le siége devant Vienne, marchait pour prendre la capitale de la Perse. Un évènement qui arriva à la fin de 1533, en Italie, renouvela les terreurs des Vénitiens. Ils avaient fort à cœur de voir évacuer le château de Milan et la ville de Côme que l'empereur tenait encore, sous prétexte que le duc de Milan était redevable envers lui, d'une somme assez forte sur les six cent mille ducats d'indemnité stipulés dans le traité de Bologne. Ils prêtèrent à ce prince cent cinquante mille mesures de sel, qu'il distribua à ses sujets et dont le prix le mit en état de se libérer envers l'empereur : ainsi la Lombardie se vit entièrement délivrée des troupes étrangères ; mais François Ier avait voulu profiter de l'oppression dans laquelle l'empereur tenait le nouveau duc de Milan, pour attirer celui-ci dans son alliance. Il entretenait à la cour de Sforce un agent secrètement accrédité; Charles-Quint, qui en fut averti, adressa au duc des menaces si sévères, que ce prince, pour se disculper, imagina de faire susciter à l'agent français une querelle dans laquelle celui-ci tua son adversaire. Comme ce Français n'avait point un caractère publiquement reconnu, on l'arrêta, on lui fit son procès, et il eut la tête tranchée. Le roi furieux de cet outrage, marcha en Italie, pour venger cette violation du droit des gens. Le duc de Savoie lui refusa, dit-on, le passage, et ses états furent envahis sur le champ.

II.
Mort du dernier duc de Milan.
1535.

Sur ces entrefaites François Sforce mourut en 1535 sans postérité. Cette mort terminait la querelle que le roi avait avec lui; mais elle remettait en question tout ce qui avait été décidé si heureusement à Bologne, relativement à la possession du Milanais. La république se hâta de faire sonder l'empereur, pour pénétrer ses intentions à cet égard; elle n'en obtint qu'une réponse assez modérée pour ôter tout sujet de plainte, et non tout sujet d'inquiétude. Charles-Quint lui fit dire, que lorsqu'il userait de son droit de disposer du duché de Milan, il se proposait de le faire d'une manière qui fût agréable aux états d'Italie, et particulièrement à la république. Cela n'était pas rassurant, il fallut bien se contenter de la promesse, que cette couronne serait donnée au prince le plus propre à maintenir la paix dans la péninsule, et l'empereur ayant proposé en même temps de former d'avance une ligue contre le premier qui troublerait cette paix, il n'y eut pas moyen de refuser d'entrer dans cette confédération.

Tout cela devait déplaire au roi de France, qui, voyant renaître toutes ses espérances, par la vacance du duché de Milan, en réclamait l'investiture pour le duc d'Orléans son second fils. L'empereur, au lieu de s'y refuser positivement, chercha à faire traîner l'affaire en longueur, et proposa de donner l'investiture, non pas au duc d'Orléans, mais à son jeune frère le duc d'Angoulème. Les raisons que Charles-Quint alléguait pour justifier son refus et cette préférence, étaient que le duc d'Orléans, ayant épousé Catherine de Médicis, pourrait former un jour quelques prétentions sur la Toscane, et que la prudence ne permettait pas de lui conférer, en attendant, une principauté aussi considérable que celle du Milanais. On ne sait pas comment l'empereur s'en serait tiré, si François Ier l'eût pris au mot, ainsi qu'il l'aurait dû. Il ne le fit point, et profitant des démêlés qu'il avait entretenus avec le duc de Savoie, il envoya de nouvelles troupes en Italie. Charles-Quint, qui était alors à Rome, se porta aussitôt en Piémont, rassembla deux mille cinq cents gendarmes, et quarante mille hommes d'infanterie, força une partie des Français de repasser les Alpes, les suivit en Provence, battit une de leurs divisions près de Fréjus, et mit le siége devant Arles et devant Marseille.

Cette expédition eut la même issue que celle du connétable de Bourbon. Après s'être épuisées en efforts inutiles pour prendre quelque place importante, les troupes impériales revinrent en Italie, où quelques détachements français étaient restés, et Charles-Quint se rembarqua à Gênes pour retourner en Espagne.

Les Vénitiens, en vertu de l'obligation qu'ils avaient contractée de maintenir la paix de l'Italie contre le premier qui viendrait à la troubler, avaient été sommés par l'empereur de prendre part à cette guerre : mais ils s'étaient bornés à envoyer un corps de six mille hommes du côté de Brescia, pour veiller, disaient-ils, à la sûreté de Milan.

III.
Inquiétudes des Vénitiens du côté des Turcs.

François Ier ne négligea pas de profiter de la guerre, qui, divisant Charles-Quint et Soliman, lui offrait naturellement un allié. Il fit engager la Porte à tourner l'effort de ses armes contre le royaume de Naples, et représenta sur-tout qu'il était d'une extrême importance, de forcer les Vénitiens à prendre parti contre l'empereur.

Alors recommencèrent toutes les difficultés que la république avait éprouvées, pour rester neutre au milieu de grandes puissances, qui allaient combattre à ses portes.

Tantôt le sultan comblait le ministre de Venise de marques de confiance, et de cajoleries, tantôt il paraissait se refroidir et même s'irriter : on confisquait des marchandises, on arrêtait quelques vaisseaux sous divers prétextes. Le commerce vénitien était exposé à des avanies, et les exportations de Syrie venaient d'être assujetties à un nouveau droit de dix pour cent.

Cependant il n'était bruit dans toute l'Europe que des préparatifs de guerre, qui se faisaient dans les ports de la domination ottomane. On parlait d'une flotte de trois cents voiles, on assurait qu'on y avait embarqué plusieurs équipages de siége : il était certain, que le beglierbey de la Grèce faisait préparer à Sophie le logement du grand-seigneur.

On ne savait pas sur quelle partie de l'Europe devait fondre cet orage. Charles-Quint rassemblait une armée à Naples, et toutes les galères d'Espagne, de Gênes, de Sicile et de Malte, venaient se réunir sous le commandement d'André Doria.

Les Vénitiens, de leur côté, quoiqu'ils ne fussent point encore en guerre déclarée ni avec l'un ni avec l'autre, portaient leur flotte à cent galères, et levaient un corps de huit mille hommes, pour renforcer les garnisons de leurs colonies. Ces préparatifs exigèrent de grandes dépenses; aussi le gouvernement, après avoir imposé les villes, les corporations, le clergé, se crut-il obligé de mettre en vente quelques dignités. On fit trois nouveaux procurateurs de Saint-Marc, pour douze mille ducats chacun. C'était mettre à l'encan la seconde dignité de la république.

La flotte vénitienne fut partagée en deux divisions; l'une de cinquante-quatre galères et quelques autres bâtiments armés, sous les ordres de Jérôme Pesaro, généralissime de mer, croisait devant Corfou; l'autre, commandée par le capitaine du golfe, Jean Vitturi, consistait en quarante-six galères et six vaisseaux. Cette seconde division, qui d'abord tenait la même station que la première, en fut détachée pour veiller à la sûreté des côtes de la Dalmatie.

Si on en juge par l'évènement, ce fut une faute d'avoir ainsi divisé ses forces. En effet, on n'ignorait pas que la flotte ottomane était tellement formidable, que ce n'était pas trop de toutes les galères vénitiennes pour la combattre, supposé que la guerre éclatât, et on n'avait pas besoin de protéger les côtes de la

Dalmatie, si la guerre ne devait pas éclater. D'ailleurs, une armée navale respectable, stationnée à l'entrée du golfe, en défendait plus sûrement tous les rivages que deux divisions placées en échelons. Le gouvernement sentit bien les inconvénients de cette mesure, car il donna à son généralissime l'autorisation d'appeler à lui le capitaine du golfe, quand il jugerait la réunion des forces nécessaire. Il lui recommanda même de se tenir toujours à portée de se joindre à la flotte de l'empereur, au cas que les choses en vinssent au point que les deux puissances dussent agir de concert.

Telle était la disposition des forces vénitiennes, lorsqu'une immense flotte ottomane parut à la hauteur de Zante, au printemps de 1537.

IV. Apparition de la flotte ottomane. 1537.

François Ier choisit ce moment pour faire de nouvelles instances auprès de la république, afin de l'attirer dans son alliance. Il lui offrit, pour prix de sa coopération à la conquête du Milanais, Crémone, tout le pays entre l'Oglio, le Pô et l'Adda, ses secours pour reconquérir Cervia, Ravenne, et les ports de la Pouille. enfin, il lui garantissait l'amitié des Turcs (1).

---

(1) Voyez *Esortazione di M.* Bartolomeo CAVALCANTI.

Le sénat n'eut pas de peine à juger que le roi de France promettait par-delà son pouvoir. La conquête de Crémone et des bords de l'Adda avait déjà été funeste à la république. Il n'y avait aucune apparence que François Ier, qui, dans ce moment, ne possédait rien au-delà des monts, pût lui procurer de nouvelles acquisitions.

Quant à l'amitié des Turcs, les Vénitiens n'avaient rien fait pour la perdre. On ne voyait pas pourquoi Soliman choisirait ses amis ou ses ennemis au gré du roi de France. Une raison plus solide permettait d'espérer qu'il n'attaquerait point la république. La flotte ottomane était incomparablement plus forte que celle de l'empereur. Certain de l'avantage, tant qu'il n'aurait pas les Vénitiens contre lui, le sultan ne devait pas les obliger à s'unir avec Charles-Quint.

D'après ces considérations, le sénat fit déclarer à la France qu'il persistait dans sa neutralité, en ayant soin d'envelopper ce refus des formules les plus affectueuses.

La flotte turque, ayant quitté les parages de Zante, s'éleva au nord, et parut à la vue de

---

alla signoria di Venezia a nome del rè di Francia per la confederazione contro l'imperatore.

(Manuscrit de la Biblioth.-du-Roi, n° 1007 $_2^H6_1$.

Corfou. En défilant devant cette place, elle salua les forts de plusieurs coups de canon. La place rendit le salut, et le gouverneur, se croyant dès-lors assuré des dispositions amicales des Ottomans, envoya complimenter le capitan-pacha. Il prit occasion de ce message, pour se plaindre de quelques matelots turcs, qui avaient commis des désordres sur les côtes de l'île. Un moment après, on vit plusieurs de ces misérables pendus à la grande vergue de la capitane, et la flotte s'éloigner.

L'armée du grand-seigneur était campée sur le rivage d'Albanie, à un endroit appelé la Valona, c'est-à-dire à quelques lieues au-dessus de Corfou, et sur le point où les côtes de l'Italie et de la Grèce se rapprochent pour former l'entrée du golfe de Venise. De là Soliman faisait passer des troupes sur la côte opposée, pour attaquer les places de la Pouille, et quatre-vingts de ses galères étaient stationnées dans le golfe de Tarente. La communication des deux armées, l'approvisionnement du camp et de la flotte, donnaient lieu à un passage continuel de bâtiments, qui traversaient sans cesse la station vénitienne. Il était difficile qu'il n'en résultât pas quelque accident. En effet une galère de la république se rencontra avec un petit bâtiment turc qui portait des vivres au camp; elle

Rencontres qui donnent lieu à une rupture.

lui fit signal de baisser son pavillon, honneur que, suivant les usages de la mer, les navires du commerce doivent aux bâtiments de guerre. Le patron turc, n'ayant pas obéi, la galère lui tira un coup de canon de semonce qui le coula à fond. Le sultan était déja indisposé contre les Vénitiens, parce qu'il avait surpris des lettres de Doria au généralissime de la république, qui supposaient entre ces deux amiraux une parfaite intelligence; cette connivence n'existait pas, mais Doria avait écrit et laissé intercepter ces lettres, pour que le ressentiment des Turcs forçât les Vénitiens à sortir de leur système de neutralité.

Soliman, irrité qu'un bâtiment portant son pavillon eût été canonné par une galère de Venise, s'emporta en menaces, et envoya un de ses drogmans pour demander la réparation de cette insulte.

Malheureusement ce messager se présenta à l'entrée du canal de Corfou avec trois galères, qui apparemment ne firent pas les signaux convenables. Quatre galères vénitiennes, qui étaient de garde, coururent sur les Turcs; ceux-ci prirent l'épouvante, et manœuvrèrent si mal qu'ils allèrent s'échouer sur la côte voisine, dont les habitants, à demi-sauvages, les firent prisonniers au lieu de les secourir. Sur ces entrefaites arriva Doria, qui s'empara des galères échouées et les emmena.

Pesaro, au désespoir de ce nouvel accident, fit mettre en liberté les équipages, mais ne put rendre les galères. Prévoyant bien que le courroux de Soliman allait éclater, il jugea convenable de rassembler toutes ses forces, et fit voile pour se réunir à la flotte stationnée sur les côtes de la Dalmatie. Les vents contrarièrent sa marche.

Pendant la nuit, son avant-garde, étant à l'ancre, vit passer devant elle un gros bâtiment, qui demanda successivement, en italien, à plusieurs galères de quelle nation elles étaient, à quoi on répondit en criant, Vénitiens. Lorsque ce vaisseau passa devant la galère du provéditeur Alexandre Contarini, celui-ci l'interrogea à son tour, mais pour toute réponse l'inconnu lui envoya sa bordée. Aussitôt les Vénitiens entourèrent ce bâtiment, le forcèrent à se rendre, et en massacrèrent presque tout l'équipage. Il se trouva que c'était, non-seulement une galère turque, mais la galère même destinée à être montée par le grand-seigneur.

Le lendemain de cet accident, Pesaro rencontra quatre-vingts galères turques qui venaient sur lui à pleines voiles. Il hésita entre le combat et la retraite, se détermina pour ce dernier parti, mais trop tard pour que tous ses vaisseaux pussent échapper à l'ennemi; quatre furent pris par les Turcs, et un cinquième, séparé de la flotte, se jeta dans Otrante. On voit que ce dernier malheur ne serait point arrivé, si le généralissime eût pû ranger cent voiles en bataille, et recevoir le combat. Il est même plus que probable que l'ennemi ne l'aurait pas attaqué. La division de leurs forces donnait aux Vénitiens un tort de plus, celui de fuir après avoir commis plusieurs actes qu'on pouvait prendre pour des actes d'hostilité.

V.
Guerre.
Les Turcs débarquent dans l'île de Corfou.
1537.

A la nouvelle de ces évènements, Venise fut dans la consternation. Soliman voulait une satisfaction éclatante, et l'exigeait avec hauteur. Le sénat, sans considérer qu'il allait jeter le découragement parmi ses officiers, et augmenter l'arrogance du sultan, fit mettre aux fers et transférer à Venise les capitaines dont les Turcs croyaient avoir à se plaindre. Au lieu de se laisser appaiser par cette soumission, Soliman porta son camp à Butrinto, qui est vis-à-vis Corfou : sa flotte arriva sur la côte de l'île et y débarqua cinq mille hommes et trente pièces de canon. Ce n'était pas assez pour réduire une place qui avait une garnison de quatre mille hommes et des vivres, mais on ne pouvait regarder les troupes mises à terre que comme une avant-garde, et on savait, par ce qu'on leur avait vu faire au siége de Rhodes, que les Turcs poussaient les siéges avec une grande vigueur.

Le sénat ordonna à son généralissime de rassembler toutes ses forces, d'aller sur la côte d'Italie opérer sa jonction avec la flotte impériale, déja combinée avec les galères du pape et de Malte, et de livrer bataille à l'ennemi. Doria, au lieu de coopérer à cette entreprise, se retira à Naples, et ensuite à Gênes, où il prétendait avoir besoin de faire radouber ses vaisseaux. Ni les instances des généraux, ni une lettre que le pape lui écrivit de sa main, rien ne put le retenir. Renforcée de quelques galères, la flotte vénitienne, se préparait à risquer une action décisive, lorsqu'on vit avec étonnement les Turcs rembarquer les troupes qu'ils avaient à Corfou. Ce changement dans leur détermination était l'effet de la rivalité qui existait entre l'amiral Barberousse et le grand-visir. Le premier avait travaillé de toutes ses forces à pousser le grand-seigneur jusqu'à une rupture avec les Vénitiens. Le second, dont la politique était de traverser les vues et les succès de son rival, ne cessait de représenter à son maître que la place de Corfou était susceptible d'une très-longue défense, qu'on y consumerait une armée

Leur départ.

déja fatiguée par une pénible campagne, qu'il était imprudent de choisir, pour se brouiller avec la république, le moment où elle avait l'empereur pour allié, et qu'il suffisait à la dignité de la Porte d'obtenir une satisfaction éclatante des actes que l'on reprochait aux Vénitiens. Le baile de Constantinople avait suivi le grand-seigneur dans son camp, il ne manqua pas de promettre tout ce qu'on voulut; et Soliman, sans s'inquiéter de la réalisation de ces promesses, s'en retourna dans sa capitale, et fit rembarquer ses troupes qui emmenèrent avec elles, comme esclaves, quinze mille malheureux paysans qu'elles avaient ramassés dans l'île.

Ainsi, tandis que la mésintelligence des amiraux chrétiens avait fait manquer l'occasion de livrer bataille, la jalousie du visir et de l'amiral ottoman décidait la levée du siége de Corfou.

Barberousse alla décharger sa fureur sur les îles vénitiennes de l'Archipel, qu'il saccagea impitoyablement, et les Vénitiens, par représailles, prirent la petite ville de Sardone, sur la côte de Dalmatie, et passèrent la garnison turque au fil de l'épée, quoiqu'elle ne se fût rendue qu'après une capitulation.

La retraite des Turcs annonçait la possibilité d'une réconciliation, et ces ravages faisaient prévoir ce que serait la guerre si elle devait continuer.

L'hiver de 1537 à 1538 se passa en délibérations, ou plutôt en hésitations sur le parti qu'on avait à prendre. Le grand-visir réitérait l'assurance qu'on obtiendrait la paix, en envoyant un ambassadeur. Le roi de France sollicitait la république de ne plus prêter son secours à Charles-Quint, dont la puissance était déja si redoutable et l'ambition si dévoilée; mais l'empereur et le pape représentaient qu'il y allait de l'intérêt de la chrétienté et de l'existence de la république, à ne pas arrêter le torrent des Turcs qui se débordait sur l'Europe. Outre qu'on ne pouvait pas différer de lui opposer une digue, on ne devait pas espérer une plus belle occasion que celle-ci, pour le faire avec avantage. L'Europe était en paix, car la guerre entre François Ier et l'empereur avait été suspendue par une trêve. La fortune avait réuni dans la même main les forces de l'Espagne, de Gênes, de Naples, de la Flandre, et de l'Allemagne. Quel plus puissant allié les Vénitiens pouvaient-ils attendre désormais? et quel avantage, dans une guerre, que la certitude de voir concourir toutes ces forces au même but, puisqu'elles étaient mues par la même volonté!

VI.
Négociations.

D'une part, la Porte offrait la paix, et cette paix ne devait coûter aucun sacrifice. De l'autre, on proposait d'entreprendre une guerre, dont les chances étaient incertaines, et dont les succès auraient l'inconvénient d'augmenter la puissance de Charles-Quint. Il était bien évident que, réduite à des termes aussi simples, la question ne pouvait être douteuse : mais il était dangereux de refuser l'alliance de l'empereur, et de compter sur celle des Turcs. Ceux qui jugeaient que le seul moyen d'obtenir un accommodement solide avec la Porte, était de lui montrer une fermeté courageuse, parlèrent avec tant de force dans le sénat, que les partisans de la paix se réduisirent à demander qu'on autorisât l'ambassadeur de la république, non pas à offrir une réparation des prétendus torts des Vénitiens, mais à déclarer que jamais Venise n'avait eu l'intention de rompre avec la Porte ottomane; que les évènements dont on croyait avoir à se plaindre, n'étant que des accidents fortuits, le sultan était trop équitable pour y voir la cause d'une guerre entre les deux états, et qu'on espérait qu'il rendrait la liberté aux négociants vénitiens arrêtés dans son empire, et qu'il les rétablirait dans tous leurs priviléges.

Cet avis, assurément très-raisonnable, fut

débattu long-temps, et enfin rejeté à une majorité de deux voix seulement (1). Mais, cette proposition écartée, il restait à savoir quel parti l'on devait prendre. L'empereur et le pape proposaient une ligue, dans laquelle les trois puissances feraient les frais de la guerre en commun, et réuniraient leurs forces sous le même général. La difficulté de s'accorder sur ces deux objets, fournit aux Vénitiens le moyen de traîner cette négociation en longueur. Enfin, on demeura d'accord qu'André Doria aurait le commandement supérieur de toutes les forces navales; que les troupes de débarquement seraient sous les ordres du général de la république, qui devait être le duc d'Urbin; et quant aux dépenses, Charles-Quint consentit à en supporter la moitié, le pape un sixième; de sorte qu'il en restait un tiers à la charge des Vénitiens.

Tous ces arrangements étaient sur le point d'être terminés, lorsqu'un drogman de l'ambassade vénitienne à la Porte vint réclamer la réponse que la république avait à faire aux ou-

VII.
Délibération sur la paix.

---

(1) Nicolas BARBADIGO, auteur de la vie de Gritti, dit, que la délibération ne passa que d'une voix, et que dans la suite, on régla qu'il faudrait une majorité plus considérable pour former la décision dans les affaires importantes.

vertures pacifiques du grand-visir. On avait droit de s'étonner à Constantinople d'un silence qui dénotait trop d'hésitation ou trop de hauteur. Cependant on y était encore dans les mêmes dispositions à pacifier les choses. Ce fut une nécessité pour le sénat de reprendre ses délibérations : les sages-grands proposèrent d'autoriser l'ambassadeur à négocier. Marc-Antoine Cornaro parla en ces termes (1) : « J'avoue que « je ne vois point de raisons pour changer de « conduite. Les circonstances n'ont pas changé, « et celles qui sont survenues ne peuvent que « nous confirmer dans notre résolution. Ce n'est « ni la passion de la guerre, ni l'espoir de nous « agrandir qui nous a fait prendre les armes ; « nous y avons été forcés par la nécessité de « nous défendre. Lorsque après la levée du siége « de Corfou, on nous fit faire des propositions « d'accommodement, cette ouverture dut nous « être suspecte. Comment se persuader que les « promoteurs de la guerre desirassent la paix « avant d'avoir éprouvé aucun revers, rencon- « tré aucun obstacle? Vous n'avez accordé au- « cune foi à cette proposition. Vous avez conti-

Discours de Marc-Antoine Cornaro.

---

(1) Ce discours et le suivant sont pris de l'*Histoire vénitienne* de Paul PARUTA, écrivain du siècle suivant et procurateur de Saint-Marc, liv. 9.

« nué vos armements, et traité d'une ligue.
« Depuis, votre ambassadeur vous a rendu
« compte des nouvelles offres qui lui ont été
« faites : le sénat a mûrement délibéré sur cet
« objet, et jugeant que l'ennemi ne voulait
« qu'endormir votre vigilance, vous avez arrêté
« de ne point prêter l'oreille à ces trompeuses
« insinuations. Vous avez senti qu'il y avait plus
« de gloire, plus de sûreté pour vous dans votre
« union avec les Chrétiens, que dans la paix
« avec les Turcs.

« Aujourd'hui, après un intervalle de quatre
« mois, après que nos armées ont ravagé quel-
« ques terres du sultan, est-il raisonnable de
« croire que cet esprit altier veuille sincèrement
« rendre son amitié à une nation, qui a mani-
« festé qu'elle ne voulait écarter le danger que
« par son courage? Pouvons-nous renouer des
« négociations dont nous-mêmes, nous avons
« rompu le fil? Est-ce en montrant de l'hésita-
« tion et peu d'assurance que nous obtiendrons
« notre sûreté?

« Tout au plus on aurait pu temporiser quand
« Doria refusait de joindre sa flotte à la nôtre,
« quand le pape s'opposait à ce que nous levas-
« sions des décimes sur notre clergé, quand la
« guerre allumée dans le Piémont pouvait s'é-
« tendre jusqu'à notre frontière, quand nos

« colonies n'étaient pas encore suffisamment
« munies de troupes et d'approvisionnements :
« mais aujourd'hui, tout cela est changé : l'em-
« pereur a désapprouvé la retraite de son ami-
« ral, et nous garantit sa coopération ; le pape,
« non-seulement nous permet de lever des dé-
« cimes, mais offre de contribuer aux frais de
« la guerre : une trève entre le roi de France
« et l'empereur assure la tranquillité de l'Italie ;
« nos places sont en état de défense : les con-
« ditions d'une ligue formidable sont presque
« arrêtées. Est-ce le moment de montrer une
« faiblesse dont nous avons su nous défendre,
« lorsque les circonstances étaient moins favo-
« rables?

« Le sénat voudrait-il démentir sa glorieuse
« constance pour entamer une négociation dont
« l'issue est douteuse, dont le succès serait
« trompeur, et dont la rupture nous laisserait
« sans alliés? Les procédés des Turcs, le sé-
« questre de nos vaisseaux, l'emprisonnement
« de nos citoyens, de nos ministres, l'enlève-
« ment de quinze mille habitants de Corfou,
« réduits en esclavage, le supplice des capitaines
« de nos galères tombés au pouvoir de l'ennemi,
« ne prouvent que trop le mépris de cette na-
« tion barbare pour la nôtre.

« Mais qu'est-il besoin de rappeler ces outra-

« ges, qu'aucune déclaration de guerre n'a pré-
« cédés? Soliman a-t-il attendu les explications
« qu'il nous demandait, sur quelques accidents
« fortuits? et aujourd'hui nous pourrions croire
« à sa bonne foi! nous nous persuaderions qu'il
« veut être notre ami, notre ami sincère! non,
« non, il a d'autres desseins. Il convoite nos
« possessions, il veut opprimer notre républi-
« que. Mais, pour y parvenir plus facilement,
« il cherche à nous diviser des autres princes
« chrétiens. Il n'est moyen qu'il ne tente pour
« prévenir ou pour rompre cette union, qui
« doit opposer une digue à ses fureurs.

« On nous dit qu'il se fait de grands prépa-
« ratifs de guerrre à Constantinople; que Barbe-
« rousse est prêt à sortir du port avec une flotte
« formidable : la saison le lui permet. On parle
« d'une entreprise sur Candie, d'un nouveau
« siége de Corfou. Sont-ce là des démonstrations
« pacifiques? Dans ces circonstances, des ou-
« vertures de paix peuvent-elles être autre chose
« que des perfidies? et quel effet voulez-vous
« que produise notre crédulité? l'orgueil de
« nos ennemis s'en accroîtra. Ils jugeront de
« notre faiblesse par notre soumission, et ils
« n'en auront qu'un plus ardent desir de nous
« opprimer.

« Ces moyens ne leur sont pas nouveaux ; Ma-

« homet II, Bajazet, en ont essayé; pour nous
« empêcher de nous liguer contre eux avec les
« autres chrétiens, ils nous firent des proposi-
« tions amicales; nos pères les écoutèrent, et
« furent désabusés trop tard de leur erreur; il
« leur en coûta Négrepont et la majeure partie
« de la Morée.

« Mais supposons, quoique je ne puisse le
« croire, que la négociation qu'on vous propose
« se termine par un traité de paix. Quelle sera
« cette paix? quelle sûreté vous donnera-t-elle?
« La crainte des Turcs nous obligera de conti-
« nuer les mêmes dépenses qu'en temps de
« guerre. Il faudra entretenir des armées, équi-
« per des flottes, munir nos places, vivre dans
« des appréhensions continuelles, et, pendant
« que nous garderons religieusement une paix
« si onéreuse, ces perpétuels ennemis du nom
« chrétien porteront çà-et-là leurs armes infati-
« gables. A la faveur de notre neutralité, ils fe-
« ront la guerre à l'empereur, envahiront la
« Pouille, finiront par s'emparer de quelque
« place, et par avoir un établissement solide en
« Italie. Alors une ruine certaine sera le prix de
« notre égoïsme et de notre lâcheté.

« Puis donc que les négociations de la ligue
« sont tellement avancées, qu'il est permis d'en
« espérer bientôt la conclusion; puisque cette

« ligue doit assurer la coopération sincère de
« plusieurs grandes puissances à la défense com-
« mune; que la Bohême, la Pologne, offrent de
« seconder nos efforts par une courageuse diver-
« sion, comment pouvons-nous délibérer, si
« nous renoncerons à de si belles espérances, et
« mettre en question, si nous devons faire des
« pas en arrière? Nous devons savoir qu'éloi-
« gner le danger, c'est l'accroître. Tant que la
« puissance ottomane ne sera point affaiblie, et
« dépouillée de sa marine, il n'y a point de
« sûreté pour nous.

« Mais cette puissance, ses victoires ne doivent
« pas nous épouvanter. Les discordes des chré-
« tiens ont fait tous les succès des Mahomet, et
« des Soliman. Ici il n'en sera pas de même, les
« chrétiens se présenteront unis : leurs forces
« seront égales, peut-être supérieures ; en atta-
« quant l'ennemi sur tant de points, nous dé-
« couvrirons le côté faible, et si les succès ne
« répondaient pas à notre attente, le meilleur
« moyen de traiter de la paix, n'est-il pas d'a-
« voir tous à-la-fois les armes à la main ? Nous
« aurons du moins suivi une résolution généreuse,
« nous aurons soutenu la réputation de la répu-
« blique; et, s'il faut que les hommes aient à
« déplorer ses revers, ils pourront dire que la

Tome IV.

« fortune lui aura manqué, mais non pas le cou-
« rage, ni les nobles conseils. »

<small>Discours de François Foscari.</small>

« Je ne partage point cet avis ni ces espéran-
« ces, reprit Marc Foscari, membre du conseil
« des sages, et l'un des hommes de la république
« à qui de longs services et un vaste savoir don-
« naient le plus d'autorité.

« Je puis rappeler que je n'ai point varié
« dans mon système. J'ai toujours pensé qu'on
« ne devait point rejeter avec mépris les ouver-
« tures de paix qui vous avaient été faites; mais
« quand j'aurais autrefois professé l'opinion con-
« traire, j'en changerais aujourd'hui : il suffirait
« pour m'y déterminer, de considérer les cir-
« constances actuelles, telles qu'elles sont, et non
« pas telles que nous les présentent nos illusions
« et nos vœux ; je dois croire qu'une grande par-
« tie du sénat partage ma manière de voir, puis-
« que cette affaire a été le sujet d'une longue
« délibération, et que l'opinion contraire à la
« mienne ne l'a emporté que de deux voix. On
« serait donc presque autorisé à dire que la
« question n'est pas encore résolue; elle est dou-
« teuse au moins.

« Je ne saurais concevoir d'où naît tout-à-coup
« cette extrême confiance dans nous-mêmes,
« cette foi aveugle dans les promesses de princes
« qui nous ont si souvent trompés, et cepen-

« dant les circonstances sont graves ; l'erreur
« serait honteuse, et la suite pourrait en être
« cruelle.

« Je crains qu'une fatale disposition ne nous
« entraîne vers notre ruine. Nous n'ignorons
« pas quelles maladies ont épuisé notre armée.
« Il faut, pour la remettre au complet, affaiblir
« nos garnisons, et faire de nouvelles levées; et
« pourtant toutes nos places sont en péril, elles
« ont toutes besoin de renforts, car nous ne
« pouvons prévoir quelles sont celles que l'en-
« nemi veut attaquer. Le nombre de nos soldats
« est très-insuffisant pour faire face de toutes
« parts, et cependant nos finances peuvent à
« peine suffire à l'entretien de nos forces ac-
« tuelles ; nous en sommes réduits à laisser
« l'insubordination impunie, et à endurer les
« murmures : nous feignons d'oublier qu'il y a
« deux jours, un de nos capitaines, se plaignant
« du retard qu'éprouvait la paie de ses soldats,
« nous conseillait, trop hardiment sans doute,
« de faire la paix, si nous ne pouvions pourvoir
« aux dépenses de la guerre; chaque jour il faut
« aggraver les charges du peuple, et elles sont
« telles, que la perception des taxes devient im-
« possible.

« C'est une grande erreur de croire qu'une
« guerre qui coûte plus de deux cent mille ducats

« par mois, puisse être entretenue au moyen
« des sacrifices extraordinaires que s'imposent
« les citoyens. C'est se complaire dans son aveu-
« glement, que de vouloir que l'impossible de-
« vienne facile, pour soutenir la haute opinion,
« qu'on veut bien avoir, de notre puissance.

« Mais, allons plus avant. Oublions ces diffi-
« cultés : quelle confiance, je vous prie, pou-
« vez-vous prendre dans le secours de princes,
« dont les vues, les intérêts sont différents des
« vôtres, opposés aux vôtres? On vous parle du
« pape : je veux le croire de bonne foi; mais il
« est âgé, irrésolu, nous ne tirons aucun fruit
« de sa bonne volonté, même dans ce qui dé-
« pend uniquement de lui. Voilà déja plusieurs
« mois que nous lui demandons son agrément,
« pour disposer de ce qui nous appartient,
« d'un décime sur les revenus de notre clergé,
« et pourquoi? pour l'usage le plus urgent, le
« plus saint aux yeux de l'église; eh bien! quoi
« qu'on vienne de vous dire, nous n'en sommes
« encore qu'à des promesses, et je ne voudrais
« pas répondre des effets. S'il faut exprimer
« toute ma pensée, je doute fort aussi qu'il se
« propose de remplir les engagements qu'il s'im-
« poserait, en entrant dans notre confédéra-
« tion. Nous devrions nous souvenir que, dans
« ces derniers temps, les papes ont souvent sol-

« licité avec ardeur des ligues, des croisades
« contre les infidèles ; mais combien en avons-
« nous vu se réaliser, depuis que les Turcs sont
« parvenus à un haut degré de puissance?

« Est-ce dans l'empereur que vous voulez
« prendre confiance? Apparemment, car je re-
« marque qu'on s'efforce de nous le représen-
« ter, non pas tel qu'il est réellement, mais tel
« qu'il faudrait qu'il fût pour notre intérêt. Pen-
« sez-vous que ce soit notre intérêt qui l'oc-
« cupe? Pouvez-vous croire qu'il desire l'agran-
« dissement de notre république? Vous n'avez
« qu'à voir sa conduite passée. Aimez-vous mieux
« supposer qu'il est animé d'un zèle ardent et dés-
« intéressé pour le bien général de la chré-
« tienté? Pour en juger, il suffit de vous rap-
« peler ce qu'il vous propose. Il parle d'une
« ligue offensive contre les Turcs, mais pour la
« campagne prochaine. Cette année, il veut
« qu'on se réduise à une guerre défensive, parce
« qu'il a vu son territoire attaqué, et il n'est
« pas fâché d'avoir des alliés dont les flottes l'ai-
« deraient à se défendre, tandis que leurs pro-
« vinces attireraient une partie de ses ennemis.
« Il se fait le chef de la ligue, il se réserve la
« conduite de la guerre, il nomme pour généra-
« lissime le même Doria qui nous a trahis. De
« bonne foi, ne voyez-vous pas que c'est vous

« priver de vos forces que de les unir aux
« siennes?

« Je veux bien ne pas parler de son ambi-
« tion, qui ne tend pas à moins qu'à s'assurer
« l'empire de l'Italie. Il n'est pas permis d'en
« douter, ni d'ignorer que l'un de ses projets est
« de nous engager dans des guerres ruineuses,
« pour nous épuiser, et pour s'emparer plus
« aisément de la toute-puissance, quand notre
« faiblesse ne nous permettra plus d'y mettre
« obstacle.

« Mais son frère Ferdinand, le roi des Ro-
« mains, l'archiduc d'Autriche, celui-là, dit-on,
« a vu les Turcs autour de sa capitale. Il a son
« pays à défendre et des outrages à venger; aussi
« avec quelle ardeur ne s'est-il pas porté à la
« guerre? Il est vrai, avouez cependant qu'il ne
« pouvait faire autrement. L'ennemi était à ses
« portes. Aujourd'hui, si les Ottomans cherchent
« d'autres conquêtes, pensez-vous qu'il trouvera
« ses peuples disposés à aller les provoquer,
« après la déroute qu'il a éprouvée en Hongrie,
« où il a perdu son armée et sa réputation?
« Croyez plutôt qu'il s'estimera trop heureux de
« pouvoir profiter d'un moment de repos, pour
« réparer ses pertes.

« Jusque ici nous n'avons rien dit de l'état

« équivoque où se trouvent, l'un relativement à
« l'autre, le roi de France et l'empereur.

« Une trève a suspendu la guerre qu'ils se
« faisaient. Elle n'est que de trois mois. Il est
« évident qu'ils ont cédé à l'importunité des mé-
« diateurs, à la fatigue et non à un desir sin-
« cère de la paix. Je voudrais bien qu'on me
« dît où l'on prend l'espérance de voir cette
« trève se consolider. On a déja tenté de la pro-
« longer et on n'y a pas réussi. Si je ne me
« trompe, c'est ici le point principal d'où nous
« devons faire dépendre notre détermination.
« Les succès d'une ligue sont fondés sur la
« bonne intelligence des confédérés. Or, com-
« ment espérer la concorde, tant que la paix
« entre la France et l'empereur ne sera pas con-
« clue ? Oubliez-vous que le pape a dit que,
« sans cette paix, la ligue ne serait que languis-
« sante ? Les ministres de l'empereur eux-mêmes,
« ne tiennent pas un autre langage. Le comte
« d'Agilar à Rome, don Lopes ici, n'ont cessé
« de répéter, quand ils desiraient la paix avec
« la France, que, sans cette paix, il n'y avait
« rien à espérer d'une ligue de princes chrétiens
« contre le Turc. Que dis-je ? l'empereur lui-
« même, l'avoue. En réclamant notre alliance, il
« nous déclare qu'il ne peut faire face à-la-fois au
« roi de France, et au grand-seigneur. Si donc

« ces princes peuvent, au gré de leurs inimitiés
« ou de leur ambition, renouveler leurs guerres,
« rendre notre ligue impuissante, et mettre en
« péril la république, la confédération, et toute
« la chrétienté, nous serait-il interdit de saisir
« l'occasion qui nous est offerte pour éloigner
« de nous de si grands périls?

« On dit que c'est pour nous une nécessité de
« recourir aux armes et de chercher des alliés,
« parce que la guerre est inévitable, et on le
« prouve en ajoutant que nous ne pouvons obte-
« nir la paix. Cependant on vous l'offre. Mais,
« continue-t-on, cette paix ne sera ni sûre, ni
« glorieuse. Je ne saurais garantir qu'elle fût
« telle que je la desire; cependant je ne crois pas
« qu'il soit impossible d'y trouver un abri con-
« tre le péril présent. Que si on se jette dans
« l'avenir, si on veut des sûretés contre toutes
« les chances possibles de la fortune, j'avoue qu'il
« n'est pas donné à la prudence humaine de pé-
« nétrer si loin, de maîtriser les évènements, et
« qu'il n'y a point d'arrangement contre le suc-
« cès duquel on ne puisse imaginer des probabi-
« lités. Mais j'admire comment ces hommes si
« prudents, qui ne trouvent leur sûreté que
« dans des garanties immuables, éternelles, com-
« mencent par abandonner tout au caprice de
« la fortune, c'est-à-dire aux hasards de la guerre.

« La paix n'est pas impossible, car le grand-
« visir, qui a tant de crédit sur son maître, l'a
« constamment offerte et desirée. Nous devons
« le croire sincère, parce que son intérêt le lui
« conseille. Il est en rivalité avec Barberousse
« dont la guerre augmente la faveur. Barberousse
« lui-même desire la paix, pour aller jouir de sa
« souveraineté d'Alger. Quant au mépris que So-
« liman fait, dit-on, de l'amitié de notre répu-
« blique, je ne vois pas où en est la preuve. Il
« y a trente-cinq ans qu'il est en paix avec nous,
« qu'il observe les traités; dans ce moment même
« il nous en propose la continuation. S'il s'est
« porté contre nous à des actes de violence, il
« est juste de reconnaître que ce n'a pas été sans
« provocation, et nous avons peut-être moins à
« nous plaindre de lui que des nôtres.

« Si les Turcs avaient résolu, comme on le
« prétend, la perte de notre république, quelle
« plus belle occasion pouvaient-ils espérer que
« celle qui leur fut offerte, il y a quelques an-
« nées, lorsque tous les princes étaient conjurés
« contre nous, et qu'il ne nous restait ni res-
« sources, ni secours, ni le choix d'un parti à
« prendre? Cependant, non-seulement ils ne
« pensèrent point à nous attaquer, mais ils sub-
« vinrent à nos pressants besoins; ils nous four-
« nirent des vivres, des munitions, et nous en-

« voyèrent gratuitement des vaisseaux chargés
« de salpêtre. D'où vient donc cette méfiance
« contre la paix qu'ils nous offrent, contre cette
« perfide paix qui doit entraîner, dit-on, notre
« ruine? mais je veux que cette méfiance ne soit
« pas sans fondement; depuis quand court-on à
« la guerre, pour éviter la guerre? Depuis quand
« cherche-t-on un péril immense, certain, pré-
« sent, pour échapper à un péril douteux et
« éloigné? Qui de vous n'est à portée de faire la
« comparaison de l'état de guerre et de l'état de
« paix? Si, pendant vingt ans consécutifs, nous
« avons pu soutenir une guerre désastreuse en
« Italie, c'est parce que la mer restait libre, et
« nous était ouverte. Les richesses publiques
« et privées arrivaient ici du dehors. Mais si la
« mer nous est interdite, il n'y a plus de com-
« merce pour les citoyens, plus de douanes pour
« l'état, plus d'emploi, plus de moyen de vivre
« pour la population.

« Quelles considérations ne pourrais-je pas
« tirer de la puissance des Turcs? Leur empire
« est immense, leurs armées sont innombrables:
« ils sont riches, pourvus abondamment de tout
« ce qui est nécessaire à la guerre : leur disci-
« pline militaire pourrait servir d'exemple aux
« chrétiens : que faire contre un tel ennemi?

« Temporiser. Quant à la vicissitude des choses
« humaines, qu'y a-t-il à en conclure, si ce n'est
« que la sagesse conseille d'attendre, de mettre
« le temps à profit, et de saisir les circonstances
« favorables?

« Rappelons-nous le passé, nous verrons que
« toujours la guerre contre les Turcs a été pour
« nous d'un poids au-dessus de nos forces. Nous
« ne voulûmes pas nous réconcilier avec Maho-
« met, après qu'il nous eut enlevé Négrepont,
« il fallut plus tard acheter la paix, en lui cé-
« dant encore d'autres places. Nous nous épui-
« sâmes contre Bajazet, et nous nous vîmes, à
« la fin d'une longue guerre, réduits à accepter
« des conditions plus dures que celles que nous
« avions rejetées; il fallut lui céder tout ce que
« nous lui avions refusé, tout ce qu'il avait de-
« mandé depuis, et l'île de Sainte-Maure, que
« nous venions de conquérir. Ces exemples sont
« récents, et tous également déplorables. Cepen-
« dant la puissance des Turcs n'était pas alors ce
« qu'elle est aujourd'hui, et nous, nous étions
« au plus haut point de notre prospérité.

« Ne nous laissons donc point abuser par des
« espérances illusoires. Suivons les conseils de
« l'expérience et de la sagesse. La guerre contre
« les infidèles passe pour une résolution géné-
« reuse et une sainte entreprise; c'est une résolu-

« tion imprudente, et une entreprise coupable.
« Dans l'état actuel de la chrétienté, c'est une
« témérité d'attaquer les Turcs sur la foi d'une
« confédération; et quoi de plus coupable, je
« vous le demande, quoi de plus impie, que
« d'exposer aux plus grands malheurs, sur la foi
« des vains calculs de notre politique, les peuples
« que le ciel nous a confiés? Ayons toujours de-
« vant les yeux le déplorable spectacle de Corfou
« ravagée. Ne soyons pas sourds aux cris de
« ces quinze mille malheureux traînés en es-
« clavage. Il est beau, sans doute, de tenter de
« nobles efforts, quand une juste espérance les
« conseille et que la raison les approuve : autre-
« ment, je n'y vois qu'une honteuse folie. Courir
« au-devant du péril qu'on peut éviter, qu'est-ce
« autre chose que tenter la Providence divine ?
« Souvenons-nous de la parabole de l'évangile :
« Celui qui marche contre un ennemi puissant,
« doit examiner si, avec dix mille hommes, il
« pourra en combattre vingt mille (1). Cette leçon
« est faite pour nous. J'espère que ce sénat ne
« démentira point la sagesse qui lui a mérité tant
« de gloire, et qu'il ne se préparera point des
« repentirs, et le blâme de la postérité. »

---

(1) Saint-Luc., ch. 14.

Ce discours fit beaucoup d'impression; mais, comme c'est l'ordinaire dans les grandes assemblées, il ne convainquit que ceux qui étaient favorablement disposés à l'entendre. Quand on alla aux opinions, soit effet du hasard, soit résultat d'une manœuvre des partisans de la guerre, le nombre des votants se trouva insuffisant pour former une délibération; ainsi la proposition faite par les sages, d'autoriser le baile de Constantinople à traiter avec la Porte, demeura sans résultat, et le précédent décret, qui n'avait passé que de deux voix, resta en vigueur (1).

Peu de temps après, on envoya des pouvoirs à l'ambassadeur de la république auprès du saint-siége, pour conclure la ligue.

VIII.
Ligue contre les Turcs.
1538.

Dans l'incertitude de la paix ou de la guerre, le gouvernement n'avait pas négligé ses préparatifs. Corfou, Céphalonie, Zante, Candie, Malvoisie, Naples de Romanie, reçurent des renforts; des troupes furent réparties dans la Dalmatie et dans le Frioul; vingt-cinq galères furent envoyées à Candie, quatre dans la Morée; quel-

---

(1) Pierre Justiniani, liv. 13 de son histoire, dit que la délibération eut lieu, mais que le rejet de la proposition ne passa qu'à une très-faible majorité de suffrages.

J'ai suivi le récit de Paul Paruta qui paraît plus exact sur tous les détails de cette partie de l'histoire de Venise.

ques-unes devaient rester dans le golfe, et le commandement de la grande flotte fut retiré à Jérôme Pesaro, pour être donné à Vincent Capello. C'était un vieillard de soixante-treize ans, mais en qui toute l'ardeur de la jeunesse s'unissait à la maturité de l'âge. Cette flotte était de cinquante galères; on en armait encore trente-une à Venise.

La ligue fut signée entre le pape, l'empereur et les Vénitiens; on y comprit l'archiduc d'Autriche Ferdinand, roi des Romains. Cette alliance était offensive et défensive contre les Turcs (1).

L'armée combinée devait être de deux cents galères et cent autres vaisseaux. L'empereur fournissait quatre-vingt-deux galères, et les cent bâtiments armés; les Vénitiens le reste; mais le pape leur remboursait les frais de trente-six galères (2).

André Doria était nommé généralissime.

On devait réunir une armée de terre de quatre mille cinq cents chevaux et de cinquante mille

---

(1) On peut voir dans un manusc. de la Biblioth.-du-Roi, qui est un recueil de pièces relatives à l'histoire d'Italie, pendant le XVIe siècle, n° 10,061, instrumentum ligæ et fœderis initi inter summum pontificem Paulum III, serenissimum Carolum imperatorem V et illustrissimum dominium Venetorum 1538.

(2) *Histoire vénitienne*, de P. Paruta, liv. 9.

fantassins, dont vingt mille Italiens, autant d'Allemands, et dix mille Espagnols.

Toutes ces forces devaient être prêtes pour le 15 mars 1538.

On avait déja réglé dans quelle proportion chacun des alliés devait contribuer aux dépenses de cette guerre.

On comptait, ou on feignait de compter tellement sur les succès de cette confédération, qu'on assigna d'avance les conquêtes qui devaient en être le résultat, savoir :

A l'empereur, toutes les anciennes dépendances de l'empire de Constantinople, qui n'avaient pas appartenu aux Vénitiens.

A ceux-ci, toutes leurs anciennes possessions dans les îles et sur les côtes de l'Archipel, les villes de la Vallone et de Castel-Nuovo dans la Dalmatie.

Aux chevaliers de Malte, l'île de Rhodes.

Enfin au pape, quelques possessions à sa convenance.

Il y avait plus que de la jactance dans ce partage prématuré.

Aussitôt que la ligue fut conclue, les prédictions de Marc Foscari commencèrent à se vérifier. Le pape, au lieu d'accorder la permission, sollicitée depuis si long-temps et si souvent promise, de lever un décime sur les biens du clergé,

IX.
Le pape refuse la permission de lever une contribution sur le clergé.

proposa de convertir cette contribution, qui devait durer cinq ans, en une vente de biens ecclésiastiques, jusques à concurrence d'un million de ducats d'or; mais il n'omit rien pour se dispenser de tenir l'une et l'autre promesse. De ce fait on peut tirer cette conséquence, qui n'est pas indigne de l'histoire, que, puisque le pape offrait un million de ducats d'or à la place d'un décime levé pendant cinq ans, le décime devait valoir plus de deux cents mille ducats d'or, d'où il suit que les revenus du clergé s'élevaient à plus de deux millions de ces ducats, c'est-à-dire à trente-quatre millions de notre monnaie, somme énorme dans tous les temps, et qui ne donne pas une moindre idée de l'opulence des fondateurs, que de leur piété (1).

---

(1) Ma de' beni del clero non erasi ancora potuto valere; perocchè quantunque il pontefice avesse tramutata la grazia, della quale aveva prima data al senato si buona intenzione, cioè di permetterli l'alienare dieci per cento dell' entrate del clero, fin alla somma d'un millione d'oro, ovvero di tragger questo nello spazio di cinque anni di tante decime degl' istessi beni, nondimeno nè dell' una nè dell' altra cosa aveva mai spedito il breve, trovando varie occasioni di dilazioni e di difficoltà.

(*Historia veneziana* di Paolo PARUTA, liv. 9.)

Avant que cette guerre n'éclatât, on avait proposé dans

On avait dit plusieurs fois dans le sénat, qu'il était absurde que le clergé ne contribuât point aux charges de l'état, et honteux d'avoir à demander l'autorisation d'un prince étranger pour imposer les biens ecclésiastiques; mais le gouvernement voulait ménager le pape, et il fallut chercher d'autres moyens de subvenir aux dépenses de la guerre.

On proposa de vendre des biens communaux, qui étaient en très-grande quantité dans les provinces du continent de l'Italie (1). Cette propo-

Divers expedients pour trouver de l'argent.

---

le sénat de se passer de la permission du pape, pour taxer les biens du clergé.

Voyez au surplus, relativement aux revenus du clergé, le livre sur le différend entre la république et le pape Paul V, et l'analyse d'un rapport spécial fait sur cet objet par une commission, en 1768.

(1) Erano in tanto bisogno varie cose ricordate e proposte per traggere denari ; ma il senato procedeva con gran rispetto e temperamento per non fare cosa che a questo tempo potesse per avventura scemare quell' affezzione verso la repubblica, che i popoli, e principalmente la gente del contado, nell' ultime guerre di terra-ferma, aveva dimostrata grandissima, e della quale rimaneva ancora, nell' animo di tutti, recente memoria. Però non volse accettare la proposizione, benchè ne fosse promesso grandisssimo utile, di vendere i beni communali (sono queste campagne che vanno a pascoli, non godute particolarmente da alcuno,

Tome IV.

sition fut écartée par la crainte de mécontenter les habitants des campagnes, qui, dans la dernière guerre, avaient manifesté un si grand dévouement à la république.

Dans cet embarras, on se vit réduit à imposer un cinquième décime sur les biens des particuliers, déja grevés de quatre dans une seule année.

Cet impôt serait énorme, excessif, si on devait l'entendre de tous les revenus ; il est difficile de croire qu'on pût prélever la moitié du produit des biens-fonds ; aussi un écrivain vénitien, très-instruit de tout ce qui concernait le gouvernement de sa patrie (1), dit-il que cet impôt, appelé décime, signifiait réellement dans l'origine un dixième effectif du produit présumé des immeubles ; mais qu'il s'était réduit peu-à-peu, apparemment parce qu'on n'avait pas renouvelé l'estimation, qui avait originairement servi de base à l'impôt, et qu'à la fin du XVIIIe siècle, le

---

ma che restano, per grazia e concessione del principe, a commune beneficio di tutti) ; e di queste molte ne sono quasi in ogni parte dello stato di terra-ferma, della repubblica.

(*Historia veneziana*, di Paolo PARUTA, lib. 9.)

(1) *Mémoires historiques et politiques sur la république de Venise*, par Léopold CURTI, 1re partie, ch. 10.

décime, au lieu de représenter dix pour cent du revenu réel, ne représentait guère que trois pour cent. On voit que, dans toutes les suppositions, un impôt de cinq décimes au XVIe siècle devait être une taxe énorme.

Quoi qu'il en soit, la perception de cette taxe éprouvait tant de difficultés, qu'on fut obligé de prendre des mesures très-sévères contre les débiteurs. On tirait au sort vingt-cinq noms parmi les contribuables en retard, et ceux dont les noms étaient sortis se voyaient privés de la liberté et de leurs biens, qui étaient mis à l'encan (1). Pour faciliter les paiements, on permit de s'acquitter d'un décime en effets d'argent ou d'or (2). Le conseil des Dix, qui ne perdait pas

---

(1) Contro i debitori del pubblico usavasi molta severità nel riscuotere il denaro: essendosi introdotto di estrarre per sorte venti cinque nomi per ciascuna volta, contro i quali se ciò era approvato con la metà di tutto il numero de' voti del senato, ballottandosi ciascun nome separatamente, facevasi l'esecuzione ne' beni e nella persona. E nondimeno continuare nell' esazione una grandissima difficoltà, perocchè i beni de' cittadini aggravati fino di cinque decime nello spazio di un anno, oltre li tanti dazii e altre imposizioni, non potevano con le ordinarie rendite supplire a tanti pagamenti.

(*Hist. veneziana*, di P. Paruta, liv. 9.)

(2) Per facilitare i pagamenti in qualche parte, fù data

une occasion de s'immiscer dans toutes les affaires, imagina de mettre en vente la permission que l'on accordait quelquefois à de jeunes patriciens d'assister aux séances du grand conseil, avant d'avoir l'âge de vingt-cinq ans prescrit par les lois (1). Mais toutes ces ressources étant encore insuffisantes, on ouvrit un emprunt viager dont la somme était illimitée, et dont l'intérêt fut porté à quatorze pour cent (2).

---

facoltà di pagare una decima col portare nella zecca argenti lavorati, de' quali avessero ad essere valutati e fatte buone le fatture. (*Hist. Veneziana*, di P. Paruta, lib. 9.)

(1) Durando la guerra avea colpito l'animo di molti, che per soccorso all'erario avesse il solo consiglio de' dieci dato per denaro l'ingresso nel magggior consiglio a giovani nobili, senza la estrazione a sorte della pallotta dorata nel giorno di santa Barbara, unico privilegiato modo legale di entrarvi avanti l'età di anni vinti cinque, lo chè avea un aspetto di distributiva disposizione nel maggior consiglio.

(*Storia civile veneziana*, da Vittor Sandi, lib. 10, cap. 1.)

(2) Fù nella zecca aperto un deposito per il quale erano promessi, a tutti quelli che portavano danari all'erario pubblico, di pagare ciascun anno quattordici per cento per tutto il tempo della vita di coloro, in nome de' quali fosse stato fatto il deposito. (*Ibid.*)

Aprironsi nuovi depositi vitalizj in zecca, fino a quattordici per cento.

(*Fatti veneti* di Fr. Verdizzotti, tom. II, lib. 16.)

Léopold Curti parle de cet emprunt, dans ses *Mémoires*

Au moyen de tous ces sacrifices, on arma une puissante flotte, qui fit voile vers Corfou, où était le rendez-vous de toutes les forces de la confédération. Les Turcs avaient déja commencé par l'occupation de plusieurs petites places des Vénitiens dans l'Archipel : ils menaçaient Candie, assiégeaient Naples de Romanie et Malvoisie dans la Morée, et faisaient des courses dans la Dalmatie.

X. Campagne de 1538 contre les Turcs

Les galères du pape ne se firent point attendre, parce que c'était la république qui les avait équipées ; le pape avait du moins eu la délicatesse d'en donner le commandement à un Vénitien, à Marc Grimani, patriarche d'Aquilée.

Mais la flotte impériale ne paraissait point. On annonçait trente galères qui devaient venir de Messine, cinquante qui étaient en armement dans différents ports de l'Espagne, et enfin trente-deux que Doria devait amener de Barcelonne. Pendant que les Vénitiens se plaignaient de ces retards, le gouvernement espagnol leur faisait des difficultés, même pour leur laisser tirer de la Pouille les grains dont leur armée avait besoin.

---

historiques et politiques sur Venise, mais il ne dit pas combien il produisit. Il ajoute seulement qu'on en ouvrit un autre en 1542.

Enfin la première de ces escadres, si impatiemment attendues, parut. Les Vénitiens voulaient sur-le-champ commencer les opérations. Les alliés s'y opposèrent, prétendant qu'on ne devait rien entreprendre avant l'arrivée du généralissime, et la réunion de toute la flotte.

On apprit que cinquante autres galères étaient arrivées en Sicile; mais elles y restaient, pour attendre des troupes qui devaient partir d'Espagne. Enfin Doria entra dans Messine, s'y arrêta quelque temps, et ce ne fut que le 7 septembre qu'il parut dans la rade de Corfou, c'est-à-dire six mois plus tard que l'époque convenue, et long-temps après que les Ottomans avaient commencé les hostilités.

Dans cet intervalle, le pape avait entamé une négociation, pour convertir en traité de paix la trève qui existait entre l'empereur et François Ier. Il avait attiré ces deux monarques dans les environs de Nice, où il s'était rendu lui-même, sans pouvoir parvenir à les décider à une entrevue; mais il réussit, à force d'instances, à leur faire signer une trève de dix ans. C'eût été beaucoup, s'il eût été possible d'y compter.

Les Turcs, comme je l'ai dit, attaquaient de toutes parts les colonies de la république. Barberousse jeta sur les côtes de Candie une troupe de pillards, qui se mit à ravager les campagnes.

Les milices de l'île en firent justice, surprirent ces brigands, en tuèrent un grand nombre, et forcèrent le reste de se rembarquer. Barberousse se porta un peu plus loin, s'empara de la petite place de Settia, qui était sans défense, et la mit en cendres.

Du côté de la Dalmatie, les Turcs étaient tellement en forces, que l'on proposa de leur abandonner tout le pays, et de concentrer toutes les troupes vénitiennes dans Zara, pour s'assurer au moins la conservation de cette capitale. Avant d'en venir à cette extrémité, le gouvernement voulut tenter de nobles efforts pour la défense de cette province. Quinze cents chevaux et douze mille hommes d'infanterie y furent successivement envoyés, sous la conduite d'un grand nombre de patriciens, dont l'éloquence patriotique du vieux doge André Gritti ranima le zèle. « Allez, leur disait-il, partager les périls « de vos sujets, si vous voulez qu'ils vous re-« connaissent pour leurs protecteurs. »

Ces renforts, et une expédition que les Ottomans entreprirent vers la Hongrie, délivrèrent la Dalmatie de la présence de l'ennemi.

Ce fut ainsi que se passèrent les premiers mois de la campagne. La flotte combinée se tenant immobile dans la rade de Corfou, celle des Turcs était venue se placer dans le golfe de Larta, qui

Belles occasions manquées.

est entre cette île et celle de Sainte-Maure. L'entrée de ce golfe, très-resserrée, est défendue par un château élevé sur une éminence, c'est le fameux promontoire d'Actium.

Les alliés formèrent le dessein de se rendre maîtres de ce château. Ils quittèrent leur station, le patriarche Grimani à la tête de l'avant-garde, Doria commandant le corps de bataille, et le général des Vénitiens l'arrière-garde. Ils arrivaient à la hauteur de Sainte-Maure, lorsqu'ils aperçurent la flotte ennemie, qui était sortie du golfe de Larta, et qui les suivait; soudain on revira de bord, et l'arrière-garde, revenant sur ses pas, courut la première à la rencontre de l'ennemi. Quoique les deux flottes fussent à-peu-près d'égale force, Barberousse jugea à propos de refuser le combat, et de rentrer dans le golfe. Ses vaisseaux ne défilaient que lentement; Capello, qui les avait atteints, les canonnait vivement, et il y avait déja du désordre dans cette multitude de galères, qui se pressaient à l'entrée de la passe. Le corps de bataille des alliés était arrivé. S'il avait donné, une partie de l'armée turque était écrasée, et tombait au pouvoir des chrétiens; mais, au lieu de prendre part au combat, Doria fit le signal de la retraite. Tous les capitaines vénitiens, frappés d'étonnement, obéirent en frémissant.

Quelques jours après, le 28 septembre, on se dirigea encore vers l'entrée de la passe : comme la flotte, à cause de la faiblesse du vent, n'avait pu approcher que lentement, elle trouva l'ennemi hors du golfe, et rangé en bataille. Doria proposait de ne pas attaquer. Capello et Grimani soutinrent que ce serait une honte de se retirer sans avoir combattu. Le généralissime feignit de se laisser persuader, et se chargea de commencer le combat ; mais il manœuvrait pour attirer les Turcs au large, et Barberousse au contraire se tenait en ligne près de la côte.

L'amiral vénitien se mit sur un bâtiment léger, et s'étant fait conduire à portée de la galère du généralissime, il criait à Doria : « Nous « perdons un temps précieux, l'ennemi nous « évite, donnez-moi l'ordre de commencer le « combat. » Tous les équipages demandaient le combat. On s'avança vers l'ennemi. La canonnade fut vive. Les Turcs ne se laissaient point approcher, et on ne remarquait aucun désordre dans leur ligne. Le généralissime donna l'ordre de s'éloigner. Barberousse se mit en mouvement pour le suivre, atteignit les vaisseaux qui marchaient moins bien, et malgré la vive résistance qu'ils firent, il s'empara de quatre galères, deux espagnoles, une de Venise et une du pape.

Deux autres galères vénitiennes furent incendiées, et sautèrent en l'air.

Un si déplorable résultat, après un combat dont on avait conçu de si belles espérances, fit éclater toute l'armée en murmures contre Doria, sur-tout lorsqu'on vit Barberousse, enorgueilli de sa victoire, venir braver les alliés devant la rade de Corfou. Le sénat vénitien, qui savait dissimuler, écrivit cependant au général génois une lettre où on louait sa prudence, et où on lui exprimait toute la confiance de la république. S'il n'eût fallu que des talents pour la justifier, cette confiance n'aurait pu être mieux placée. Doria passait pour le plus habile homme de mer de son temps, et sa conduite, dans ces deux occasions, où il aurait pu se couvrir de gloire, était si inexplicable, qu'il fallait nécessairement, pour s'en rendre raison, remonter à une autre cause qu'à son inimitié pour les Vénitiens. On remarquait en lui un chagrin profond, un embarras mal dissimulé, quand il se trouvait en présence des autres capitaines, et on était forcé de soupçonner que son inertie n'était que de la subordination. On en fut convaincu lorsqu'au lieu de suivre l'avis de Capello, qui voulait que la flotte entrât dans l'Archipel, il proposa de s'enfoncer dans le golfe de Venise, pour aller assiéger quelque place sur la côte d'Albanie. On suivit ses ordres, on se présenta devant Castel-Nuovo, aux bouches de Cattaro. Les Vénitiens escaladèrent les murailles de cette forteresse, et en ouvrirent les portes aux Espagnols. La ville fut mise à feu et à sang.

Les éléments servirent les alliés mieux que ne l'avait fait leur général. Une tempête dispersa la flotte de Barberousse, brisa trente de ses galères sur la côte; le reste se refugia à la Vallone. Les Vénitiens demandaient à grands cris l'ordre d'aller les détruire; Doria objecta que les équipages étaient excessivement fatigués, que la saison était avancée, et déclara qu'il allait ramener la flotte impériale en Sicile. C'était certainement une faute de diviser la flotte, de quitter les parages de Corfou, qui offraient un asyle sûr, et un point d'où l'on était à portée d'observer les ennemis. Rien ne put le retenir. En partant, il ne voulut pas remettre la place de Castel-Nuovo aux Vénitiens, quoiqu'ils eussent eu la plus grande part à cette conquête, et quoiqu'elle dût leur rester, d'après le traité de confédération. Il y établit une garnison espagnole, ainsi que dans quelques autres forts de cette côte, et s'éloigna, laissant les Vénitiens seuls à Corfou, et persuadés que l'empereur n'avait voulu des alliés que pour ménager ses propres forces, et pour se mettre en état de traiter plus favorablement avec les Turcs, en déployant une plus grande puissance.

XI.
Les Vénitiens reprennent les négociations.
1539.

Dans cette conviction, le sénat résolut d'entamer une négociation à Constantinople, pour obtenir une trêve générale, ou, s'il le fallait, une paix particulière entre la Porte et la république. On chargea de faire les premières ouvertures le fils naturel du doge, qui avait eu beaucoup de part à la confiance des ministres et même du sultan. Cet agent arriva à Venise au commencement d'avril 1539; il apportait des nouvelles médiocrement satisfaisantes. Les esprits étaient fort aigris à Constantinople contre les Vénitiens;

Trêve.

il n'avait pu obtenir qu'une trêve particulière de trois mois. Cependant, ce premier point obtenu laissait entrevoir quelque espérance. On fit repartir le négociateur secret, et on l'autorisa à annoncer qu'un ambassadeur le suivrait de près.

Gritti, dans ce second voyage, obtint une prolongation de trêve jusqu'au mois de septembre. Elle durait encore, lorsqu'on apprit que Barberousse allait entrer dans le golfe avec cent cinquante voiles, pour mettre le siége devant Castel-Nuovo. Le gouverneur espagnol de cette place, effrayé de l'orage qui allait fondre sur lui, offrit aux Vénitiens de la remettre entre leurs mains; mais ils n'avaient garde de s'exposer à une nouvelle rupture avec les Turcs, et ils se bornèrent à prendre leurs précautions, pour que leur flotte fût à portée d'agir, si ceux-ci venaient à violer la trève.

Barberousse arriva devant Castel-Nuovo, l'emporta d'assaut, et passa la garnison espagnole au fil de l'épée. Jusque-là les Vénitiens n'avaient pas le droit de se plaindre. Il n'en fut pas de même lorsque Barberousse, fier de ce premier succès, vint sommer le gouverneur vénitien de Cattaro de lui rendre cette forteresse. Celui-ci répondit que la place appartenait à la république, que la trève subsistait encore, et que tout acte d'hostilité, que d'ailleurs il saurait repousser, serait contraire au droit des gens. Cela n'empêcha point le capitan-pacha de commencer les attaques; mais ce brave commandant, Mathieu Bembo, montra tant de résolution, et fit sur les assiégeants un feu si meurtrier, qu'ils renoncèrent à leur entreprise, et qu'en passant devant Corfou ils saluèrent les forts, comme si on eût été en pleine paix.

Cependant l'ambassadeur était arrivé à Constantinople. Les premières demandes que firent les ministres de la Porte, étaient exorbitantes. On exigeait que la république payât les frais de la guerre, et qu'elle abandonnât tout ce qu'elle possédait dans l'Archipel, Malvoisie et Naples de

Romanie dans la Morée, et l'Albanie jusqu'à Castel-Nuovo. Le plénipotentiaire effrayé de cette demande, revint en toute hâte à Venise, pour y prendre de nouveaux ordres. Il trouva le sénat plus décidé à la paix que jamais. On venait d'apprendre que Charles-Quint allait traverser la France, et avoir des conférences avec le roi; que ces deux princes avaient de grands et de nouveaux projets. Tout cela ne pouvait que donner de l'ombrage aux Vénitiens; mais il n'y avait ni honneur, ni sûreté à acheter la paix avec les Turcs, par de si énormes sacrifices. Heureusement on fut averti qu'ils se désisteraient d'une partie de leurs prétentions, et on autorisa l'ambassadeur à traiter, moyennant que toutes choses seraient remises sur le pied où elles étaient avant la guerre, en offrant à la Porte un tribut de six mille ducats, au lieu de Malvoisie et de Naples de Romanie, et pour toute indemnité des frais de la guerre, une somme de trois cent mille ducats. Telles étaient les instructions données par le sénat.

XII. Paix conclue secrètement par le conseil des Dix. Mai 1540.

La paix n'aurait probablement pas été obtenue, s'il n'y eût eu alors dans la république une autorité qui se croyait en droit d'étendre ses attributions toutes les fois qu'il s'agissait d'un grand intérêt, dont elle se constituait l'arbitre. Le conseil des Dix manda le négociateur, et, sans en donner communication au gouvernement, lui remit de plus amples pouvoirs, qui s'étendaient jusqu'à consentir à la cession des villes de Malvoisie et de Naples de Romanie. C'était un étrange gouvernement sans doute, que celui où un conseil, sans mission, se permettait de disposer des possessions de l'état; où un ambassadeur pouvait se croire autorisé par une instruction contraire à celle du gouvernement légal; et où les dépositaires de l'administration politique ne savaient ni s'étonner, ni se plaindre d'une telle usurpation de leurs pouvoirs.

Quoi qu'il en soit, l'ambassadeur partit avec de doubles instructions. Il voulut d'abord se renfermer dans les premières; mais les Turcs rejetèrent bien loin ses propositions, et il fallut en venir à de plus grands sacrifices, pour obtenir la paix du divan. Il en coûta à la république premièrement quelques places déja conquises, dont les plus importantes étaient les châteaux de Nadino et Laurana, sur la côte de la Dalmatie. En second lieu, toutes les petites îles dont les ennemis s'étaient emparés, dès la première campagne, dans l'Archipel; c'étaient Scio, Palmos, Cesina, qui relevaient directement de la seigneurie; Nio, qui appartenait à la famille Pisani; Stampalie aux Querini; et enfin Paros, une des Cyclades, que possédait la maison Venier. A ces sacrifices il fallut ajouter la somme de trois cent mille ducats : ce ne fut pas tout encore, le négociateur se vit forcé de consentir à la cession de Malvoisie et de Naples de Romanie.

Pierre Lando, doge. 1539.

Il n'était pas réservé au doge Gritti, après avoir rendu de si longs et de si grands services à sa patrie, de signer cette paix. Si elle n'était pas glorieuse, elle avait au moins cet avantage de tirer la république d'un grand danger. Elle fut conclue (1) au mois de mai 1540. Le doge avait succombé à la vieillesse quelques mois auparavant ; son successeur fut Pierre Lando.

Les conditions de ce traité devaient exciter un grand étonnement, parce qu'on savait que le sénat n'avait autorisé que des concessions moins importantes. On commençait à se plaindre du négociateur, on l'accusait d'avoir outre-passé ses pouvoirs ; lorsque le conseil des Dix imposa silence à tout le monde, en faisant connaître que l'ambassadeur n'avait agi que par ses ordres. Ainsi une autorité, instituée pour le maintien de la police intérieure, avait traité de la paix, non-seulement à l'insu du corps chargé de la politique extérieure, mais encore d'une manière

---

(1) *Codex Italiæ diplomaticus*, de Lunig, tom. IV, sect. 6. Il y a aussi une copie de ce traité dans un man. de la Biblioth.-du-Roi, intitulé : *Varie scritture di Venezia*, n° 1007 $\frac{11}{261}$.

opposée aux intentions qu'on lui connaissait; deux places importantes se trouvaient cédées sans l'aveu des mandataires légitimes du souverain (1); on ne pouvait plus savoir dans quelles mains était le gouvernement. Cette circonstance même révéla un des inconvénients de ce conflit d'autorité; on apprit qu'il n'y avait pas eu moyen de marchander avec les Turcs, parce qu'ils avaient eu d'avance une parfaite connaissance des deux instructions données au plénipotentiaire de la république. C'étaient les frères Cavezza, l'un secrétaire du sénat, l'autre du conseil des Dix, qui avaient trahi ce secret, dont avaient trafiqué trois nobles vendus à l'ambassadeur de France, en résidence à Venise. Deux de ces traîtres prirent la fuite, les trois

---

(1) Voici ce qu'on lit sur ce sujet dans un manuscrit des archives de Venise, intitulé: *Raccolta di memorie storiche e annedote per formar la Storia dell' eccelso consiglio de' X*, etc. « Fù presa parte in consiglio de' X e zonta di far la pace con i Turchi, con la cessione delle due importantissime piazze di Napoli di Romania et di Malvasia nella Morea; il che fù eseguito per mezzo di segretissima commissione e senza veruna participazione al senato. »

Ce fait se trouve rapporté par le cav. SORANZO à-peu-près avec les mêmes circonstances dans son ouvrage sur le gouvernement de Venise.

(Manuscrit de la biblioth. de Monsieur, n° 54.)

autres n'eurent que le temps de se jeter dans le palais de l'ambassadeur. Le conseil des Dix requit leur extradition ; le ministre la refusa, se prévalant du droit d'asyle, qui était un des priviléges de sa charge, et de l'inviolabilité de sa demeure. On fit investir le palais de France, on mit deux canons en batterie contre la porte, les criminels en furent tirés et pendus sur-le-champ.

François Ier crut pouvoir se plaindre de cette prétendue violation du droit des gens. « Que « feriez-vous, dit-il à l'ambassadeur de Venise, « si j'en usais de la sorte à votre égard? Sire, « lui répondit l'ambassadeur, si des traîtres à « votre majesté osaient se refugier chez moi, je « les livrerais moi-même, et si je ne le faisais « pas, ma république m'en punirait. »

Éclairés par l'expérience, les Vénitiens sentirent qu'il était de leur intérêt de maintenir, autant qu'il serait possible, la paix avec les Turcs, et ils y réussirent pendant trente ans. Convaincus aussi qu'ils étaient trop faibles pour s'interposer entre deux grandes puissances, et que c'est une illusion de vouloir maintenir l'équilibre, quand on n'a pas le bras assez fort pour tenir la balance, ils se déterminèrent à demeurer spectateurs des différends de Charles-Quint et de François Ier.

Pendant qu'ils évitaient de prendre part à la guerre, ils se virent, par un évènement fortuit, exposés à sortir de leur système de neutralité. On se rappelle qu'après la guerre de la ligue de Cambrai, la forteresse de Marano dans le Frioul était restée à l'empereur. Ferdinand, archiduc d'Autriche, avait hérité de cette conquête. Un aventurier florentin, à la faveur de quelques intelligences, et à l'aide de quelques hommes de main, recrutés parmi les troupes que les Vénitiens venaient de licencier, eut l'audace de surprendre cette ville, et s'avisa d'y arborer l'étendard du roi de France, pour colorer une entreprise si téméraire. L'archiduc accusa les Vénitiens d'avoir trempé dans cette affaire, où effectivement un de leurs sujets avait eu une grande part. Lorsqu'ils se furent justifiés, il prétendit qu'ils l'aidassent à reconquérir cette ville : le roi de France au contraire saisissait cette occasion pour attirer la république dans son parti, et les aventuriers, menacés d'un siége dans la forteresse qu'ils avaient envahie, déclaraient qu'ils étaient déterminés à la livrer aux Turcs (1), plutôt que de la rendre à l'Autriche.

XIII. Les Vénitiens achètent la place de Marano dans le Frioul. 1542.

―――――

(1) *Storia civile veneziana* di Vettor Sandi, lib. 10, ch. 8, Palladio, *Hist. Friul.*, p. 2, lib. 4.

8.

La république ne pouvait entrevoir qu'avec effroi un évènement qui aurait donné aux Turcs un établissement au fond de l'Adriatique. Cette crainte détermina les Vénitiens à acheter la place de ceux à qui elle n'appartenait pas. Ce marché, peu légitime sans doute, fut conclu pour trente-cinq mille ducats, et on envoya un ambassadeur à l'archiduc, pour excuser la conduite de la république. L'archiduc, préoccupé de la violente guerre que les Turcs lui faisaient alors, fut obligé de se contenter de cette réparation, et de laisser la place entre les mains des Vénitiens; mais deux ans après, c'est-à-dire en 1544, il réclama le prix de cette concession, et la fixa à soixante-quinze mille ducats. Le sénat ne se refusait pas à consolider son acquisition par ce sacrifice, mais il voulait en même temps terminer tous les différends qu'il avait avec ce prince, au sujet des limites de l'Istrie et du Frioul. Cette affaire était fort compliquée, on ne put se mettre d'accord, et l'accommodement n'eut point lieu.

XIV.
La république persiste dans sa neutralité.

Charles-Quint, après avoir trompé et battu François Ier, avouait enfin le dessein de retenir le duché de Milan pour lui-même. On voyait ce prince traverser et retraverser les mers et l'Europe, tantôt pour aller attaquer les Barbaresques, tantôt pour s'opposer aux progrès des Turcs, tantôt pour combattre la moitié de l'Allemagne, qui soutenait, les armes à la main, les opinions de Luther. Il assiégeait Metz, il tenait le concile de Trente, il signait le traité de Passau, et, ramené au besoin de la solitude par tant d'agitations et de fatigues, il fuyait au fond d'un cloître le pouvoir dont il s'était montré si jaloux.

La France ne cessait de former de nouveaux desseins sur l'Italie. Les Turcs en ravageaient la partie méridionale. Les papes troublaient le reste pour des intérêts de famille (1). Mais les Vénitiens, recherchés tour-à-tour par toutes ces puissances rivales, se défendaient également d'une confiance trompeuse, et des craintes qui conseillent trop souvent des partis dangereux. La république était si éloignée de prendre part à toutes ces querelles, même à celles de religion, qui devinrent la fureur de ce siècle, qu'elle ne voulut pas prêter son territoire pour la tenue du concile, dont le luthéranisme occasionna la convocation, et qui a été si célèbre sous le nom de concile de Trente. Elle y envoya des ambas-

Concile de Trente.

---

(1) On peut voir sur cela la relation que Bernard Navagier présenta au sénat à son retour de l'ambassade de Rome en 1558.

(Manusc. de la Biblioth.-du-Roi, n° 1041 $\frac{H}{276}$.)

sadeurs, comme toutes les puissances amies du saint-siége, mais sans témoigner pour cette affaire aucun intérêt; et l'on aurait oublié leur mission, s'ils n'eussent eu une question de préséance avec l'ambassadeur de l'électeur de Bavière, contestation qui fut soumise au pape, et que le souverain pontife termina par cette décision, que la république, étant une puissance ancienne et maîtresse de deux illustres royaumes, devait marcher au rang des rois, et par conséquent avant ceux qui ne l'étaient pas.

Pendant ce long intervalle de tranquillité, l'histoire des Vénitiens s'écoule sans être marquée par des évènements dignes d'occuper la postérité.

François Donato, doge. 1545.

Pierre Lando, par qui la paix conclue avec les Turcs avait été signée, était mort en 1545.

François Donato, son successeur, avait vu les arts fleurir à Venise, durant les huit années de son règne, et avait été remplacé, en 1553, par Marc-Antoine Trévisani, qui n'occupa le trône qu'un an, et dont la vie fut, dit-on, abrégée par les austérités de la pénitence. François Venier, qu'on éleva au dogat après celui-ci, ne lui survécut que de deux ans.

Marc-Antoine Trévisani. 1553.

François Venier. 1554.

Laurent Priuli. 1556.

Laurent Priuli, élu en 1556, vit, dès le commencement de son règne, la prospérité de l'état troublée par deux fléaux, la peste et la famine. Le retour de ce dernier malheur amena un réglement important, qui ordonna de rendre à la culture toutes les terres que le défaut de bras avait fait abandonner. Il y en avait encore beaucoup qui étaient couvertes par les inondations, que la défense du pays avait nécessitées. On entreprit des travaux pour faire écouler vers l'embouchure de l'Adige, les eaux répandues sur les plaines. C'était une manière glorieuse de faire des conquêtes ; les plus utiles sont celles qu'on fait chez soi.

La paix fut enfin rendue à l'Europe au commencement de 1559, par le traité de Cateau-Cambrésis, qui réconcilia l'empire, la France, l'Espagne et l'Angleterre, et décida le sort de tant de prétentions rivales, qui, pendant un demi-siècle, avaient ensanglanté l'Italie. Gênes fut reconnue libre ; le duché de Milan et le royaume de Naples demeurèrent à Philippe II, roi d'Espagne, fils de Charles-Quint. *Paix de Cateau-Cambrésis. 1559. Milan et Naples demeurent définitivement à l'Espagne.*

Cette année fut celle de la mort du doge Laurent Priuli, à qui on donna pour successeur Jérôme Priuli, son frère. *Jérôme Priuli, doge. 1559.*

La multitude des livres de controverse, qui avaient paru depuis quelques années, pour ou contre les opinions des novateurs, les volumineux catalogues de livres prohibés par le concile de Trente et par les papes, donnèrent lieu au gouvernement vénitien de publier des réglements *XV. Situation intérieure. Lois sur la presse.*

sur la police de la librairie, et de déterminer à cet égard les rapports de l'autorité civile avec l'autorité ecclésiastique. Il n'était pas dans la nature de ce gouvernement, et encore moins dans le caractère du sévère tribunal auquel appartenait cette police, de favoriser la liberté : celle de la presse fut soumise à une censure vigilante (1) ; c'est par cette raison que les Vénitiens n'eurent jamais un historien dont les éloges pussent être flatteurs, et qu'ils se virent exposés à être jugés trop rigoureusement par les écrivains des autres nations.

Lois somptuaires. Les lois somptuaires furent remises en vigueur à cette même époque. Ce n'est pas ici le lieu d'en approfondir l'esprit, ni d'en discuter l'utilité.

---

(1) Li riscontri degli avvenimenti dei decreti e delle pratiche veneziane mostrano essersi così regolata sempre la repubblica, da cui accolto con riverenza l'ufficio della santa inquisizione si lasciò ad esso ciò che si riputò del foro suo intorno la prohibizione de' libri, ma se adempirono esattissimamente li doveri del principato in ciò che per diritto di buon principe, e come protettore sì della chiesa che della onestà de' propri sudditi, pensò esserli competente. Questa materia delle stampe, pertanto scorgesi essere stata delegata sempre dalla sovranità del consiglio maggiore a quello de' X che n'ebbe la particolar presidenza.

(*Storia civile veneziana* di Vettor Sandi, lib. 10, ch. 3, art. 2.)

La législation tenta aussi de réprimer les abus du jeu. Elle détermina les jeux qui seraient permis, le nombre des personnes qui pourraient se réunir, le lieu, le temps, la somme (1). *Lois contre le jeu.*

On ne se bornait pas à tout ce qui pouvait rétablir la police, l'ordre, l'abondance dans la république, on fortifiait ses frontières. Bergame, Udine avaient été prises plusieurs fois pendant les guerres précédentes : le gouvernement faisait élever, autour de ces places, des ouvrages considérables, qui lui garantissaient la possession de ces deux postes avancés. *Fortifications.*

Cependant les arts, qui faisaient alors la gloire de l'Italie, embellissaient la capitale. Le Florentin Jacques Sansovino, y érigeait les statues colossales de Neptune et de Mars, et le pinceau du Titien, de Tintoret, de Paul Veronèse, décorait de peintures nationales des temples, des palais élevés par la main de Scamozzi ou de Palladio. *Beaux-arts.*

Au milieu de tous ces bienfaits d'une longue paix, le bonheur ne pouvait être sans mélange. Un affreux tremblement de terre renversa de fond en comble la ville de Cattaro en Albanie. Les deux tiers des habitants furent écrasés ; un grand nombre d'étrangers se trouvèrent enve- *Tremblement de terre à Cattaro.*

---

(1) *Ibid.* art. 1.

loppés dans ce désastre, parce qu'une foire considérable rassemblait alors dans cette ville des commerçants de tous les pays. L'activité de l'administration fit promptement disparaître les traces de ce malheur. Cattaro fut rebâtie. L'arsenal et les anciens édifices de Venise, endommagés quelque temps auparavant, furent réparés. Le doge Jérôme Priuli, qui régna jusqu'en 1567, eut pour successeur Pierre Loredan.

Pierre Loredan, doge. 1567. XVI. Démêlés avec le pape.

Non-seulement Venise était en paix avec toute la chrétienté; on n'apercevait pas même dans le lointain les causes qui auraient pu amener une rupture. De temps en temps il s'élevait quelques nuages entre la république et la cour de Rome, mais ces nuages ne portaient pas la tempête.

Le pape régnant en 1560, qui était Pie IV, non moins jaloux que ses prédécesseurs de conférer les bénéfices ecclésiastiques de sa pleine autorité, et sans le concours de la puissance séculière, nomma à l'évêché de Vérone Marc-Antoine Amulio, ambassadeur vénitien à sa cour. Le sénat fermement attaché à cette règle si sage, qui défendait aux ministres de la république d'accepter aucune grace des souverains près desquels ils étaient accrédités, rappela son ambassadeur, malgré les réclamations du pape. Amulio obéit à l'ordre de son rappel, et ne fut renvoyé à son ambassade que lorsqu'on fut assuré qu'il n'avait point accepté l'évêché, et ce siége fut donné à un sujet présenté par le gouvernement.

On était si fortement attaché à la maxime de ne jamais permettre aux ambassadeurs de la république près la cour de Rome, d'user de leur crédit à cette cour, pour en obtenir des graces, que le tribunal des inquisiteurs d'état avait délibéré, dans ses statuts secrets (1), de faire saisir les revenus des bénéfices obtenus par un ambassadeur, pour lui-même ou pour quelqu'un de ses parents, et de le faire mettre à mort secrètement, s'il se permettait la moindre réclamation (2).

Quelque temps après, le pape nomma cardinal ce même Amulio, qui, cette fois, eut la faiblesse d'accepter. On révoqua ses pouvoirs; et comme on n'avait pas de prise sur lui, tous ses parents furent dépouillés de la robe sénatoriale. Pie IV envoya un cardinal à Venise, pour tâcher d'accommoder cette affaire, mais le sénat fut inflexible, et répondit par cette maxime célèbre : « Nous serons toujours esclaves de nos lois, pour « demeurer toujours libres (3). »

---

(1) Art 9 du 1ᵉʳ *Supplément aux statuts de l'inquisition d'état*, manusc. de la Biblioth.-du-Roi.
(2) Sia fatto amazzar segretamente e sollecitamente.
(3) *Hist. veneta* P. Justiniani, lib. 15.

Lorsque le concile de Trente eut terminé ses sessions, les Vénitiens adoptèrent toutes ses décisions concernant le dogme; mais ils ne reçurent point ses réglements relatifs à la discipline, qu'ils jugèrent attentatoires aux droits des souverains.

Ce fut avec la même fermeté qu'ils donnèrent aux princes l'exemple suivi par presque tous, de rejeter une bulle du pape Pie V, qui consacrait les plus importantes usurpations de l'autorité spirituelle sur la puissance temporelle (1).

Mais ces prétentions caduques ne pouvaient amener des démêlés qui eussent de graves conséquences.

La puissance pontificale était un vieil ennemi souvent repoussé, qui ne renouvelait ses tentatives que pour ne pas avoir à se reprocher de manquer une occasion favorable. Nous la verrons bientôt faire un dernier et inutile effort.

Les quatre grandes puissances de la chrétienté se trouvaient tout-à-coup atteintes d'une maladie intérieure, qui ne leur permettait plus de songer à des conquêtes. Elles avaient toutes la guerre civile, et cette guerre civile était une guerre de religion.

---

(1) La bulle in cœnâ domini.

L'Espagne voyait une partie des Provinces-Unies lui échapper.

Un nouveau schisme s'établissait en Angleterre.

Les opinions de Luther venaient de causer la dévastation de l'Allemagne; celles de Calvin allaient déchirer la France.

On ne peut s'empêcher de remarquer combien sont vains tous les calculs de la prudence humaine. Pendant les règnes de Charles VIII, de Louis XII et de François Ier, les Vénitiens avaient employé toute leur politique, leurs armes, leurs trésors, ils avaient vu deux fois leur république au bord de l'abîme, pour empêcher l'une des deux grandes puissances belligérantes de s'établir en Italie. Ces longues guerres se terminèrent d'une manière conforme aux lois générales de la nature. Les deux grandes puissances demeurèrent sur le champ de bataille, longtemps après que la puissance d'un ordre secondaire eut été réduite, par son épuisement, à rester spectatrice du combat; l'une d'elles écrasa l'autre. L'Espagne, ou la maison d'Autriche envahit tout et resta maîtresse de Naples et du Milanais. L'équilibre était rompu; tout ce que les Vénitiens pouvaient craindre de pis était arrivé; et cependant, dès ce moment, leurs guerres avec Naples et avec le Milanais cessèrent. D'autres causes occupèrent ailleurs les forces de leurs voisins. La réformation sauva la république de Venise.

Elle aurait vraisemblablement conservé, sinon son immense commerce, dont les nouvelles découvertes géographiques entraînaient nécessairement la perte, mais du moins ses colonies et sa puissance territoriale, si elle n'eût vu fondre sur elle le nouveau peuple qui venait de s'établir en conquérant à l'orient de l'Europe, depuis deux ou trois siècles. C'est ici la seconde période de sa décadence.

LIVRE XXVII.

Guerre de Chypre. — Siéges de Nicosie et de Famagouste. — Bataille de Lépante, 1570-1573.

1. Situation de la république relativement à l'empire ottoman.

Depuis soixante-cinq ans, la république s'était maintenue presque constamment en bonne intelligence avec ses voisins du côté de l'orient. Cette paix n'avait été troublée que par la rupture de 1538, et par la guerre assez courte qui en fut la suite; mais pendant ce temps-là la puissance ottomane s'était étendue, et il était impossible que, tôt ou tard, les rênes de cet empire ne tombassent pas entre les mains d'un sultan ou d'un visir, qui voudrait l'accroître encore aux dépens des Vénitiens.

Mahomet II avait soumis aux Turcs la ville de Constantin. L'occupation de cette capitale avait déterminé pour l'avenir la direction de leurs armes. Quelques années après, le même sultan avait conquis Négrepont, et la paix de 1479 avait coûté aux Vénitiens plusieurs places de la Morée et de l'Albanie.

Lorsque la république se brouilla en 1499 avec Bajazet II, elle occupa l'île de Céphalonie, mais cette conquête ne fut qu'une indemnité de la perte de plusieurs villes qu'elle fut obligée de céder sur les côtes de la Grèce.

On a vu que la guerre de 1538 se termina par l'abandon de Malvoisie et de Naples de Romanie dans la Morée, de quelques ports en Albanie, et de presque toutes les petites îles de l'Archipel.

Ainsi, depuis la prise de Constantinople, c'est-à-dire dans un intervalle de moins d'un siècle, les Vénitiens avaient eu trois guerres contre les Turcs, toutes trois malheureuses, et terminées par conséquent par des cessions. Ils s'étaient dédommagés de ces pertes par l'acquisition des îles de Zante, de Céphalonie et de Chypre. Cette dernière était doublement importante par son étendue et par sa situation, d'où elle commande le golfe que forment l'Asie mineure, la Syrie et l'Égypte.

Mais la puissance des Turcs avait fait d'immenses progrès. Selim Ier avait conquis la Syrie en 1515, ensuite l'Égypte; et son fils Soliman II avait enlevé l'île de Rhodes aux chevaliers de

Saint-Jean de Jérusalem, en 1521. Je ne parle pas ici de leurs conquêtes sur le Danube.

Les Vénitiens étaient tributaires et vassaux du grand-seigneur. Tributaires, car lorsqu'ils achetèrent la paix, après la prise de Constantinople par Mahomet II, il fut stipulé qu'à raison des établissements possédés par la république dans l'étendue du nouvel empire, et notamment pour Scutari et les autres places de l'Albanie, elle aurait à payer annuellement un tribut de deux cent trente-six mille ducats. Une autre redevance de dix mille ducats avait été consentie par le traité de 1479. Il est vrai que Bajazet II avait bien voulu en dispenser la république, lorsqu'il renouvela son alliance avec elle, après son avènement en 1482. Ils étaient vassaux, car ils s'étaient soumis, en acquérant le royaume de Chypre, à prêter foi et hommage au soudan d'Égypte, à en recevoir de lui l'investiture, à lui payer un cens de huit mille ducats, et aussitôt que l'empereur turc avait eu dépossédé le soudan, ils s'étaient empressés de renouveler aux pieds du vainqueur ces actes de soumission et de vassalité (1).

Déja, dans plus d'une occasion, les Turcs avaient traité les Vénitiens en vassaux, notam-

---

(1) *Historia della guerra di Cipro*, di P. Paruta, lib. 1

ment lorsque incommodé par quelques galères de Malte dans la mer de Syrie, le sultan avait requis la république de faire cesser les courses des chevaliers de Saint-Jean, faute de quoi toutes les forces de l'empire ottoman iraient chasser ces chevaliers de leur nouvel asyle. C'était en 1530: les Vénitiens négocièrent auprès de l'ordre, et le déterminèrent à ne pas provoquer un ennemi si redoutable.

<small>Commencement des pirates, connus sous le nom d'Uscoques.</small>

Les conquêtes des Turcs dans l'Albanie avaient obligé une peuplade d'habitants de ces côtes, qu'on appelait Uscoques, à se refugier dans les rochers et dans les îles qui sont au fond du golfe de Quarnero. L'archiduc d'Autriche, ennemi des Turcs, avait accueilli ces fugitifs. Encouragés par cette protection, et forcés par leur misère à vivre de rapines, ils faisaient des courses continuelles sur les terres voisines, et se livraient sur cette côte au métier de pirates, incommodant beaucoup le cabotage des Turcs, et ne respectant guères plus celui des chrétiens. Le grand-seigneur, en 1562, somma les Vénitiens de le délivrer de ces pirates. Soit qu'il leur eût adressé cette sommation comme à ses vassaux, soit qu'il eût voulu seulement les requérir de maintenir la paix dans le golfe, dont ils se disaient les souverains, ils obéirent. Une escadre de la république fut envoyée contre les Uscoques, détruisit plusieurs de leurs vaisseaux, mais on ne put parvenir à réprimer leurs brigandages que par une guerre sérieuse que nous aurons à raconter.

Cette expédition contre les pirates occasionna l'année suivante, en 1563, une rencontre entre une galère de la république et une galère turque, que les Vénitiens, malgré son pavillon et les cris des matelots qui invoquaient le nom du grand-seigneur, attaquèrent, prirent à l'abordage, et dont ils passèrent tout l'équipage au fil de l'épée, sans pitié comme sans distinction. Il était bien difficile que ce fût une méprise; aussi Soliman n'y vit-il qu'un acte d'hostilité. Il éclata en menaces, et la république ne parvint à l'appaiser que par la prompte punition du capitaine, et par une indemnité de vingt-cinq mille ducats.

Démêlés avec les Turcs.

Soliman mourut en 1566. Selim II, son fils et son successeur, commença par se plaindre de ce que la république ne réprimait pas assez vivement les pirateries des Uscoques, et menaça d'envoyer sa flotte dans l'Adriatique, pour détruire leurs repaires.

Quelque temps après, il prétendit que les Juifs établis dans l'état de Venise, devaient à ses douanes une somme de plus de cent mille ducats. Il voulut rendre l'ambassadeur de la république garant de cette dette, et le fit conduire, par des janissaires, devant le cadi. C'était une avanie accompagnée de formes juridiques. On parvint à terminer cette affaire, en obligeant les marchands juifs à payer la somme réclamée.

On ne tarda pas à apprendre que les Turcs, obligés de traverser si souvent la mer de Syrie, se plaignaient d'avoir à passer sous le canon d'une île occupée par des chrétiens, et qui donnait asyle aux corsaires ennemis du croissant. Ces plaintes étaient un avertissement du danger qui menaçait l'île de Chypre (1).

II.
État de l'île de Chypre.

Quoique les Vénitiens ne l'eussent acquise que depuis une époque où il n'était plus permis d'ignorer les dangers du voisinage des Turcs, ils n'avaient pas fait tout ce qu'ils auraient pu pour s'en assurer la possession. Une partie considérable de la population avait droit d'être mécontente du gouvernement vénitien.

Cette île avait été divisée autrefois en neuf royaumes; de là des traditions qui perpétuaient l'orgueil des familles. Pour accroître leur indépendance, elles avaient profité de la faiblesse

---

(1) La guerre de Chypre a été le sujet d'un ouvrage de Paul Paruta, écrivain presque contemporain. Je resserre ici en un chapitre un récit, qui, sous sa plume, est intéressant, mais dont je n'ai pu conserver les détails dans une histoire générale de Venise.

des empereurs d'Orient ; et ensuite elles avaient mis leur fidélité à prix, lorsque divers souverains s'étaient succédé dans la possession de l'île. Aussi le gouvernement, quoique monarchique, avait-il dégénéré plus d'une fois en anarchie.

Quand on a eu chez soi une multitude de princes, on a à entretenir une longue postérité de seigneurs, qui ne perdent pas de sitôt le souvenir de leur splendeur et de leurs anciens priviléges. Les nobles du royaume considéraient une partie des habitants comme leurs esclaves, et obligeaient le reste à soudoyer les troupes nécessaires pour la défense du pays.

Comme les Vénitiens n'avaient pu s'emparer de l'île sans la connivence des seigneurs cypriotes, il y avait eu pacte entre les usurpateurs et les abus ; aussi en résultait-il que plus des trois quarts de cette terre, qui ne demandait qu'à produire des grains, du safran, du sucre, des cotons et toutes sortes de fruits, demeuraient incultes ; que les salines, les meilleures du monde, étaient mal exploitées ; que les nobles, au lieu d'entretenir pour la garde des côtes sept cents chevaux, comme ils y étaient obligés, n'en entretenaient qu'une centaine, et que les habitants étaient humiliés, misérables et mécontents, jusque-là qu'ils laissaient échapper des plaintes assez vives pour faire soupçonner qu'ils portaient envie aux sujets de la Porte.

Telle était la situation des choses, lorsque Selim II parvint au trône de Soliman. Ce prince, du vivant même de son père, avait exprimé avec quel regret il voyait l'île de Chypre entre les mains des chrétiens. D'ailleurs, il avait besoin d'une nouvelle guerre, pour réparer l'échec que les armes ottomanes venaient d'éprouver devant Malte, deux ou trois ans auparavant.

Pour exécuter plus sûrement ses projets contre Chypre, il conclut une trève de huit ans avec l'empereur, renouvela les traités subsistants avec les Vénitiens, et fit faire les préparatifs d'un armement considérable, en tâchant de donner le change sur sa destination.

Incendie de l'arsenal de Venise.
1569.

Un malheur survenu aux Vénitiens vint le confirmer dans son projet; ce malheur pouvait être pris pour un présage par un peuple tel que les Turcs, dont la croyance admet le dogme de la fatalité. En 1569, le 13 septembre, au milieu de la nuit, une explosion épouvantable se fit entendre dans Venise; quatre églises furent renversées, beaucoup de maisons détruites, presque toutes ébranlées, des murailles, des tours furent lancées et dispersées dans les airs : les nobles couraient aux armes, la population éperdue errait çà-et-là, lorsque la lueur d'un incendie vint révéler la cause et l'étendue de ce désastre. L'arsenal était en feu, un magasin à poudre avait sauté. L'explosion se fit entendre à trente milles de distance; cependant il n'y eut pas un grand nombre de personnes victimes de cet accident, et la marine n'y perdit que quatre galères (1); mais la renommée publia que toutes les munitions navales de la république avaient été détruites. C'était un grand encouragement pour Selim dans les projets hostiles qu'il méditait.

III.
Préparatifs de guerre.

Le baile de Venise ne tarda pas à les pénétrer, et à en donner avis au sénat; on eut de la peine à y croire; on craignait d'exciter l'inquiétude du sultan, en manifestant celle qu'on éprouvait: les ennemis qui veulent tromper comptent pour autant de griefs les soupçons qu'ils ont fait naître. Bientôt les nouvelles lettres de l'ambassadeur, la certitude qu'on acquit d'un rassemblement de troupes, qui se dirigeaient vers la côte méridionale de l'Asie mineure, l'armement d'une flotte de transport dans les ports de la domination ottomane, l'impatience, que le sultan ne prenait plus le soin de dissimuler, ses fréquentes visites à l'arsenal de Constantinople, pour presser les travaux, enfin l'arrestation de beaucoup de mar-

---

(1) *Historia della guerra di Cipro*, di P. Paruta, lib. 1.

chands et de vaisseaux vénitiens, les prétextes mêmes dont on voulait colorer ces avanies, ne permirent plus de douter que les Turcs ne préparassent une expédition d'outre-mer, et la position des troupes indiquait assez que cette expédition devait être dirigée contre l'île de Chypre.

On se hâta d'y envoyer quelques renforts, qui consistèrent en trois mille hommes d'infanterie, et on arma, avec toute la diligence possible, tout ce qu'il y avait de bâtiments de guerre à Venise, c'est-à-dire quatre-vingt-dix galères ou gros galions. Malgré la longue paix dont on venait de jouir, il fallut, dès l'origine de cette guerre, recourir, pour avoir des fonds, aux moyens extraordinaires que la république n'employait que dans les grandes extrémités (1), les emprunts, et la vente des charges publiques. On admit à voter dans le grand conseil, tous les jeunes nobles, qui, n'ayant pas encore l'âge requis, paieraient une certaine somme, et la dignité de procurateur de Saint-Marc, la seconde après celle du doge, fut multipliée en faveur de ceux qui prêteraient à la république au-delà de vingt

---

(1) Ces détails sont tirés de l'*Histoire de la guerre de Chypre* par Paul Paruta, livre 1. Léopold Curti, *Mémoires historiques et politiques sur Venise*, 1re partie. chap. 10, dit que cet emprunt ne fut ouvert qu'en 1572.

mille ducats; une partie du domaine public fut aliénée, le clergé fut imposé à trois décimes de ses revenus.

Pendant que des courriers allaient avertir tous les commandants des colonies de se tenir prêts à repousser une invasion, tous les ministres de la république auprès des princes chrétiens, sollicitaient leur coopération contre la nouvelle agression dont la chrétienté était menacée ; mais l'empereur venait de conclure une trêve avec les Turcs ; le roi de France, Charles IX (1), n'avait point de marine, son royaume était en proie à la guerre civile, et la France avait déja formé avec la Porte, depuis François Ier, cette union qui devait durer près de trois siècles ; il n'y avait donc de secours à espérer que de l'Espagne et de l'Italie.

Négociations pour former une ligue.

Celle-ci fit réellement quelques efforts ; mais qu'était-ce que deux galères du pape, trois galères de Malte, quelques bâtiments du duc de Savoie et les troupes de Florence et du duc d'Ur-

---

(1) On peut voir sur cette époque des relations de Venise avec la France, la correspondance originale de M. de Foix, ambassadeur de France à Venise, en 1569 et 1570, manuscrit de la Biblioth.-du-Roi, n° 1011 $\frac{H}{65}$. Il y a, notamment, sous la date du 12 avril 1570, une instruction du roi à son ministre, par laquelle il le charge d'offrir sa médiation.

bin? Gênes ne fournit qu'une galère, cette république était occupée de ses affaires intérieures. Naples et le Milanais appartenaient à l'Espagne. Tout se réduisait à savoir si le roi d'Espagne voulait sincèrement venir au secours de Venise.

Le pape joignit ses sollicitations à celles des Vénitiens, pour le déterminer à embrasser une cause qui devait lui être commune. Ce prince, Philippe II, n'était pas de ceux qui entrent dans un parti avec chaleur et générosité : son caractère était taciturne, sombre même, ses déterminations toujours lentes et subordonnées à ses intérêts : il ordonna à son amiral de réunir soixante galères à Messine, et de se tenir prêt à se joindre à la flotte vénitienne.

1 V.
Déclaration de guerre.
1570.

Toutes ces négociations et ces armements avaient trop de publicité, pour qu'on pût se flatter de conserver avec la Porte les apparences d'une bonne intelligence. Le sénat jugea même qu'il n'avait plus rien à ménager, et comme il avait déja des représailles à exercer, il fit arrêter un chiaoux envoyé par la Porte à la cour de France. Peu de temps après, un autre chiaoux fut expédié par le grand-seigneur à Venise. Cet envoyé ne reçut point d'honneurs à son arrivée dans cette capitale; introduit devant le collége, il baisa le pan de la robe du doge, prit place à sa droite, et présenta une bourse de tissu d'or qui contenait la lettre du sultan.

Cette lettre commençait (1) par des plaintes, et par l'énumération des griefs que la Porte avait à reprocher à la république, comme la violation des frontières du côté de la Dalmatie, la mise à mort de quelques corsaires musulmans, ce qui était contraire aux traités; mais sur-tout l'asyle donné dans l'île de Chypre aux corsaires du ponant, qui infestaient la mer de Syrie, et qui troublaient les sujets de sa hautesse dans leur commerce, et les pélerins de la Mecque dans leurs voyages. Le sultan ajoutait que, si les Vénitiens voulaient conserver son amitié, il fallait faire cesser cette cause de discorde, en lui remettant l'île de Chypre; faute de quoi ils n'avaient qu'à se préparer à soutenir la guerre : « Elle sera « terrible, disait-il en finissant, et s'étendra sur « toutes vos provinces : si vous ne cédez Chypre, « nous vous l'arracherons; et ne vous confiez « point en votre trésor, car il s'écoulera comme « un torrent (2). »

---

(1) *Hist. della guerra di Cipro* di P. Paruta, lib. 1.
(2) Parole ch'a da usar il chiaus alla signoria di Venezia.
« Vi dimandiamo Cipro, qual ci darete o per amor o per forza, e guardate di non irritare l'orribile spada; perchè vi faremo mover guerra crudelissima in ogni paese, e non vi

Une alternative si dure, et offerte si impérieusement, ne permettait guères de délibérer sur la réponse; il y avait cependant des sénateurs qui voulaient que l'on tentât encore de conserver la paix; mais comme il n'y avait pas de moyen d'espérer un accommodement, le chiaoux fut renvoyé avec une réponse qui portait que la république, après avoir mis tous ses soins à conserver l'amitié des princes ottomans, emploierait toutes ses forces pour le maintien de ses droits.

Cette réponse devint le signal de la guerre. Le baile et tous les consuls de la république dans l'empire turc furent arrêtés.

Louis Moncenigo, doge. 1570. On était alors au mois de mai. Le doge, Pierre Loredan, mourut au moment où les hostilités allaient commencer, et fut remplacé par Louis Moncenigo; c'était le quatrième de cette maison qui parvenait à cette suprême dignité.

V. Débarquement de l'armée turque dans l'île de Chypre. 1er juillet 1570. Les troupes turques attaquaient la Dalmatie, elles n'étaient qu'à huit milles de Zara; elles menaçaient Cattaro. La flotte, commandée par

---

confidate nel vostro tesoro, perchè faremo che vi passerà via a guisa di torrente.

(Voyez la *Correspondance de M. de Foix, ambassadeur de France à Venise*, manuscrit. de la Bibl.-du-Roi, n° 1011 $\frac{H}{265}$).

un renégat hongrois, nommé Piali Pacha, était sortie des Dardanelles. Elle s'arrêta pendant dix jours devant la petite île de Tine, l'une des Cyclades qu'elle ravagea, mais sans pouvoir s'en emparer (1), et parut, le 1er juillet, à la vue de la pointe méridionale de l'île de Chypre, où elle débarqua, non loin de l'ancienne Paphos, une armée, dont quelques historiens (2) exagèrent probablement la force, en la portant à plus de quatre-vingt mille hommes. Un auteur, presque contemporain, Paul Paruta, dit (3) seulement qu'elle était composée de cinquante mille hommes d'infanterie, trois mille pionniers, et deux mille cinq cents chevaux. Ce nombre est en effet plus proportionné à celui des vaisseaux. La flotte était composée de cent cinquante galères, et de cinquante palandres ou bâtiments de transport. Encore ne comprendrait-on que difficilement comment cent cinquante galères auraient pu porter plus de cinquante mille hommes, si le même historien ne nous aver-

---

(1) On peut voir dans un man. de la Biblioth.-du-Roi, n° 10131, la lettre que cet amiral écrivit au gouverneur de cette colonie pour le sommer de la lui remettre.

(2) Notamment l'abbé LAUGIER, liv. 38.

(3) *Hist. della guerra di Cipro*, lib. 1.

tissait qu'une partie de cette flotte fit deux voyages.

Cette armée était aux ordres du pacha Mustapha. Elle était pourvue d'une artillerie consistant en cinquante fauconneaux, et en trente grosses pièces de cinquante et de cent livres de balle.

Pour résister à de telles forces, il n'y avait dans toute l'île que cinq cents hommes de cavalerie dalmate, une centaine de chevaux fournis par les nobles, trois mille fantassins envoyés de Venise quelques mois auparavant, déja réduits à deux mille par les maladies, et quelques milices du pays. Il était impossible de tenir la campagne avec de si faibles troupes. Le gouverneur s'était porté avec un millier d'hommes sur le point de débarquement; mais quand il vit se déployer une flotte de plus de deux cents voiles, il n'eut plus d'autre parti à prendre que de se retirer.

Des cinq villes qu'il y avait dans l'île, Baffo, Cerines et Limissa n'étaient point susceptibles de défense. Il fallut renfermer ce peu de soldats, partie dans Nicosie, partie dans Famagouste, qui étaient les deux seules places fortifiées.

Les Turcs se répandirent donc sans obstacle dans tout le pays, ravagèrent les terres des seigneurs, traitèrent assez humainement les paysans.

qu'ils savaient peu attachés au gouvernement vénitien, et se disposèrent à attaquer les deux villes qui pouvaient soutenir un siége.

Rien n'était assurément plus urgent que d'envoyer la grande flotte vénitienne au secours de cette colonie. Mais les métropoles veulent avoir des colonies, et ne savent pas se déterminer aux sacrifices qu'exige leur conservation. Les Vénitiens n'avaient pas eu la précaution d'entretenir en Chypre de bonnes garnisons. A l'approche du danger, ils y avaient jeté une poignée de monde. Si au moins toutes leurs forces navales s'étaient présentées pour la secourir, dès le premier moment de l'invasion, ils auraient pu surprendre les Turcs dans les embarras du débarquement, leur faire essuyer un échec, les obliger à tenir une partie de leurs forces en observation, les inquiéter, ralentir leurs progrès, et, pendant ce temps-là, renforcer les garnisons, et inspirer de la confiance aux habitants.

VI. Lenteur des Vénitiens à secourir l'île.

Il n'en fut pas ainsi. Les quatre-vingt-dix galères de la république étaient réunies dans le port de Zara, sous le commandement du généralissime Jérôme Zani, depuis la fin d'avril. On attendait des troupes et des armes, mais on avait su que la flotte turque était de cent cinquante galères, et on ne voulait pas s'exposer à la rencontrer, avant d'avoir reçu les renforts que l'Espagne et l'Italie faisaient espérer. Ces renforts dépendaient de la conclusion d'une ligue, que les ministres de la république et du pape négociaient vivement, mais pour laquelle la cour d'Espagne ne montrait pas la même chaleur.

Puisque les Turcs ne parurent devant Chypre que le 1er juillet, il est évident que les Vénitiens, s'ils eussent mis moins de circonspection dans leurs opérations, auraient eu le temps de faire un voyage vers cette colonie, dans le courant de mai et de juin. Au lieu de prendre ce parti, ils restèrent dans le port de Zara. Seulement ils s'avancèrent, le 12 juillet, jusqu'à Corfou, pour être plus à portée de se joindre avec leurs alliés, qui devaient se réunir à Messine. Pendant ce temps-là le scorbut dévorait les équipages. Il fallut mettre à terre les malades, et une partie de ceux qui ne l'étaient pas. Il fallut attendre, et aller chercher jusques dans les îles de l'Archipel, des recrues pour remplacer les hommes qu'on avait perdus, et dont le nombre s'élevait, dit-on (1), à près de vingt mille. Pendant cette funeste inaction, on reçut la nouvelle que la

---

(1) *Hist. della guerra di Cipro* di P. Paruta, lib. 1.

flotte espagnole ne se mettait point encore en mouvement. L'amiral attendait de nouveaux ordres : en vain le pape lui écrivait pour presser son départ, il trouvait toujours de nouvelles excuses pour le différer. Il était inépuisable en prétextes.

Enfin la nécessité de renforcer les équipages, et de se rapprocher de l'ennemi, détermina le généralissime à se porter sur Candie, où il arriva le 4 août. La ligue n'était point encore signée. On obtint cependant, à force d'instances, le consentement de Philippe II, pour que ses galères se joignissent à la flotte de la république. Elles parurent avec celles de Malte, et du pape, vers la fin du mois d'août, et l'amiral espagnol, Jean-André Doria, prit le commandement de l'armée combinée.

En arrivant à Candie, on apprit que les Turcs avaient profité de tous ces délais.

Nicosie, contre laquelle ils avaient dirigé leurs premiers efforts, était une place forte par sa situation, mais dont la circonférence très-étendue aurait exigé des réparations considérables; elle avait eu précédemment jusqu'à neuf milles de circuit : quoique les ingénieurs vénitiens eussent réduit cette enceinte à trois milles, on avait négligé de mettre les fossés en bon état, de rassembler des approvisionnements, et au

VII.
Prise de Nicosie par les Turcs.
9 septembre 1570.

lieu d'une garnison expérimentée, pour défendre onze bastions, il n'y avait que quinze cents hommes de troupes réglées italiennes, trois mille de milices, un corps de mille nobles, deux mille cinq cents bourgeois, et deux mille paysans, mais sans aucun usage du service, et presque tous armés de hallebardes, faute d'armes à feu (1). Le gouverneur de l'île, Astor Baglione, avait réservé la majeure partie de ses forces pour la défense de Famagouste ; parce que cette autre place était beaucoup moins fortifiée, et qu'il ne doutait pas que les Turcs ne l'attaquassent la première, attendu qu'elle était sur le bord de la mer, au lieu que Nicosie était dans l'intérieur des terres. D'après cette conviction, il avait choisi le poste qu'il jugeait le plus périlleux, s'était placé à Famagouste, et avait confié la défense de la capitale à un de ses lieutenants, nommé Nicolas Dandolo, homme que son nom et une suite de médiocres services, avaient conduit à un grade important, mais qui n'avait, dit-on, ni la capacité, ni la résolution que réclamaient de si graves circonstances.

Mustapha-Pacha, maître de tout le plat pays de l'île, fit commencer le siége devant Nicosie, le 22 juillet, et, pour intercepter toute commu-

---

(1) *Hist. della guerra di Cipro* di P. Paruta, lib. 1.

nication entre cette place et Famagouste, il lui suffit de jeter un parti de cinq cents chevaux sur la route qui conduit de l'une à l'autre. Son impatience pressait les travaux, multipliait les assauts, et essayait à-la-fois sur les assiégés les menaces et les moyens de corruption. Les historiens accusent le peu de fermeté du commandant, et la discorde qui régnait entre les principaux officiers de la place. Il est très-ordinaire que, dans les occasions où il n'y a que le choix des malheurs, on se divise; mais j'avoue que je ne vois pas trop ce que les défenseurs de Nicosie auraient pu faire de plus. Les Turcs passaient alors pour beaucoup plus habiles que les chrétiens (1) dans l'art de l'attaque et de la défense des places. Les détails que l'historien Paruta donne sur ce siége, font foi de cette supériorité. Cependant, ce ne fut qu'après un quatrième assaut qu'ils pénétrèrent dans Nicosie; les assiégés avaient effectué plusieurs sorties, et mis le désordre dans le camp. Jacques de Nores, commandant de l'artillerie, le comte de Rocas, chef

---

(1) Essendo molto maggiore la perizia e la virtù de' suoi soldati nell'espugnare le fortezze, che non era l'arte e l'industria de' christiani nel fabbricarle o nel diffenderle, come s'avea per tante esperienze potuto conoscere.

(*Hist. della guerra di Cipro* di P. Paruta, lib. 1.)

des milices, s'étaient fait tuer sur la brèche. Ce fut dans une attaque nocturne que les postes furent surpris et égorgés. Les troupes fugitives, une partie de la population éperdue, les magistrats, le commandant, l'archevêque, se refugièrent dans le palais; là, ils capitulèrent pour avoir la vie sauve; mais, dès qu'ils eurent ouvert les portes, le vainqueur viola sa promesse, le massacre recommença, et vingt mille habitants de cette capitale périrent par l'épée. Les Turcs trouvèrent dans Nicosie deux cent cinquante pièces de canon; ils en brisèrent une, qui les avait fort incommodés pendant le siége, et rassemblant les débris de quelques monuments, qui décoraient les environs de Nicosie, ils élevèrent un tombeau de marbre précieux à l'officier qui avait planté l'étendard ottoman sur les remparts.

VIII. Mouvements de la flotte vénitienne.

La perte de Nicosie avait eu lieu le 9 septembre. La grande flotte combinée était toujours immobile dans les ports de Candie; on y délibérait au lieu d'agir. Les uns voulaient marcher au secours de l'île envahie, les autres proposaient de faire ailleurs une importante diversion, qui obligeât les Turcs à abandonner cette entreprise, et, comme de coutume, on trouvait des inconvénients à tout : enfin ceux qui allaient droit au but représentèrent avec tant de force, que secourir l'île était l'objet de l'armement, qu'il y aurait de la honte à porter ses forces là où l'ennemi n'était pas, que ce serait décourager totalement les défenseurs de Chypre ; ils demandèrent avec de si vives instances à marcher contre l'ennemi, que l'amiral se décida à sortir du port le 18 septembre.

Il se trouvait à la tête de cent quatre-vingt-une galères, douze galéasses et quatorze vaisseaux armés ; c'était donc une flotte de plus de deux cents bâtiments de guerre, accompagnés d'un grand nombre de vaisseaux de transport, et chargés de quinze mille hommes de débarquement. Dans ce puissant armement, il n'y avait que quarante-cinq galères espagnoles et quatre mille hommes de troupes de Philippe II. Presque tout le reste avait été fourni par la république.

En approchant des côtes de l'Asie mineure, on donna la chasse à un bâtiment turc, chargé de chrétiens qui avaient été pris à Nicosie. On apprit de ces captifs le malheur de leur ville ; qu'immédiatement après cette conquête, Mustapha avait porté toutes ses forces devant Famagouste, et que ses cavaliers, en courant autour de la place, montraient au bout de leurs sabres les têtes des principaux habitants de la capitale. Ces nouvelles furent, pour ceux qui n'avaient point approuvé la marche vers Chypre, une occasion de reproduire leur proposition de tenter quelque autre expédition. Mais le généralissime espagnol fit cesser toutes les délibérations, en déclarant qu'il ne s'était décidé à s'éloigner des ports du roi son maître, que pour secourir Nicosie; que malheureusement il n'était plus temps; qu'il serait imprudent de hasarder une bataille, dans une mer où on n'avait point d'asyle; que la saison était déja fort avancée, et qu'en conséquence il avait résolu de ramener la flotte du roi son maître en Sicile. Rien ne put l'ébranler dans sa détermination, et, quelques jours après, il se sépara de la flotte, et fit voile pour la Sicile avec ses quarante-cinq galères (1).

L'amiral vénitien, abandonné des Espagnols, sentit que la flotte ottomane ne manquerait pas

---

(1) Fede del signor Sforza Pallavicino, e proveditor Giacomo Celso, delle parole occorse fra il signor Marc' Antonio Colonna e il signor Andrea Doria, l'anno 1570.

Copia della richiesta del generale veneziano.

Parere del signor Marc' Antonio Colonna dato ai signori veneziani, intorno al soccorer il regno di Cipro.

Parere del signor Pompeo Colonna.

Ces pièces se trouvent dans un vol. man. de la Biblioth.-du-Roi, intitulé : *Mélanges historiques*, n° 9513.

de sortir des ports de Chypre, pour venir lui présenter le combat, et que la retraite serait encore plus honteuse, exécutée en présence de l'ennemi. En effet, l'amiral turc avait déjà mis à la voile, et sans une tempête, qui écarta les uns et les autres de leur route, et qui brisa quelques galères vénitiennes contre des écueils, il aurait probablement atteint la flotte chrétienne, avant qu'elle ne fût arrivée dans le port de Candie.

Tels furent les résultats de cette campagne; des sommes immenses dépensées, la perte de vingt mille hommes par les maladies, le naufrage de plusieurs vaisseaux, toute l'île de Chypre au pouvoir des Turcs, la capitale saccagée, Famagouste, la seule place qui restât à la république, assiégée sans espoir d'être délivrée, et la honte éternelle pour les armées chrétiennes, de n'avoir osé s'approcher de l'ennemi.

L'hiver fut employé par les Turcs à presser le siége de Famagouste, et à tâcher de ralentir les armements de la république par quelques propositions d'accommodement. De leur côté, les Vénitiens employèrent cette saison à exciter la révolte de quelques peuples de la Dalmatie, fatigués du joug ottoman, et à suivre les négociations de la ligue, car le sénat, toujours constant dans ses projets, n'était pas encore dégoûté de l'alliance des Espagnols.

IX.
Siége de
Famagouste
par
les Turcs.
Octobre
1570.

Devant Famagouste, les Turcs avaient ouvert la tranchée dès le mois d'octobre; mais la nature du terrain, qui est un roc très-dur, ne permettait pas de creuser sans une grande perte de temps. Ils essayèrent de faire une tranchée artificielle avec des sacs remplis de sable. Ils élevèrent même des redoutes. Les assiégés firent des sorties heureuses et renversèrent ces ouvrages : le feu était si vif de part et d'autre, que, dès le commencement du siége, les Cypriotes avaient déja consommé cinquante milliers de poudre, c'est-à-dire la plus grande partie de leurs munitions. Les assiégeants ralentirent un peu leurs efforts, lorsque la saison devint rigoureuse; parce que le départ de leur flotte, qui alla hiverner à Constantinople, les priva d'une partie de leurs travailleurs : ils établirent leur camp non loin de la ville, dans des jardins charmants, entre les murailles et la mer, parmi les bois de cèdres et de citronniers qui embellissaient les environs de l'ancienne Amathonte.

Quelques vaisseaux, restés pour bloquer le port, furent assaillis et dispersés par douze galères vénitiennes : c'était un secours de seize cents hommes et d'approvisionnements, que Marc-Antoine Quirini avait été chargé de jeter dans la place. Quelque temps après, il en arriva un second, qui consistait en huit cents hommes.

A l'aide de ces renforts, la garnison et les habitants persistèrent dans la résolution généreuse de se défendre jusqu'à la dernière extrémité; on fit sortir les bouches inutiles, on embarqua les femmes, les enfants, il ne resta dans la ville que sept mille hommes en état de porter les armes.

Sur les côtes de la Dalmatie et de l'Albanie, une petite escadre vénitienne favorisait l'insurrection des sujets de la Porte, et enlevait quelques places.

A Venise on avait reçu, par le baile resté à Constantinople, l'avis que le grand-visir paraissait encore disposé à la paix. On avait envoyé dans cette capitale un plénipotentiaire, avec une mission ostensible, pour négocier le retour des prisonniers; mais cet agent portait au baile une instruction secrète du conseil des Dix (1), qui l'autorisait à traiter en abandonnant l'île de Chypre, sauf la ville de Famagouste, qu'il pouvait même céder, pourvu que les Turcs consentissent à donner ailleurs quelque place en dédommagement.

Dans la situation ou étaient les choses, le départ de cet agent, et le véritable objet de sa

X.
Ligue du pape, du roi

(1) *Historia della guerra di Cipro* di P. Paruta, lib. 2.

d'Espagne et des Vénitiens contre les Turcs.

mission, ne pouvaient être long-temps un mystère. La crainte de voir les Vénitiens faire leur paix séparée avec les Turcs, accéléra la marche de la négociation pour le traité d'alliance. Elle durait depuis un an, et n'avançait pas. Quand les Vénitiens insistaient, pour qu'on les aidât à porter un secours prompt et efficace dans l'île de Chypre, les ministres de Philippe II s'écriaient que leur maître étendait ses vues bien plus loin; qu'il fallait absolument délivrer la chrétienté du péril, sans cesse renaissant, où la mettait la puissance des infidèles; que ce n'était pas assez de reprendre Chypre, qu'il y avait à détruire les Maures, à chasser les Turcs de Constantinople; ils parlaient même de porter la guerre dans la Perse. De telles propositions n'avançaient point les affaires, et ne prouvaient point la sincérité du roi. On soupçonnait qu'il ne voulait, ni faire la guerre, ni permettre aux Vénitiens de faire une paix, qui aurait pu le laisser lui-même exposé à la vengeance des Turcs. Le pape lui avait accordé l'autorisation de lever, sur le clergé d'Espagne et des Indes, une dîme qui produisait plusieurs millions, et il n'était pas fâché de prolonger un état de guerre si profitable et qui n'était pas encore dangereux pour lui.

Mais lorsqu'il vit que les Vénitiens, réduits

à ne pas compter sur une coopération sincère de sa part, pouvaient d'un moment à l'autre acheter la paix avec le sultan, tous les obstacles qui avaient retardé la conclusion de la ligue s'applanirent.

Le sénat, qui ne recevait point de Constantinople des nouvelles, qui lui permissent l'espérance d'un accommodement raisonnable, se détermina à s'assurer au moins des alliés pour la prochaine campagne, et l'acte de confédération fut signé. Voici quelles en étaient les conditions (1).

Le pape, le roi d'Espagne et la république formaient une ligue perpétuelle, dans l'objet d'abaisser la puissance des Turcs. Les forces de la confédération, destinées à agir en commun,

---

(1) On peut voir sur cette ligue un manuscrit de la Bibl.-du-Roi, intitulé : *Discorso e trattato della lega contro il Turco, tra papa Pio V, rè catolico, e la serenissima signoria di Venezia* del signor Michele Soriano. Cet ouvrage fait partie d'un vol. in-f° provenant de la bibl. de la Sorbonne, n° 391. Il est aussi dans un autre vol. man., intitulé : *Mélanges historiques*, n° 9513, avec un *Discorso di monsignor Capilupo, diretto al duca d'Urbino, circa il modo di conservar la lega*. Ce dernier écrit se trouve aussi dans le manuscrit n° 10061, et une vingtaine de pièces y relatives dans un autre recueil n° 10088.

devaient consister en deux cents galères, cent vaisseaux, cinquante mille hommes de pied et quatre mille cinq cents chevaux. Le contingent de la dépense était fixé pour le roi à la moitié, pour le pape à un sixième, pour les Vénitiens à un tiers. Cette armée devait être prête au mois de mai. Otrante était le lieu du rendez-vous. Comme le pape n'avait presque point de bâtiments de guerre à sa disposition, les Vénitiens s'obligeaient à lui fournir douze galères, avec toute leur artillerie et leurs agrès. Le commandement de toutes ces forces devait être confié au généralissime espagnol (1).

Le gouvernement de la république mit beaucoup de diligence dans ses préparatifs. Sa flotte, qui était venue hiverner à Corfou, fut renforcée par un nouvel armement de vingt-cinq galères. Mais on manquait d'hommes; pour s'en

---

(1) Mandati del serenissimo rè catolico e della signoria di Venezia alli loro agenti e oratori in Roma appresso papa Pio V, 1570. *Instrumentum fœderis initi de anno* 1571 *inter serenissimum D. N. Pium papam V, serenissimum regem Philippum Hispaniarum et DD. Venetos.* 25 maii 1571.

(Recueil de pièces relatives à l'*Histoire d'Italie, dans le XVI*e *siècle*, manusc. de la Biblioth.-du-Roi, n° 10061.)

Discorso di Gabriel Salvago circa la lega per defensione dell' isola di Cipro, diretto al cardinal di Corregio. (*Ibid.*)

procurer, on releva de leur ban tous les exilés qui voudraient prendre du service; on assura à tous les volontaires une exemption d'impôts pendant quatre ans. Le généralissime de mer, Jérôme Zani, étant malade, on le remplaça par Sébastien Vénier. On levait des troupes de tous côtés. Les dépenses que cette guerre imposait à la république, n'allaient pas à moins de trois cent mille ducats par mois. On eut encore recours aux expédients devenus familiers au gouvernement, les emprunts, l'aliénation des domaines, la création et la vénalité des emplois.

Tant que la conclusion de la ligue avait été incertaine, les Vénitiens, sentant leur infériorité, pour combattre en pleine mer un ennemi dont les forces venaient de s'accroître, et dont les projets allaient devenir plus vastes, s'étaient déterminés à tenir une cinquantaine de galères à Candie, pour coopérer à la défense de cette île, pour être à portée de jeter furtivement quelques secours dans Famagouste, et pour intercepter toutes les petites escadres turques qui voudraient sortir de l'Archipel.

La ligue signée, ce plan devait changer. On ne pouvait espérer un succès que d'un effort simultané, et, au lieu de diviser ses forces, pour garder tous les points qui pouvaient être menacés, il fallait les réunir, afin de détruire d'un seul coup, s'il était possible, toute la flotte ennemie. Tous les confédérés s'étaient promis de réunir leurs galères à Otrante au mois de mai. Tous étaient en retard ; les Vénitiens, à cause de la difficulté de rallier leurs escadres; le pape, les Espagnols, parce que les leurs n'étaient pas encore prêtes.

XI.
Campagne de 1571.

La flotte ottomane, forte de deux cent cinquante voiles, était déja en mer. On l'apprit par le bruit de ses ravages. Les Turcs se regardaient comme assurés de la conquête de Chypre. Ils y tenaient seulement une vingtaine de galères, pour bloquer le port de Famagouste. On ne pouvait douter que leur dessein ne fût de s'emparer des îles vénitiennes qui bordent le continent de la Grèce. On sut que leur flotte s'était portée sur la côte de Candie. Elle n'avait pas assez de troupes pour entreprendre la conquête de cette île; mais elle y opéra un débarquement de quelques milliers d'hommes, qui ravagèrent les campagnes, et ruinèrent la petite ville de Rettimo, qu'ils trouvèrent abandonnée. Un corps de troupes, sorti de la Canée, tomba sur ces pillards, et les tailla presque tous en pièces. Une tempête qui survint obligea l'amiral ottoman de s'éloigner de ces rivages, et son départ délivra les cinquante galères qui se trouvaient dans les ports de l'île.

Le généralissime vénitien sentit qu'il pouvait être bloqué dans Corfou, et qu'il ne tirerait aucun parti de ses forces, s'il ne parvenait à les réunir. En conséquence, il donna ordre aux galères qui étaient à Candie de venir le joindre; et, pour hâter sa jonction avec les alliés, il alla au-devant d'eux jusqu'à Messine.

Les Turcs, en s'éloignant de Candie, se portèrent sur la petite île de Cérigo, l'ancienne Cythère, à la pointe méridionale de la Morée, et la ravagèrent. De là ils se présentèrent devant Zante et devant Céphalonie, dont les habitants s'étaient refugiés dans les forts. Les villages se trouvant abandonnés, furent livrés aux flammes. Le pacha, s'élevant toujours au nord, se présenta devant Corfou; mais ayant trouvé cette île en bon état de défense, il se jeta sur le fort de Sopoto, qui lui fut ouvert sans résistance. Certains que la flotte de la république n'était pas à Corfou, les Turcs se déterminèrent à entrer dans le golfe.

Leur apparition sur la côte de Dalmatie y répandit l'épouvante, et seconda puissamment les progrès d'un corps de troupes ottomanes qui assiégeait alors Dulcigno dans l'Albanie supérieure, au midi de Cattaro. Après avoir emporté cette place, les Turcs suivirent la côte, et soumirent Badua et Otivari, passèrent de-

Entrée de la flotte turque dans le golfe.

vant Raguse, et allèrent ravager les îles de Curzola et de Lesina. Toute la population fuyait éperdue, abandonnant ses habitations et ses champs à la merci d'un conquérant dévastateur, se refugiant dans les montagnes, se jetant dans les villes fortifiées, ou se confiant à de frêles barques pour aller chercher un asyle sur la côte d'Italie.

La terreur fut grande à Venise, quand on sut que l'ennemi n'était pas à quatre-vingts lieues, et qu'il pouvait arriver, en trois ou quatre jours, à la vue de la capitale, sans qu'on eût la moindre escadre à lui opposer.

On s'empressa de couvrir de batteries les bancs de sable qui défendent les lagunes; on ferma les passages avec des pieux, des galères, des chaînes, comme on avait fait deux cents ans auparavant, lorsque les Génois s'étaient avancés jusqu'à Chiozza. Heureusement tous ces préparatifs furent inutiles. L'amiral turc, qui savait que toute la flotte de la ligue devait se réunir en Sicile, ne douta pas qu'elle ne courût à la défense de Venise, il ne jugea pas à propos de l'attendre dans le golfe, et fit voile vers Corfou.

En effet, la république effrayée s'était plainte à grands cris de l'inaction de ses alliés. Les galères de l'église, de Florence et de Malte étaient enfin arrivées à Messine; mais on y attendait toujours celles d'Espagne. On ne voyait pas même arriver celles de Naples. Ce ne fut qu'au mois d'août que parut la flotte du roi catholique, conduite par un fils naturel de Charles-Quint, don Juan d'Autriche, prince de vingt-deux ans, qui venait prendre le commandement de toutes les forces de la ligue. La jeunesse d'un tel général pouvait effrayer; mais ce fut un bonheur pour les Vénitiens de voir leurs destinées dans les mains d'un chef, que son âge et sa naissance semblaient affranchir de l'extrême circonspection que la cour d'Espagne recommandait sur toutes choses à ses généraux.

Don Juan appareilla le 17 septembre, à la tête de deux cent vingt galères, six galéasses et vingt-cinq vaisseaux. C'était au moins deux mois trop tard. Famagouste avait succombé.

Les assiégeants avaient reçu des renforts considérables, les habitants des côtes voisines étaient accourus d'eux-mêmes dans le camp de Mustapha, attirés par l'appât du pillage. La renommée publiait que ces renforts s'élevaient à cinquante mille hommes. Il est certain que l'armée des Turcs était fort nombreuse, et ils disaient eux-mêmes, dans leur langage hyperbolique, que, pour combler les fossés de la

XII.
Belle défense de Famagouste par Bragadino.
1571.

place, il suffisait que chacun de leurs soldats y jetât une de ses sandales (1).

Pour se défendre contre cette multitude d'assiégeants, il avait dans la ville trois mille cinq cents hommes d'infanterie italienne et autant de milices du pays. A la tête de cette garnison se trouvaient Astor Baglione, Louis Martinengo, chef de l'artillerie, et Antoine Quirini, jeune patricien; mais le soin particulier de la défense roulait sur le capitaine d'armes de la place, Marc-Antoine Bragadino.

Dès le mois d'avril, les Turcs avaient commencé les travaux de la tranchée. L'immensité des ouvrages prouvait le grand nombre de bras que Mustapha avait à sa disposition. Dans un développement de plus de trois milles, on avait creusé, souvent dans le roc, non pas un boyau, mais un chemin large et si profond qu'un homme à cheval pouvait y passer, sans qu'on aperçût autre chose que l'extrêmité de sa lance (2). Sur le revers de ce fossé on avait pratiqué un chemin, qui était couvert par les terres résultant de l'excavation, et à l'abri de ce parapet, les tirailleurs ne cessaient d'incommoder les gardes de la place.

---

(1) *Hist. della guerra di Cipro* di P. Paruta, lib. 2.
(2) *Ibid.*

En arrière de la tranchée, dix forts de cinquante pieds de front, construits avec des madriers, des fascines et des sacs à terre, offraient une retraite assurée aux travailleurs, en cas d'attaque, et battaient le rempart de leur artillerie.

Les fortifications de Famagouste n'étaient ni bien considérables, ni en bon état; mais le commandant Bragadino était un homme de tête et de résolution. Il fit réparer ses murailles, organisa une fonderie, couvrit ses remparts de canons, et sut inspirer à ses gens une telle ardeur, que les officiers allèrent s'établir sur le terreplain du rempart, et ne voulurent plus avoir d'autre logement.

Un matin du mois de mai, on entendit, au lever du soleil, un grand bruit dans le camp des Turcs, et peu après, on les vit faire un feu terrible de toute leur artillerie : ils s'avancèrent ensuite jusques dans le fossé, au pied de la muraille, qui était considérablement endommagée; mais elle se trouva d'un accès trop difficile, et l'assaut fut repoussé. Cependant les Turcs se logèrent dans le fossé, et il n'y eut pas moyen de les éloigner.

De part et d'autre on avait entrepris des travaux souterrains. Les assiégés voyaient aller et venir les mineurs des assiégeants. Il voyaient transporter les poudres, et, comme ils ne pouvaient guère être incertains du point sous lequel les travaux étaient dirigés, ceux qui le défendaient s'attendaient d'un moment à l'autre à sauter en l'air. On n'avait pu parvenir à éventer la mine. Elle éclata un matin, ébranla toute la ville, renversa une partie de la muraille, et les Turcs s'avancèrent aussitôt pour s'élancer sur les débris ; mais ce nouvel assaut fut soutenu avec la même vigueur que le premier. Les Turcs s'y acharnèrent pendant cinq heures ; enfin ils furent contraints de céder à la bravoure de la garnison, qui perdit près de deux cents hommes dans cette journée.

Mustapha, sans discontinuer de battre la place en brèche, et de faire cheminer ses mineurs, voulut ajouter la bombe à ces moyens de destruction. Il couvrit la ville pendant quelques jours d'un déluge de feu. Le courage de la garnison n'en fut point ébranlé, et l'activité de Bragadino eut de nouvelles occasions de se signaler.

Cependant on n'avait de repos ni jour ni nuit. La sape préparait la chûte des murailles : la ville était ouverte en plusieurs endroits ; il y avait plusieurs brèches praticables. Le général ottoman résolut de livrer un troisième assaut sur plusieurs points à-la-fois, et de le diriger en personne. On juge de la furie avec laquelle les Turcs s'y précipitèrent; le combat dura toute la moitié du jour; la garnison, par des efforts incroyables, avait repoussé l'ennemi sur tous les points, hors un seul où il conservait l'avantage. Il parvint à se rendre maître de la demi-lune, qui couvrait une des portes. Cet ouvrage était miné : on avait épuisé toutes ses forces pour en chasser les assaillants : le feu fut mis à la mine, et les Turcs, les assiégés, qui s'y trouvaient encore pêle-mêle, sautèrent tous en l'air.

Bragadino avait fait construire, en-dedans de ses murailles à demi-ruinées, des retranchements en terre, où ses troupes se montraient encore déterminées à attendre l'ennemi de pied ferme. Les assiégeants, les assiégés étaient si près les uns des autres, qu'ils se parlaient, tantôt pour se provoquer, tantôt pour ébranler la fidélité et la constance les uns des autres. Les Turcs criaient aux Vénitiens, ce qui était malheureusement trop vrai, que leur flotte n'osait pas sortir du port, qu'il n'y avait point de secours à espérer. Ils offraient une honorable capitulation; ils jetaient des lettres dans la place, proposaient des conférences; mais Bragadino, qui savait que tout commandant qui parlemente montre l'envie de se rendre, ne voulait absolument rien entendre.

Il fallut que les Turcs se déterminassent à tenter encore un assaut. Ils le dirigèrent sur la porte dont la mine avait bouleversé la demi-lune. Mustapha courait de tous côtés pour les exciter. Astor Baglione était sur la brèche à la tête des siens, et il combattait de si près, qu'il eut la gloire de reconquérir de sa main un drapeau vénitien, que les Turcs avaient pris à Nicosie, et qu'ils portaient dans leurs rangs. Louis Martinengo, qui s'était chargé plus spécialement de la défense de ce poste, soutenait l'effort des assaillants avec une telle constance, qu'ils désespérèrent de le forcer. Ils eurent recours à de nouvelles armes. Ils jetèrent dans l'intervalle qui était entre la demi-lune et la porte, une grande quantité de bois résineux auquel ils mirent le feu. Ce brasier sépara les combattants; mais les flammes incommodaient beaucoup plus les assiégés que les Turcs, et pendant plusieurs jours qu'elles furent alimentées, elles obligèrent les premiers de se tenir à quelque distance.

XIII.
Capitulation de Famagouste 1er août 1571.

Tous les efforts des Ottomans avaient été surmontés. Mais il restait un obstacle contre lequel la constance humaine ne pouvait rien. Après une défense, qui durait depuis près d'un an, cette vaillante garnison se trouvait avoir épuisé ses munitions et ses vivres. Elle était réduite à manger des chevaux, des ânes, des chiens; le vin manquait depuis long-temps; on n'avait même plus de vinaigre pour corriger l'insalubrité de l'eau. Les maladies faisaient des ravages dans ce petit nombre de braves qui restaient, presque tous couverts de nobles cicatrices, et on n'avait plus les moyens de leur administrer les secours de l'art. Dans cette extrémité, les habitants députèrent aux commandants et aux magistrats, pour leur représenter que, là où il n'y avait plus ni espoir de secours, ni moyens de prolonger son existence, il ne pouvait être honteux de conclure une capitulation qui préserverait leur ville d'une ruine totale. Il y eut des officiers qui proposèrent d'ouvrir les portes, de fondre sur le camp des Turcs et de se faire jour au travers des ennemis. Mais où aller? On était dans une île, et comment combattre, dans une plaine, ce même ennemi qu'on avait eu tant de peine à repousser malgré des fortifications? Ce parti désespéré ne présentait aucune issue. On arbora le drapeau blanc le 1er août. Des commissaires ottomans entrèrent dans la ville. Les ôtages que les Vénitiens envoyèrent en échange, furent reçus dans le camp de Mustapha avec toutes les apparences de la courtoisie. Les commissaires ne se montrèrent point difficultueux. La capitulation fut conclue aux conditions suivantes : que la garnison sortirait avec ses armes, son bagage, cinq pièces de canon et trois chevaux; qu'elle serait transportée à Candie sur des vaisseaux turcs ; que les habitants seraient libres de quitter Famagouste, avec la faculté d'emporter tout ce qui leur appartenait ; et que ceux qui resteraient, ne seraient molestés ni dans leurs biens, ni dans leur honneur, ni dans leurs personnes. Aussitôt que ces articles eurent été ratifiés, quarante vaisseaux turcs entrèrent dans le port et on commença à embarquer les malades. Les soldats en état de porter les armes gardaient toujours les portes; mais les communications commençaient à s'établir entre le camp et la ville. Les Italiens admiraient les immenses travaux des Turcs; ceux-ci le petit nombre des assiégés, et, touchés de leur état de misère, ils leur apportaient des rafraîchissements. Enfin les portes furent remises le 4 août aux Ottomans. Mais à peine furent-ils entrés dans la place, qu'ils y commirent des actes de violence. Bragadino en envoya porter des plaintes au pacha. Celui-ci fit donner l'ordre à ses gens de se conformer aux articles de la capitulation, et fit dire à Bragadino, qu'il desirait voir et entretenir un commandant qui avait fait une si belle défense.

Le soir même Bragadino, croyant devoir répondre à cette invitation, se rendit avec Baglione, Louis Martinengo, Antoine Quirini, plusieurs autres officiers et une escorte de quarante hommes au camp de Mustapha. Bragadino marchait à cheval à la tête du cortége, dans son costume de magistrat vénitien, c'est-à-dire vêtu de la robe rouge, et faisant porter sur sa tête un parasol de même couleur, qui était une des marques de sa dignité. Ils furent reçus fort civilement ; le pacha s'entretint quelque temps avec eux des événements du siége ; ensuite il leur demanda quelles sûretés ils lui donneraient, pour garantir le libre retour des vaisseaux qui allaient transporter la garnison à Candie. Bragadino lui répondit que l'on pouvait s'en fier à la loyauté du gouvernement vénitien ; que la sûreté demandée n'avait point été stipulée dans la capitulation ; qu'il ne voyait pas d'ailleurs quelle garantie il pourrait fournir. Là-dessus, le pacha répliqua, qu'il voulait qu'on lui laissât le jeune Antoine Quirini en ôtage. Bragadino s'étant récrié à cette demande, Mustapha ne dissimula plus, se répandit en imprécations contre le commandant, contre tous les Vénitiens, les accusa d'avoir fait égorger leurs prisonniers musulmans, et passant des injures à la fureur, il fit garrotter Baglione, Martinengo, Quirini

XIV.
Indigne conduite des Turcs envers Bragadino

et Bragadino, et les fit traîner hors de sa tente où les trois premiers furent massacrés à l'instant.

Bragadino, témoin de leur mort, était réservé à de plus longs tourments. On lui coupa les oreilles, ensuite on le promena ignominieusement dans les rues de cette ville qu'il avait défendue avec tant de gloire; enfin on le conduisit sur la place publique, où il fut attaché au poteau et écorché vif. Mustapha, du haut d'un balcon, se repaissait de ce spectacle; mais sa fureur n'était pas encore assouvie. Par une dérision, plus lâche encore que sa barbarie, il fit empailler la peau du généreux défenseur de Famagouste, la fit promener dans la ville sur une vache, avec le parasol rouge sous lequel Bragadino était allé au camp; enfin il la fit pendre à la vergue de sa galère, et après avoir mis Vénitiens et Cypriotes à la chiourme, s'embarqua le 24 septembre, pour aller recevoir à Constantinople la récompense d'une conquête qui avait coûté cinquante mille hommes à l'empire ottoman (1).

---

(1) *Historia della guerra di Cipro* di P. Paruta, lib. 2. L'abbé Mariti dans son *Voyage de Chypre*, dit plus de soixante-quinze mille.

Le pacha vendit ensuite cette peau à la famille de Braga-

Pendant que Mustapha montrait à tout l'Archipel son infâme trophée, la flotte de la confédération arrivait le 27 septembre à Corfou. Elle y apprit que la flotte turque était dans le golfe de Larta; et partit pour aller l'y attaquer. Une division de huit galères éclairait la marche, sous le commandement de Jean Cardone amiral de Sicile : venait ensuite l'avantgarde forte de cinquante-quatre galères, aux ordres de Jean-André Doria : à un demi-mille en avant du corps de bataille, étaient les six galéasses des Vénitiens, que conduisait Duodo : le corps de bataille était composé de soixante-une galères, c'était là que flottait le pavillon donné par le pape à l'armée de la ligue, et

XV.
Marche de la flotte combinée.

---

dino. Elle fut renfermée dans une urne et déposée dans une église, avec cette inscription :

D. O. M.

Marci Antonii Bragadini dum pro fide et patriâ bello Cyprio Salamine contra Turcas constanter fortiterque curam principem sustineret longâ obsidione victi a perfidâ hostis manu, ipso vivo ac intrepide sufferente, detracta pellis, anno salutis MDLXXI xv *kal. septemb. Antonii fratris et impensa huc adverta atque hic a Marco, Hermolao, Antonioque filiis pientissimis, ad summi dei patriæ paternique nominis gloriam sempiternam posita anno salutis* MDXCVI *vixit annos* XLVI.

que se trouvaient le généralissime, l'amiral de l'église et celui de la république : une seconde ligne de cinquante galères suivait, sous le commandement du provéditeur Barbarigo : enfin Alvero de Bazzano, marquis de Sainte-Croix amiral de Naples, fermait la marche avec trente galères. Tel était l'ordre de marche; dans l'ordre de bataille, l'avant-garde et l'arrière-garde devaient venir se mettre en ligne sur les ailes.

Les vents retinrent la flotte trois jours dans les parages de Céphalonie. Pendant ce moment d'inaction, un accident vint semer des germes de discorde parmi les confédérés. L'armée vénitienne ayant peu de troupes de terre, parce qu'on avait retenu, pour la défense de Venise celles qui étaient destinées à la garnison des vaisseaux, on avait placé des détachements d'infanterie espagnole sur quelques-unes des galères de la république. Une rixe éclata entre les Espagnols et les Vénitiens dans la galère que commandait André Calerge; le capitaine fut insulté; un officier-général vénitien, envoyé pour appaiser le tumulte, fut frappé par les soldats espagnols et blessé grièvement. L'amiral Sebastien Vénier, sans recourir à une autorité étrangère, ordonna que les officiers de ces mutins lui fussent amenés, et les fit pendre, sans forme de procès, à la vergue de sa capitane. La fierté de don Juan d'Autriche fut vivement blessée de cet oubli de son autorité : on vit le moment où l'armée allait se séparer; mais Marc-Antoine Colonne, qui commandait l'escadre du pape, représenta au généralissime que, pour se livrer à un mouvement de colère, il allait dissoudre la ligue, et perdre l'occasion de se couvrir d'une gloire immortelle. On parvint à le calmer, mais avec beaucoup de peine, et dès ce moment il ne voulut plus avoir aucune relation avec l'amiral vénitien; les communications n'eurent plus lieu que par l'intermédiaire du provéditeur de la flotte, Augustin Barbarigo.

Le capitan pacha, instruit de l'approche des alliés, était sorti du golfe de Larta pour aller à leur rencontre : sa droite était commandée par Mahomet Siloco, sa gauche par le roi d'Alger Ullus-Ali; il avait confié le centre au pacha Pertau. Les deux armées s'aperçurent le 7 octobre 1571 au point du jour (1); elles étaient

___

(1) Nous avons, sur cette bataille de Lépante, un récit d'un témoin oculaire. Voyez *Relazione delle cause e principio della guerra mossa dal Turco in Cypro contro Veneziani e del trattato, eseguito della lega fra il papa, il rè cattolico e detti Veneziani, col negozio della conclusione di essa lega, per il signor Marc' Antonio Colonna in Venezia, quando fù mandato da S. S. per questo effetto a*

à-peu-près d'égale force. Cinq cents galères se déployèrent entre le golfe de Lépante, et cet ancien promontoire d'Actium, fameux par la seule bataille navale qui ait décidé du sort d'un empire.

XVI.
Bataille de Lépante.
7 octobre 1571.

Cette partie de la mer Ionienne forme un vaste bassin; à l'orient la mer s'enfonce entre la côte d'Albanie et la presqu'île de Morée, pour former le golfe de Lépante, qui est l'ancienne mer de Crissa, ou le golfe de Corinthe; à l'occident les îles d'Ithaque et de Céphalonie ferment cette enceinte, ne laissant que deux étroits passages, l'un entre Ithaque et la côte d'Albanie, l'autre entre Céphalonie et la côte de Morée; au milieu de ce bassin s'élèvent trois écueils, connus des anciens sous le nom d'îles Echinades.

Les confédérés arrivaient en longeant, du nord au sud, la côte d'Albanie, ils défilaient

---

quella repubblica, e di tutto il successo della battaglia e rotta data dall' armata de' Cristiani a quella de' Turchi, con diversi e pericolosi accidenti occorsi avanti che si combattesse.

Comparazione di due battaglie navali memorabili, l'una de Romani con Cartaginesi, appresso Sicilia ad Einomo, e l'altra de' Cristiani con Turchi appresso Lepanto a Curzolari, a 7 ottobre 1571.

(Manuscrit de la Bibl.-du-Roi, n° Q. 32.)

entre les écueils et la terre, dans le dessein de s'arrêter à l'embouchure d'une rivière qui est l'ancien Achéloüs. Le corps de bataille avait à peine dépassé les écueils, qu'on découvrit la flotte turque rangée parallèlement à la côte de Morée, à dix ou douze mille de distance. Quelques généraux espagnols, qui étaient chargés de recommander toujours au jeune généralissime cette circonspection, que Philippe II estimait sur toutes choses, voulurent lui représenter qu'il était peut-être imprudent de hasarder une bataille qui allait décider du sort de la chrétienté. Mais don Juan, déja animé par la vue de l'ennemi, leur répondit qu'il ne s'agissait plus de délibérer mais d'agir, et fit hisser sur sa galère les pavillons de tous les princes de la ligue; c'était le signal du combat, toute l'armée y répondit par des cris de victoire.

A mesure que les galères sortaient du défilé, elles venaient prendre leur place de bataille, ne laissant entre elles qu'un intervalle où un vaisseau aurait pu passer. Cette ligne avait près de quatre mille de longueur. On avait affecté de ne point assigner aux bâtiments des diverses nations des places distinctes. Les Espagnols, les Vénitiens et les autres étaient mêlés dans les diverses divisions. La droite, sous les ordres de Jean-André Doria, était au large du côté de Céphalonie; la gauche, que commandait le provéditeur Barbarigo, rasait la côte de Grèce. Au milieu étaient les trois commandants en chef, entourés du prince de Parme amiral de Savoie, du duc d'Urbin amiral de Gênes, de l'amiral de Naples et du commandeur de Castille. Les six galéasses vénitiennes couvraient le centre. Le provéditeur Quirini, la capitane de Sicile, et les galères de Malte, voltigeaient sur les ailes.

Quand les Turcs aperçurent l'armée alliée qui débouchait du défilé, ils ne purent juger de sa force, parce qu'elle marchait en colonne, et lorsqu'ils virent la première division, qui était celle de Doria, s'éloigner vers la droite, tout de suite après avoir doublé les îles Échinades, ce qu'il faisait pour laisser au reste de l'armée l'espace nécessaire pour se déployer, ils jugèrent que son intention était d'éviter le combat, et de reprendre sa direction vers le nord. Aussitôt ils s'avancèrent pour atteindre les alliés, avant qu'ils eussent tous passé le détroit; en arrivant ils les trouvèrent rangés en bataille.

Les six galéasses qui marchaient en avant de la ligne, commencèrent le feu; leur artillerie, très-supérieure à celle des galères, faisait beaucoup de ravages parmi les Turcs : ils sentirent que, pour attaquer ces gros bâtiments, il faudrait se réunir plusieurs contre un, par conséquent rompre leur ligne, et que, pendant ce premier combat, les galères des confédérés arriveraient sur eux; ils se décidèrent donc à passer entre les galéasses, pour aller droit aux galères ennemies. Ce mouvement ne put s'opérer sans quelque désordre; leur aile droite, qui suivait la côte, fut la première à atteindre les alliés, elle les dépassa même, pour tourner leur aile gauche. Pendant cette évolution, le capitan pacha arrivait sur le centre, et venait droit à la galère de don Juan. Celle de l'amiral Vénier et la capitane du pape accoururent au secours du généralissime. Le combat devint général, et sur toute la ligne cinq cents vaisseaux s'entrechoquèrent. La capitane du pacha, entourée d'ennemis, leur résistait depuis deux heures; plus d'une fois on en avait tenté l'abordage, plus d'une fois les alliés avaient occupé la moitié du pont, toujours ils en avaient été repoussés. Sept galères turques vinrent au secours de leur amiral, les alliés furent pressés à leur tour; mais l'arrière-garde que commandait le marquis de Sainte-Croix s'avança; deux capitaines vénitiens, Loredan et Malipier, se jetèrent au milieu des ennemis, coulèrent bas une de leurs galères, attirèrent sur eux l'effort de plusieurs, et moururent tous les deux avec la gloire d'avoir sauvé leur général, rétabli le combat, et facilité la prise de la capitane turque. L'amiral ottoman venait d'être tué, les soldats espagnols sautèrent encore une fois à l'abordage, s'emparèrent de la galère, arrachèrent le pavillon turc, et élevèrent à sa place l'étendard de la croix qu'ils surmontèrent de la tête du capitan pacha : plusieurs autres vaisseaux ennemis, qui combattaient au centre, eurent le même sort; leurs commandants se jetèrent dans des chaloupes pour sauver leur liberté. Trente galères ottomanes firent un mouvement pour se retirer du combat, le provéditeur Querini courut sur elles; elles prirent la chasse, il les poursuivit et les obligea de se jeter à la côte; les matelots se précipitaient dans la mer pour échapper au vainqueur.

Des cris de joie s'élevèrent au centre de la ligne, l'aile gauche y répondit par un cri de victoire. Le provéditeur Barbarigo, qui s'était laissé tourner par l'ennemi, avait été enveloppé; sa galère en avait eu à combattre six à-la-fois; il venait de recevoir lui-même une blessure mortelle; mais Frédéric Nani, qui avait pris sur-le-champ le commandement à sa place, redoublant d'efforts, et non content de sauver son bâtiment, s'était emparé d'une galère ennemie. Une division, conduite par le provéditeur Canale, vint le seconder; les Turcs commencèrent à plier; la galère du général de leur aile droite, foudroyée par celles de Canale et du capitaine Jean Contarini, faisait eau de toutes parts. Mahomet Siloco, couvert de blessures, la vit s'enfoncer; les Vénitiens le tirèrent du milieu des eaux, mais ce fut pour lui trancher la tête qu'ils arborèrent sur leur pavillon.

Querini, qui revenait de poursuivre les trente galères ottomanes qui s'étaient jetées à la côte, arriva pour terminer ce combat de l'aile gauche des alliés : les Turcs pressés de deux côtés ne songèrent plus qu'à la fuite. Sans ordre, sans chefs, dispersés, poursuivis, les uns s'échappaient avec leurs galères, d'autres les abandonnaient et se précipitaient dans des chaloupes, pour gagner le rivage voisin.

A la droite des alliés, la fortune leur avait été moins favorable; le roi d'Alger, à force de manœuvrer pour tourner la division de Doria, l'avait obligé de s'éloigner du corps de bataille: la marche inégale des bâtiments les avait séparés les uns des autres : il y avait dans la ligne des chrétiens, de grands intervalles. Le roi d'Alger, voyant quinze galères groupées, mais à une assez grande distance, se porta sur elles avec toutes ses forces; c'étaient des Espagnols, des Vénitiens, et des Maltais : enveloppés par un ennemi si supérieur, ils firent d'abord une vigoureuse résistance. La capitane de Malte tomba au pouvoir de l'ennemi, et fut reprise par la bravoure de deux de ses conserves. Une galère de Venise, que montait Benoît Soranzo, prit feu et périt avec tout son équipage. Doria faisait des efforts pour arrêter l'aile gauche ottomane; mais il avait affaire aux galères d'Alger, dont les manœuvres étaient d'une précision, d'une célérité, qui ne permettaient point de prendre avantage sur elles.

Ullus-Ali restait toujours maître d'attaquer ou d'éviter le combat : quand il vit le centre de l'armée turque en désordre, et trente galères à la côte, il sentit qu'il ne restait plus aucun espoir de rétablir la bataille : il déploya toutes ses voiles et passa au milieu de la ligne des alliés avec trente de ses vaisseaux; le reste qui n'avait pu le suivre fut atteint par le vainqueur. Il y avait cinq heures que l'on combattait; la mer était couverte de sang et de débris : quelques galères fuyaient au loin ; d'autres, à demi brûlées et fracassées, attendaient que les alliés vinssent s'en emparer ; plusieurs flottaient au gré des vents, abandonnées de leurs équipages; on en voyait trente ou quarante échouées le long de la côte; enfin celles qui n'avaient pris que peu de part au combat, s'étaient réfugiées dans le golfe de Lépante. Les alliés avaient perdu quatre ou cinq mille hommes, parmi lesquels on comptait quinze capitaines vénitiens : le nombre des blessés était infiniment plus grand. La perte des Turcs était impossible à évaluer ; on la fait monter à trente mille hommes ; c'est beaucoup sans doute pour un combat de mer ; cependant si on veut considérer qu'ils eurent dans cette journée à-peu-près deux cents vaisseaux pris, brûlés, coulés à fond ou échoués, on concevra que le nombre de leurs morts ne put être que très-considérable (1). Mais les chiourmes des

---

(1) Il y a dans un manuscrit de la Biblioth.-du-Roi, n° 10088, qui est un recueil de pièces, une relation de la bataille de Lépante, faite par le commandeur de Romegas : il fait monter le nombre de la flotte turque à trois cent trente-trois bâtiments, dont deux cent trente galères et le reste galéasses ou fustes. Quant à la flotte chrétienne, il dit qu'il y avait :

104 galères vénitiennes.
  6 galéasses vénitiennes.
 55 galères d'Espagne ou de Naples.
 12 — du pape.
  3 — de Malte.
  3 — de Savoie.
  3 — de Gênes.
  2 — de Doria.
  4 — de Lomellino.
  4 — de Negroni.

196

galères turques étaient composées d'esclaves chrétiens, et dans celles des alliés il y avait un grand nombre d'esclaves mahométans de sorte que de part et d'autre il ne s'était pas tiré un coup de canon, dont l'effet ne dût être déplorable.

C'était la plus grande bataille navale qui se fût donnée depuis celle qui, seize siècles auparavant, et au même lieu, avait décidé de l'empire du monde. Le succès était dû sans doute à la bravoure des combattants; mais on remarqua aussi que les galéasses vénitiennes, quoiqu'en bien petit nombre, puisqu'il n'y en avait que six, avaient puissamment contribué à mettre le désordre dans l'armée ennemie, par la supériorité de leur artillerie, et parce que, placées comme six redoutes en avant du corps de bataille, elles avaient forcé les Turcs de rompre leur ligne, pour parvenir à celle des alliés. Les Ottomans n'avaient qu'une très-faible mous-

---

Report 196
   2 — de Georges Grimaldi.
   2 — de Stefano di Mari.
   1 — de Bandinello Sardi.
 25 vaisseaux.
 45 frégates.

queterie ; ils se servaient d'arcs et de flèches; cette manière de combattre, beaucoup plus fatigante que l'arquebuse, était beaucoup moins meurtrière ; enfin on reconnut, dans la construction des galères vénitiennes, un avantage notable, en ce qu'ayant une proue beaucoup moins élevée au-dessus de l'eau, leurs coups atteignaient plus sûrement le corps des bâtiments ennemis, et produisaient beaucoup plus d'effet.

Qui aurait cru qu'une victoire aussi éclatante dût être sans résultat? Le lendemain de la bataille, on proposa de mettre des troupes à terre pour s'emparer de Lépante ; mais on ne trouva que cinq mille hommes disponibles, et ce nombre fut jugé insuffisant. On voulut quelques jours après tenter une expédition sur Sainte-Maure ; cette entreprise fut jugée encore trop difficile. On s'arrêta à la résolution de parcourir les côtes de la Morée, pour y exciter des soulèvements contre les Turcs, et s'emparer de quelques-unes de leurs places; mais de nouvelles objections firent presque aussitôt abandonner ce projet. Don Juan, soit qu'il fût obligé de se rendre aux conseils de quelques officiers dont on l'avait entouré, soit qu'il éprouvât l'impatience, bien naturelle à son âge, d'aller recevoir les applaudissements que lui méritait une si brillante victoire, ne parla plus que de ramener la flotte espagnole à Messine. Les hommes circonspects ne cessaient de répéter que la saison de l'hivernage arrivait. On perdit quelques jours à faire et à combattre des projets, et on finit par rentrer dans Corfou, où les alliés laissèrent les Vénitiens, pour se retirer chacun dans leurs ports. Il semblait qu'on n'eût fait un si prodigieux armement, qu'on n'eût risqué une grande bataille et détruit la flotte ennemie, en essuyant soi-même des pertes considérables, que pour éprouver qui serait le plus diligent à réparer ses pertes.

XVII. Continuation de la guerre. Campagne de 1572.

Les Vénitiens comprirent qu'il n'y avait rien à espérer d'une coalition, sur-tout pour une guerre maritime, et que, s'ils s'étaient réduits à user de leurs propres forces, ils auraient pu, non pas gagner l'inutile bataille de Lépante, mais mieux défendre leurs colonies.

Pendant qu'ils remettaient leur flotte en état, ils apprirent que le grand-seigneur en armait une nouvelle qu'on disait plus considérable que la première; en effet, dès le printemps de 1572, une avant-garde de soixante galères turques ravageait les colonies vénitiennes de l'Archipel.

La flotte vénitienne après avoir vainement

appelé et attendu les Espagnols à Corfou, pour entreprendre une nouvelle campagne, se détermina à les aller chercher à Messine, la difficulté fut de les décider à se mettre en mouvement. Au lieu de plus de cent galères que le roi d'Espagne devait fournir, on ne put en obtenir que vingt-deux. Avec ce faible renfort, et vingt-six galères fournies par les autres confédérés, il n'était guère possible d'aller à la rencontre de l'armée turque, déjà forte de deux cents voiles. On voit ce que c'était que la puissance ottomane, qui, après avoir perdu deux cents galères au mois d'octobre, déployait des forces non moins considérables au mois de mars. Enfin les alliés se mirent en mer, et on se trouva en présence de l'ennemi, devant l'île de Cérigo : de part et d'autre on manœuvrait avec circonspection ; deux divisions se canonnèrent sans qu'il en résultât pour l'une ni pour l'autre un avantage notable; les chrétiens se seraient décidés peut-être à hasarder le combat, mais un bâtiment arriva qui apportait la nouvelle de l'approche de don Juan avec cinquante galères et trente-trois vaisseaux, et l'ordre à la flotte combinée de venir au-devant de lui ; il fallut rétrograder jusqu'à Corfou.

La jonction opérée, l'armée se trouvait, composée de cent quatre-vingt-quatorze galères, dix galéasses et quarante-cinq vaisseaux armés; mais on était déjà au mois de septembre : qu'espérer de ces grandes flottes qui ne se trouvaient réunies qu'au commencement de l'arrière-saison ? L'armée turque, qui était sur la côte de Morée, eut soin d'éviter le combat. Les confédérés attaquèrent inutilement quelques places de cette presqu'île, et bientôt les Espagnols, suivant leur coutume, prirent congé des Vénitiens, et rentrèrent dans leurs ports.

Paix.
15 mars 1573.

Instruit par cette nouvelle expérience, le sénat se décida à traiter de la paix, il y trouva peu d'obstacles, les Turcs avaient conçu des inquiétudes, mais n'avaient rien rabattu de leurs prétentions. Par le traité qui fut conclu le 15 mars 1573 (1), la république recouvra tous les priviléges dont son commerce jouissait chez les Turcs, en leur rendant la ville de Sopoto, en Albanie, seule conquête qu'elle eût faite dans cette guerre, en leur cédant l'île de Chypre, en portant le tribut annuel pour l'île de Zante, de cinq cents ducats à

---

(1) Il y en a une copie dans un manuscrit de la Bibliothèque-du-Roi, intitulé : *Varie scritture di Venezia*, n° 1007 $\frac{H}{261}$.

quinze cents, et en se soumettant à leur payer une indemnité de trois cent mille ducats. « Il « semblait que les Turcs eussent gagné la ba- « taille de Lépante (1). »

Les compilateurs d'anecdotes (2) ont rapporté qu'en 1609, c'est-à-dire trente-six ans après que les Vénitiens eurent perdu l'île de Chypre, notre roi Henri IV, dans une conférence qu'il eut avec leur ambassadeur, proposa son intervention pour obtenir des Turcs la restitution de cette colonie, ou à titre de rachat, ou sous la condition d'un tribut. Henri voulait alors déterminer les Vénitiens à entrer dans une ligue contre l'Espagne. Il leur faisait des propositions qui devaient les tenter; déja il distribuait tous les états que la maison d'Autriche possédait en Italie, la Sicile et l'Istrie aux Vénitiens (3), la Lombardie au duc de Savoie, *assaisonnée d'une couronne royale* (4); mais toutes ces provinces étaient à conquérir. Quant à l'île de Chypre, le roi n'avait à offrir que ses bons offices, et le succès n'en

---

(1) *Essai sur les mœurs*, ch. 160.

(2) *Memorie recondite* di Vittorio Siri, tom. 2.

(3) Mémoires de Sully, tom. II, pag. 138, 164, 247, 326; tom. III, p. 44, 404, 415, 461 et 462.

(4) *Ibid.*, tom. 3, p. 7.

était nullement vraisemblable. Comment espérer que les Turcs se dessaisiraient d'une conquête si importante, pendant qu'ils en méditaient de nouvelles? Apparemment que l'ambassadeur de la république en jugea de même, car il répondit froidement à cette proposition, et elle n'eut aucune suite.

LIVRE XXVIII.

Paix de trente ans. — Passage de Henri III à Venise. — Peste de 1575. — Henri IV reconnu roi de France par les Vénitiens. — Le saint-siége acquiert Ferrare, 1574 - 1604. Coup-d'œil sur la situation du gouvernement vénitien à cette époque.

Un nouveau calme de trente ans suivit cette guerre malheureuse, qui coûtait à la république une de ses plus belles colonies, et qui lui annonçait d'autres pertes, en lui prouvant l'insuffisance de ses forces pour arrêter les progrès des Ottomans. Cependant le gouvernement de Venise ne négligea rien pour se maintenir dans l'opinion des autres peuples, par tout ce qui avait de l'éclat, ou qui pouvait donner une grande idée de ses ressources.

Il fit au roi de France Henri III une récep-

I.
Passage de Henri III, roi de France, à Venise.
1574.

tion magnifique, lorsque ce prince, s'évadant du trône de Pologne, passa par l'Italie, pour aller prendre la couronne de France, qui lui était dévolue par la mort de Charles IX. Il mit d'abord pied à terre à Murano. La fabrique de glaces et les divers ouvrages de verre que cette ville était en possession de vendre à toute l'Europe, enchantèrent tellement l'auguste voyageur, qu'il anoblit, dit-on (1), tous les manufacturiers : ce qui ne veut pas dire qu'il leur donna le patriciat, mais seulement le titre de nobles, dont la république faisait assez peu de cas pour permettre à ses sujets de le recevoir d'un prince étranger. Un magnifique cortége de barques de toute espèce vint prendre le roi à Murano, pour le conduire à Venise. Henri sauta au cou d'Antoine Canale, qui présidait à cette cérémonie, lui fit les compliments les plus flatteurs, sur ses exploits à la bataille de Lépante, et le créa chevalier. C'était un usage qu'affectaient les grands souverains, de distribuer des

---

(1) Henrico III stupefatto al riguardarne i lavori singolari (se non è falsa la tradizione e mal appoggiata la credenza) ne creò nobili tutti gli artefici, o maestri principali!
(*Della letteratura Veneziana del secolo XVIII.* Da Gian Antonio Moschini.)

titres même hors de leurs états. Les fêtes qu'on donna à Henri III attestèrent, non-seulement la richesse des Vénitiens, mais leur supériorité dans tous les arts. On remarqua que (1) le doge céda toujours la place d'honneur au légat du pape, qui s'asséyait à la droite du trône du roi, tandis que le doge ne se réservait que la gauche, même dans une séance du grand conseil, où Henri fut prié d'assister, et où il daigna paraître en robe de sénateur vénitien.

J'ai déja rapporté, en parlant de la marine de la république, qu'au milieu d'une fête qu'on offrit au roi à l'arsenal, les ouvriers commencèrent, construisirent et armèrent une galère en sa présence.

Cette brillante réception ne fut pas la seule preuve de dévouement que les Vénitiens don-

---

(1) *Ragguaglio del viaggio dell' illustrissimo cardinal San Sisto, quando andò in Venezia legato al rè cristianissimo nel passaggio suo di Polonia per l'Italia al regno di Francia, e del modo col quale sua maestà fù ricevuta dalla serenissima repubblica*, l'anno 1574.

Dans le manuscrit de la Bibl.-du-Roi intitulé : *Varie scritture di Venezia*, n° 1007 $\frac{H}{261}$.

Stavano con questo ordine il rè e il legato alla dritta, e il duca alla sinistra.

nèrent à ce prince. Lorsque les troubles de son royaume l'eurent réduit aux dernières extrémités, il fit solliciter de la république un prêt de cent mille écus, qu'elle fournit sous la garantie de deux banquiers, sans intérêt (1). Il est remarquable que le pape, lorsqu'il apprit ce service que les Vénitiens venaient de rendre à Henri III, dit devant leur ambassadeur : « Pauvre république ! apparemment qu'elle fait peu de compte de son argent, car assurément elle ne reverra jamais celui-ci (2). » Henri III, qui était prodigue et nécessiteux, ne manqua pas de faire insérer dans les instructions de son ambassadeur, lorsqu'il le renvoya à Venise en 1589 : « Ayant toujours cogneu lesdicts seigneurs pour
« fort affectionnez à ceste couronne, et spéciale-
« ment à la personne de sa majesté, elle a estimé
« qu'ilz ne luy voudront desnier à ceste occasion

---

(1) *Correspondance de M.* Hurault de Maisse, *ambassadeur de France à Venise*, manusc. de la Bibl.-du-Roi, n° 1022 $\frac{H}{265}$. Lettres au roi, des mois de septembre et octobre 1587, notamment celle du 12 octobre, à laquelle sont jointes les conditions de cet emprunt et la lettre de remerciement que le roi écrivit à la seigneurie, le 17 février 1588.

(2) Dépêche de M. de Maisse au roi, du 17 novembre 1587.

« l'ayde qu'ilz luy peuvent faire : elle est con-
« trainte recourir à ses bons amis, qui peuvent
« avoir le moyen et la volonté de luy donner
« quelques bons secours; partant les priera, au
« nom de sa majesté, la vouloir accommoder de
« quelque bonne somme de deniers, qu'elle n'a
« voulu limiter, remettant à la discrétion dudict
« sieur de Maisse de deffendre la demande, selon
« qu'il cognoistra qu'ilz s'y pourront disposer(1). »
Mais cette fois les Vénitiens s'en tinrent au conseil du pape.

Une nouvelle peste affligea Venise et ses provinces en 1575. Après avoir enlevé à la seule capitale plus de quarante mille de ses habitants, entre lesquels on eut à regretter le célèbre peintre Titien, la contagion gagna Milan, où elle fournit à l'archevêque Borromée l'occasion de signaler sa charité pastorale, et de faire bénir sa mémoire. Le même fléau se manifesta quelque temps après à Candie, et ravagea cette colonie pendant plusieurs mois. Ces désastres, aussi cruels que des guerres, étaient un des inconvé-

Peste. 1575.

---

(1) *Instruction de M. Hurault de Maisse, ambassadeur de France à Venise*, du 14 mars 1789.
(Manusc. de la Biblioth.-du-Roi, provenant de la bibl. de Brienne, n° 11.)

nients attachés à la communication fréquente des peuples orientaux.

Sébastien Venier, doge. 1576.

Le doge Moncenigo étant mort en 1576, les électeurs voulurent couronner dignement la brillante carrière du vainqueur de Lépante; leurs suffrages, d'accord avec la voix publique, se réunirent tous en faveur de Sébastien Venier. Il était le troisième doge de sa famille, et la république vit avec joie, à la tête de son gouvernement, celui qui avait paru si glorieusement à la tête de ses armées. Il n'occupa cette dignité que deux ans. Les historiens attribuent sa mort au chagrin que lui causa la destruction presque totale du palais ducal, dévoré par un incendie. Il n'est nullement vraisemblable qu'un évènement de cette nature eût ébranlé l'ame d'un homme qui avait passé par les grandes épreuves de la vie.

Nicolas Daponte, doge. 1578.

Il mourut au mois de mars 1578. Son successeur fut Nicolas Daponte, vieillard de quatre-vingt-huit ans. Les Vénitiens aimaient à prouver par de tels choix, qu'ils n'élisaient pas leur doge pour les gouverner.

II. Longue paix. Progrès des arts.

Dix ans s'écoulèrent sans être marqués par aucun évènement considérable. Les pirateries des Uscoques donnèrent lieu à plusieurs expéditions, qu'on pouvait appeler des exécutions militaires : quelques vaisseaux pris, beaucoup de pirates pendus, leurs demeures saccagées, mais jamais un succès complet qui mît fin à leurs brigandages; ce fut à cela que se réduisirent toutes ces expéditions pendant plus d'un siècle et demi. Plusieurs réglements d'administration intérieure signalèrent cet intervalle de tranquillité. Les formes de la procédure furent simplifiées. Le bas prix, c'est-à-dire l'abondance des denrées de première nécessité, fut assuré par une sage police. On s'occupa du remboursement des emprunts que la guerre avait nécessités. Le palais ducal se releva de ses ruines. La place de Saint-Marc fut achevée. Le beau pont de Rialte, qui joint par une seule arche les deux rives du grand canal, fut reconstruit en marbre (1). Palladio bâtit la superbe église du Rédempteur, pour acquitter un vœu que la république avait fait, afin d'être délivrée de la peste. La ville de Corfou fut mise en état de défense par Ferdinand Vitelli. Jules Savorgnano construisit, sur la frontière du Frioul, la belle

---

(1) Par Antonio dal Ponte. Voyez, sur ce monument, Scamozzi, *Idea dell' Archit. univ.*, parte 2, lib. 8, cap. 16, et Bernardin Zendrini, *Memorie storiche dello stato antico e moderno delle lagune di Venezia*, libro quinto.

forteresse de Palma-Nova (1) : c'était un glorieux monument de la victoire de Lépante; cette forteresse, dont la construction était suffisamment justifiée par les invasions des Turcs, n'était pas moins importante pour se préserver des tentatives ambitieuses de la maison d'Autriche. Enfin neuf hommes qui avaient consacré une grande partie de leur vie à l'étude des lettres, s'étant réunis, formèrent une société qui devint l'académie de Venise (2).

<small>Fondation de l'académie de Venise.</small>

Nicolas Daponte avait succombé à sa vieillesse en 1585; le choix de son successeur eut cela de remarquable, qu'on le prit parmi les nobles nouveaux; c'en était le second exemple depuis l'élection d'André Vendramino. Pascal Cicogna descendait de Marc Cicogna, apothicaire, élevé au patriciat en 1381, après la guerre de Chiozza, pour avoir signalé son zèle en fournissant un vaisseau, en abandonnant ses rentes,

<small>Pascal Cicogna, doge. 1585.</small>

---

(1) Palme nouvelle, à cause de la bataille de Lépante. On mit sur la médaille frappée à cette occasion : Fori Julii Italiæ et christianæ fidei propugnaculum.

(2) Voici les noms de ces fondateurs. Pompée Lempio de Bari, Luc Scaranno de Brindes, Fabio Paulin d'Udine, Jean-Baptiste Leon et Georges Contarini de Venise, Guidon Cassonio de Serravalle, Théodore Angeluccio de Beaufort, Vincent Galliano de Rome, et Jean-Paul Galluccio de Sales.

et en se dévouant personnellement à la défense de la patrie. Au reste, ces rares exemples de l'élévation des nobles nouveaux, prouvait beaucoup moins les égards qu'on avait pour eux, que la jalousie méritée par les anciennes familles. Quoique les nouvelles familles ne parvinssent que bien rarement à la suprême dignité, on avait remarqué que, depuis environ deux cents ans, les plus anciennes en étaient exclues : c'était une espèce de parti mitoyen, qui réprimait également l'ambition des grandes maisons, attachées à retenir le pouvoir, et des hommes nouveaux non moins ardents à l'envahir.

Les choix faits dans des familles médiocrement puissantes, avaient permis d'affaiblir sans trouble l'autorité ducale. A la mort de Nicolas Daponte, les passions se réveillèrent ; les factions opposées désignèrent chacune un candidat ; les barrières du conclave furent sur le point d'être forcées ; on courut aux armes (1) ; on fit des prières publiques dans les églises (2), et ce ne fut qu'après cinquante-deux tours de scrutin, que les deux partis, ne pouvant triompher l'un

---

(1) *Correspondance de M. Hurault de Maisse, ambassadeur de France à Venise.* Manusc. de la Bibl.-du-Roi, n° 1021 $\frac{H}{265}$. Lettre au roi, du 13 août 1685.

(2) *Ibid.* Lettre au roi, du 24 août.

de l'autre, firent tomber le choix sur un vieillard qui n'appartenait à aucun des deux. Pascal Cicogna suppléait à l'infériorité de sa naissance par une réputation de sainteté. On citait non-seulement ses vertus, mais ses miracles. On racontait qu'un jour à Candie, pendant qu'il assistait à la messe, l'hostie s'était élevée d'elle-même, et était venue se placer entre ses mains. Aussi voyait-on dans une église de Venise un tableau où ce doge était représenté avec cette inscription : *Velut alter Simeon manibus Christum excepit.*

<small>Mariage de Blanche Capello avec le grand-duc François de Médicis.</small>

Vers ce temps-là, François de Médicis, dont la famille, depuis un demi-siècle, était devenue souveraine de Florence, et qui alors en était lui-même grand-duc, demanda en mariage la fille d'un patricien de Venise, Barthélemi Capello (1). La république adopta la future grande-

---

(1) L'histoire de cette vénitienne est un roman. Bianca Capello avait inspiré une passion fort vive à un jeune Florentin, qu'elle avait pris pour un homme de condition, et la partageait ; désabusée sur la haute naissance de son amant, elle le conjura de s'éloigner ; mais il fallut se faire un dernier adieu, elle accepta un rendez-vous nocturne ; quand elle voulut rentrer dans le palais de son père, elle en trouva les portes fermées. Une démarche hasardée la précipita dans une résolution extrême, elle se jeta dans une barque avec son amant, le suivit à Florence et l'épousa ; elle vivait

duchesse (1). Cet honneur aurait pu être suspect dans un autre temps. Médicis n'ignorait pas que le mariage d'un roi de Chypre avec une Vénitienne avait fourni à la république un prétexte pour s'emparer de cet état; mais il pensa qu'un pareil abus de la force ne serait pas possible en Italie.

---

obscurément, mais sa destinée était d'inspirer de grandes passions. Le duc l'ayant aperçue par hasard, en devint éperdument amoureux, et, sous prétexte de lui ménager sa réconciliation avec sa famille, obtint une entrevue avec elle, puis des conférences; enfin le mari fut appelé à la cour, comblé de biens, s'enorgueillit de sa fortune, et fut assassiné. Le grand-duc, qui était alors marié, devint veuf, envoya des ambassadeurs à Venise pour y demander Blanche, qu'il tenait dans son palais à Florence, et l'épousa au grand déplaisir de son oncle, le cardinal Ferdinand de Médicis, indigné de ce qu'une maison qui donnait des reines à la France, s'alliait avec un noble vénitien. Un jour il invita son neveu et sa nièce à une partie de campagne; à peine étaient-ils sortis de table, que le grand-duc et la grande-duchesse éprouvèrent de violentes douleurs: on voulut appeler des médecins; le cardinal dit que cela n'était point nécessaire, il ne permit pas même les secours spirituels, et vit mourir son neveu et sa nièce, sans même feindre d'en être affligé.

(1) L'acte d'adoption se trouve dans un manusc. de la Bibl.-du-Roi, qui ne porte point de titre, mais qui est un recueil de pièces, relatives pour la plupart à l'*Histoire de Florence*, n° 10090.

III.
Henri IV
reconnu roi
de France
par la
république.
1589.

La paix dont on jouissait alors dans cette péninsule était due, en grande partie, aux guerres civiles qui déchiraient la France. Le roi Henri III, réduit, pour combattre la ligue, à appeler à son secours Henri, roi de Navarre, chef des huguenots, faisait le siége de Paris, lorsqu'il fut assassiné par un moine, en 1589. Le roi de Navarre, que cette mort appelait au trône de France, se fit proclamer aussitôt; mais il y avait loin d'une proclamation à la reconnaissance unanime de ses droits, par un peuple que divisaient la guerre civile, le fanatisme et l'étranger. Le roi d'Espagne, le duc de Savoie, avec lesquels Henri était alors en guerre, le pape, qui l'avait excommunié, devaient faire tous leurs efforts pour lui fermer le chemin du trône. Aussi ne négligèrent-ils point de détourner les Vénitiens de le reconnaître. Cette haine n'était pas seulement dirigée contre le roi hérétique : car, du vivant même de Henri III, le pape avait sollicité les Vénitiens de se liguer contre la France (1). Les jésuites, ces fidèles auxiliaires de la cour de Rome, faisaient un cas de conscience d'un acte politique, qu'ils appelèrent un scandale, et refusaient l'ab-

---

(1) *Correspondance de Hurault de Maisse*, ambassadeur de France à Venise, lettres des 2 et 13 juin 1589.

solution à ceux qui embrassaient le parti de Henri IV (1). L'ambassadeur de ce prince fut reçu à Venise; mais on ne l'invita point aux cérémonies religieuses (2), pour marquer que le gouvernement ne considérait cette affaire que sous le rapport temporel, qui était en effet le seul sous lequel la république pût y prendre part.

La délibération était d'une grande importance pour les Vénitiens et pour le roi. Le sénat était fort intéressé à ne pas admettre la maxime qu'on était incapable des fonctions du gouvernement, lorsqu'on avait encouru les censures ecclésiastiques : il avait eu souvent l'occasion de manifester son opinion sur les censures; mais il avait aussi de fortes raisons pour ne pas se brouiller avec trois puissances de l'Italie : d'une autre part, il importait de se ménager un appui contre les prétentions du roi d'Espagne, puisqu'il était en même temps roi de Naples et duc de Milan; et il était naturel de chercher cet appui chez son ennemi, chez un prince assez puissant pour que son secours pût au besoin être efficace.

---

(1) *Hist. delle cose passate trà'l sommo pontefice Paolo V e la repubblica di Venezia*, lib. 3.

(2) *Storia civile veneziana* di Vettor SANDI, lib. 10, c. 15, art. 3.

Ces raisons furent débattues pendant deux jours. Les droits de Henri IV à la couronne de France ne furent pas le sujet d'un doute; mais on délibéra long-temps sur la question de savoir si on le reconnaîtrait aussitôt qu'il aurait fait notifier son avènement, ou si on attendrait que d'autres puissances l'eussent reconnu, qu'il se fût réconcilié avec le saint-siége, enfin que la fortune eût prononcé.

L'ombrage que faisait la puissance du roi d'Espagne, et le desir d'affaiblir l'autorité dont le pape avait abusé tant de fois, notamment envers la république, déterminèrent le sénat à se déclarer sur-le-champ pour Henri IV (1). Le peuple en témoigna une joie presque tumultueuse. On acheta, on étala par-tout le portrait du roi. Ces démonstrations n'étaient point frivoles, dans un pays où les délibérations du gouvernement n'a-

---

(1) Presque tout le premier volume de la *Correspondance de M. Hurault de Maisse, pendant son ambassade à Venise*, du 1er mai 1589 au 11 avril 1594, (manuscrit de la Bibliothèque-du-Roi, provenant de la bibl. de Brienne, n° 11, 12 et 13), est consacré aux négociations qui avaient lieu en Italie, pour faire reconnaître les droits de Henry IV à la couronne de France, ou pour former une nouvelle ligue contre ce prince. On y trouve la copie d'un grand nombre de lettres du roi.

vaient pas besoin de l'approbation populaire, et où le peuple ne se livrait à la joie que de l'aveu de ses maîtres.

Il y eut même des Vénitiens qui furent portés, par leur enthousiasme, à prendre parti dans l'armée du roi contre la ligue. Le saint-office, qui ne voulut voir en eux que des fauteurs de l'hérésie, commença une information, dans laquelle il eut l'insolence de compromettre le doge et le sénat; mais le gouvernement arrêta la procédure, en faisant jeter l'inquisiteur fanatique en prison.

La réputation de sagesse dont jouissait le sénat de Venise, donnait beaucoup de poids à son suffrage. Henri en conserva une grande reconnaissance. En gage de son amitié, il envoya à la république son épée, cette épée, disait-il dans sa lettre, dont il s'était servi à la bataille d'Ivry.

Les bons procédés furent réciproques : non-seulement les Vénitiens prêtèrent à Henri IV des sommes que le malheur des temps lui rendait nécessaires, mais leur ambassadeur reçut l'ordre de jeter au feu les titres de cette créance, en présence du roi (1).

---

(1) Voyez le *Dictionnaire de* BAYLE, art. Hadrien.

Quelque temps après, lorsque ayant abjuré le protestantisme, il se fut réconcilié avec le saint-siége, il accepta les Vénitiens pour arbitres du différend qu'il avait avec le duc de Savoie, à cause du marquisat de Saluces ; il conçut l'idée de réclamer leur médiation, pour mettre fin à ses querelles avec l'Espagne (1) ; et, lorsqu'il épousa Marie de Médicis, il voulut bien témoigner le desir que son nom fût inscrit sur le livre d'or. Les Vénitiens reçurent cet honneur avec empressement. Le roi de France et sa postérité furent admis au rang des nobles de la république. On ne prévoyait pas alors que le nom de la plus ancienne maison de l'Europe, ce nom qui ajoutait tant d'éclat à cette liste, dût un jour en être effacé.

La maison de Bourbon inscrite au livre d'or.

Marin Grimani, doge. 1595.

En 1595, Marin Grimani succéda sur le trône ducal à Pascal Cicogna. Son élection eut cela de remarquable que, ce doge étant marié, on fit avec une pompe extraordinaire le couronnement de la dogaresse. La cérémonie consistait à aller la prendre dans son palais, d'où elle sortait accompagnée de tous ses parents, des conseillers de la seigneurie, et d'un grand cortége de dames, vêtue d'une robe de drap d'or, coiffée de la cou-

---

(1) *Mémoires* de SULLY, tom. III. p. 404.

ronne ducale, elle montait sur le Bucentaure, qui la portait jusqu'à la place Saint-Marc, où elle débarquait au milieu des fanfares et des décharges de l'artillerie. Là, le grand-chancelier et le sénat la recevaient et l'escortaient jusqu'à l'église. Elle trouvait à la porte le chapitre avec la croix ; on lui présentait la paix à baiser, et on la conduisait au pied du maître-autel, où elle prêtait serment sur l'évangile, après quoi on entonnait le *Te Deum*. Elle donnait au primécier une bourse de cent ducats, et au sortir de l'église elle trouvait sur son passage toutes les corporations de la bourgeoisie, qui lui faisaient hommage de leurs présents. Arrivée dans le palais ducal, elle était reçue dans la salle du grand conseil, placée sur un trône au milieu de toutes les dames qui l'accompagnaient. Des festins et des danses terminaient la fête. Les réjouissances qu'on faisait à cette occasion se prolongeaient pendant plusieurs jours, quelquefois pendant des mois entiers.

Le pape Clément VIII, soit pour manifester sa bienveillance envers la république, soit pour honorer Marin Grimani, envoya à la nouvelle dogaresse, qui était de la maison Morosini, la rose d'or qu'il a coutume de bénir tous les ans et d'envoyer à quelque prince de la chrétienté. C'était traiter la femme du doge en princesse souveraine. Le sénat ordonna que la rose d'or serait déposée dans le trésor de Saint-Marc, et il est probable que la solennité donnée à ce couronnement fit faire des réflexions qui amenèrent l'abolition de cet usage.

IV.
Troubles occasionnés par la mort du duc de Ferrare.
1597.

Vers la fin du XVIe siècle, en 1597, la mort du duc de Ferrare, Alphonse II du nom, fut un évènement important pour l'Italie. Il ne laissait qu'un neveu nommé César. Ce dernier rejeton de la maison d'Este était né avant le mariage de son père, et ce mariage était non-seulement fort disproportionné sous le rapport de la naissance, mais même contesté. Le pape en prit occasion pour déclarer César d'Este inhabile à succéder (1). Ce prince se mit en possession du bien de ses pères. Le pape, de qui le duché relevait, lui en refusa l'investiture. Les Vénitiens embrassèrent la cause du nouveau duc, et faisaient déja avancer des troupes pour le soutenir. Le cardinal d'Ossat explique fort bien (2) les motifs de leur détermination. « Les Vénitiens, dit-il, sont ceulx, à mon
« advis, qui moings vouldroient que le duché de

---

(1) Voyez dans les pièces justificatives un extrait des mémoires très-curieux faits dans ce temps, en faveur de César d'Este.

(2) *Correspondance du cardinal d'Ossat*, lettre au roi du 20 décembre 1597.

(Manuscrit de la bibliot. Mazarine.)

« Ferrare retournast au saint-siége, pour ce qu'ilz
« sont de plus sages mondains et des plus jaloux
« de leur estat, pour regarder de plus près à
« tout ce qui leur peut profiter ou nuire près
« et loing; qu'aussy pour ce qu'ilz aimeroient
« mieux pour voisin un simple duc de Ferrare,
« qu'un pape duc de Ferrare, et seigneur de
« tant d'autres estats. Il y a encore un autre in-
« térest qui les pousse, c'est qu'ils ont usurpé
« autrefois sur les ducs de Ferrare, et tiennent
« encore le comté de Rovigo. »

La guerre allait se rallumer en Italie. Clément
VIII déclarait qu'il était prêt à y sacrifier jusqu'au dernier calice des églises, et à aller mourir sur les fossés de Ferrare, le saint-sacrement
à la main (1); mais César, aussi prompt à abandonner ses prétentions qu'à les déclarer, céda
Ferrare au saint-siége, pour ne conserver que
le titre de duc de Modène et de Reggio. Ainsi
les états de l'église, après s'être accrus de la Romagne et de Bologne, s'étendaient jusque sur le
Pò, et touchaient aux frontières de la république. Ce voisinage n'était pas sans inconvénient.
On l'éprouva lorsque le gouvernement de Venise entreprit de détourner un des bras du Pò,
qui jetait du sable dans les ports de Chiozza et

---

(1) *Ibid.*

de Malamocco. Le pape voulut s'opposer à ces ouvrages, prétendant qu'ils pouvaient porter quelques préjudices aux habitants de Ferrare : ceux-ci essayèrent même de renverser les travaux, mais ils furent vivement repoussés par les troupes vénitiennes, et le canal fut achevé.

<small>V.
Brouilleries momentanées avec les Turcs.</small>

Les Vénitiens étaient fort soigneux de maintenir la paix rétablie entre eux et les Turcs. Ayant eu quelques démêlés avec les chevaliers de Malte, pour des prises que ceux-ci avaient faites dans le golfe, les galères de Venise coururent sur celles de la religion, en prirent deux ou trois, délivrèrent les esclaves turcs, et les renvoyèrent à Constantinople (1). La conservation de la bienveillance du sultan coûtait même quelquefois à l'amour-propre de la république. Un de ses patriciens ayant combattu et pris une galère d'Alger, le grand-seigneur exigea non-seulement la restitution du bâtiment, non-seulement une forte indemnité et la délivrance d'un grand nombre d'esclaves, mais encore le supplice du capitaine vénitien, et on n'osa pas le lui refuser.

---

(1) On peut voir sur ces courses des chevaliers de Malte contre les Turcs, et sur les inquiétudes qu'elles occasionnaient aux Vénitiens, la *Correspondance du cardinal* d'Ossat, manuscrit de la bibliot. Mazarine, notamment sous la date du 18 novembre 1596.

Les Turcs, qui réclamaient si vivement le droit des gens, ne manquaient pas de le violer à leur tour, quand ils en trouvaient l'occasion. Deux de leurs corsaires abordèrent la nuit, à l'improviste, une galère vénitienne, qui était à l'ancre sur la côte de Spalato, s'en emparèrent, tuèrent le capitaine Marin Gradenigo, emmenèrent captif tout l'équipage, ainsi que le gouverneur de Sebenigo, qu'elle portait. Il est vrai qu'on obtint la restitution de la galère et des prisonniers, mais on n'osa pas demander une réparation (1).

On jouissait des avantages de la paix; mais on se déshabituait des vertus guerrières. Les sentiments patriotiques même s'affaiblissaient dans ce long repos; tant il est vrai que tout a ses inconvénients, et qu'il n'a pas été donné à la nature humaine de conserver long-temps les vertus, dont sa situation ne lui fait pas une nécessité.

VI. Les Vénitiens amollis par une longue paix.

On accusa le gouvernement vénitien d'avoir violé les droits de l'hospitalité et du malheur, en livrant, vers la fin du XVIe siècle, le roi don Sébastien de Portugal aux Espagnols. Cette accusation est injuste. Ce prince, entraîné par un

Le roi de Portugal don Sébastien.

───────────

(1) *Hist. veneziana*, di Nicolò DOGLIONI, lib. 18.

zèle inconsidéré, était allé faire la guerre en Afrique, et on assurait qu'il avait péri dans la bataille d'Alcazer. Depuis sa mort, les Espagnols s'étaient emparés de son royaume. En 1598, un jeune homme se présenta au sénat de Venise, se donnant pour le roi don Sébastien. Il racontait qu'il avait survécu à la bataille, que des moines l'avaient recueilli; il avait erré longtemps. Ses aventures inspiraient de l'intérêt, et la connaissance qu'il avait de quelques négociations secrètes, traitées naguère entre le Portugal et Venise, pouvait faire naître quelque confiance. Dès que l'ambassadeur d'Espagne fut instruit de l'apparition de ce personnage, il requit son arrestation. L'inconnu passa à-peu-près deux ans dans les prisons d'état de Venise. Quelques religieux portugais, regrettant un roi qui avait eu le mérite de favoriser l'inquisition, criaient que le prisonnier n'était autre que le prince (1).

---

(1) « Je vous jure par la passion de Jésus-Christ, que c'est le vrai roi don Sebastien, comme je suis frère Estévan de Campajo, et si la vérité ne se trouve telle, je veux que l'on me tienne non pour un menteur seulement, mais pour un renégat. »

(*Lettre de frère* Estevan de Campajo, manusc. de la Bibliot.-du-Roi, provenant de la bibl. de Dupuy, n° 770.)

LIVRE XXVIII.

Le sénat se méfiait de leur zèle, parce que, disait le doge, les Portugais étaient capables de reconnaître un nègre pour le roi don Sébastien, s'ils eussent pu se délivrer, à ce prix, de la tyrannie des Espagnols (1). On commençait à répandre des révélations, qui confirmaient l'histoire du prisonnier. Des Portugais et tous les moines s'agitaient en sa faveur. Le gouvernement espagnol voulait qu'on le lui livrât. Les Vénitiens prirent le parti de l'élargir, mais sans vouloir lui donner asyle. Il sortit de Venise, déguisé en jacobin, et se refugia en Toscane, où il fut bientôt reconnu, arrêté, et livré à ses ennemis par le grand-duc.

Cette histoire n'a jamais été bien éclaircie; mais quand il serait vrai que ce personnage fût le roi don Sébastien, quand les Vénitiens en auraient été convaincus, il n'eût pas été raisonnable d'exiger de leur part, qu'ils se brouillassent avec l'Espagne pour le rétablir sur le trône de Portugal (2).

---

(1) *Ibid.*
(2) Le cardinal d'Ossat ne croyait pas que ce prisonnier fût le véritable don Sébastien, il écrit au secrétaire-d'état Villeroy, dans une dépêche du 20 janvier 1601 : « Le prétendu don Sébastien, roi de Portugal, que les Vénitiens avaient laissé aller, ha esté faict prisonnier par le grand-duc,

Dans les soixante dernières années du XVIe siècle, la paix n'avait été interrompue que par une courte guerre. Pendant ce long intervalle, deux générations s'étaient écoulées sans passer par ces épreuves, qui forment les ames viriles. Quand les états se sont montrés ambitieux, un long sommeil leur est toujours funeste.

Il est contradictoire de vouloir conserver à-la-fois les fruits de la guerre et les jouissances de la paix. On a déja pu remarquer que, dans sa dernière lutte contre les Turcs, Venise n'avait pas déployé son ancienne énergie. Elle avait mal pourvu à la sûreté de l'île de Chypre; elle l'avait faiblement secourue. Les Turcs s'en étaient rendus maîtres en un mois. La belle défense de Famagouste, en couvrant de gloire Bragadino et ses compagnons d'armes, accusait la négligence du gouvernement. On avait déployé des forces navales immenses; mais on n'avait jamais voulu s'en fier à soi-même, et essayer de

---

vers Livourne, et comme on ne loue point la simplicité de ce pauvre homme d'estre allé passer en ces quartiers-là, aussi blasme-t-on grandement S. A. de ce faict qui ne lui profitera pas tant envers les Espagnols comme il luy nuira envers le commun des autres.

(*Correspondance du cardinal d'Ossat*, man. de la bibl. Mazarine.)

se défendre avant que des alliés vinssent partager les dangers. Dans la première campagne, ce grand appareil s'était réduit à rien. Dans la seconde, on n'avait approché l'ennemi qu'une fois, et on n'avait pas tiré le moindre fruit d'une victoire éclatante. L'administration avait pourvu aux dépenses de cette guerre par des emprunts, par l'aliénation des domaines, par la création de dignités vénales. Ce ne sont point là les symptômes de cette mâle vigueur, qui repousse le danger, de ce patriotisme qui s'exalte dans les revers comme dans la prospérité. Il faut qu'un peuple sache se montrer supérieur à tous les sacrifices, pour que l'histoire puisse un jour dire de lui: *Magna populi romani fortuna, sed semper in malis major resurrexit* (1).

En faisant cette observation, je ne prétends point blâmer ceux qui maintenaient cette république dans un repos qui avait bien ses avantages; je ne veux qu'expliquer les progrès de sa décadence.

Quand les calamités de la nature étaient venues affliger les Vénitiens, la paix leur avait du moins offert quelques moyens de les adoucir. L'art n'avait pu prévenir la peste, ni la faire cesser; mais une police active avait contribué à

---

(1) Florus.

en arrêter la propagation. La disette avait affligé l'Italie. Venise avait fait venir des blés de la Pologne, par le port de Dantzig. On avait perdu l'île de Chypre; mais on procurait des terres, des établissements, du travail à ceux de ses malheureux habitants qui n'avaient point voulu séparer leur sort de celui de la métropole. Des incendies avaient dévoré plusieurs monuments, ils étaient reconstruits : Venise se relevait plus belle et devenait une ville de marbre. Le feu avait consumé, avec le palais ducal, les peintures dont le Titien et d'autres célèbres artistes l'avaient décoré : la main de Paul Véronèse et de Salviati réparait ce désastre.

État des arts.

Cette époque est celle où les lettres furent le plus en honneur dans Venise. L'académie se formait. La bibliothèque de Saint-Marc s'enrichissait par la munificence de Jean Grimani, patriarche d'Aquilée, d'une collection de statues, de marbres, de médailles et d'antiquités. Alde Manuce, Paul Paruta et beaucoup d'autres, élevaient leur patrie au rang des villes savantes, dans un temps où d'autres nations sortaient à peine de la barbarie.

VII.
Progrès de l'avarice.

Le commerce florissait, la banque venait de s'organiser. La fortune comblait Venise de richesses; mais l'opulence de l'état diminuait au lieu de s'accroître, et les richesses étaient désormàis la seule idole des Vénitiens. Pour en juger, il n'y a qu'à voir comment ils accueillirent un de ces hommes qui se produisent quelquefois effrontément, pour spéculer sur la cupidité d'autrui.

La renommée avait publié qu'un Cypriote, dont le nom était Marc Bragadino, avait trouvé le secret de faire de l'or (1). Tous les souverains voulaient l'attirer dans leurs états (2). Il crut

---

(1) *Historia veneziana* di Gio. Nicolò Doglioni, lib. 18.

(2) Notamment Henri IV, car voici ce qu'il écrivait à son ambassadeur, le 7 mars 1590 : « J'écrips au sieur Marc Bra-
« gadin, en réponse d'une que j'ay pareillement reçue de
« luy : on me le dépeint pour homme qui sçait ce secret, à
« la recherche duquel plusieurs ont consommé leurs aiges
« et moyens, jusqu'à me dire que ces seigneurs y ont quelque
« créance, et m'assure-t-on qu'il est plain de bonne
« volonté de me venir faire service. Si vous le jugez à propos
« vous lui baillerez ma lettre, ou bien sans la lui bailler, il
« n'y aura point de mal de le disposer à me venir trouver ;
« ce qu'il pourra faire commodément avecq l'occasion du
« retour du sieur de Luxembourg, s'il n'est desjà repassé,
« non que je croye ce qu'on dict de son savoir, mais estant
« bien résolu, comme je suis, de ne m'y laisser tromper, je
« ne veux aussi faire difficulté de le voyr venir. »

L'ambassadeur lui répondit :

« Ledict sieur de Maisse n'a jugé à propos de donner la
« lettre de S. M. au Bragadin, ni de le disposer d'aller en
« France, craignant qu'il n'y allast de sa dignité et réputa-

devoir la préférence à une ville dont il était né sujet. Aussitôt qu'il eut annoncé son arrivée à Venise, les citadins, les nobles, le sénat, les étrangers, les femmes s'empressèrent de l'accueillir. Il habitait un beau palais, vivait avec splen-

---

« tion, pour estre cet homme descouvert plustost pour un
« trompeur que pour personne qui mérite d'approcher et
« converser avec les grands, s'ébahissant grandement ledict
« sieur de Maisse de ceux qui si légèrement en ont donné
« l'advis à sa dicte majesté, qui a été aussi sage et prudente
« à juger ce qui en estoit et ne le croire, comme ilz ont esté
« promptz à se persuader une telle vanité, suppliant très-
« humblement S. M. de croire que si ledict sieur de Maisse
« eust conneu que cest homme eust eû le secret de faire de
« l'or sans or, comme il le publie, il n'eust failli (sachant
« la nécessité qui est en France) d'essayer d'envoyer ou l'ou-
« vrier, ou de l'ouvraige à S. M. et en retenir encores pour
« lui quelques pièces au besoin qu'il en a ; mais ayant des-
« couvert et veu sa tromperye, de laquelle plusieurs, et des
« grandz, ont esté au commencement attrapez, ledict sieur
« de Maisse a jugé n'en devoir ennuyer les oreilles de S. M.
« se remettant au sieur de la Chaise, de lui faire entendre
« la qualité du personnaige et le moyen dont il use pour
« attraper ceux qui se sont fiez en luy, et la honte que ces
« seigneurs ont euë de s'y estre amusez pour quelque
« temps. »

(*Correspondance de M. de Maisse, ambassadeur de France à Venise.* Manuscrit de la Biblioth.-du-Roi, proven. de la biblioth. de Brienne, n° 11.)

deur. Tout ce qu'il y avait de riche, tout ce qu'il y avait de grand dans cette capitale formait son cortége et lui prodiguait le titre d'illustrissime. On ne cessa de l'honorer, de le courtiser jusqu'à son départ, et on ne voulut être désabusé sur son compte, que lorsqu'on apprit qu'il était allé se faire pendre chez l'électeur de Bavière. Les passions sont toujours crédules et superstitieuses. Ce charlatan avait deux chiens qu'il avait parés de colliers d'or, et dont il se faisait suivre constamment. Ces deux chiens devaient être pour quelque chose dans la science de l'alchimiste : c'étaient assurément deux génies, deux démons que, par sa puissance, il avait forcés de sortir de l'enfer pour le servir. Le peuple, les avares de Venise, nobles et plébéiens, n'en jugèrent pas autrement; ni l'électeur lui-même, car il fit brûler ces deux animaux sur le corps de leur maître.

Cette soif de l'or ne se manifestait pas pour la première fois dans Venise, mais elle n'était plus accompagnée de ces passions énergiques, qui, même mal dirigées, commandent toujours l'admiration des hommes et leur inspirent de l'intérêt.

VIII.
Causes de décadence.

On a vu combien le seizième siècle avait été fatal à la puissance des Vénitiens. La découverte de l'Amérique et du passage des Indes portait un coup mortel à leur commerce. Les invasions des Français en Italie, avaient mis la république à deux doigts de sa perte. Elle voyait sa considération affaiblie, l'état de l'église agrandi, et le plus puissant monarque de l'Europe maître de Naples et de Milan. Les progrès des Turcs lui avaient coûté presque toute la Morée, l'Archipel, l'île de Chypre, et lui avaient fait perdre sa confiance dans ses propres forces.

Sans doute il était difficile, même probablement impossible, que la ville de Venise, privée de l'empire du commerce par la révolution qui s'était opérée sur le globe, pressée entre la maison d'Autriche et les Turcs, se maintînt au rang des puissances du premier ordre; mais peut-être aurait-elle pu conserver une plus grande part au respect des autres nations, si, dans sa médiocrité, elle eût fait paraître les vertus de cet état. Plus on est faible, plus on a besoin de courage. La pauvreté s'ennoblit quand elle sait garder son indépendance. Le malheur des Vénitiens fut de conserver trop de souvenir de leur grandeur, et trop d'attachement à leurs richesses. Déchus de leur puissance, réduits à partager les bénéfices du commerce, après les avoir long-temps accaparés, ils auraient pu se maintenir au rang des états du second ordre, et rester d'illustres négociants, si leur constitution eût été analogue à leur nouvelle situation.

Quelque opinion qu'on ait pu se former de leur organisation politique, il faut reconnaître que, bonne ou mauvaise, elle eut un immense avantage ; elle fut stable. Ils purent employer à s'agrandir, à s'enrichir, le temps que les autres républiques d'Italie employaient à changer de lois ou de maîtres. Jamais la tranquillité intérieure de l'état ne fut troublée. Mais Venise, assez forte pour conquérir, ne le fut pas assez pour assurer à ses nouveaux sujets une protection efficace. A peine eut-elle envahi des provinces en Italie, qu'elle les vit occupées trois ou quatre fois, et ravagées continuellement par les ennemis que son ambition avait attirés. Quel attachement ces peuples pouvaient-ils porter à une métropole qui ne les défendait pas? Ils lui montrèrent cependant de la fidélité, parce qu'ils appréciaient le bienfait d'une administration sage, économe, bien ordonnée et alors presque inconnue dans les autres états.

Ainsi la prospérité de Venise fut le résultat de ces causes principales, qu'on peut réduire à trois :

Son commerce universel et presque exclusif;

Sa marine plus puissante que celle des autres nations ;

Et le bonheur qu'elle eut d'avoir un gouvernement stable et une administration éclairée, long-temps avant les autres peuples.

Mais l'effet de ces moyens était borné comme tout ce qu'il y a dans la nature. Toute la sagesse du sénat ne pouvait pas empêcher que le commerce ne prît une nouvelle route; que la navigation de l'océan n'amenât dans l'architecture navale une révolution, qui rendait inutiles les galères de l'Adriatique; que les peuplades de l'Asie ne vinssent occuper les côtes orientales de la Méditerranée; que la maison d'Autriche ne devînt puissante; que les autres états n'acquissent enfin une organisation fixe, et ne fissent des progrès dans l'administration.

Quand la source des richesses commerciales ne se trouva plus à sa portée, « quand l'Italie, « suivant l'expression de Montesquieu (1), ne fut « plus au centre du monde commerçant, et se « trouva, pour ainsi dire, reléguée dans un coin « de l'univers, » quand la marine de Venise ne fut plus redoutable, quand de grands peuples furent devenus les voisins de la république, et ses égaux dans la science du gouvernement; il fallut bien que Venise descendît du haut rang

---

(1) *Esprit des lois*, liv. 21, ch. 21.

où elle s'était placée. Il ne serait pas juste d'attribuer cette révolution à son imprévoyance; mais on peut dire que ce changement lui aurait été moins funeste, si, dans le temps de sa prospérité, elle eût montré cette modération, dont on ne put faire honneur ensuite qu'à sa faiblesse. Toutes conquêtes doivent entraîner la perte des petites républiques (1), et Venise l'était relativement à d'autres états.

Une république conquérante devient monarque par fiction; mais quand cette espèce de gouvernement exerce son autorité au loin, il est plus dur, plus odieux que le gouvernement d'un seul.

En s'abstenant de conquérir des provinces en Italie, Venise aurait évité des guerres désastreuses, des haines implacables, des dépenses immenses (2). Elle aurait retenu plus long-temps

---

(1) MACHIAVEL, *Discours sur* TITE-LIVE, liv. 1, ch. 6.

(2) « Les Vénitiens ont commencé, accru et conservé leur empire par le domaine de la mer, et tant qu'ilz se sont maintenus dans les limites d'icelle, et appliquez au trafiq, ilz ont aquis beaucoup de réputation et de richesses, et depuis qu'ilz se sont jetez dedans ces desseing et conquestes de terre-ferme, ils se sont diminuez, etc.

(*Relation de l'ambassade de M.* Léon Bruslart, man. de la Biblioth.-du-Roi, n° 712.)

ses possessions d'outre-mer, elle aurait pu conserver un plus grand commerce, résister aux Turcs avec plus de succès; et qui l'aurait empêchée de porter son pavillon dans l'océan, comme les Portugais, les Espagnols et les Hollandais, nations beaucoup moins habiles que les Vénitiens dans la marine, à l'époque où elles entreprirent tant de conquêtes? Elles profitèrent, pour s'établir dans les deux Indes, du moment où les Vénitiens disputaient la possession de Bergame et de Crémone à leurs voisins.

Je ne dis pas que neuf provinces en Italie, ne valussent quelques îles dans les Indes; mais ces neuf provinces, quoique fort belles, ne formaient qu'un état médiocre. La servitude où elles étaient en avait facilité la conquête; du moins fallait-il les attacher à leur nouveau gouvernement, les incorporer à l'état. Les républiques, si elles veulent réellement s'agrandir, doivent se donner des citoyens et non des sujets: la constitution de Venise s'y opposait, d'où il faut conclure que cette république n'était pas constituée pour augmenter ses forces par des conquêtes sur le continent. Machiavel fait observer qu'après ces acquisitions, Venise se trouvait en effet moins puissante que lorsque son territoire ne s'étendait qu'à quelques milles au-delà des lagunes(1). Au reste, quelque soin qu'on eût pris de s'assurer la possession de ces nouvelles provinces, il n'y avait pas là de quoi se soutenir sur un pied d'égalité avec les puissances environnantes. Prendre cette route pour s'agrandir, c'était avouer une ambition qui rappelait trop celle des Romains, et pour cela il fallait conserver la supériorité sur les autres peuples en habileté et en courage. Si Venise eût su se donner des citoyens et non pas des sujets, elle serait devenue plus puissante; si elle eût conquis les peuples pour les affranchir, et pour former une ligue de républiques confédérées, elle pouvait réunir en un seul état le Milanais, la Romagne et la Toscane : jamais les Français, les Allemands, les Espagnols, n'auraient été appelés au-delà des Alpes, et les papes ne seraient pas devenus si puissants.

Le tort, ou le malheur du gouvernement vénitien fut donc de ne pas juger sa destinée. Les patriciens de cette république, dans le temps de ses prospérités, se croyaient appelés à humilier les rois, et, après ses disgraces, ils ne sentirent pas assez qu'il ne pouvait plus y avoir de royauté pour eux-mêmes.

---

(1) *Discours sur* Tite-Live, liv. 11, ch. 19.

IX.
Inconvénients de l'aristocratie.

La souveraineté a cela de propre, que plus elle est grande, moins on lui porte envie. Dans la monarchie, dans les états despotiques même, on ne voit dans la souveraineté qu'une magistrature; le personnage est si éminent, le fardeau qu'il porte est si accablant, qu'il ne vient pas dans l'idée de croire que la destinée l'ait fait monarque pour son avantage personnel : on voit qu'il ne jouit de rien, qu'il est obligé de se faire une existence à part; c'est, pour ainsi dire, un être hors de la nature. Il n'en est pas ainsi dans les petits états, et sur-tout dans ceux où la souveraineté est partagée. Plus la part d'autorité est petite, plus elle est accessible aux ambitions vulgaires. Quand nous voyons ceux qui la possèdent se rapprocher de nous par leurs jouissances, et descendre à de petits moyens pour les accroître, se réserver des avantages et s'enorgueillir de notre humiliation, faute de pouvoir se glorifier de leur grandeur, nous nous demandons pourquoi, à quel titre, jusques à quand ils veulent être nos maîtres. C'est bien pis, lorsqu'il n'y a plus pour eux aucune occasion de montrer qu'ils valent mieux que nous, et de faire preuve de ces grands talents, de ce courage, qui peuvent justifier la vanité.

Or, c'est ce qui arriva au gouvernement de Venise. Quand les nobles, au lieu de verser leur sang pour la patrie, au lieu d'illustrer l'état par des victoires et de l'agrandir par des conquêtes, n'eurent plus qu'à jouir des honneurs, et à se partager le produit des impôts, on dut se demander pourquoi il y avait huit ou neuf cents habitants de Venise qui se disaient propriétaires de toute la république. Eux-mêmes durent perdre de leur mérite, et les autres de leur attachement. Les liens de l'état durent se relâcher.

Les sujets de la seigneurie furent amenés à comparer leur sort à celui dont jouissaient les sujets ou les citoyens des autres républiques. Long-temps supérieurs à presque tous les peuples, parce que ceux-ci vivaient dans l'abjection de la féodalité, ils étaient réduits maintenant à porter envie, non-seulement aux hommes libres, mais aux habitants des monarchies. Dans la monarchie, le souverain est la source du pouvoir, mais il est forcé d'en déléguer l'exécution. Dans l'aristocratie au contraire, il ne reste rien aux sujets que d'obéir et de payer. Voilà pourquoi des philosophes ont prétendu que la meilleure aristocratie était celle qui se rapprochait le plus de la démocratie (1) : ils voudraient

---

(1) FILANGIERI, liv. 1, ch. 10.

que, pour deux drachmes d'impôt, on eût droit de suffrage dans l'assemblée de la nation, comme à Athènes d'après les lois d'Antipater (1); c'est-à-dire, qu'ils ne veulent point d'aristocratie : ils ne proposent pas les moyens de soutenir cette forme de gouvernement, mais de la détruire.

Je m'arrête sur ces considérations, parce qu'elles peuvent faire apercevoir la cause qui éteignit ce zèle patriotique, seul conservateur des états. Riches, tranquilles et en possession du pouvoir, les souverains de Venise n'eurent plus qu'un objet, ce fut de conserver ce précieux repos, même aux dépens de leur considération. Ils auraient pu rajeunir leur république, si, marchant avec le siècle, considérant l'exemple de la Hollande, ils eussent, en modifiant leur constitution par de sages tempéraments, élevé leurs sujets à la dignité de citoyens. Veut-on qu'une religion ou une république se maintiennent; il faut les ramener de temps en temps à leur principe : cette maxime est de Machiavel (2); or le principe de Venise était le commerce et l'égalité : il y avait cependant une diffi-

---

(1) Diodore de Sicile, liv. 18.
(2) *Discours sur* Tite-Live, liv. 3, ch. 1.

culté à ce retour, la population était corrompue; aussi ne s'agissait-il pas de changer une aristocratie en démocratie ; mais de rendre à cette classe d'hommes, exclue de tous droits politiques, le patriotisme et le courage, en leur permettant de relever le front. Bien loin de là, l'orgueil aristocratique, n'ayant plus où se prendre dans sa honteuse inaction, s'attacha aux plus minutieux priviléges, envahit tout, et bientôt fut obligé de courber lui-même sous le joug de fer que l'oligarchie vint lui imposer. L'oisiveté, l'inconduite, la vanité, le défaut d'occasions pour acquérir de la gloire et des richesses, détruisirent les fortunes et la considération de la plupart des patriciens. Ceux qui avaient eu l'habileté de conserver l'une et l'autre, en se maintenant dans les grandes places, les considérèrent désormais comme leur patrimoine, et ne virent plus que des clients dans ceux que la constitution de l'état faisait leurs égaux. L'autorité tendit sans cesse à se resserrer dans un petit nombre de mains. Il y eut des riches dociles au joug, « parce que les hommes tiennent encore plus aux richesses qu'aux honneurs (1); » il y eut une multitude de patriciens pauvres et, ce qui est encore pis,

---

(1) *Ibid.*, liv. 1, ch. 37.

obscurs; contribuant par leurs suffrages à la nomination du prince et passant leur vie à solliciter les plus minces, les plus vils emplois. Ils ne différaient guères que par leur indigence de cette classe de sujets qu'on appelait les nobles de terre-ferme.

On a dit que l'aristocratie tendait à se dilater, comme la démocratie à se resserrer. C'est là un conseil sous la forme d'une observation. Le conseil est salutaire, car là où le pouvoir est nécessairement odieux, il est bon de le partager, pour le rendre plus tolérable; là où l'autorité est inévitablement tumultueuse, il faut la concentrer pour la rendre plus raisonnable; mais par-tout les passions des hommes sont les mêmes; dans un gouvernement comme dans l'autre, l'orgueil des dépositaires du pouvoir tend à l'augmenter. Seulement on peut remarquer que la démocratie trouve son remède dans les passions, tandis que ces mêmes passions s'opposent au perfectionnement de l'aristocratie. La conséquence la plus juste à tirer de tout cela, c'est que le mal est dans l'excès; or, malheureusement pour Venise, son gouvernement ne cessa d'y tendre.

Telles furent les conséquences des vices qu'il y avait dans l'organisation sociale des Vénitiens. Lorsqu'elle cessa d'être meilleure que celle des autres états, et lorsque le temps eut changé tous les rapports de richesse, de grandeur et de services entre cette puissance et les autres, la république continua de subsister, parce qu'elle avait douze cents ans d'existence; mais à chaque guerre elle éprouva des pertes, à chaque traité elle vit décliner sa considération, et dans la paix, qu'elle acheta souvent, elle ne répara point ses forces, parce qu'il n'y a de force que là où il y a du courage.

Les états peuvent déchoir de leur grandeur sans qu'il y ait même de la faute du gouvernement, mais alors le gouvernement doit retremper le ressort moral qui rend une nouvelle activité à la machine politique, et c'est ce que le gouvernement vénitien eut à se reprocher de n'avoir pas fait.

On a quelque sujet de s'étonner que, dans ce défaut de patriotisme, d'esprit public et d'énergie, le gouvernement lui-même ne se soit pas dénaturé; mais, quoiqu'on soit autorisé à dire que le gouvernement n'avait pas toujours prévu l'avenir avec justesse, et choisi le remède le plus efficace, il faut aussi reconnaître qu'il était admirable par sa constance et par ses maximes.

Les effets en font foi.

Venise eut des armées considérables, souvent victorieuses, quelquefois mécontentes. Ses flottes

X. Système du gouverne-

étaient toujours confiées à des personnages éminents dans la république, les armées de terre avaient un chef étranger, et la charge de capitaine-général de la république, était la plus haute fortune à laquelle un homme de guerre pût prétendre en Italie. Cependant, jamais général étranger ni vénitien ne manifesta la pensée d'abuser de la force remise entre ses mains, et de s'en servir pour usurper le pouvoir. De tous côtés en Italie, des soldats heureux parvenaient à se faire un trône. A Venise, ce danger fut toujours habilement écarté : on n'oubliait jamais que, qui peut sauver la république peut aussi la détruire. L'armée de terre, plus propre à devenir un instrument d'usurpation, fut toujours confiée à un étranger : on réserva aux nationaux le commandement de l'armée navale. La première, composée de soldats de toutes les nations, ou de milices, fut payée en argent plus qu'en considération : ce n'était pas un moyen pour la rendre meilleure ; mais c'était une raison pour qu'elle fût moins dangereuse. Des provéditeurs surveillaient le général : quelquefois on lui demandait sa femme ou ses enfants pour ôtages : toujours on le récompensait magnifiquement, et on avait montré qu'on savait le punir d'avoir encouru un soupçon. Cette méthode de ne confier le commandement des armées de terre qu'à un étranger, dut faire sans doute que la guerre ne fut pas toujours poussée avec la vigueur, le dévouement, la loyauté qu'on a droit d'attendre d'un général, qui est en même temps citoyen. « Ce fut, dit un auteur vénitien (1), ce fut une grande faute de nos pères, de ne pas changer de système, lorsqu'ils voulurent faire la guerre sur le continent : si les généraux eussent été vénitiens, on n'aurait pas rendu la liberté à toute l'armée de Visconti, prisonnière après la bataille de Macalo. » Cela est certain, il ne l'est pas moins que les armes des Vénitiens auraient pu obtenir des succès plus brillants, si elles n'eussent pas été dans la main de mercenaires. Quand on a de l'ambition, et qu'on veut faire la guerre, il faut prendre la peine de la faire soi-même.

Mais cela prouve seulement que les Vénitiens n'avaient pas dans leur population indigène, les ressources suffisantes pour entretenir à-la-fois une armée de terre et une armée de mer. Quant aux généraux, ils auraient pu sans doute en trouver parmi leurs patriciens; mais la méfiance prévalut; on employa des étrangers dans les premières guerres que la république eut à

---

(1) Ch. Marin, *Histoire du commerce de Venise*, tom. VII. liv. 3, ch. 5.

soutenir, et cette république ne savait pas changer de maximes.

Les commandants des armées navales, constamment choisis parmi les patriciens, passaient des opérations de la guerre aux fonctions civiles; environnés de grands honneurs, quand ils avaient bien fait; déposés, dépouillés de leurs dignités, envoyés en exil, même quand ils n'avaient été que malheureux.

Graces à ces précautions, les Vénitiens n'eurent jamais à gémir sous le joug militaire, n'eurent à réprimer, ni les tentatives d'un général ambitieux, ni même l'arrogance des gens de guerre.

XI. Son habileté à contenir le clergé.

Ils n'apportèrent pas moins de soin à contenir le pouvoir sacerdotal. Le clergé vénitien, nombreux et riche, fut toujours ce qu'il doit être par-tout, considéré et soumis. Il ne contribuait point aux charges publiques, à moins d'un indult de la cour de Rome, qui autorisât la levée des décimes (1). La république trouva,

---

(1) Frà PAOLO disait dans son livre intitulé : *Opinione in qual modo debba governarsi la repubblica veneziana*, si les circonstances amenaient sur le trône pontifical un pape, je ne dirai pas vénitien, ce qui serait une affaire de vanité et non une chose utile, peut-être même une chose dangereuse, mais un pape étranger, disposé favorablement pour la répu-

à cet égard, des dispositions assez favorables dans le pape Sixte-Quint. Avertie que la signora Camilla Peretti, sœur de ce pontife, desirait que ses enfants fussent admis au rang des patriciens de Venise, elle s'empressa de les faire inscrire au livre d'or. Lorsque les ambassadeurs en portèrent la nouvelle au pape, Sixte-Quint répondit, avec cette humilité qu'il avait long-temps affectée, que ses neveux étaient nés trop pauvrement et trop bas pour aspirer à un si grand honneur, mais qu'il essayerait de les en rendre dignes. Il exprima sa sensibilité par des larmes, et il échappa même à sa reconnaissance, de donner à la république l'épithète de sérénissime, chose qui n'était jamais arrivée à aucun pape (1).

Les Vénitiens ne manquèrent pas de profiter

---

blique, il importerait de profiter de cette bonne disposition pour obtenir, une bonne fois pour toutes, la levée des decimes du clergé. Clément VI l'avait déja accordée ; mais la bulle a malheureusement été révoquée, il importerait de s'affranchir de l'obligation de renouveler tous les cinq ans, ou tous les sept ans, la demande de cette grace.

(1) *Correspondance de M. de Maisse, ambassadeur de France à Venise*, manuscrit de la Bibliot.-du-Roi, n° 1021 $\frac{H}{265}$, mémoire envoyé au roi, à la suite de la dépêche de l'ambassadeur, du 6 nov. 1585.

de cette reconnaissance du saint-père. Ils lui représentèrent que la garde de Corfou et de Candie qui étaient les deux boulevards de la chrétienté, leur coûtaient plus de cinq cent mille écus par an ; ils demandèrent la permission de lever tous les ans un décime sur les biens du clergé, sans en excepter les cardinaux. Sa sainteté leur répondit qu'elle était disposée à sacrifier, non-seulement tous les trésors de l'église, mais même son propre sang pour la défense de la république, qu'elle desirait que le gouvernement ne tourmentât pas les évêques ni les religieux; que déja elle avait accordé que les bénéfices dans l'état de Venise ne seraient donnés qu'à des nationaux (1).

Malgré toutes ces promesses, lorsqu'il fut question d'expédier l'indult qui devait autoriser la levée des deux décimes, les cardinaux du conseil du pape, pour éviter la révocation de l'exemption dont ils avaient joui jusque alors, proposèrent d'accorder, en remplacement des deux décimes, la permission de lever sur le clergé, en quatre ans, une somme de deux cent mille écus (2).

---

(1) *Ibid.*

(2) *Ibid.* Lettre de M. de Maisse au roi, du 3 déc. 1585.

Enfin le pape se détermina à accorder quatre décimes et demi par an, qu'on évaluait devoir produire soixante ou quatre-vingt mille écus (1). Ces évaluations conduisent à penser que le décime devait valoir de quinze à vingt mille écus.

Le clergé était placé en dehors du gouvernement et de l'administration, depuis les premières années du XVe siècle (2) : il lui fut sévèrement interdit de s'y immiscer.

---

(1) *Ibid.* du 25 fév. 1586.

(2) En 1714. Il est certain qu'antérieurement les ecclésiastiques étaient appelés aux délibérations sur les affaires de l'état. Je trouve dans Muratori (*Antiquitates italicæ medii ævi*, dissertation 5e, pag. 243 et suiv.) un acte de 1074, par lequel le doge Dominique Silvio donne et confirme des biens au patriarche de Grado. Cet acte est signé du doge, puis de cinq évêques et de quatre abbés, puis de trente-cinq séculiers : c'étaient apparemment les *pregadi* de cette époque. Le titre porte : *Dominiquus Sylvius per misericordiam Dei Venetiæ et Dalmatiæ dux, unà cum episcopis, abbatibus, judicibus et maximâ parte nostrorum fidelium*, et l'acte se termine ainsi : *Itaque consensu et conlaudatione omnium episcoporum nostræ patriæ, abbatum etiam quorum omnium nomina propriis manibus subscripta sunt*, etc. : mais il faut remarquer qu'ici il s'agissait d'imposer aux églises de ces évêques et de ces abbés une redevance envers le patriarchat de Grado.

Il existe dans la même collection, (dissertation 16, p. 899),

Pour être parfaitement assurée contre les envahissements de la puissance ecclésiastique, Venise commença par lui ôter tout prétexte d'intervenir dans les affaires de l'état, elle resta invariablement fidèle au dogme. Jamais aucune des opinions nouvelles n'y prit la moindre faveur (1); jamais aucun hérésiarque ne sortit de Venise. Les conciles, les disputes, les guerres de religion, se passèrent sans qu'elle y prît jamais la moindre part. Inébranlable dans sa foi, elle ne fut pas moins invariable dans son système de tolérance. Non-seulement ses sujets de la religion grecque conservèrent l'exercice de

---

un autre diplôme par lequel le doge Vital Falier, dote, en 1090, l'église de St.-Georges-Majeur, de divers biens situés à Constantinople. Ce diplôme n'est signé que par des laïques.

(1) Io non ho mai conosciuto alcun Veneziano seguace di Calvino e di Luthero ed altri, ma bensì d'Epicuro e del Cremonini, già lettore nella prima cattedra di filosofia nello studio di Padova, il quale assicura che l'anima nostra provenga dalla potenza del seme, come l'altre dell' animale bruto, e per conseguenza sia mortale: gli argomenti con li quali pretende fortificare questi orrendi pensieri sono cavati tutti dalla filosofia naturale..... I seguaci di questa scelleratezza sono i migliori di questa città, ed in particolare quelli che hanno la mano nel governo.

(*Discorso aristocratico sopra il governo de' signori Veneziani*, pag. 76, 77 et 79.)

leur culte, leurs évêques et leurs prêtres ; mais les protestants, les Arméniens, les Mahométans, les Juifs, toutes les religions, toutes les sectes qui se trouvaient dans Venise, avaient des temples, et la sépulture dans les églises n'était point refusée aux hérétiques (1). Une police vigilante s'appliquait avec le même soin à éteindre les discordes, et à empêcher les fanatiques et les novateurs de troubler l'état (2).

---

(1) Venendo a morte un Lutherano o Calvinisto pubblico, permettono che sia sepolto in chiesa, e i signori parrochi non ne fanno alcun scrupolo.
Discorso aristocratico sopra il governo de' signori Veneziani, p. 76.

(2) En voici un exemple, que Mayer rapporte dans sa description de Venise :

Un Vénitien fut accusé, devant le saint-office, de s'être déclaré contre la transubstantiation. Amené devant le tribunal, il s'opiniâtra à soutenir son hérésie ; de sorte qu'il ne pouvait rester aucun doute sur sa culpabilité. Il allait être condamné ; mais un des sénateurs qui assistaient au jugement lui demanda s'il croyait à l'incarnation, à la résurrection, et à d'autres mystères ; l'accusé n'hésita pas à répondre affirmativement. « Vous voyez bien, dit le sénateur, que cet homme est un insensé, puisqu'il refuse de croire à la transubstantiation, quoiqu'il admette les autres mystères »; et il le fit renvoyer au curé pour l'instruire, et au médecin pour le guérir.

Le culte public était exercé avec une grande régularité et beaucoup de magnificence.

Trente sept évêques, archevêques ou patriarches composaient le haut clergé vénitien. Tant que la république fut puissante, elle retint soigneusement le droit de nommer les sujets auxquels le pape conférait l'institution canonique des siéges épiscopaux.

Dès le VIIe siècle (1), il était réglé que l'évêque ne pouvait être mis en possession du temporel affecté à son siége, que par l'autorité du gouvernement : les assemblées connues sous le nom de synodes et de conciles, ne pouvaient avoir lieu sans permission (2). Dans les premiers temps, le doge disait à l'évêque, en lui remettant l'anneau et le bâton pastoral, « Rece- « vez cet évêché de Dieu et de Saint Marc (3). » Lorsque les malheurs de la guerre de Cambrai réduisirent la république à recevoir la loi du

---

(1) En 697. Voyez la *Chronique* de Dandolo.

(2) Decreverunt ut concilia episcoporum et clericorum non nisi permittente duce cogerentur, prælaturæ et ecclesiastica beneficia a clero et populo delata acciperent a duce possessionem quam appellant investitionem.

(*Histoire* de Bernard Justiniani.)

(3) Per Deum et sanctum Marcum cognosce hunc episcopatum.

saint-siège, elle se vit obligée de plier à cet égard. La cour de Rome s'empara du droit de collation, du moins pour la plupart des évêchés, il n'en resta guère que le quart à la nomination du gouvernement; mais ni les uns ni les autres ne purent jamais être conférés qu'à des nationaux. Même dans les communautés régulières, les supérieurs ne purent être choisis que parmi les Vénitiens. Enfin le sénat exigea que les sujets proposés à Rome dans le consistoire, pour remplir les siéges épiscopaux vacants dont le pape s'était réservé la nomination, fussent présentés exclusivement par les cardinaux vénitiens.

La protection la plus déclarée de la cour de Rome ne pouvait pas mettre les évêques, les cardinaux vénitiens, à l'abri de l'animadversion de la république. Etaient-ils absents : refusaient-ils d'obéir : on bannissait, on dégradait, on ruinait leur famille. C'était imiter la coutume de la Chine, où les pères, dit-on, sont responsables des fautes de leurs enfants.

Les curés de Venise étaient nommés par les propriétaires des maisons de la paroisse, sans distinction de nobles, de citadins ou de plébéiens (1); mais la noblesse ne briguait point cette sorte d'emplois.

---

(1) On peut voir dans *La république de Venise* de Saint-

Le clergé régulier était très-nombreux, on s'appliqua à le réduire, en réunissant plusieurs monastères, en suspendant momentanément les admissions, en reculant l'époque des vœux.

La juridiction ecclésiastique était confiée à des colléges de prêtres presque indépendants de l'évêque. Celui-ci n'avait qu'une autorité très-bornée sur les ordres religieux. Pour l'administration de leurs revenus, pour leurs dépenses, pour leur police, les réguliers étaient assujettis aux magistrats. Tout le clergé sans distinction, depuis le patriarche de Venise jusqu'au moindre moine, était dans la dépendance du conseil des Dix. Enfin aucun membre du clergé, quelle que fût sa naissance, ne pouvait exercer des fonctions civiles; leurs parents étaient exclus des magistratures qui avaient autorité sur les choses ou les personnes ecclésiastiques, et lorsque, dans le sénat, dans le grand conseil, dans toutes les autres assemblées d'état, il se traitait une affaire où la cour de Rome pouvait être intéressée, tous ceux qui avaient une affaire à Rome ou des parents dans l'église, étaient obligés de se récuser. On faisait sortir les *papalistes*.

Disdier, 2e partie, le détail de quelques scènes auxquelles ces élections donnaient lieu.

Les sujets qui avaient quelques dispenses ou autres graces à solliciter du pape, ne pouvaient le faire que par l'intervention de l'ambassadeur de la république à la cour de Rome. Aucun acte du saint-siége n'était reçu, publié, exécuté dans les états de la seigneurie qu'après l'approbation du gouvernement. L'inquisition était à-peu-près réduite à la censure des livres.

Si on considère que c'est dans un temps où presque toutes les nations tremblaient devant la puissance pontificale, que les Vénitiens surent tenir leur clergé dans la dépendance, et braver souvent les censures ecclésiastiques et les interdits, sans encourir jamais aucun reproche sur la pureté de leur foi, on sera forcé de reconnaître que cette république avait devancé de loin les autres peuples dans cette partie de la science du gouvernement. La fameuse maxime *siamo veneziani poi christiani*, n'était qu'une formule énergique, qui ne prouvait point qu'ils voulussent placer l'intérêt de la religion après celui de l'état, mais qui annonçait leur invariable résolution de ne pas souffrir qu'un pouvoir étranger portât atteinte aux droits de la république.

Dans toute la durée de son existence, au milieu des revers comme dans la prospérité, cet inébranlable gouvernement ne fit qu'une seule fois des concessions à la cour de Rome, et ce fut pour détacher le pape Jules II de la ligue de Cambrai.

XII. Sa conduite à l'égard des jésuites.
Jamais il ne se relâcha du soin de tenir le clergé dans une nullité absolue relativement aux affaires politiques; on peut en juger par la conduite qu'il tint avec l'ordre religieux le plus redoutable et le plus accoutumé à s'immiscer dans les secrets de l'état et dans les intérêts temporels. Venise avait reçu les jésuites quelque temps après leur création. Dans le différend, que je vais avoir à raconter entre la république et le pape Paul V, les religieux de cet ordre, ayant obéi au pape, furent chassés de tout le territoire vénitien; leurs biens furent confisqués, vendus; et lorsque le gouvernement consentit à leur retour, il les obligea d'acheter le couvent dans lequel il leur permit de s'établir. Le décret qui tolérait les jésuites à Venise devait être renouvelé tous les trois ans. C'était ainsi qu'on en usait pour les Juifs. Dans les processions, la place des jésuites était assignée entre les bannières de Saint-Marc et de Saint-Théodore, emblèmes, disait-on, des deux colonnes entre lesquelles se faisaient les exécutions des criminels.

Quelque temps après leur retour, on fut averti qu'un père de cette société avait imaginé de former une congrégation des gondoliers de Venise. Il les réunissait les jours de fête, et leur faisait des instructions sur les vérités de la religion qui pouvaient être à leur portée; jusques-là cet établissement n'avait rien que d'édifiant; mais les gondoliers attachés à toutes les personnes riches ou considérables, étant, par leur profession, instruits de toutes leurs démarches, quelquefois de leurs secrets, on jugea qu'il pouvait y avoir du danger à laisser aux jésuites ce moyen d'espionnage; la congrégation fut défendue, dissoute, et le père qui l'avait formée reçut ordre de sortir de Venise (1).

Une autre fois la mère d'un jeune homme vint se plaindre de ce que son fils, qui était entré chez les jésuites, en annonçant l'intention de s'engager dans leur ordre, voulait en même temps leur donner ses biens : il avait déja remis au père recteur du couvent de Padoue une procuration qui l'autorisait à les vendre. Le conseil des Dix envoya ordre au recteur d'apporter la procuration; il s'excusa sur ses infirmités, et quoiqu'elles fussent réelles, on l'obligea de comparaître, on lui fit rendre cet acte, et on l'en-

---

(1) *La ville et la république de Venise*, par S. Disdier, 2e partie.

voya expier sa désobéissance sous les plombs, c'est-à-dire dans un cachot (1).

Enfin une loi plus récente défendit à tout jésuite de prolonger au-delà de trois ans son séjour dans les états de la seigneurie. Les personnes même qui n'appartenaient plus à l'ordre, mais qui en avaient porté l'habit pendant six mois, avaient besoin d'une permission spéciale pour résider sur le territoire vénitien; défenses étaient faites aux notaires de recevoir aucun testament par lequel les jésuites seraient institués légataires, et quand la république fut tout-à-fait brouillée avec l'ordre, elle poussa les choses encore plus loin, car elle défendit à tous les chefs de famille de faire élever leurs enfants dans des colléges dirigés par les jésuites, sous peine de se voir eux et leurs fils dépouillés de leurs dignités (2).

On n'a qu'à comparer cette police ferme et vigilante avec les ménagements que tant d'autres gouvernements ont cru devoir à ces religieux.

Le reste du clergé pouvait être contenu à moins de frais. La politique du gouvernement

---

(1) *Ibid.*

(2) *Relation de l'ambassade de Venise*, 1619, par M. Léon Bruslart. Manusc. de la Bibl.-du-Roi, n° 712.

parut juger que, pour rester soumis, il était bon que les gens d'église eussent besoin d'indulgence; en conséquence on toléra chez eux cette liberté de mœurs dont toute la population de Venise fut toujours en possession (1). C'était un mal sans doute; l'expérience a prouvé souvent que, pour être dépravé, le clergé n'en était pas moins ambitieux. Cette dépravation des prêtres

---

(1) I religiosi si fanno lecito di quelle cose che non gli stanno bene e che in altro paese non gli verrebbero tollerate, si sottraggono dall' ubbedienza de' superiori che non li possono raffrenare, e alli nunzii apostolici verso de' medesimi viene impedita l'autorità.

Se parliamo de' preti, basta il dire che nascono quasi tutti di sangue vile, e siccome in buona parte sono ignoranti e poveri, ordinandosi ad *titulum ecclesiæ*; così poche azioni di splendore si trovano in essi; ne a qualche loro scandalo o mancamento altro rimedio o castigo può dare in prelato che sospenderli *a divinis*; poichè per farli imprigionare bisogna ricorrere al braccio secolare, ma l'opinione comune si è che la ragione di stato non voglia in questa città che sacerdoti siano esemplari, perchè sarebbero troppo riveriti e amati della plebe, e nelle occorenze potriano esser dannosi alla repubblica.

Nel tempo degli interdetti, se la repubblica avesse avuto tutti li suoi religiosi osservanti della loro regola e ubbedienti a' suoi maggiori, non solo non avessero potuto astringerla celebrare li divini uffìcii, ma si sarebbero trovati a centinaja di sacerdoti, che con le prediche e esclamazioni gl' avrebbero

fournit au gouvernement une occasion de repousser avec mépris une prétention de la cour de Rome. Le pape demandait que les ecclésiastiques fussent exempts d'un impôt que la république venait d'établir sur les farines. « Cela serait de trop grande conséquence, répondit le doge en riant, nos prêtres ont un tas d'enfants, et le trésor public souffrirait de ce privilége (1). »

XIII. De la juridiction ecclésiastique.

Jamais le gouvernement vénitien ne s'était départi du droit de faire juger les ecclésiastiques par les tribunaux séculiers, pour tous les délits qui n'étaient pas purement spirituels : les

---

concitata contro le plebe, ma remosse le sopranominate religioni, tutti li suoi frati e preti furono aderenti al governo.
(*Relazione della città repubblica di Venezia*,
man. de la Bibliot.-du-Roi, n° 10465.)

Le sénat, dit Mayer, *Description de Venise*, tom. II, semble favoriser la vie dissolue des gens d'église, pour rendre cet état méprisable aux yeux du peuple, qui, tout aveugle et corrompu qu'il est lui-même, se moque de l'ignorance et du libertinage du clergé. On raconte que des gondoliers, voyant sortir un prêtre de la maison d'une femme publique, se mirent à crier : *Ancuo un porco, domani un santo*.

(1) Cette anecdote est rapportée dans une lettre de M. Léon Bruslart, ambassadeur de France à Venise, en date du 22 novembre 1618.

(Man. de la Bibl.-du-Roi, n° 1017-740.)

papes n'avaient jamais voulu reconnaître ce droit (1).

Eugène IV avait cependant fait une espèce

---

(1) Je trouve dans la correspondance d'un ambassadeur, un exemple de ces contestations.

« Il y a quelque temps qu'un chevalier de Malte ayant tué, « malheureusement et de nuit, un gentilhomme de Bergame, « le podestat de ces seigneurs le fit poursuivre à ban ; et « d'autant qu'il était sujet de l'état de Milan, et s'y était retiré, « un nommé Fontana, official dudit Milan et grand-vicaire « du cardinal Borromée, et protecteur de la religion de « Malte en ce lieu, en entreprit la défense, et manda au po-« destat qu'il se gardât de rien entreprendre sur la juridic-« tion ecclésiastique. Ce nonobstant il ne laissa de passer outre « et bannit ce chevalier de Malte de l'état de ces seigneurs ; « dont ce grand-vicaire irrité envoya signifier au podestat « par un nuncio, qui est un sergent ou notaire apostolique, « un acte d'excommunication, s'il ne levait le ban donné « contre ce chevalier. Ledit podestat déchira cet acte, et en-« voya ce sergent prisonnier à ses seigneurs, qui trouvèrent « ce fait si étrange, que de colère ils firent mettre cet homme « à la cadène, et donnèrent puissance, par autorité du sénat, « à leur podestat de bannir ce vicaire de leur état, et mettre « taille sur sa tête de trois mille écus, avec grace de deux « bans du conseil des Dix. Le vicaire excommunia le podestat « et eut recours à notre saint-père, sous l'autorité duquel il « avait procédé, lequel a pris sa protection, tant à Rome, « à l'endroit de l'ambassadeur de ces seigneurs, qu'en ce lieu « par son légat, et a été cette affaire ici traitée avec aigreur, « ne voulant ces seigneurs, quelques instances que le pape

de concession, en exigeant que l'archidiacre de Castello fût appelé pour prendre séance dans le conseil des Dix, toutes les fois qu'un ecclésiastique serait traduit devant ce conseil : mais les inquisiteurs d'état mandèrent l'archidiacre, et lui intimèrent l'ordre de regarder cette dis-

---

« leur en fît, lever la sentence donnée contre ce vicaire, que
« premièrement sa sainteté n'eût levé les censures ecclésiasti-
« ques ordonnées contre le podestat, et le pape voulant que ces
« seigneurs commençassent les premiers à lever leur sentence,
« comme lui devant porter honneur et révérence ; enfin après
« avoir été quelque temps en cette compétence, pour sortir
« de cette affaire qui a fort travaillé les uns et les autres, il
« a été acordé que le tout serait levé en même-temps, et le
« pauvre sergent mis hors des galères, et pour cet effet est
« parti, il y a deux jours, un courrier dépêché communé-
« ment par le légat et ces seigneurs, portant mandement de
« faire lever l'un et l'autre ; vrai est parce qu'il passera le
« premier à Bergame qu'à Milan, l'on tient ici que l'honneur
« en demeure à notre saint-père, et par ce moyen le ban
« donné par ce vicaire sera levé le premier, aussi la première
« sentence donnée contre ce chevalier doit demeurer. Il s'est
« passé beaucoup de paroles fâcheuses d'une part et d'autre
« en cette affaire : et s'il n'eut été conduit prudemment il en
« pouvait advenir de la brouillerie. »

(*Correspondance de M. Hurault de Maisse, ambassadeur de France à Venise*, manuscrit de la Bibliothèque-du-Roi, n° 1020 $\frac{H}{265}$, lettre au roi, du 29 janvier 1583.

position de l'indult comme non avenue (1).

Il existe un autre arrêté de ce même tribunal, qui prouve que, pour maintenir ce droit, on avait quelquefois recours à des moyens plus violents. « Il est revenu au tribunal, disent les inquisiteurs (2), que l'on tient fréquemment, chez monseigneur le nonce, des discours sur l'autorité du prince, qu'on y prétend qu'elle ne s'étend pas jusqu'à traduire les ecclésiastiques devant les juges séculiers pour des affaires civiles ou criminelles, et que, lors même qu'ils sont coupables, les tribunaux ne peuvent sévir contre eux qu'après y avoir été autorisés par un indult de la cour de Rome. On va jusqu'à dire que le prince qui s'écarte de cette règle est schismatique.

« Ces discours ne sont pas tenus seulement par des personnes de la cour de sa seigneurie révérendissime, quelques prélats ou bénéficiers nobles de la république y prennent part, pour faire les beaux-esprits et se rendre agréables au saint-siége, et répètent ensuite ces mêmes maximes chez eux devant leur famille et d'autres prêtres.

---

(1) Art. 23 des *Statuts de l'inquisition d'état*, man. de la Bibl.-du-Roi.
(2) Art. 3 du 1er supplément aux statuts, *ibid.*

« Pour remédier à ce désordre, le tribunal arrête que, lorsque de tels discours auront été tenus dans l'intérieur du palais de monseigneur le nonce par ses familiers, on n'y fera aucune attention; mais que s'ils tiennent ces mêmes discours hors du palais, on avisera aux moyens de faire assassiner un de ces étrangers; en ayant soin de laisser transpirer qu'il a été mis à mort à cause de son indiscrétion, et on en donnera avis à l'ambassadeur de la république à Rome, afin qu'il prenne des précautions pour la sûreté de ses propres familiers.

« Que si ce sont des prélats vénitiens qui aient tenu de semblables propos dans la cour du nonce, ils seront notés sur un registre intitulé : *Ecclésiastiques peu agréables au gouvernement*. Il sera écrit au magistrat de leur résidence, pour les faire surveiller, et pour chercher si quelque particulier n'aurait pas la moindre plainte, même frivole, à porter contre eux; le plaignant sera encouragé à les poursuivre, les revenus de l'évêque ou du bénéficier seront séquestrés, et on emploiera tous les moyens pour faire durer le séquestre, jusqu'à ce que le prélat indiscret se soit avisé de son tort et soit venu à résipiscence.

« Mais si des ecclésiastiques vénitiens avaient tenu de pareils discours hors du palais du nonce, ils seront mandés devant le tribunal, et mis en prison pour long-temps, afin que des opinions si dangereuses ne se propagent point.

« Enfin, si après le séquestre ou l'emprisonnement, le coupable récidivait, on usera envers lui de la dernière rigueur, parce que le mal veut être extirpé avec le fer et le feu. »

On vient de voir comment ce gouvernement prenait des sûretés contre l'esprit de domination des militaires et des prêtres ; il lui restait à se défendre contre une classe d'usurpateurs, d'autant plus redoutables qu'ils avaient une existence légale et qu'ils étaient déja armés d'un grand pouvoir.

XIV. Progrès de la puissance du conseil des Dix. Limites qu'on lui impose.

Le conseil des Dix, institué au commencement du XIVe siècle, pour découvrir toutes les ramifications de la conjuration de Thiepolo, avait su perpétuer son existence et étendre ses attributions. On l'a vu envahir l'autorité judiciaire et administrative, déposer un doge, faire la paix et céder des provinces, sans l'aveu de l'autorité spécialement chargée des intérêts politiques de l'état.

Déja, par une loi de 1468, on avait tenté de déterminer ses attributions, c'est-à-dire de les limiter; mais on lui avait laissé celle qui était l'objet primitif de son institution, le soin de veiller au salut de la république, et cette mission offrait un prétexte pour envahir tous les pouvoirs.

Afin d'y parvenir avec plus de facilité, ce conseil avait adopté la méthode de se faire adjoindre des membres pris dans les autres corps de l'état. Ce furent d'abord les six conseillers du doge.

Comme, dans certaines circonstances, les membres du conseil des Dix ne pouvaient assister à toutes les assemblées, il fut réglé, en 1402, que les présidents de la quarantie criminelle seraient leurs suppléants, sauf à n'avoir voix délibérative que lorsqu'ils rempliraient cette destination. Cette association déplut au redoutable tribunal. Il n'y a rien de si incompatible que l'autorité arbitraire et la magistrature. Pour se débarrasser de la présence des magistrats, il se fit autoriser par le grand conseil, en 1414, à choisir vingt patriciens qui remplaceraient les membres absents ou obligés de se récuser. Ce choix réservé au conseil des Dix lui-même, devait être soumis, seulement pour la forme, à l'approbation du grand conseil. C'était un grand pas de fait vers l'autorité, que de pouvoir désigner, appeler ou ne pas appeler vingt votants, soumis au tribunal, puisqu'ils étaient son ouvrage, et qui venaient, quand on le jugeait nécessaire, ajouter un nouveau poids à ses délibérations.

Enfin il voulut en 1539, étendre ce droit d'adjonction jusqu'à cinquante patriciens, toujours à son choix; de sorte qu'il y aurait eu un nouveau corps dans l'état, et ce corps aurait pu, au gré de ses chefs et suivant les occurrences, présenter la réunion imposante du doge, de ses six conseillers et des membres du conseil des Dix, renforcé de cinquante patriciens, ou pour agir avec plus de célérité et de mystère, se réduire aux trois inquisiteurs d'état, création de ce même conseil. Ce corps, avec la faculté de s'étendre et de se resserrer à ce point, devenait le dominateur de tous les autres; le grand conseil le sentit et rejeta cette proposition : il était déja bien averti des vues ambitieuses des décemvirs, par un décret qu'ils avaient rendu quelques années auparavant (1). On avait tenté, comme je l'ai dit, de limiter leurs attributions; le tribunal décréta que cette loi serait exécutée, ce qui était déja une atteinte portée à l'autorité suprême du législateur, qui n'avait pas besoin de sanction; et il se réserva toutes les matières, que lui-même, à la plura-

---

(1) En 1518.

lité des cinq sixièmes des voix, jugerait à propos d'évoquer (1). C'était se réserver un pouvoir illimité.

En 1582, le grand conseil, sans abolir formellement l'usage de donner des adjoints au conseil des Dix, le priva de ces auxiliaires, en ne confirmant au scrutin aucun des choix proposés (2). Cet acte de vigueur fut suivi d'un

---

(1) *Mémoires historiques et politiques sur la république de Venise*, par Léopold Curti, 2ᵉ partie, ch. 4.

(2) Voyez les lettres de M. Hurault de Maisse, ambassadeur de France à Venise, au roi, des 20 novembre 1582, 1ᵉʳ janvier et 3 février 1583. « Ces seigneurs ayant parlé de la gionta du conseil des Dix, ne restant plus qu'à ballotter ceux qui en devoient estre, il n'a jamais été possible qu'aucun aye esté approuvé de leur grand conseil, encore que l'on eust proposé des plus vieux et principaux gentilshommes de ceste république, qui a faict croire enfin que la plus grande part d'entre eux sont bandez de ne vouloir plus cette grande puissance. » (Lettre du 3 février 1583.)

« Le faict de la gionte ne se peut accommoder entre ces seigneurs, et cuiderent l'autre jour faire une chose de périlleuse conséquence, car voyant qu'il n'étoit possible de faire approuver un seul de ceux qui estoient nommés pour la gionta au grand conseil, il fut proposé au conseil des Dix de se saisir de trois ou quatre de leurs gentilshommes, que l'on dict avoir esté autheurs de ce remuement, et en avoir esté parler particulièrement par les maisons des autres, et leur faire trancher la teste, comme

autre, on renouvela la loi de 1468, et on restreignit les attributions de décemvirs à la répression des délits de trahison, de conspiration, d'émeutes publiques; au jugement de procès criminels des patriciens, à la police de la monnaie, des forêts et du clergé; de sorte qu'il lui fut interdit de s'immiscer dans les affaires politiques et dans les finances (1). Il fut proposé

---

autheurs de sédition : ce n'eust esté qu'il s'en trouva un qui leur remontra le danger où ils se mettroient tous, et que ce seroit introduire une tyrannie en leur république, il en fut advenu quelque grand inconvénient, tant y a que cette gionta n'est plus, et tout le fondement de cela est le mauvais ménage qui a esté faict par eux au maniement des finances dont les plaintes sont grandes et pleines d'apparences. » Lettre du 12 février 1583.

(1) « Sire, ces seigneurs ont été fort empêchés ces jours
« ici pour l'establissement du maniement des deniers de
« cette république, à quoi le conseil des Dix avec la gionta
« avoient accoustumé de pourvoir et y mettre les magistrats
« qui en devoient avoir la charge, la gionta n'estant plus, et
« ne restant que le conseil de Dix simple. La dispute estoit
« sy ce maniement et création desdicts magistrats demeureroit
« au conseil des Dix, ou bien au sénat qui est le Pregai ; le
« prince proposa que cela devoit appartenir au conseil des
« Dix, et un autre que le sénat devait le faire. Il y eut plu-
« sieurs disputes d'une part et d'autre, jusques à venir à
« quelques paroles entre eux. Enfin il passa que le sénat
« auroit cette puissance, et éliroit lesdicts magistrats qui sont

dans le conseil des Dix, de faire enlever et exécuter les trois ou quatre promoteurs de cette délibération; mais on n'osa pas tenter ce coup

---

« trois, un dépositaire et deux supra-provéditeurs de Zeiche,
« qui ont tout le maniement desdictes finances, lesquels
« auroient entrée audict conseil des Dix, et que tout ce qui
« seroit advisé pour le faict desdicts deniers seroit rapporté
« au sénat, pour y être approuvé. Le prince n'eut que trois
« cents ballottes en faveur de sa proposition, l'autre en eut
« neuf cents et plus; ainsi toute la puissance de la république,
« tant pour le regard desdits deniers, que pour les affaires
« d'estat, est aujourd'hui remise au sénat; la gionta n'est, et
« ne sera plus; le conseil des Dix demeure simple, comme il
« estait, avecque la seule connoissance des cas qui lui estoient
« réservés. Il n'y aura plus ici d'audiences secrettes, car tout
« ce qui sera proposé par les ambassadeurs et autres, ne se
« rapportera plus au conseil des Dix, aïns au sénat qui est le
« point seul, qui peut apporter quelque inconvénient en
« cette république, car pour le regard des finances ils n'ont
« que bien faict, pour les abus qui s'y commettoient, veu
« le grand nombre qui entre au sénat, qui n'est moins que
« de trois cents quarante, et ne pourront les affaires y estre
« traictées si secrettement qu'il seroit possible besoing pour
« ces seigneurs, que pour les princes qui auront par cy-après
« à y négocier quelques choses d'importance. Toutefois pensant obvier à cela, ils ont créé trois inquisiteurs pour s'in-
« former de ceux qui parleront, escriront ou en diront des
« nouvelles, avec puissance de les chastier rigoureusement.
« Voilà, sire, comme ce faict s'est peu enfin accommoder,
« estant les anciens de cette république faschés que la jeunesse

d'état. Ainsi ce corps qui depuis près de trois siècles, tendait à concentrer en lui seul tous les pouvoirs, ne fut plus qu'un tribunal, si on peut donner ce nom à une assemblée qui juge sans formes, sans règles et sans publicité.

« leur aye faict passer cette carrière, et les jeunes au contraire
« se réjouissant d'estre délivrez, comme ils disent, de la ty-
« rannie de ce conseil de Dix, dont il demeure entre eux de
« grandes inimitiés couvertes; nous verrons ce que le temps
« leur apportera, tant est que pour cette heure cette affaire
« semble estre composée encore que ce ne soit au gré
« de tous. »

(Dépêche au roi, du 8 mai 1583.)

LIVRE XXIX.

Différend entre la république et le pape Paul V, 1605-1607.

<small>1.
Exaltation
du pape
Paul V.
1605.</small>

On vient de voir avec quelle fermeté la république contenait son clergé dans l'obéissance, et repoussait les prétentions des papes; elle allait avoir une nouvelle occasion d'exercer sa constance et de proclamer ses maximes.

Le cardinal Camille Borghèse, qui fut élevé sur la chaire pontificale en 1605, avait une idée illimitée de l'autorité ecclésiastique.

Nourri dans les maximes de la cour romaine, il n'était pas impossible qu'il fût persuadé, que le pape était un souverain universel, institué par Dieu même pour gouverner tous les peuples, diriger, reprendre, punir et déposer les princes; que, l'église devant commander aux rois, les rois ne pouvaient avoir aucune autorité, même chez eux, sur les personnes et les choses, qui appartenaient à l'église; et qu'enfin les ordres du pape, fondés sur la double autorité de son droit suzerain et de son infaillibilité, devaient trouver par-tout et toujours une obéissance aveugle et passive.

Sans doute il serait fort à desirer qu'il y eût un juge infaillible sur la terre, et que les rois vissent au-dessus d'eux une autorité prédominante, désintéressée, impartiale, irrésistible. Quelques pontifes, considérant la barbarie et la misère des peuples, n'ont peut-être aspiré à la suprématie que dans la noble ambition de les conduire à la civilisation et à la vérité. Mais les Vénitiens avaient été les premiers à refuser de reconnaître l'existence de cette suprématie, sur les choses temporelles, et les autres peuples avaient eu de fréquentes occasions de s'apercevoir, que cette autorité démentait la sainteté de son origine, en s'occupant de ses intérêts plus que des leurs.

Dans les siècles où une opinion à-peu-près générale sur ces matières s'est établie, on regarde en pitié les disputes qui ont occupé les hommes; mais on ne réfléchit pas assez à l'importance qu'elles avaient alors, et aux effets très-réels qui résultaient d'une opinion, aujourd'hui méprisée. Quand, par exemple, le pape en guerre avec les Vénitiens, pour la ville de Ferrare, joignait les foudres de l'église aux armes temporelles, lançait contre eux les anathêmes, mettait la république en interdit, ordonnait la cessation du service divin, déliait leurs sujets du serment de fidélité, prescrivait de courir sus à tous les citoyens de la république, et que les autres peuples, les Français même, dociles à la voix du chef de l'église, cessaient toute communication avec les anathématisés, confisquaient les marchandises, les vaisseaux, les immeubles des Vénitiens, arrêtaient leurs personnes et les vendaient comme esclaves, il faut reconnaître qu'il y avait de la fermeté d'esprit, et du courage, à braver les effets de l'excommunication.

C'était rendre un service important aux autres peuples, que de leur donner l'exemple de la résistance à cet étrange abus du pouvoir spirituel. Ces considérations serviront d'excuse aux détails que j'admettrai dans le récit de la dernière lutte que Venise eut à soutenir contre les prétentions du saint-siége. On peut même dire que la victoire de la république fit cesser, non-seulement pour elle, mais pour les autres nations, la crainte et par conséquent le danger des interdits.

Le nouveau pape, qui avait pris le nom de Paul V, convaincu ou non de la réalité de tous les droits de son siége, les soutint comme si sa conscience lui en eût fait un devoir. Dès son avènement au pontificat, il annonça le dessein de relever la puissance de l'église aux dépens de celle des princes séculiers, dont il était nécessaire, selon lui, de mortifier la présomption. N'étant encore que cardinal, il avait manifesté ses sentiments devant l'ambassadeur de Venise, qui était alors Léonard Donato, en disant que, s'il était pape et que la république lui donnât quelques sujets de mécontentement, il ne perdrait pas son temps en avertissements et en négociations, mais qu'il lancerait sur-le-champ un interdit : et moi, lui répliqua l'ambassadeur, si j'étais doge, je mépriserais vos anathèmes. Tous deux eurent bientôt occasion de se tenir parole.

II.
Son caractère, ses entreprises.

Camille Borghèse, dès son avènement au pontificat, montra un esprit superstitieux. Un devin s'était avisé de prédire que le nouveau pontife ne vivrait pas long-temps : c'en fut assez pour le troubler. Il changea ses cuisiniers, ses maîtres-d'hôtel, ne parut plus en public qu'avec précaution, et, lorsqu'un inconnu lui présentait un mémoire, il n'osait prendre le placet, et le laissait tomber, comme si ce papier eût pu être empoisonné. Ces terreurs durèrent quatre ou cinq mois, jusqu'à ce que sa famille, employant contre ce mal un remède de même nature, fit venir des astrologues qui promirent au pape une longue vie, et lui rendirent la liberté d'esprit qu'il avait perdue (1).

Il s'essaya d'abord sur les faibles. La république de Lucques avait rendu un décret contre quelques-uns de ses citoyens, qui s'étaient retirés chez les protestants, dont ils venaient d'embrasser les erreurs. Elle ne croyait pas avoir encouru les reproches de la cour de Rome, pour avoir défendu à ses sujets toute communication avec ces hérétiques; mais le pape trouva, que c'était usurper la puissance spirituelle, et ordonna que ce décret fût rayé des registres.

Les Génois avaient voulu examiner les comptes des administrateurs de quelques confréries laïques, accusés de malversation. Le pape prétendit que cette surveillance était contraire aux droits et aux libertés de l'église. Il fallut que la république de Gênes révoquât son décret, pour éviter l'excommunication. Les jésuites avaient

---

(1) *Historia particolare delle cose passate trà' l sommo pontefice Paolo V, e la serenissima repubblica di Venezia,* lib. 1. Ce livre est de Frà Paolo SARPI.

formé dans cette même ville, une confrérie de laïques, où l'on exigeait de ceux qui y étaient admis, de jurer que, dans l'élection des magistrats, ils ne donneraient leur voix qu'à des personnes de l'association. Le gouvernement jugea qu'il était contre les intérêts de la république, de laisser les jésuites se rendre maîtres de toutes les élections : en conséquence la confrérie fut supprimée. Mais le pape traita cet acte de monstrueux, d'attentatoire aux droits de l'église, et le gouvernement fut encore obligé de plier.

Les puissances plus considérables n'étaient pas à l'abri des entreprises de Paul V. Il exigeait de la France, qu'elle reçût, sans examen et sans restriction, toutes les décisions du concile de Trente. En Espagne, il défendait les immunités des jésuites. A Naples, il soutenait un jugement de l'inquisition, qui venait de condamner un seigneur de ce royaume.

La république de Venise ne tarda pas à lui fournir des occasions de signaler, avec le même éclat, le zèle dont il était animé pour le maintien de la juridiction ecclésiastique.

III.
Ses brouilleries avec les Vénitiens

Le nonce du pape auprès de la seigneurie, devait parler comme pensait son maître ; aussi se plaignait-il de ne pas trouver, chez les Vénitiens, cette piété qu'on lui avait vantée : il ne pouvait y avoir de piété qu'avec une entière soumission à l'autorité spirituelle; et il osa dire au doge, devant le gouvernement assemblé, qu'il n'y avait point de vertus, ni d'œuvres méritoires, sans cette soumission.

Les Turcs étaient alors en guerre avec les Hongrois : le pape demanda hautement à la république un secours d'argent, pour aider les Hongrois à soutenir cette guerre. Le sénat, qui n'avait garde de s'exposer à une rupture avec l'empire ottoman, refusa ce subside; ce fut un premier grief.

Quelque temps après, le pape se plaignit d'un réglement, qui obligeait à passer par Venise tous les bâtiments, qui transporteraient des marchandises étrangères d'un port de l'Adriatique dans un autre. Cette disposition était en effet gênante pour le commerce des sujets de l'église; mais il ne fallait pas en conclure qu'elle intéressait la religion. Le gouvernement fut inébranlable, et le ressentiment du pape s'en accrut.

Défense de fonder des lieux pies sans autorisation

Une loi de 1603, fondée sur le très-grand nombre d'églises et de monastères déja existants, avait défendu d'en bâtir de nouveaux, sans l'autorisation du gouvernement.

Prohibition de toute donation ou

Une autre, encore plus importante, venait d'être rendue, en 1605. Elle prohibait toute donation, toute aliénation de biens en faveur des établissements ecclésiastiques.

aliénation d'immeubles en faveur du clergé.

C'étaient là deux griefs que Paul V ne pouvait ni pardonner, ni dissimuler. Telle était la situation des choses et des esprits, lorsque le gouvernement fit mettre en prison un chanoine de Vicence, nommé Sarraceno. Il était accusé d'avoir outragé la femme d'un patricien, et rompu les scellés mis sur la chancellerie épiscopale de Vicence, dont le siége était alors vacant.

Arrestation d'un chanoine accusé de crimes.

Cette punition, au lieu d'être considérée comme l'acte de justice le plus ordinaire, parut au pape une violation de la liberté ecclésiastique. Il manda l'ambassadeur de la république, lui déclara qu'il exigeait que le prisonnier lui fût remis, que jamais il ne souffrirait qu'un ecclésiastique fût jugé par des séculiers, qu'il avait reçu les clefs pour soutenir l'indépendance de l'église, et qu'il s'estimerait heureux de sacrifier sa vie pour la défense de sa juridiction (1).

Plainte du pape à l'ambassadeur vénitien.

A cette occasion, il parla avec la même chaleur des deux décrets relatifs aux églises et aux donations, demanda qu'ils fussent révoqués, et ajouta que tous ceux qui y avaient pris part, avaient, par le fait, encouru les censures.

---

(1) *Hist. veneziana* di Morosini, lib. 17.

L'ambassadeur lui représenta, pour ce qui concernait l'emprisonnement du chanoine de Vicence, que la république ne s'était jamais départie du droit de juger les ecclésiastiques, que ce droit était celui de tous les souverains, qu'il était reconnu par les papes, que les délits imputés au prisonnier était purement temporels, et que le remettre à la cour de Rome, pour en faire justice, ce serait aliéner en partie le droit de souveraineté.

Quant aux églises, aux monastères, il y en avait plus de deux cents dans la capitale. Ni le culte, ni la nécessité de recueillir des religieux n'en réclamaient un plus grand nombre. Ces bâtiments occupaient la moitié de la ville (1). Le

---

(1) Avis donné à l'état et république de Venise, par le sénateur Antoine Querini.

Il y avait long-temps qu'on avait senti la nécessité de mettre des bornes à la construction des églises, des monastères et même des hôpitaux dans une ville dont la mer circonscrivait les limites. J'en trouve la preuve dans une commission délivrée en 1575, au procurateur Baptiste Morosini, pour exercer sa charge dans le quartier dit d'au-delà du canal ou du canal royal. (Manuscrit in-f°, appartenant à M. Royez à Paris.) On y lit, f° 25 : « Millesimo trecentesimo quadragesimo septimo, die vigesimo primo maii, cùm alias factus fuerit ordo quòd possessiones terræ non possent relinqui in civitate Rivoalti, pro animâ vel ad pias causas, ultra decennium,

réglement publié sur cet objet n'était qu'une mesure d'administration indispensable, et dans laquelle la religion n'était nullement intéressée.

---

concedendo quòd de novo possint fieri ecclesiæ et hospitalia, et in civitate Venetiarum sint tot et tot hospitalia quæ sufficiunt et sufficerent abundanter pro eleemosinis et pauperrimis personis, cùm sint satis in majori quantitate et numero quàm unquam fuerint, et facta sint multa, et fiant continuò de novo, non curando de veteribus et antiquis ; quod est diminuere eleemosinas et devotionem antiquorum et auferre cursum et utilitatem eorum ; per quæ possent salvari animæ hominum meliùs quàm per nova ; et pro faciendo de novo hospitalia, domus, terræ accipiuntur et devastantur, et melius esset quòd domus et possessiones terræ pervenirent ad nostros cives, qui augerent et augent de possessionibus in honorem dominii. Cùm homines nihilominùs, si haberent voluntatem faciendi hospitalia, possint illa fieri facere in multis locis extra civitatem Rivoalti, ut possit in predictis salubris provisio adhiberi : etiam quia generatur corruptio aëris propter multitudinem infirmorum ;

Vadit pars, quòd in civitate Rivoalti non possit de novo fieri hospitale, vel monasterium, vel aliud simile laborerium sub pœnâ librarum mille illi personæ quæ fieri faceret nomine suo vel alieno ; et quòd nihilominùs in eis hospitalibus et monasteriis novis et eorum domibus aliquis laïcus non possit laborare vel habitare, sub pœnâ librarum viginti quinque pro quâlibet vice : quæ exigatur per advocatores communis, qui habeant talem partem qualem habent de pœnis sui officii.

Et sit hæc pars ligata quòd revocari non possit nec dari licentiam alicui faciendi de novo monasteria nec hospitalia

Enfin, relativement au décret qui prohibait les aliénations en faveur du clergé, cette mesure n'avait rien d'insolite; elle avait été consacrée par une loi de 1357, renouvelée plusieurs fois depuis, en 1459, en 1515, en 1536, en 1561. Elle était fondée sur le droit qu'ont tous les gouvernements de déterminer les règles d'après lesquelles leurs sujets peuvent disposer de leurs propriétés; sur l'exemple donné par d'autres états, notamment par la cour de Rome, puisque Clément VIII avait défendu à l'église de Lorette de recevoir de nouvelles donations; sur l'approbation de beaucoup de papes, et principalement sur la nécessité où les souverains pontifes avaient mis la république de prendre cette mesure, par leur opposition à laisser imposer le clergé. Il était évident que, si les biens ecclésiastiques demeuraient exempts des charges de l'état, l'état voyait diminuer ses revenus, à mesure que la masse des biens privilégiés augmentait, que par conséquent le soin de sa conservation lui don-

---

nisi per sex consiliarios, tria capita de quadraginta et tres partes majoris consilii; et si consilium vel capitulare ut contra sit revocatum quantum in hoc. »

Ainsi, dès l'an 1347, les instructions données aux magistrats de la ville leur recommandaient de s'opposer à toute construction nouvelle de monastère ou d'hôpital.

naît le droit, lui faisait un devoir de s'opposer à cet accroissement.

Le pape, loin d'être disposé à apprécier de pareilles raisons, les écoutait avec chagrin, et les combattit avec véhémence. Selon lui, défendre aux citoyens d'élever des temples, c'était les empêcher de disposer de leur bien, c'était une hérésie. Était-il raisonnable de menacer des chrétiens d'une punition pour une œuvre agréable à Dieu? C'était une mesure tyrannique digne des siècles de persécution. Interdire les aliénations de biens en faveur du clergé, c'était s'immiscer dans le gouvernement de l'église; c'était défendre aux pénitents de racheter leurs péchés; c'était un scandale qui ravalait le clergé au-dessous de la condition des personnes infâmes, puisqu'il n'était pas défendu d'aliéner en faveur de celles-ci. L'exemple cité de Clément VIII n'autorisait personne à l'imiter. Les princes n'avaient pas le droit de prohiber les libéralités envers l'église; le pape, comme souverain temporel, ne l'avait pas non plus, mais il se l'était donné en vertu de sa puissance spirituelle, et si, dans quelques états, on avait restreint les donations en faveur de l'église, ce ne pouvait être que par l'autorité du saint-siége; enfin, si la république jugeait une pareille mesure nécessaire, elle devait, non pas la prendre, mais la solliciter. Traduire des membres du clergé devant le magistrat séculier, c'était s'arroger la juridiction ecclésiastique; il ne pouvait y avoir ni coutume, ni approbation qui légitimât un pareil abus, l'immunité des personnes ecclésiastiques étant de droit divin. Tous ces décrets étaient nuls. L'exemple que les Vénitiens devaient suivre, c'était celui des Génois, et il ne leur restait d'autre parti que d'obéir et de faire pénitence.

Autre arrestation d'un prêtre. Pendant qu'on attendait la réponse du sénat au compte que l'ambassadeur avait rendu de ces conférences, on apprit qu'un autre ecclésiastique, l'abbé de Nervèse, venait d'être arrêté par ordre du conseil des Dix. On ne reprochait pas seulement à ce prêtre des mœurs scandaleuses, on l'accusait d'avoir payé un assassin, pour se défaire d'un de ses ennemis, et d'avoir successivement empoisonné ce sicaire, un moine de son abbaye, plusieurs domestiques, enfin son propre père (1). Le gouvernement vénitien ne pou-

---

(1) *Historia particolare delle cose passate trà' l sommo pontefice Paolo V, e la serenissima repubblica di Venezia*, lib. 1. « Le conseil des Dix, dit l'ambassadeur de France, dans une de ses lettres, a été contraint de se saisir de ce chanoine et de l'abbé, pour les cas terribles dont ils étoient prévenus et qui touchent aucunement à l'estat, pour l'insolence dont ce chanoine a usé à l'endroit d'une damoiselle

vait, sans doute, laisser de pareilles horreurs impunies ; mais probablement il ne fut pas fâché d'avoir une si belle occasion de réitérer des actes qu'il était déterminé à soutenir.

Quand le pape sut que le sénat était inflexible, il assembla les cardinaux, non pour les consulter, mais pour les rendre témoins de ses plaintes ; car, sans prendre leurs voix, il se détermina à des mesures qui pouvaient compromettre son autorité, et il consigna ses volontés dans deux brefs qu'il adressa à son nonce, pour les présenter au doge. L'un était relatif aux prisonniers, l'autre aux décrets dont il exigeait la révocation.

IV.
Bref
du pape.

Différentes circonstances retardèrent la présentation de ces brefs, notamment la mort du doge Marin Grimani, arrivée le 26 décembre 1605. Dès que le pape en sut la nouvelle, il envoya ordre à son nonce de s'opposer à l'élection d'un autre doge, un acte fait par des excommuniés ne pouvant qu'être nul. Le nonce se pré-

---

fort apparantée, et l'abbé est accusé d'avoir empoisonné ses frères et son père mesmes, pour faire tomber à ses enfants bastards les fiefs nobles qui sont en sa maison.

(*Extrait de la correspondance de Defresne Canaye, ambassadeur de France*, Manusc. de la Biblioth.-du-Roi, provenant de celle de Dupuy, n° 271.)

senta pour remettre les brefs, et pour signifier sa protestation contre l'élection; mais on lui refusa constamment audience, sous prétexte que la seigneurie n'en accordait pas pendant la vacance du trône ducal, et on procéda comme de coutume à l'élection, qui donna pour doge Léonard Donato, procurateur de Saint-Marc; l'un des hommes qui connaissaient le mieux la cour de Rome, car il y avait été sept fois ambassadeur. L'élection consommée, il n'était plus temps de protester. Les brefs furent présentés. Ils contenaient la censure des actes du gouvernement, les annullaient, ordonnaient que les prisonniers fussent remis à la disposition du nonce, que les deux décrets fussent révoqués. Le pape y déclarait que tous ceux qui avaient pris part à ces actes, ou qui les approuvaient, avaient encouru les peines ecclésiastiques, c'est-à-dire l'excommunication, la privation des fiefs qu'ils tenaient de l'église, et il ajoutait que, si sa justice n'était désarmée par une obéissance prompte, entière, absolue, il serait obligé d'aggraver ces peines, aucune considération ne pouvant le retenir, quand il s'agissait de conserver la juridiction du saint-siége dans toute sa plénitude.

Le gouvernement affecta de procéder dans cette affaire avec une gravité dont le pape ne se piquait pas. Au lieu de décider, par les seules lumières des hommes d'état, des questions qui intéressaient, disait-on, la religion, il consulta les plus savants docteurs de l'Italie. L'université de Padoue jouissait alors d'une juste célébrité. La république avait même un théologien en titre, choisi pour l'éclairer de son avis, dans les circonstances où le droit ecclésiastique pouvait être invoqué. Ce théologien consultant était alors le fameux Paul Sarpi, de l'ordre des servites, le même qui s'est placé, par son histoire du concile de Trente, au rang des écrivains les plus judicieux.

On juge bien que l'avis des docteurs fut conforme à la détermination du gouvernement. Appuyé de cette autorité, le sénat déclara, dans les termes les plus respectueux, mais en même temps les plus positifs, que, puisqu'il n'y avait rien dans ses actes qui fût en opposition avec les droits de la puissance spirituelle, il ne pouvait qu'y persister, et qu'il espérait qu'un pontife aussi éclairé, aussi vertueux que le pape actuel, ne punirait point les Vénitiens d'avoir fait ce que tous ses prédécesseurs avaient trouvé légitime. « Ce qu'il y a de remarquable, écrivait l'ambassadeur de France témoin de ces événements, c'est que sur plus de cent cinquante voix, il n'y en a pas eu une seule contre cette délibération, tant ce sénat est ferme en ce qui touche la manutention de son autorité (1). »

Cette déclaration jeta le pape dans une grande agitation. Le gouvernement lui envoya à cette occasion un ambassadeur extraordinaire. Mais, pour toute réponse, Paul V déclara « que sa « cause était la cause de Dieu, et que les portes de « l'enfer ne prévaudraient point contre elle. » Il ajouta cependant à ces formules une proposition, qui paraissait annoncer quelques dispositions à un accommodement. Il se borna à exiger la révocation des deux lois et la remise du chanoine de Vicence. Pour l'abbé de Nervèse, attendu l'énormité et la nature des crimes dont il était accusé, il voulait bien l'abandonner au bras séculier. Dans son système, c'était une inconséquence. Le gouvernement offrit de livrer le chanoine, mais non pas de revenir sur ses décrets. Les délais que le pape avait fixés se trouvaient expirés, et Paul V assembla les cardinaux pour avoir, disait-il, leur avis sur un monitoire qu'il avait composé lui-même.

V.
Tenue du consistoire.
Discours des cardinaux.

Les conseillers du pape ne pouvaient pas se montrer moins complaisants que ceux de la république. Le cardinal Justinien dit que différer

---

(1) *Lettres de* De Fresne Canaye.

la punition des Vénitiens, ce serait les encourager dans le péché. Le cardinal Zapata ajouta qu'il n'y avait point de rigueur qui ne fût juste contre une république où la condition des ecclésiastiques était pire que celles des Israélites sous Pharaon, et que sa sainteté allait, par son courage, mériter une statue d'or (1). Le cardinal d'Ascoli s'inclina profondément sans dire un mot, adhérant par ce silence respectueux à l'écrit que le pape venait de faire lire. Mais le cardinal Baronius renchérit sur tous les autres. « Très-saint-père, « dit-il (2), saint Pierre a été revêtu d'un double

---

(1) *Ibid.*

(2) Voici le texte de cette singulière harangue : « Duplex est, beatissime pater, ministerium Petri, pascere et occidere. Dixit enim ad eum dominus, pasce oves meas, audivitque a cœlo vocem : occide et manduca. Pascere oves, est curam gerere obsequientium fidelium christianorum mansuetudine, humilitate ac pietate oves et agnos præ se ferentium. Cùm verò non cum ovibus et agnis negotium sit, sed cum leonibus et aliis feris, animalibus refractariis et adversantibus, agendum est, jubetur Petrus eos occidere, scilicet pugnare et expugnare, ne tales sint penitùs. Sed quòd ejusmodi occisio non esse debeat nisi ex summâ caritate, quod occidit, præcipitur manducare ; nempe per christianam caritatem intra sua viscera recondere, ut simus unum et idem in Christo, quod dicebat apostolus, cupio vos in visceribus Jesu-Christi. Sic igitur non est occisio ista crudelitas, sed pietas, cùm, sic occidendo, salvatur quod eo modo vi-

« ministère, car Dieu lui dit, Pais mes brebis,
« et il entendit une voix du ciel qui ajouta, Tue
« et mange. Pais les brebis, c'est-à-dire prends

---

vendo verè perierat. Est, ut Nicolaus I docet, excommunicatio, non ad occidendum, venenum, sed ad sanandum, optatum medicamentum. Perge igitur, sancte pater, quod cœpisti, in quo te nemo redarguere potest nimiæ festinationis, quòd dicat Paulus ad christianos fratres scribens, ecclesiam in promptu habere ulcisci omnem inobedientiam in promptu hoc illi faciendum præcipit. Tua verò sanctitas in his diutiùs est immorata, scribens, dilationemque iterans in hunc usque diem. Ego, ut ingenuè fatear, exsulto spiritu et superabundo gaudio : videor videre in sede Petri Gregorium sive Alexandrum, has scilicet præcipuas radices collapsæ penitùs ecclesiæ libertatis ; ambos ex Senensi metropoli, unde vestra sanctitas originem ducit, vocatos ad cathedram Petri, quorum alter expugnavit Henricum, perversissimum imperatorem, alter verò, mirâ constantiâ resistens, Fredericum penitùs superavit. Idem tibi certamen ineundum. Erige collapsam, prostratam ecclesiasticam libertatem. Certa paratam victoriam, etenim nobiscum Deus. Verbum Christi est, portæ inferi non prævalebunt adversus eam. Positus es in ecclesiâ successor Petri, et quod Hieremiæ, tibi dictum est, posui te in columnam ferream et murum aheneum. Memor esto te in ecclesiâ positum esse in petram, in quam omnes, qui offendunt confringentur. Tu verò permanebis illæsus, conjunctus Christo, qui pro te pugnabit et vincet. »

Cette harangue est imprimée dans plusieurs livres, notamment à la tête d'une réponse satirique qu'y fit Nicolas Viguier.

« soin des chrétiens fidèles, soumis et doux
« comme les agneaux. Mais il a été ordonné à
« Pierre de combattre, de tuer, d'exterminer les
« lions et les autres bêtes feroces, de les tuer.
« mais dans un esprit de charité, et voilà pour-
« quoi il lui est commandé aussi de les manger,
« afin qu'il leur donne asyle dans son sein, et
« pour vérifier ces paroles de l'apôtre, je vous
« souhaite tous dans les entrailles de Jésus-Christ.
« Il n'y a point de cruauté dans ce meurtre, il
« n'y a que pitié, puisqu'il tend à sauver l'ame
« qui allait périr, si on eût laissé vivre le cou-
« pable. L'excommunication, suivant le grand
« pape Nicolas Ier, n'est point un poison qui tue,
« mais un remède desirable et salutaire. Pour-
« suivez-donc, très-saint-père, ainsi que vous.
« avez commencé. Loin de vous accuser de pré-
« cipitation, on doit vous rappeler ce précepte
« de saint Paul, qui recommande la célérité, quand
« il s'agit de venger l'église, et de punir la dés-
« obéissance, votre sainteté n'a que trop différé.

« Pour moi, je l'avoue avec sincérité, je suis
« au comble de la joie et de l'espérance : il me
« semble voir sur la chaire de saint Pierre un
« autre Grégoire VII, un autre Alexandre III,
« tous deux sortis de Sienne, comme votre sain-
« teté, pour venir gouverner l'église et servir
« d'appui à sa liberté chancelante ; l'un vain-

« queur de Henri IV, le plus pervers des empe-
« reurs; l'autre triomphant de Frédéric Ier, par
« son admirable constance. Les mêmes combats
« vous sont réservés. Relevez la liberté de l'é-
« glise presque abattue. La victoire est prête,
« car Dieu est avec nous. Le Christ l'a dit; les
« portes de l'enfer ne prévaudront point contre
« elle. Successeur de Pierre, c'est à vous que
« Jérémie adressait ces paroles prophétiques : Je
« t'ai placé comme une colonne de fer, et
« comme un mur d'airain. Souvenez-vous que
« vous êtes la pierre contre laquelle tous les
« efforts ennemis viendront se briser, et que
« vous demeurerez inébranlable parce que vous
« êtes avec le Christ, qui combat et qui vaincra
« pour vous. »

On conçoit qu'après cette harangue, le cardinal de Vérone, Augustin Vallier, ne fut pas
bien reçu, lorsqu'en sa qualité de Vénitien, il
se crut obligé de conseiller une marche moins
précipitée, et qu'il s'appuya de l'autorité de ce
vers latin :

Differ, habent parvæ commoda magna moræ.

Il ne manqua pas de citer les services que les
Vénitiens avaient rendus à l'église, et de dire
que c'était par leur secours, que le pape Alé-
xandre III avait remporté sur Frédéric Barbe-

rousse cette victoire, que Baronius venait de rappeler assez mal-à-propos.

Le pape se leva, et publia son monitoire.

Comme cette pièce fait connaître avec beaucoup de précision les torts des Vénitiens, les prétentions du pape, et les peines qu'il infligeait, je crois utile de la rapporter textuellement, je n'en supprime que les formules (1).

VI.
Monitoire.
17 avril
1606.

Paul V, pape, à nos vénérables frères les patriarches, évêques, etc. etc.

« Nous avons appris il y a quelques mois que le doge et le sénat de la république des Vénitiens avaient fait dans le cours de ces dernières années, divers décrets également attentoires à l'autorité du siège apostolique, aux immunités et aux libertés de l'église, aux dispositions des saints canons et aux constitutions des souverains pontifes.

« Le 23 mai de l'an 1602, à l'occasion d'un procès entre le docteur Zabarella et le monastère de Praglia, ils ont déclaré que les religieux ne pouvaient, ni dans cette circonstance ni dans aucune autre, prétendre à rentrer dans la jouissance des biens ecclésiastiques aliénés par

---

(1) *Codex Italiæ diplomaticus*, Lunig, tom. II, pars 2, sectio 6, xxxiv.

emphitéose à des personnes laïques, et cela sous quelque prétexte, à quelque titre que ce fût, que jamais ils ne pourraient revendiquer la propriété de ces biens, mais seulement le domaine direct qui leur en était réservé. Le 10 janvier de l'an 1603, sous prétexte de maintenir l'exécution de certaines dispositions prises par leurs prédécesseurs, pour éviter que les églises, monastères et autres bâtiments pieux ne se multipliassent sans nécessité dans la ville de Venise, ils ont étendu à tous les lieux de leur domination le règlement qui défend d'entreprendre ces constructions, avant d'en avoir obtenu la permission spéciale, et ils ont prononcé contre les délinquants la peine de l'exil ou de la prison perpétuelle, outre la confiscation et la vente des édifices commencés.

« De plus, le 26 mars de l'an 1605, confirmant un ancien décret de 1536, qui prohibait, dit-on, sous certaines peines, l'aliénation des biens immeubles situés dans la ville et dans le duché de Venise, en faveur du clergé, soit à titre de donation entre-vifs, soit par testament, le même doge et le même sénat ont non-seulement renouvelé cette défense, mais l'ont généralisée pour tous leurs états, annullant toutes les aliénations qui pourraient avoir été faites, prononçant la confiscation des biens aliénés et en ordonnant la vente, au profit de la république et des dénonciateurs.

« De plus le même doge et le même sénat ont fait arrêter Scipion Sarraceno, chanoine de Vicence, et Brandolin Valdemarino, abbé de Nervèse, personnages constitués en dignité ecclésiastique. Ils les détiennent en prison, sous prétexte de quelques crimes, qui leur sont, disent-ils, imputés, et se prétendent en droit de les juger, d'après des priviléges, qui, selon eux, auraient été accordés à la république, par quelques-uns des pontifes romains, nos prédécesseurs.

« Les actes ci-dessus rapportés sont attentatoires aux droits des églises, aux contrats faits avec elles, à l'autorité du saint-siége apostolique et à la nôtre, à la juridiction ecclésiastique, aux immunités et à l'indépendance du clergé, et il en résulte la perte des ames des sénateurs et du doge et le scandale des peuples.

« Ceux qui ont osé faire et promulguer ces actes, ont, par le seul fait, encouru les censures ecclésiastiques et la privation des fiefs et autres biens qu'ils pourraient tenir de l'église : ils ne peuvent en être relevés que par nous ou nos successeurs; et ils sont inhabiles à en être absous, jusqu'à ce qu'ils aient révoqué ces actes et rétabli toutes choses dans leur état primitif.

« Considérant que lesdits doge et sénateurs, malgré nos monitions paternelles, réitérées depuis plusieurs mois, n'ont point révoqué leurs décrets, et ont continué de retenir prisonniers, le chanoine Sarraceno et l'abbé Brandolin, au lieu de les remettre, comme ils le devaient, à la disposition de notre nonce; considérant que nous ne devons souffrir aucune violation des immunités de l'église et de l'autorité du siége apostolique ; considérant les décrets des conciles, et l'exemple de nos prédécesseurs, qui ont puni les entreprises contre les libertés de l'église ; après en avoir mûrement délibéré avec nos vénérables frères les cardinaux de la sainte église romaine, de leur avis et avec leur consentement, quoique les décrets sus-mentionnés soient nuls de plein droit, nous les avons déclarés et déclarons invalides et de nul effet, ajoutant que personne n'est obligé d'y obtempérer.

« En outre, si dans le délai de vingt-quatre jours, à compter de celui où la présente bulle aura été publiée dans notre ville de Rome, le doge et le sénat susdits n'avaient pas retracté publiquement, sans exception ni excuse, tous les décrets dont il s'agit, tout ce qu'ils contiennent et tout ce qui s'en est suivi, s'ils ne les avaient pas fait retirer de leurs archives, biffer de leurs registres, lacérer, par-tout où ils peuvent se trouver, révoquer et effacer dans tous les pays de leur domination, s'ils ne faisaient publier que ces décrets ne sont et n'ont jamais été obligatoires pour personne, s'ils ne remettaient absolument toutes choses en leur premier état, s'ils ne promettaient de s'abstenir ultérieurement de tous actes contraires aux immunités et libertés de l'église, à la juridiction ecclésiastique, à l'autorité du siége apostolique et à la nôtre, si enfin, dans le délai ci-dessus fixé, ils n'avaient pas remis à la disposition de notre nonce, les personnes de Scipion Sarraceno et de l'abbé Brandolin ;

« De l'autorité du Dieu tout-puissant, des bienheureux apôtres saint Pierre et saint Paul, et de la nôtre, nous déclarons excommuniés le doge et les sénateurs, tant ceux qui sont actuellement en charge que ceux qui pourront s'y trouver alors, leurs conseillers, fauteurs ou adhérents, désignés ou non dans les présentes; de laquelle excommunication ils ne pourront être absous que par nous et nos successeurs, si ce n'est à l'article de la mort. Voulant que, si quelqu'un d'entre eux, après avoir reçu cette absolution à l'agonie, revenait en santé, il retombe de plein droit sous le poids de l'excommunication, et que ceux même qui mourront, après en avoir été relevés, soient privés de la sépulture ecclésiastique, jusqu'a ce qu'il ait été obéi à nos ordonnances.

« Que si, trois jours après l'expiration du délai de vingt-quatre jours, qui leur est accordé, le doge et les sénateurs, par un endurcissement de cœur, dont nous prions Dieu de les préserver, résistent à l'excommunication, nous aggravons dès-à-présent notre sentence, et nous déclarons en interdit ecclésiastique la ville de Venise et tous les pays de son obéissance, pendant la durée duquel interdit il ne sera célébré aucune messe ni aucun office divin, sans exception de lieux ni de personnes, et sans égard à aucun privilége.

« De plus, si le doge et les sénateurs possèdent, à titre public ou privé, quelques fiefs ou quelques biens qu'ils tiennent de l'église, nous les en déclarons déchus, pour le présent et pour l'avenir, comme aussi du droit qui pourrait leur avoir été accordé par nos prédécesseurs, de juger les délits civils des ecclésiastiques, etc. »

VII.
Conduite
des
Vénitiens.

Cette bulle, datée du 17 avril 1606, fut publiée à Rome le même jour, et répandue aussitôt dans toute l'Italie. Plusieurs ministres étrangers n'hésitèrent point à manifester qu'ils voyaient avec regret le pape proclamer de telles maximes et employer de telles armes. L'ambassadeur de France et l'envoyé de Toscane firent même à cet égard une démarche publique, ils allèrent chez les ambassadeurs de Venise, pour leur témoigner toute la part qu'ils prenaient à la persécution que la république éprouvait (1).

Dès qu'on fut informé à Venise de la publication de la bulle, on rappela l'ambassadeur extraordinaire, on manda les chefs du clergé régulier et séculier, pour leur défendre de publier, de recevoir, de décacheter aucune acte de la chancellerie romaine, et leur ordonner de remettre au gouvernement, avant de les avoir ouverts, tous les paquets qui pourraient leur parvenir. On annonça au peuple, par une proclamation, qu'une bulle avait été publiée à Rome contre la république, et que les bons citoyens devaient apporter aux magistrats tous les exemplaires de cet acte qui tomberaient entre leurs mains.

Cette proclamation fit un effet extraordinaire : non-seulement on apporta une quantité innombrable de copies de la bulle, mais de toutes parts, des offres d'hommes, d'argent, prouvèrent que l'esprit public était d'accord avec les maximes du gouvernement, et que celui-ci pouvait comp-

---

(1) *Hist. delle cose passate tra 'l sommo pontefice Paolo V e la repubblica di Venezia*, lib. 2.

ter sur le zèle de ses sujets, pour la défense de la plus juste des causes. Les religieux de l'ordre de Saint-Bernard offrirent cent cinquante mille ducats (1). L'adhésion des laïques n'était pas douteuse ; mais elle ne suffisait pas ; il fallait s'assurer que le clergé continuerait la célébration du service divin, malgré l'interdit. Le nonce du pape pratiquait soigneusement les chefs des principaux ordres religieux ; il affectait une grande douleur de voir la république exposée à toute la rigueur des censures ecclésiastiques; il conjurait le sénat de donner quelque satisfaction au pape, pour éviter à la nation le malheur de se voir exclue de la communion des chrétiens. Le doge lui dit à ce sujet, ces mots, qui renfermaient une terrible menace. « L'Europe ne pourra « que désapprouver la rigueur que le pape veut « déployer contre un peuple, qui a toujours « montré tant de zèle pour la religion, et tant « de dévouement au saint-siége. Vous conseillez « la paix, mais c'est à ceux qui la troublent que « vous devez offrir vos conseils; vous nous « exhortez à ne pas nous exposer à de plus grands « dangers; il en est un très-grand, que le pape « aurait à craindre, si la république, moins fidèle

VIII.
Leurs menaces de se séparer du saint-siége.

---

(1) *Extrait de la correspondance de De Fresne Canaye.*

« à ses principes, n'écoutait que son juste res-
« sentiment ; ce serait qu'elle se séparât elle-
« même de l'obéissance du saint-siége, à l'imita-
« tion de tant de peuples, qui en ont donné ré-
« cemment l'exemple (1). Faites sentir ce danger

---

(1) Il y a sur le même sujet une lettre de Sully, adressée à l'ambassadeur de France de Fresne Canaye.
(Octobre 1605). — « Monsieur, pour response à vostre lettre escrite à Venise du 15 octobre 1605, j'apprehende que vostre affection envers moy, ne vous y aye fait appercevoir plus de capacité, que vous n'y en trouverés à l'espreuve qu'il semble qu'en vouliés faire, en me demandant mes senti-ments sur des questions tant problématiques, que sont à mon advis les différends commencés dès les années passées entre les papes, le siége apostolique, et le duc et seigneurie de Venise, desquels chacun parle bien diuersement, mais plustost ce semble-t-il selon sa passion particulière, que selon ce que le requiert la considération des temps présents, la diuersité de la trempe des esprits et les intérêts des potentats et puissances terriennes qui s'intéresseront dans telles di-uerses prétentions, et la pluspart plustost pour nuire aux parties et profiter de leurs imprudences, que par sincérité et vouloir terminer leurs mes-intelligences. Sur quoy, pour vous parler librement et sans aucune passion, ny de catho-lique ny d'éuangélique, je vous diray ce qui me semble rendre cette affaire plus espineuse et remplie de difficultés, est que me paroissant ne deuoir estre estimée que d'vne seule et simple nature, et par ce moyen fort facile à terminer ; je pense reconnoistre, par les discours que vous m'en aués en-uoyés, des raisons alléguées pour impliquer ce mal-entendu

« au saint-père, engagez-le à écouter des conseils
« plus pacifiques; mon âge et mon expérience
« m'autorisent à vous parler ainsi. »

---

par vn meslange du spirituel et du temporel, qui le rendra comme inexplicable et d'impossible décision, au lieu que chacune des parties y deuroit chercher des tempéraments et assaisonnements, comme le requiert leur profession de chrestiens. Que s'ils se vouloient contenter d' procéder par voyes amiables et douces, j'aduoue franchement que ce differend ne pourroit estre bien-tost terminé, mais qu'aussi n'attireroit-il après luy ny détruction de peuples (qui ne peuuent mets de ces contentions) ny aucunes pernicieuses conséquences. Mais y ayant apparence que les parties s'aigriront, et de leur aigreur des paroles passeront à la violence, à la force et à l'employ des armes, il est nécessaire, auant que de se jetter dans ce précipice, que les parties se souuiennent des grandes peines, fatigues, ennuis, desplaisirs et dépenses excessiues, ausquelles les assujettirent leurs anciennes guerres procédées quasi de telles causes. Mais que le pape en son particulier (lequel j'ayme et honnore de tout mon cœur, m'ayant obligé d'estre toute ma vie son très-humble seruiteur) se représente quelle différence il y a des temps, d'alors que son empire ou hiérarchie spirituelle s'estendoit au long et au large par toute la chréstienté auec telle toute-puissance qu'elle luy en attribuoit quasi vne esgale au temporel; au lieu que maintenant il se reconnoist qu'elle a presque perdu la moitié de l'estenduë de sa puissance spirituelle, ce qui a autant affoibly les respects et déférences que l'on luy rendoit en la temporalité, et qu'il considère de plus comme l'estendue de la seigneurie de Venise est enuironnée

LIVRE XXIX.

Après cette réponse si formelle, le sénat envoya ordre à son ambassadeur ordinaire de quitter Rome, le pape rappela son nonce, et le gouver-

de dominations et peuples, qui ont rejetté la reconnaissance de luy et du siége apostolique, et que les Vénitiens ne sçauroient si peu montrer auoir le desir de faire le semblable, dont je sçay qu'il y a plusieurs particuliers qui n'en sont pas esloignés, que pour les y faire résoudre, ils ne soient secourus des Turcs, des chrestiens de Grèce, et des éuangéliques, et des protestants de Suisse, d'Allemagne, Boëme, Hongrie, Austriche, Transiluanie. Que si de toutes telles religions, il sertoit à craindre qu'elle ne deuinssent flammes, voire brasiers très-ardents, comme les violences et le peu de tempéraments que les papes Léon et Clément apportèrent à leurs résolutions, furent causes que les prédications contraires à leur doctrine de trois ou quatre moines parcoururent en moins de rien les deux tiers des dominations de la chrestienté, d'où il n'y a pas apparence qu'elles en soient jamais tirées. Et quant à ce qui regarde les Vénitiens ils doivent considérer (outre ce que j'ay dit cy-deuant) que les guerres s'échauffant entre eux et les papes, ce ne sçauroit estre sans que les autres potentats s'en meslent, et surtout l'empereur et le roi d'Espagne, lesquels, ayant plusieurs prétentions dons leurs estats ne manqueront pas de se seruir de ces occasions pour essayer d'en recouurer quelques parties ; et partant me semble-t-il que le pape et les Vénitiens ne sçauroient mieux faire, que de réduire leurs différends en accommodements et assaisonnements, par le moyen de leurs amis communs qui deuiendroient d'amiables compositeurs iles de toutes parts.

Tome IV.

IX.
Protestation contre le monitoire

nement vénitien publia une protestation (1) dans laquelle il disait qu'il était venu à sa connaissance, que, le 17 avril, le pape avait fait publier un monitoire contre la république; qu'obligée de maintenir son droit de souveraineté, attaqué par cette bulle, la république protestait contre cet acte devant Dieu et devant les hommes; qu'elle n'avait pas même jugé nécessaire d'en appeler au futur concile, parce que cette bulle était nulle de plein droit, fulminée en vain et illégitimement; qu'on tenait pour certain que le bref de sa sainteté serait réputé nul, par le clergé, par tous les sujets de la république, et par les autres nations, et que les ecclésiastiques ne cesseraient pas de remplir les devoirs de leur ministère, de même que les Vénitiens ne cesseraient pas de demeurer fidèles à la religion catholique, apostolique et romaine, et de persévérer dans l'obéissance qu'ils avaient toujours montrée au saint-siége, en attendant que sa sainteté fût revenue à des sentiments plus paternels.

Le nonce, en partant de Venise, vit cette protestation affichée à la porte de son palais.

---

(1) *Codex Italiæ diplomaticus.* Lunig, tom. II, pars 2, sectio 6, xxxv.

LIVRE XXIX. 291

Elle fut suivie d'un manifeste (1), adressé à toutes les villes et à tous les magistrats de la république, dans lequel on discutait les trois objets principaux de la contestation, la défense d'aliéner des biens en faveur du clergé, celle de bâtir des églises, et la nécessité de faire juger les personnes ecclésiastiques par l'autorité séculière.

Manifeste

La prohibition des donations était fondée sur la nécessité de mettre des bornes aux acquisitions d'un clergé, qui possédait le quart et même le tiers du territoire de l'état (2), quoiqu'il ne

---

(1) *Ibid.* Tom. II, pars 2, sectio 6, xxxvi.

(2) Ma il possesso de' beni ecclesiastici trapassa di tanto la decima, che doverebbero pagarli a' laïci, essendo un terzo di tutto il provenuto che rende la terra, il mare, i monti, i fiumi e ogni altro frutto annuale che venga per produzione di natura. Portiamo per esempio e per prova la Francia, e la Spagna, ove gl' ecclesiastici sono il primo e il più ricco de' tre ordini di que' regni. Dell' Inghilterra non parlo perchè si sà che il rè non ha al presente maggior opulenza dello spoglio degli ecclesiastici regolari. Se vogliamo star in Venezia, la decima de' beni laïci appena arriva a due cento mille, quella del clero passa cinquanta mille, che si leva il quinto e non il decimo delle raccolte, senza poi ciò che in avantaggio vien pagato da' laïci a' curati e prelati ecclesiastici de' proprii proventi, perchè la decima del clero si esige solamente da quei beni che sono patrimonio de' beneficii, non dalle persone che ancora restano nell'

formât pas la centième partie de la population ; on calculait que dans la province de Padoue, il possédait plus du tiers des biens-fonds, et plus de la moitié dans celle de Bergame. Le sénateur Querini avait évalué la valeur des immeubles ecclésiastiques, à plus de trente millions de ducats d'or, et leur produit annuel à un million et demi, c'est-à-dire à un revenu de vingt-six millions de notre monnaie : cette estimation était même d'un quart au-dessous de la réalité, puisque, dans la guerre de 1539 contre les Turcs, le pape avait proposé d'abonner à deux cent mille ducats d'or, la levée des décimes sur les revenus du clergé (1).

---

antica simplicità di avere un *jus quæsitum personæ*, e non un possesso reale.

> (*Consolazione della mente nella tranquillità di coscienza causata dal buon modo di vivere nella città di Venezia, nel preteso interdetto di Paolo V*, da fra Paolo SERVITA, cap. 10.)

(1) Le sénat, dans sa publication officielle, disait lui-même que *par la simplicité des personnes dévotes, le quart et jusqu'au tiers du territoire et des immeubles des villes se trouvait aliéné.*

> (*Lettre de la république et sénat de Venise à leurs communautés et sujets* 1607. Bibliot.-du-Roi K 15053.)

On peut voir l'ouvrage d'Antoine QUERINI, intitulé : *Avis donné à l'état et république de Venise.*

Les biens ecclésiastiques étant inaliénables, il était évident que, si on laissait le clergé s'accroître, il finirait par envahir toutes les propriétés immobilières; le reste de la nation se verrait réduit à se mettre aux gages du clergé, et comme ces biens, une fois entrés dans le domaine ecclésiastique, cessaient d'être assujettis aux impôts, l'état allait se trouver sans revenus. Autrefois la république levait sans difficulté un décime sur les biens ecclésiastiques : dans ces derniers temps, et depuis que la nécessité l'avait obligée de fléchir devant la cour de Rome, elle ne pouvait lever ce décime, qu'après en avoir obtenu la permission du pape, qui ne l'accordait jamais que pour cinq ans, et qui la refusait quelquefois (1). C'était déja un assez grand malheur pour les citoyens d'avoir à supporter la totalité des dépenses publiques, tandis qu'ils ne possédaient que les deux tiers des terres, encore ces terres étaient-elles grevées, en faveur du clergé, du dixième de leurs produits (2). Les

---

(1) *Collezione delle massime universali alli punti singolari contenziosi, trà la corte di Roma e la republica di Venezia* da Fra Paolo SERVITA.

(2) *Storia civile veneziana* di Vettor SANDI, lib. 11, cap. 6, art 3. On peut voir dans ce chapitre beaucoup de particularités sur les dîmes actives et passives du clergé vénitien.

peuples étaient écrasés du fardeau, et il était d'autant plus injuste que ce fardeau ne fût pas partagé, que le clergé profitait de la dîme, de la protection de l'administration et de la force publique. Un pareil abus ne pouvait qu'amener la ruine et la dépopulation de l'état.

La défense de bâtir des églises et des monastères sans l'autorisation du gouvernement, était une conséquence de la nécessité où l'on se voyait de mettre des bornes à l'accroissement du clergé : il y avait d'ailleurs beaucoup de raisons de ne pas le laisser se multiplier, dût-il même ne pas s'enrichir, car riche il ruinerait l'état, pauvre il serait à charge et dangereux : on n'avait pas toujours eu à se louer de son patriotisme; on ne pouvait point attendre ce sentiment d'une multitude de prêtres étrangers qui venaient remplir les monastères de la république ; il importait de ne pas les encourager, en leur permettant de s'accroître, à devenir plus licencieux, plus insolents, plus actifs à abuser de leur ministère, pour se mêler d'intrigues, pour *chasser aux testaments*; enfin il fallait bien les empêcher d'employer le fer et le poison, pour réussir dans leurs diaboliques entreprises. Ce sont les termes du manifeste. Prétendre que le gouvernement n'avait pas le droit d'arrêter de tels désordres, et de punir ces crimes, quand les ecclésiastiques s'en rendaient coupables, c'était lui interdire de protéger ses sujets.

Un pays où il suffirait d'être revêtu du caractère ecclésiastique, pour être hors de l'atteinte du fisc et des lois répressives, finirait par être peuplé d'ecclésiastiques, c'est-à-dire par n'être ni cultivé ni défendu.

A ces raisons, assurément très-bonnes, les partisans du gouvernement en ajoutaient qui n'étaient que subtiles ; les lois dont on se plaint. disait-on, ne prescrivent rien, ne défendent rien au clergé ; elles ne s'adressent qu'aux citoyens laïques : elles leur interdisent de disposer de leurs biens en faveur des ecclésiastiques, c'est comme quand un prince défend à ses sujets d'exporter telle ou telle chose chez un autre, celui-ci n'est pas fondé à dire qu'on lui défend de recevoir, seulement on empêche de lui porter.

Ce manifeste et la protestation qui l'avait précédé ne paraissaient pas suffisants pour s'assurer de la docilité de tous les membres du clergé, le conseil des Dix manda les supérieurs de toutes les communautés religieuses de Venise, et leur signifia que l'intention du gouvernement était que, malgré l'interdit, le service divin n'éprouvât aucune interruption, et que personne ne

X.
Expulsion des jésuites et des capucins

sortît des terres de la république, sans en avoir reçu l'ordre ou la permission.

Les jésuites, les capucins, tous les religieux, protestèrent de leur obéissance; il n'y eut, dans toute la république, qu'un grand-vicaire de Padoue, qui osa dire au podestat, qui venait de lui notifier ces ordres, qu'il ferait ce que le Saint-Esprit lui inspirerait; à quoi le magistrat répondit qu'il le prévenait que le Saint-Esprit avait déja inspiré au conseil des Dix, de faire pendre les réfractaires (1).

Le clergé séculier tint sa promesse, mais il n'en fut pas de même de tous les moines. Ils reçurent des lettres de leurs supérieurs de Rome, qui leur ordonnaient de garder l'interdit. Les jésuites, qui auraient bien voulu servir le pape, sans se brouiller tout-à-fait avec la république, imaginèrent une distinction. Ils représentèrent qu'ils avaient promis de continuer de célébrer le

---

(1) *Relation du différend du pape Paul V, et de la république de Venise*, par AMELOT de la Houssaye.

Mayer rapporte dans sa *Description de Venise*, une anecdote qui, sous des noms différents, est à-peu-près la même que celle-ci. Selon lui, le curé de Sainte-Marie osa se conformer à l'interdit et fermer son église. Le matin en s'éveillant il vit une potence élevée sous ses fenêtres, et se détermina à obéir au gouvernement.

service divin, et qu'ils tiendraient leur engagement ; mais que la messe, attendu son excellence, n'était pas comprise dans cette expression générique, que leur conscience et l'obéissance qu'ils devaient au pape ne leur permettaient pas de la célébrer en public.

La réponse à cette distinction, fut un ordre de partir de Venise le jour même, et de sortir de tous les états de la république ; un vicaire du patriarche alla prendre possession de leur église sur-le-champ, et les conduisit jusqu'au port. Les bons pères au moment de s'embarquer se mirent à genoux, pour lui demander sa bénédiction, et le peuple, qui les avait suivis, et qui appréciait à sa juste valeur l'humilité de cette conduite, les accompagna de ses huées (1).

Avant leur départ, ils avaient dit aux capucins que les religieux de saint François, étant la règle vivante, ils devaient un grand exemple à la chrétienté, que le monde entier avait les yeux ouverts sur le parti que l'ordre allait prendre (2);

---

(1) De Fresne Canaye, ambassadeur de France à Venise, dit dans un dépêche au roi, du 18 mai 1606. « Il a été besoin de leur donner escorte à leur partement, pour empêcher qu'ils ne fussent offensés par le peuple, qui les appeloit espions d'Espagne, et se réjouissoit de les voir chassés.

(2) Che tutto 'l mondo mirava nelli cappuccini e che la loro

l'humilité de ces pauvres moines n'avait pu tenir contre cette flatterie; aussi le gardien eut-il la naïveté d'articuler cette raison, lorsqu'il alla déclarer aux magistrats que ses confrères étaient résignés à tout souffrir, plutôt que de scandaliser l'univers en ne gardant pas l'interdit. On se contenta de les chasser, et, quelque temps après, un décret déclara les moines réfractaires bannis à perpétuité du territoire de la république, et leurs biens confisqués. Ceux des jésuites s'élevaient à trente mille ducats de revenu dans Venise seulement (1). Il fut décrété que la loi qui prononçait leur bannissement, ne pourrait être rapportée qu'à une majorité des cinq sixièmes des voix du sénat.

XI.
Les cours de France et d'Espagne interviennent dans ce différend

Quand le pape vit que son excommunication, au lieu de forcer la république à l'obéissance, ou de lui susciter au moins des embarras, n'avait eu d'autre résultat que l'expulsion des jésuites et des capucins, il appela à son secours la politique de tous les princes. Les Vénitiens l'avaient prévenu. Leurs ambassadeurs avaient fait part à

---

risoluzione sarebbe talora una sentenza definitiva se il monitorio del papa fosse valido o nò.

(*Hist. delle cose passate trà' l sommo pontefice Paolo V, e la repubblica di Venezia*, lib. 2.

(1) *Extrait de la correspondance de* de Fresne Canaye.

toutes les cours des prétentions et des rigueurs injustes du saint-siége, en tâchant de faire sentir que cette cause était celle de tous les souverains. Alors commença une longue négociation, dans laquelle tous les princes catholiques, mais sur-tout les rois de France et d'Espagne affectèrent de se porter pour médiateurs. Chacun aspirait à l'honneur d'être l'arbitre de ce différend, sans y prendre un vif intérêt. Ce qui leur importait, c'était que cette affaire se terminât, que ce fût par leur influence, et sur-tout que l'Europe en fût bien informée. Dix ambassadeurs voyagèrent de Paris et de Madrid à Rome et à Venise, portant des projets d'accommodement, des contre-projets, des ouvertures, des explications, qui détruisaient les choses convenues, des concessions tantôt rejetées, tantôt révoquées après avoir été admises. On épuisa toutes les combinaisons auxquelles pouvaient donner lieu les quatre points en litige.

Les cours de France et d'Espagne attachaient un si grand prix à jouer le premier rôle dans cette médiation, que, dans la vue de se faire accepter pour arbitre, la cour de Madrid fit quelques démonstrations d'armement, afin d'inspirer la crainte qu'elle pourrait se déterminer à appuyer le pape du secours de ses armes, si les Vénitiens se jetaient dans les bras de la France. Le comte de Fuentes, gouverneur du Milanais, qui n'avait pas deux mille hommes à ses ordres, affectait de dire qu'il voulait aller tout armé en paradis.

Le pape qui, dès le commencement de cette affaire, avait déclaré qu'au besoin, il saurait employer les armes temporelles, levait des troupes, renforçait ses garnisons, créait un conseil de guerre composé de quinze cardinaux, imposait des taxes, et faisait venir le trésor de Notre-Dame-de-Lorette, pour le dépenser en préparatifs militaires. Les Vénitiens armèrent de leur côté, mais avec peu d'inquiétude, bien persuadés que les Espagnols cherchaient à leur susciter des embarras, et à leur donner des inquiétudes, plutôt qu'à entreprendre sérieusement la guerre, pour soutenir les prétentions du saint-siége.

Cette mauvaise volonté des Espagnols se manifesta par une entreprise qu'ils firent sur les côtes d'Albanie, où ils pillèrent la ville de Durazzo, qui appartenait aux Turcs, dans l'espoir que ceux-ci s'en prendraient indistinctement à tous les chrétiens, enverraient une flotte dans le golfe, et, par leurs hostilités, ou au moins par leurs menaces, mettraient la république dans la nécessité de rechercher l'alliance de l'Espagne. Mais il n'en fut pas ainsi. La Porte ne prit point le change, et, au lieu d'attaquer les Vénitiens, leur offrit son secours contre le pape ; de sorte qu'il n'y eut pas jusqu'aux Turcs qui ne se mêlassent des démêlés élevés entre la république et le saint-siége : ils faisaient des prières publiques et jeûnaient, pour obtenir du ciel la continuation de la discorde entre les chrétiens.

Cependant leurs vœux ne furent point exaucés; la guerre se réduisit à une vive controverse, dans laquelle les docteurs des deux partis signalèrent leur savoir et leur malignité. Mais la contestation, en s'aigrissant, prenait le caractère du fanatisme.

En Pologne, les cordeliers de Cracovie firent sortir de leur église, sous prétexte qu'ils étaient excommuniés, deux gentilshommes de la suite de l'ambassadeur de Venise qui assistaient à l'office divin. Le roi les obligea de réparer cette insulte par des excuses (1). {Conduite de quelques cours étrangères.}

A Vienne, les jésuites prièrent le ministre de la république de s'abstenir d'assister à une procession solennelle, qui se faisait dans leur église, et à laquelle tous les ambassadeurs étrangers étaient dans l'usage de se trouver. Il ne voulut point céder à cette prière, et le nonce du pape

---

(1) *Hist. delle cose passate trà' l sommo pontefice Paolo V. e la republica di Venezia*, lib. 2.

fut obligé de supposer une indisposition, pour ne pas se rencontrer à la procession avec le ministre vénitien (1).

A Madrid, le nonce du pape poussait l'insolence jusqu'à dire que si l'ambassadeur de la république se présentait dans la chapelle du roi, pendant le service divin, il ordonnerait d'interrompre la cérémonie (2).

XII.
Violente controverse

Le pape ne parlait de rien moins que de citer le doge au tribunal de l'inquisition, ajoutant qu'il avait de quoi le faire condamner comme hérétique. Il publia un jubilé, exprès pour exclure les Vénitiens des graces qui se répandent à cette occasion sur tous les enfants de l'église.

Les jésuites sur-tout, ces fidèles auxiliaires de la cour romaine, ne se contentaient pas de publier une multitude d'écrits contre la république, d'intriguer contre elle dans les cours, de la diffamer en chaire par leurs déclamations (3), en l'accusant d'hérésie et de tyrannie. Ils entretenaient des correspondances avec leurs pénitents,

---

(1) *Ibid.*

(2) *Ibid.*

(3) Il y eut un de ces moines, qui, en prêchant devant le duc de Mantoue, s'emporta au point que ce prince le fit descendre de la chaire, et lui ordonna de sortir à l'instant de ses états.

inspiraient des scrupules, exigeaient des déclarations, imposaient des restitutions. A les en croire, Venise étant en interdit, la célébration de la messe était un sacrilége; y assister, était un acte d'idolâtrie. Ils offraient les indulgences du jubilé à ceux qui désapprouveraient la conduite du gouvernement. Des pères et des maris vinrent se plaindre de ce que leurs enfants se croyaient déliés de l'obéissance, et de ce que leurs femmes, égarées par un directeur fanatique, se refusaient à cohabiter avec eux (1). On avait surpris des lettres, dans lesquelles des jésuites mandaient à Rome qu'ils avaient dans leurs écoles trois cents jeunes gens des meilleures familles, qui étaient autant d'esclaves de sa sainteté (2). On les accusait de tenir registre des confessions (3).

---

(1) *Lettre de de Fresne Canaye, ambassadeur de France à Venise, au roi*, du 18 mai 1606.

(2) *Ibid.*

(3) *Ibid.*, et 28 Juin. Voyez aussi sur les griefs reprochés aux jésuites, les lettres de ce même ministre au roi, des 30 juin; 9, 23 août 1606; 24 janvier 1607 ; à M. de Caumartin, des 19 mai, 16 juin, 28 juillet; à M. de Villeroy, des 23 août 1606, et 24 janvier 1607 ; au cardinal Duperron, du 25 novembre 1606, et au cardinal de Joyeuse, du 24 janvier 1607.

Si dans les écrits qui furent publiés de part et d'autre dans cette querelle, on eut à gémir des exagérations insensées, où l'esprit de parti se laisse toujours entraîner ; si on eut à s'indigner de beaucoup de maximes abominables, cette dispute donna aussi l'occasion d'avancer et de discuter plusieurs questions importantes, que les hommes n'avaient pas encore osé soumettre à l'examen de la raison.

Les cardinaux Bellarmin, Colonne, Baronius, ne dédaignèrent pas d'entrer dans la lice et de mêler leur voix à celle de beaucoup de moines et de théologiens obscurs. La république leur opposa ses docteurs, entre lesquels le frère Paul Sarpi se distingua par l'étendue de son érudition, la force de sa dialectique et l'indépendance de ses pensées.

Sentiment des partisans du saint-siége. D'une part on soutenait que la puissance temporelle des princes est subordonnée à la puissance spirituelle du pape :

Que cette autorité du pape, bien qu'elle ne lui ait pas été donnée formellement, est la conséquence nécessaire de son autorité spirituelle, parce que celle-ci ne pourrait se maintenir sans celle-là :

Qu'en conséquence, le pape est le supérieur, le juge de tous les princes; qu'il a le droit de les priver de leurs états, même sans qu'ils se soient rendus coupables d'aucune faute, lorsqu'il juge que l'intérêt de l'église le requiert, et qu'alors les états dont les princes se trouvent dépouillés, peuvent être légitimement possédés par le premier occupant, sans autre titre que celui d'exécuteur de la sentence du saint-siége ; c'était ainsi que le roi de Navarre, pour s'être allié avec Louis XII, lorsque celui-ci était excommunié par Jules II, avait vu ses états envahis par le roi d'Arragon :

Que les sujets du prince excommunié étaient non-seulement déliés de leur serment de fidélité envers lui, mais obligés de le poursuivre, et absous d'avance des violences et trahisons qu'ils pourraient exercer contre lui :

Qu'en toute matière, on peut appeler au pape de la décision du prince temporel :

Que les immunités ecclésiastiques sont absolues, illimitées, qu'elles sont de droit divin et non une concession des princes :

Que ces immunités s'étendent non-seulement sur les personnes, mais encore sur les biens :

Que les ecclésiastiques ne peuvent être justiciables des princes, même pour les crimes de lèse-majesté :

Que le pape étant infaillible, ses ordres sont obligatoires pour tous les fidèles, même sans avoir été publiés, s'il l'a ordonné ainsi :

Que l'exercice du culte étant interdit dans l'état de Venise, aucun sacrement n'avait pu y être conféré; qu'en conséquence, tous les mariages célébrés depuis l'interdit étaient nuls, les femmes concubines et les enfants illégitimes.

De pareilles assertions étaient déja un peu difficiles à admettre au dix-septième siècle; aussi les écrivains du parti contraire les combattaient-ils par ces propositions fort différentes.

XIII.
Sentiments des partisans de l'autorité séculière.

Le pouvoir du pape ne s'étend pas à toutes sortes de matières et de moyens, mais est restreint à l'utilité spirituelle de l'église, et il faut en croire saint Paul, qui dit: Nous ne pouvons rien contre la vérité, *non enim possumus aliquid contrà veritatem.* (1 Cor. 2) (1).

L'obéissance que le chrétien doit au pape n'est pas absolue; car lui obéir dans les choses qui

---

(1) *Traité de l'interdit du pape Paul V*, par Pierre-Antoine Ribetti, archidiacre et vicaire-général de Venise.

Frère Paul Sarpi, de l'ordre des servites, théologien de la sérénissime république de Venise.

F. Bernard Jourdan, théologien de l'ordre de Saint-François.

F. Michel-Ange Bonicelli, *id.*

F. Marc-Antoine Capello, *id.*

F. Camille, théologien de l'ordre de Saint-Augustin.

F. Fulgence, théologien de l'ordre des servites.
8e proposition.

sont contre la loi de Dieu, c'est pécher (1), et dans les choses qui ne sont point contraires à la loi de Dieu, cette obéissance ne s'étend pas à tout (2). Le chrétien ne doit obéir au commandement qu'après examen, et s'il obéit aveuglément, il pèche (3).

Quand le pape, pour se faire obéir en des choses qui passent son autorité, fulmine une excommunication, elle est injuste et par conséquent nulle; car Gerson a dit, qu'exiger de ses inférieurs l'obéissance passive à des ordres injustes, c'est exiger d'eux une patience d'âne (4). La résistance est un devoir pour ceux qui n'ont point de supérieur, c'est-à-dire pour les princes qui doivent être les protecteurs de la religion de leurs sujets (5).

L'excommunication ne fait pas le péché; elle le suppose : donc là où il n'y a point de péché elle n'existe pas (6).

On abuse tous les jours de l'excommunication. Le concile de Trente, qui recommande d'ailleurs

---

(1) *Id.* proposition 10.
(2) Proposition 11.
(3) Proposition 12.
(4) Proposition 15.
(5) Proposition 16.
(6) *Consolazione della mente*, di frà Paolo, cap. 1.

de ne l'employer qu'avec une extrême circonspection, défend aux magistrats séculiers de troubler l'évêque qui a appliqué cette peine, quand même elle serait injuste ; d'où il suit, selon le concile, qu'il faut respecter la juridiction ecclésiastique, même aux dépens de la justice, et qu'il y a moins de mal à ce qu'un innocent soit puni sans l'avoir mérité, qu'à ce qu'un évêque soit troublé dans l'exercice de son autorité (1).

Le même canon dit que, si l'excommunié vit un an dans l'excommunication, il doit être réputé hérétique, et traduit à l'inquisition ; d'où il suit que, si un particulier est excommunié par son évêque, pour n'avoir pas payé une redevance, comme cela arrive souvent, et si dans un an il ne devient pas assez riche pour s'acquitter, il mérite d'être brûlé en qualité d'hérétique (2).

L'excommunication lancée contre la multitude est injuste et sacrilége.

Les immunités ecclésiastiques ne sont point de droit divin, mais de droit humain ; car le docteur angélique a dit que, si les ecclésiastiques sont exempts du tribut, cette exemption

---

(1) *Consolazione della mente*, di fra Paolo. cap. 2.
(2) *Id.* cap. 2.

n'est point *de jure divino*, mais une concession du prince (1).

Les richesses ne seraient pas moins fatales à l'église, que son indépendance de la puissance séculière. L'église grecque, qui est toujours restée dans la pauvreté, n'a pas été exposée à tous les scandales qui ont déshonoré l'église latine. Celle-ci a donné naissance à plus de cent hérésiarques. Il y a deux avantages à tenir les ecclésiastiques dans la nécessité de recevoir leur subsistance de la charité des fidèles; l'un, c'est que cette dépendance les oblige à s'observer plus attentivement; l'autre, que cela entretient la compassion et la piété du peuple (2).

Il existe un contrat entre les peuples et les prêtres. Quand ceux-là fournissent le temporel, ceux-ci ne peuvent se dispenser de fournir le spirituel (3).

Les papes, loin d'avoir une suprématie temporelle, n'ont pas toujours eu la suprématie spirituelle. Saint Pierre, avant d'aller à Rome, avait fondé la chaire patriarcale d'Antioche, d'où il suit que ce siége est le plus ancien. Dans la suite, on divisa le monde chrétien en quatre

---

(1) *Traité de l'Interdit*, proposition 5.
(2) *Consolazione della mente*, di fra Paolo, cap. 8.
(3) *Traité de l'Interdit*, proposition 18.

patriarcats, qui étaient ceux de Rome, d'Antioche, d'Alexandrie et de Constantinople. Celui de Rome était nommé le premier, mais sans aucune autorité sur les autres (1).

Les souverains pontifes se sont arrogé cette suprématie temporelle, mais comment? en se rangeant toujours du parti des princes usurpateurs, et en consacrant les usurpations (2).

Aussi, tandis que tout tend à s'affaiblir dans ce monde, dans la monarchie ecclésiastique tout est allé en croissant, si l'on en excepte la sainteté qui n'augmente pas (3).

Les princes temporels ne relèvent que de Dieu, et il y a quatre manières de devenir prince : l'élection, la succession, la donation et la conquête; toutes quatre reconnues pour justes et légitimes (4).

Jésus-Christ n'ayant point exercé le pouvoir temporel, ne l'a point transmis à son vicaire (5).

---

(1) *Consolazione della mente*, cap. 3.

(2) cap. 5.

(3) *Id.* cap. 5.

(4) *Sentiment d'un théologien, sur le bref d'excommunication publiée par le pape Paul V, contre les Vénitiens* proposition 1.

(5) *Id.* prop. 2, 3, 4.

Le pape n'a aucun pouvoir sur le temporel des princes.

Il ne peut ni les punir temporellement, ni annuller leurs lois, ni encore moins les dépouiller de leurs états, ni délier leurs sujets du serment de fidélité.

Rien n'affranchit les ecclésiastiques de la puissance séculière. Le prince exerce nécessairement sur leurs biens et sur leurs personnes, le même pouvoir que sur ses autres sujets.

On éprouve quelque étonnement de voir de pareilles maximes professées par des religieux italiens, et cela à une époque où une ligue de fanatiques venait de désoler la France, où Jacques Clément venait de poignarder Henri III, où le portrait de ce moine assassin était sur l'autel, où la Sorbonne appelait Henri IV Henri-le-relaps, où les prêtres de France refusaient de prier pour le roi, où le jésuite Guignard écrivait, « Si on peut guerroyer le Béarnois, qu'on le guerroie, si on ne peut le guerroyer qu'on le tue; » où le curé Aubry, le jésuite Varade, le chartreux Ouin, les jacobins Arger et Ridicovi, un capucin de Milan, un vicaire de Saint-Nicolas-des-Champs, enfin Pierre Barrière et Jean Châtel, avaient successivement tenté le parricide qui fut consommé par Ravaillac.

Les malheurs de la France ne prouvent que

trop combien était sage et utile l'exemple que les Vénitiens donnaient à l'Europe.

Aussi tous les écrits publiés en faveur de ce gouvernement furent-ils poursuivis avec fureur par l'inquisition, jusque-là qu'en Espagne, il fallut un ordre du roi pour que le saint-office s'abstînt de juger la protestation officielle du sénat contre le monitoire, et qu'à Milan l'inquisiteur osa citer à son tribunal le résident de la république (1).

Le gouvernement vénitien se vengea noblement. Il laissa circuler dans ses états, sans y mettre aucun obstacle, tous les écrits, et même les libelles répandus contre lui. On eût dit que, pour la première fois, il y avait à Venise liberté de penser et d'écrire, et l'on éprouva, dans cette occasion, que les princes n'ont rien à craindre de cette liberté, quand le gouvernement ne se met pas en opposition avec l'esprit public.

XIV. Écrit de Paul Sarpi sur cette controverse

Entre tous ces écrits, dont je ne parle ici que pour faire remarquer les progrès que la raison humaine faisait vers son indépendance, il en est un du frère Paul Sarpi, non moins digne d'attention par sa force que singulier par sa des-

---

(1) *Hist. delle cose passate trà 'l somm opontefice Paolo V e la repubblica di Venezia*, lib. 4.

tination. L'auteur annonce qu'il a composé cet ouvrage, pour rassurer les consciences du conseil des Dix, dans les tribulations que leur causent les censures ecclésiastiques (1). Il est difficile de croire que ce corps poussât la dévotion jusqu'au scrupule, et fût alarmé pour son salut. Aussi cet ouvrage n'est-il autre chose qu'un recueil d'arguments contre la cour de Rome, mis à la disposition des hommes d'état. Ce sont des conseils qui n'étaient point destinés à recevoir la publicité sous cette forme.

Connaissant, dit l'auteur, le caractère de piété qu'a montré constamment cette république, je ne suis point surpris de voir les esprits alarmés des anathèmes dont les menacent ceux qui se disent les conservateurs de la foi. Ces matières ne sont pas ordinairement le sujet des études des princes. J'entreprends de les soumettre à l'examen, mais pour les sages seulement. Il y a la manière de penser du peuple, et celle des hommes d'état. La science ressemble au vin. Les honnêtes gens en usent pour se fortifier, la

---

(1) Il est intitulé : *Consolazione della mente nella tranquillità di coscienza, causata dal buon modo di vivere nella città di Venezia, nel preteso interdetto di Paolo V.*

Il y a plusieurs autres écrits de Sarpi sur le même objet. Exam. de la réponse aux censures, apologie de P. Sarpi, etc.

canaille s'enivre. Si en politique il est souvent utile que le plus grand nombre reste dans l'ignorance, en matière de foi c'est toujours une nécessité (1).

On juge par ce préambule que l'auteur, entreprenant l'examen des maximes de la cour de Rome devant des hommes d'état, va les discuter avec une liberté que n'exclut point la piété sincère; mais l'analyse de ce livre, où il pose les limites qui séparent la puissance spirituelle de la puissance temporelle, nous entraînerait trop loin. Je n'ai pas cru pouvoir me dispenser d'en faire mention. Pour donner une idée exacte du gouvernement vénitien, il fallait bien faire connaître les principes qu'il opposait aux prétentions du saint-siége.

Ce moine, dont les idées s'élevaient si fort au-dessus de son état et des préjugés de son temps, éprouva, quelques années après, qu'il est des ennemis qui ne pardonnent jamais; il fut assassiné deux ou trois fois. Ce fut un savant, un politique, un écrivain habile, mais quelquefois un odieux conseiller du tribunal des Dix. On doit cette justice au cardinal Bellarmin, l'adversaire de fra Paolo, de dire que ce fut lui

---

(1) Se nelle circonstanze pubbliche è buona l'ignoranza del comune, in quelle della fede è necessaria.

qui le fit avertir du complot qui se tramait contre sa vie. Fra Paolo portait une cotte de mailles sous sa robe; il se faisait accompagner d'un frère de son couvent, armé d'un mousqueton. Malgré ces précautions, il fut assailli un soir par cinq assassins, qui le frappèrent de vingt-trois coups de stylet, et se sauvèrent dans l'état de l'église, à l'aide d'une barque préparée par ordre du nonce. Ses ennemis, n'ayant pu réussir à lui ôter la vie, voulurent le faire condamner comme hérétique. On le soupçonnait de partager les opinions des réformés (1), et pour l'en con-

---

(1) L'examen de l'orthodoxie de Sarpi n'appartient point à l'histoire de Venise. Il paraît que Bossuet a voulu se ranger parmi les accusateurs de ce savant théologien, qui a trouvé des défenseurs fort zélés, parmi ceux qui approuvaient sa courageuse résistance contre les prétentions de la cour romaine. C'est sans doute une témérité de vouloir pénétrer dans la conscience d'un homme, pour lui imputer des opinions qu'il a au moins évité d'énoncer, quand même il les aurait professées en secret.

Les écrivains réformés n'ont pas manqué de tirer parti des soupçons répandus contre Sarpi, pour se donner l'avantage de le compter parmi leurs partisans. C'est aujourd'hui une question tout-à-fait oiseuse ; mais ce qui n'est point indifférent, c'est un fait que je trouve dans le Magasin historique de M. Lebret, imprimé à Leipsig, tom. II, p. 235 et suiv.

A propos d'une analyse des lettres de Sarpi, il raconte

vaincre on tâcha de surprendre sa correspondance avec eux. L'ambassadeur de France, Léon Brulard, se mêla assez mal-à-propos de cette re-

---

qu'en 1609 un agent de l'électeur Palatin, ayant été envoyé à Venise, pour y négocier en faveur des princes protestants, y fit d'étranges découvertes dont il rendit compte dans son rapport. Cet envoyé, qui se nommait J. B. Linckh, fit connaissance avec un avocat vénitien nommé Pessenti, et remarqua, dans leurs entretiens confidentiels, que celui-ci vantait beaucoup les réglements des princes allemands, ceux des princes protestants sur-tout. Pessenti lui confia qu'il existait à Venise une association secrète de plus de mille personnes disposées à se détacher de la cour de Rome; que ce nombre augmentait tous les jours, qu'on y comptait environ trois cents patriciens des familles les plus distinguées, et que cette société était dirigée par le père Paul Sarpi et le père Fulgence, tous deux servites.

Linckh s'adressa à l'envoyé d'Angleterre, pour savoir si la chose était vraie, et celui-ci la lui ayant confirmée, ils allèrent ensemble faire une visite à ces deux religieux. Après avoir fait un compliment à Sarpi, sur ce que sa renommée avait passé les Alpes, ils lui dirent qu'ils souhaitaient que Dieu bénît ses efforts, à quoi Sarpi répondit qu'il était flatté que son nom fût parvenu chez les hommes qui les premiers avaient vu la lumière. Ensuite il s'expliqua sur le peu d'accord des théologiens, notamment au sujet des paroles *hoc est corpus meum*, et Linckh lui ayant demandé par quel moyen il espérait amener le succès de l'œuvre commencée, le servite ajouta, que ce serait l'ouvrage de Dieu, qu'il était à désirer que la réformation s'établît dans les provinces alle-

cherche. La cour de France montra beaucoup de
zèle pour déterminer la république à abandonner ses théologiens, que le pape voulait obliger

mandes qui confinent au territoire de Venise, notamment
dans la Carinthie et la Carniole, parce qu'elles sont placées
entre l'Istrie et le Frioul vénitien ; qu'il importait que les
princes protestants entretinssent des rapports plus intimes
avec la république ; qu'ils eussent constamment des agents
à Venise, et que ces agents y exerçassent leur culte, parce
que les prédications des ministres produiraient un bon
effet et ouvriraient les yeux du peuple, qui ne faisait point
de différence entre les luthériens et les mahométans. Autrefois, disait-il, on ne regardait pas ici les Anglais comme chrétiens ; depuis qu'ils y entretiennent un ambassadeur, on a
pris une toute autre idée de leur religion. Les différends entre
la cour de Rome et la république ne sont pas tellement
appaisés qu'il ne reste bien des ressentiments dont il serait
facile de profiter : il ajoutait qu'on s'étonnait beaucoup
de la grande faveur que le roi de France témoignait aux
jésuites, etc.

Je me borne à rapporter ce passage. On sent qu'avant
d'admettre deux faits aussi extraordinaires qu'une telle profession de foi faite par un homme revêtu de l'habit monastique, et l'existence d'une société secrette de mille protestants à Venise, on est en droit de demander si le rapport
de cet agent palatin est bien authentique, et, en supposant
qu'on le produisît, il resterait encore à examiner si l'auteur
ne s'est pas trompé ou n'a pas trompé. Au reste, l'orthodoxie de fra Paolo a été défendue dans un ouvrage récent,
intitulé : *Justification de fra Paolo Sarpi* ou *Lettres d'un*

à faire pénitence. On vit les ministres de Henri IV négocier auprès du gouvernement vénitien, pour obtenir qu'un père Fulgence, disciple de fra Paolo, ne prêchât point l'Avent dans la chapelle ducale de Saint-Marc.

Les tentatives d'assassinat contre le consulteur de la république se renouvelèrent, et il finit par être condamné à Rome, où il se garda bien de comparaître (1). Lorsque après sa mort les Vénitiens voulurent élever un monument à l'homme qui avait consacré sa vie et ses talents à la défense des droits de la république, le pape Urbain VIII leur fit signifier qu'il était déterminé à se porter aux dernières extrêmités plutôt que de le souffrir. Le gouvernement, qui ne voulait pas s'engager dans de nouvelles discussions avec la cour de Rome, fit retirer le monument de chez le sculpteur.

XV. *Rivalité des puissances pour accommoder ce différend* La vivacité du pape Paul V se trouvait déconcertée par la résistance mesurée, mais inflexible, que lui opposait le sénat de Venise. Plus d'un an s'était écoulé depuis la publication de l'inter-

---

prêtre italien (M. de GOLA, Génois,) *à un magistrat français, sur le caractère et les sentiments de cet homme célèbre.* Paris, in-8°, 1811.

(1) On peut voir sur tous ces détails les *Memorie recondite* de Vittorio SIRI, tom. 1.

dit, sans que la moindre agitation se fût manifestée dans l'état, sans que le service divin y eût été interrompu ; les censures, en vieillissant, ne pouvaient que perdre de leur autorité; et le gouvernement, qui les avait déclarées nulles, ne voulait pas même demander à en être absous. Les médiateurs, qui s'étaient entremis dans cette affaire, recevaient pour toute réponse l'invitation de s'adresser à celui qui était le seul promoteur de la querelle, et qui avait entre ses mains le moyen de la faire cesser, en révoquant des actes également injustes et inutiles.

Pendant cette longue négociation, le roi d'Espagne se décida à écrire à Paul V une lettre où il lui promettait des secours plus efficaces (1). Cette lettre rendit le courage au pape. Il se refusa à tous les projets d'accommodement, mais bientôt il s'aperçut, par l'inaction des Espagnols, que leur menace n'avait eu pour objet que d'empêcher les Vénitiens d'accepter la médiation de la France. Philippe III était loin de vouloir entreprendre une guerre pour soutenir, en faveur de la cour de Rome, des prétentions dont elle aurait pu se prévaloir contre lui-même.

---

(1) Une copie de cette lettre se trouve dans un manusc. de la Biblioth.-du-Roi, provenant de la bibliothèque de Dupuy.

Il apprit que les rois de France et d'Angleterre avaient promis aux Vénitiens de les secourir, s'ils étaient attaqués. Comme il ne voulait dans le fond qu'avoir l'honneur de faire l'accommodement, il envoya un de ses ministres à Venise, et celui du roi de France redoubla de vivacité, pour ne pas donner le temps à une importante affaire de lui échapper.

Le roi de France accepté pour médiateur.

Les instances de ces deux puissants médiateurs et de tous les autres princes, qui voulaient prendre part à la négociation, étaient un peu fatigantes pour le sénat de Venise; mais on ne cédait point de terrain. Le pape sentit que le seul moyen de sortir du mauvais pas où il s'était engagé, était d'accepter pour médiateur celui qui devait être le plus agréable à la république, c'est-à-dire qui pouvait lui inspirer le moins de méfiance. Il manda l'ambassadeur de Henri IV, et en lui déclarant qu'il était disposé à rendre ses bontés paternelles aux Vénitiens, si on les décidait à lui faire une juste satisfaction, il pria ce ministre d'intervenir dans cette affaire.

XVI. Négociation.

Le difficile était de savoir ce que le pape entendait par une juste satisfaction, et d'y amener un gouvernement qui croyait n'en devoir aucune.

Après beaucoup de projets d'accommodement inutilement discutés, on proposa un plan, d'après lequel l'ambassadeur de France devait prier le pape au nom des Vénitiens, de lever les censures : les deux ecclésiastiques arrêtés par ordre du gouvernement devaient être remis, non pas directement au pape, mais au roi, et uniquement par considération pour sa majesté : l'interdit serait gardé pendant quatre ou cinq jours : on conviendrait d'un jour pour que le pape levât les censures, et qu'en même temps le gouvernement vénitien revoquât son monitoire : les moines chassés de Venise, à l'occasion de l'interdit, y seraient rappelés ; enfin l'exécution des deux lois sur les églises et sur les donations, devait être suspendue jusque après l'accommodement.

De ces six propositions le gouvernement vénitien n'en admit qu'une seule. Il consentit à consigner au roi les deux prisonniers, par un acte libre de sa volonté, et par respect pour un si grand prince, mais sans se désister d'aucun de ses droits. Quant à la prière à faire au pape pour la levée des censures, il dit que les Vénitiens n'ayant donné aucun sujet de déplaisir au saint-père, n'avaient point à le prier de faire cesser les effets de son ressentiment ; qu'il n'y avait aucune difficulté à révoquer la protestation faite contre le monitoire ; mais qu'il fallait auparavant que les censures fussent levées ; que la république ne pouvait s'obliger à suspendre l'exécution de ses lois ; qu'on pouvait compter que, dans leur application, le gouvernement ne s'écarterait jamais de sa modération ordinaire : quant à l'interdit, la république, l'ayant déclaré nul, ne pouvait consentir à ce qu'il fût gardé seulement une heure, et pour ce qui concernait le rappel des moines, on traiterait cette affaire séparément et ultérieurement ; mais, dans tous les cas, les jésuites seraient formellement exclus de ce rappel.

Cette réponse faisait perdre au pape toute espérance de la soumission qu'il exigeait. Quand il vit qu'il n'y avait point de secours à attendre contre un gouvernement si inébranlable, il renouvela ses protestations pacifiques, et lorsque l'affaire eut été amenée, par l'ambassadeur de France, au point où l'on pouvait raisonnablement en entrevoir l'heureuse issue, Henri IV fit partir le cardinal de Joyeuse, qu'il chargea de ses pleins pouvoirs, pour la réconciliation définitive du pape et des Vénitiens (1).

---

(1) Voyez sur toute la négociation de l'ambassadeur de France de Fresne Canaye, et du cardinal de Joyeuse, le volume qui contient la correspondance de ces ambassadeurs, man. de la Bibl.-du-Roi, n° 1013 $\frac{H}{265}$.

Tout ce que le négociateur put obtenir de ceux-ci, ce fut la permission de prier le pape de lever les censures. Le sénat se refusa constamment à envoyer faire cette demande par ses ambassadeurs. Il ne voulut pas même consentir à ce que l'ambassadeur de France la fît par écrit. Enfin il exigea que la révocation des censures eût lieu, non à Rome, conformément à l'usage, mais dans Venise même; et, comme il était facile de prévoir que, dans la formule du bref qui devait contenir cette révocation, on ne manquerait pas de supposer quelques marques de repentir, données par les Vénitiens, ou au moins de citer la demande faite par l'ambassadeur de France, il fut proposé de procéder à la révocation des censures, non par écrit, mais verbalement.

XVII. Arrivée du cardinal de Joyeuse, qui fait l'accommodement. 21 avril 1607.

Quand le cardinal de Joyeuse se rendit auprès du pape, pour lui porter cet ultimatum, il il le trouva plus résigné qu'il n'avait espéré. Paul V lui dit que, depuis quelques jours qu'on était sur le point de terminer cette affaire, il avait été au supplice, sur la croix (1), et, après avoir essayé, sans succès, d'obtenir quelques faibles

---

(1) *Hist. delle cose passate trà 'l sommo pontefice Paolo V e la repubblica di Venezia*, lib. 7.

concessions, il se soumit à accepter l'accommodement tel qu'on le lui proposait.

Muni des pouvoirs du saint-siége, le cardinal de Joyeuse revint à Venise le 10 avril 1607.

Il feignit, pour se conformer aux ordres du pape, de n'avoir pas obtenu une acceptation simple et entière des articles proposés, tenta un dernier effort en faveur des jésuites (1) et demanda que la révocation des censures fût précédée de l'envoi d'un ambassadeur vénitien à Rome. Mais n'ayant pu amener le sénat à modifier ses conditions, il proposa de se rendre avec le doge et la seigneurie à l'église de Saint-Marc, où, après la messe, il donnerait une bénédiction ordinaire qui équivaudrait à la levée des censures. Cette proposition fut encore rejetée, parce que cette bénédiction pouvait être prise pour une absolution.

Enfin le 21 avril, un secrétaire de la seigneurie se rendit, avec les deux ecclésiastiques arrêtés, chez le cardinal, où se trouvait l'ambassadeur

---

(1) Henri IV se croyait obligé de témoigner beaucoup d'intérêt aux jésuites. « Si vous pouvez obtenir du sénat, « écrivait-il à son ministre Champigny, que les biens des « jésuites soient gouvernés par le nonce, comme biens d'é- « glise, dont la seigneurie n'a pas prétendu s'emparer, j'en « aurai une satisfaction extrême. »

de France près la république, et dit à celui-ci :
« Monsieur, voilà les deux prisonniers que le sé-
« rénissime prince envoie, ainsi qu'il a été con-
« venu, pour être consignés à votre excellence,
« par déférence pour le roi très-chrétien, et en
« protestant que cet acte doit être considéré
« comme ne portant aucune atteinte au droit de
« juridiction, que la république a sur les ecclé-
« siastiques. »

L'ambassadeur répondit, qu'il les recevait ainsi, et donna acte de cette consignation (1).

Les prisonniers furent remis par l'ambassadeur à un ecclésiastique commissaire du pape, lequel invita les huissiers du conseil des Dix, qui les avaient amenés, à continuer de les garder.

Ensuite le cardinal, accompagné de l'ambassadeur, se rendit au collége, et ayant été admis en présence du doge et de son conseil, qui étaient assis et couverts, il dit aux membres de l'assemblée : « Je me félicite d'avoir à annoncer
« à votre sérénité, que toutes les censures sont
« levées, comme en effet elles le sont. Je me ré-
« jouis d'un évènement heureux pour toute la

---

(1) *Hist. delle cose passate trà' l sommo pontefice Paolo V e la repubblica di Venezia*, lib. 7.

« chrétienté, et particulièrement pour l'Ita-
« lie (1). »

Le doge lui remit alors la révocation de la protestation contre le monitoire. Elle était conçue en ces termes (2) : « Léonard Donato, par
« la grace de Dieu, doge de Venise, aux révé-
« rendissimes patriarches, archevêques, évê-
« ques, etc. Comme, par la grace de Dieu, il s'est
« enfin trouvé un moyen de faire connaître à
« notre saint-père le pape, Paul V, notre sin-
« cère respect, et que sa sainteté, convaincue
« par nos raisons, a bien voulu faire cesser la
« cause de tous les différends qui s'étaient élevés
« entre le saint-siége et la république, nous
« avons appris avec joie l'accomplissement des
« desirs que nous avions toujours formés en
« fils très-soumis de l'église.

« C'est pourquoi nous avons voulu vous en
« donner avis par ces présentes, et nous vous
« informons qu'attendu que sa sainteté a révo-
« qué ses censures, nous entendons que la pro-

---

(1) *Ibid.* lib. 7; et la *Lettre originale du cardinal de Joyeuse du* 23 *avril* 1607, dans laquelle il rend compte à Henri IV, du résultat de sa négociation.

(*Man. de la Bibliot.-du-Roi*, n° 1013 $\frac{H}{265}$).

(2) *Codex Italiæ diplomaticus.* Lunig, tom. II, pars 2, sectio 6, xxxvii.

« testation que nous fîmes, lorsqu'elle les pu-
« blia, soit considérée comme non-avenue, et
« demeure abolie, afin de témoigner par-là,
« comme par toutes nos autres actions, notre
« résolution de conserver inviolablement la piété
« et la foi de nos pères. »

Cette cérémonie terminée, le cardinal alla célébrer la messe dans une église de Venise, mais le doge et la seigneurie ne l'y suivirent point.

La cour de Rome affecta de répandre que le cardinal avait donné l'absolution; mais il était difficile de le concevoir, parce que cette absolution souvent offerte avait été constamment refusée, et que d'ailleurs le doge et ses conseillers étaient restés assis et couverts pendant le discours du prélat. On eut recours à un de ces petits subterfuges, qui font sourire de pitié. On assura que le cardinal, en entrant dans le collége, avait fait un signe de croix, de la main qu'il tenait cachée sous son camail (1); cela pou-

---

(1) Dicevano che ritrovandosi tutti li senatori del collegio alli suoi luoghi, aspettando, siccome è il solito, che il doge sedesse prima, per seder poi essi, il cardinale fece un segno di croce sotto la mozzetta.

(*Hist. delle cose passate trà 'l sommo pontefice Paolo V e la repubblica di Venezia*, lib. 7.,

Voici ce que le cardinal de Joyeuse dit, au sujet de cette

vait être; mais les Vénitiens, qui s'obstinaient à ne pas vouloir être bénis à leur insu et malgré eux, murmurèrent contre tous ces bruits, répandus par les partisans de la cour de Rome; il fallut que le gouvernement publiât une relation circonstanciée et raisonnée de ce qui s'était passé, et, pour humilier une cour, dont la vanité recourait à de si frivoles consolations, on ne célébra cette réconciliation par aucunes réjouissances.

---

absolution. « Tellement que les prisonniers étant remis en la
« façon que sa sainteté a desirée, et la révocation du mani-
« feste et décret de la restitution des religieux et autres ecclé-
« siastiques étant faite en la forme ci-dessus écrite, il ne
« restait qu'à procéder à lever les censures, et premièrement
« donner l'absolution au doge et autres, compris en ladite
« excommunication, sur la forme de laquelle V. M. ne sau-
« roit croire comme ces gens ici s'étoient merveilleusement
« roidis, car c'étoit là-dessus que les plus turbulents atten-
« doient que l'affaire se pourroit rompre; et lorsque je pro-
« posai auxdits chevaliers Mocenigo et Badoer, de me pou-
« voir décharger de cette commission, attendu que le pape
« feroit en ce cas ce qu'il auroit fait s'il ne me l'avoit point
« donnée, ils me dirent que Dieu m'avoit inspiré d'avoir
« cherché cet expédient, car si le pape eût donné publiquement
« cette absolution, ils auroient fait des manifestes et protes-
« tations qui eussent rallumé le feu plus violent qu'aupara-
« vant, et sans espérance de l'éteindre. Néanmoins leur ayant

Vers la fin de cette même année, le pape trouva l'occasion d'exercer une petite vengeance contre les Vénitiens; leur patriarche étant mort, le sénat lui donna un successeur; mais le pape imagina de faire revivre une ancienne règle, qui obligeait les évèques nommés par l'autorité séculière, à subir un examen (1). Ordinairement on se bornait à une information sommaire sur leur doctrine; Paul V exigea que celui-ci vînt subir l'examen en personne à Rome, et, quand il

---

« fait entendre quelques jours auparavant que, s'ils desiroient
« que j'usasse de cette faculté, je ne pouvois changer les
« formes de l'église auxquelles nous étions autant obligés
« qu'ils étoient aux leurs, finalement nous accordâmes que
« je la leur donnerois au collége, en présence de M. de
« Fresne, et de quelques-uns des miens, et qu'il seroit
« dressé un acte qui seroit envoyé à sa sainteté. Ce que je fis
« ce matin, comme il avoit été concerté. »
(*Lettre originale du cardinal de Joyeuse, du 24 avril*, citée ci-dessus.)

On voit que le cardinal n'explique nullement comment il a donné cette absolution, ni comment il a déterminé les Vénitiens à l'accepter, ce qui donne quelque vraisemblance au subterfuge rapporté ci-dessus.

(1) On peut voir un petit écrit sur ce droit d'examen dans un recueil des manuscrits de frà Paolo, manusc. de la Bibl.-du-Roi, n° 10462.

eut remporté cette victoire, après une longue négociation, il fit la malice de donner au patriarche, un jésuite pour examinateur (1).

---

(1) *Memorie recondite* di Vittorio Siri, tom. I.

LIVRE XXX.

Guerre des Uscoques, et guerre du Montferrat,
1607 - 1618.

L'ACCOMMODEMENT entre la république et le saint-siége, consolida la paix extérieure, dont Venise jouissait. Elle éprouva la douleur de perdre dans Henri IV, en 1610, un allié puissant, dont l'amitié avait été cimentée par des services réciproques (1).

Le doge Léonard Donato, qui mourut en 1612, laissa l'état dans une tranquillité profonde. Le

I.
Marc-Antoine Memmo, doge.
1612.

---

(1) Voyez la lettre de Paul Sarpi, du 8 juin 1610 ; dicere non valeo quanto mœrore regis mors apud nos audita fuerit : unica spes libertatis christianæ in eo posita esse videbatur, etc.

choix de son successeur fut une espèce de révolution inespérée pour l'ancienne noblesse. Il y avait plus de deux cents ans qu'elle n'avait fourni un doge à la république. On raconte que dix-neuf familles s'étaient coalisées pour exclure constamment de la première dignité, les maisons puissantes, dont l'orgueil était devenu choquant. Il n'y avait que Venise, où une coalition de cette espèce pût se maintenir pendant plusieurs générations. Il est probable que les inquisiteurs d'état favorisèrent sous-main ce système d'exclusion contre des familles dont ils redoutaient l'influence. Marc-Antoine Memmo fut élu à la place de Léonard Donato, et l'on ajoute que l'un des membres de la coalition, nommé Venier, se pendit de désespoir de n'avoir pu empêcher cette élection. Sous le règne de ce nouveau doge deux causes de guerre se développèrent; l'une fut la continuation des brigandages des Uscoques, l'autre la contestation élevée entre les maisons de Savoie et de Gonzagues, pour la possession du Montferrat.

J'ai déja eu plus d'une occasion de placer dans cet ouvrage le nom des Uscoques; mais j'ai réservé tous les détails qui les concernent, pour les présenter dans leur ensemble, à l'époque où l'histoire de cette peuplade se lie avec celle de

Venise; car cette race de pirates a eu ses historiens (1).

II. Origine de la peuplade nommée les Uscoques.

Le mot Uscoque signifie en langue dalmate transfuge. Les invasions des Turcs dans la Croatie, la Dalmatie et l'Albanie, réduisirent quelques habitants de ces provinces à chercher un asyle sur des points à-peu-près inaccessibles. Un seigneur feudataire de la Hongrie, qui occupait la forteresse de Clissa au-dessus de Spalato, y reçut un assez grand nombre de ces fugitifs, au commencement du XVIe siècle. De là ils faisaient des courses dans le territoire ottoman, et partageaient avec leur protecteur le butin qu'ils avaient enlevé. Ces hostilités continuelles attirèrent les Turcs sur Clissa. Les Uscoques défendirent cette place avec beaucoup d'opiniâtreté

---

(1) L'archevêque de Zara, Minutio Minuci, a écrit l'histoire des Uscoques jusqu'en 1602, et elle a été continuée par Paul Sarpi jusqu'en 1616. C'est là que je puise, en les réduisant à de moindres proportions, les faits que je vais rapporter.

J'ai trouvé aussi une notice sur la guerre des Uscoques dans une dépêche de l'ambassadeur de France, Léon Bruslart, alors employé à Venise. Elle se trouve dans un man. de la Bibl.-du-Roi. Ce manuscrit, qui n'a point de titre, est numéroté 2077-1426; c'est un journal de cet ambassadeur de l'année 1611 à 1619.

pendant un an. Enfin elle fut emportée, et le reste de ces malheureux se trouvait errant sur les montagnes. Ferdinand d'Autriche, averti que les Turcs voulaient aussi s'emparer de la petite ville de Segna, offrit sa protection aux Uscoques, dispersés depuis le désastre de Clissa, s'ils voulaient se charger de garder ce nouvel asyle et d'en tenir les Turcs éloignés.

<small>Leur établissement sous la protection de l'Autriche.</small>

Segna est située au fond du golfe de Quarnero. Des montagnes et des forêts la défendent du côté de la terre; une multitude de petites îles, d'écueils, qui forment des canaux sinueux et des bas-fonds, la rendent inaccessible du côté de la mer, pour tout autre bâtiment que des barques légères, et cette mer, sans cesse agitée par les vents que repoussent les montagnes, couvre souvent ces écueils de naufrages.

<small>Leurs pirateries.</small>

Les Uscoques, établis dans cette position, n'avaient pour vivre ni la ressource de l'agriculture, ni celle de la pêche. D'ailleurs accoutumés aux armes, ils auraient pris difficilement un genre de vie plus paisible. Ils continuèrent leurs pillages sur les terres des Turcs; mais le voisinage de la mer les invitait à tenter la fortune sur un autre élément, et les sinuosités d'une côte orageuse leur offraient un repaire, au fond duquel ils ne pouvaient être poursuivis. De brigands qu'ils étaient par nécessité, ils devinrent pirates.

Dans les commencements, ils ménageaient les vaisseaux chrétiens, autant du moins que des hommes sans frein pouvaient s'assujettir à un système de conduite; mais les Turcs étaient fort incommodés de cette multitude de barques armées, qui interceptaient leurs bâtiments isolés, et qui même souvent les enlevaient dans les rades et au milieu des ports.

Le gouvernement ottoman s'en plaignit à la république de Venise. Elle se disait souveraine de l'Adriatique, elle s'en réservait exclusivement la police. Par les traités qu'elle avait obtenus de la Porte, elle s'était engagée à faire jouir dans ses domaines le commerce turc d'une entière sûreté. Le divan somma les Vénitiens de tenir leurs engagements et les menaça, en cas de déni de justice, de se la faire lui-même, en envoyant une flotte dans l'Adriatique.

<small>Plaintes des Turcs.</small>

C'était ce que la république avait le plus à redouter; aussi s'estima-t-elle heureuse de pouvoir se justifier du soupçon de connivence, en citant tous les sujets de plainte que les Uscoques lui donnaient à elle-même, et les insultes fréquentes qu'ils avaient faites à son pavillon.

Elle s'adressa à l'empereur, protecteur de ces pirates, et fit même intervenir la cour de Rome, pour obtenir que ce prince réprimât cette race dévastatrice, dont les brigandages pouvaient at-

<small>III. Première expédition contre les Uscoques.</small>

tirer toutes les forces de l'empire ottoman sur la chrétienté. L'empereur donna quelques ordres, les Vénitiens envoyèrent quelques galères, on prit des Uscoques en flagrant délit, et on les pendit aux antennes des vaisseaux, pour ne laisser aucun doute sur le soin qu'on prenait de les châtier.

Ces expéditions se renouvelèrent de temps en temps, les Turcs se plaignant toujours qu'on ne poursuivait pas les Uscoques assez vivement, l'Autriche de ce qu'on les poursuivait jusques sur ses terres ; il le fallait bien puisqu'elle leur donnait asyle. Il est vrai qu'elle avait promis de les contenir ; mais les officiers qu'elle envoyait pour commander sur ces côtes, d'autant plus avides qu'ils étaient mal payés, avaient contracté l'habitude d'entrer en partage du butin avec les pirates et par conséquent l'engagement de les protéger.

Les sujets de la république, dans quelques-unes des petites îles voisines des Uscoques, trop faibles pour se défendre, avaient pris le parti de s'accommoder avec eux. Ils les avertissaient du danger, et à la faveur de cette connivence, ils jouissaient d'une espèce de sécurité.

Cependant cette population de brigands s'accroissait. Tout ce qu'il y avait de malfaiteurs obligés de se sauver de la frontière autrichienne des provinces turques, de la côte d'Italie, de Venise même, allait chercher dans cette association l'emploi d'un courage féroce, éprouvé déja par des crimes. Segna était devenue un repaire, où les vagabonds de tous les pays voisins trouvaient un asyle, sous la protection du gouvernement autrichien.

Ils avaient beaucoup de femmes. Ils en enlevaient. Elles étaient oisives, mais non pas stériles ; jamais elles ne restaient dans le veuvage. Parées de tout ce que leurs maris avaient dérobé de plus précieux, elles les excitaient elles-mêmes au brigandage. Dans cette peuplade on ne comptait pas plus de six cents hommes en état de porter les armes, mais ce nombre avait suffi pour dévaster, faire abandonner, rendre déserts deux districts voisins appartenant aux Turcs. La Porte finit par opposer à ces brigands une milice de même espèce. Alors les courses qu'ils faisaient sur le continent devenant plus périlleuses et moins fructueuses, ils se livrèrent presque uniquement au métier de pirates.

Il fallut que la république prît la résolution de tenir constamment dans ces parages, une escadrille, qui était ordinairement composée de cinq fustes, et d'autant de barques armées propres à la navigation des bas-fonds. Il fallut qu'elle prît la précaution de faire voyager les vaisseaux du commerce par flottes et sous la protection de ses bâtiments de guerre; les prises devenant plus difficiles, les Uscoques se jetèrent sur les îles de la Dalmatie, que jusque-là ils avaient traitées avec assez de ménagement : Veglia, Arbo, Pago, furent ravagées, les villages brûlés, et les habitants des campagnes obligés de se réfugier dans les villes fermées. C'était un véritable état de guerre, et d'une guerre où l'on ne se faisait point de quartier.

<small>Les Autrichiens favorisent les pirates.</small>

Cependant les Turcs continuaient de se plaindre, avec cette hauteur qui leur est ordinaire.

L'empereur était sollicité en vain d'interposer son autorité, pour faire cesser les excès qui provoquaient des plaintes si menaçantes. On ne pouvait pas comprendre qu'il fût difficile à la maison d'Autriche de disperser ou de contenir quelques centaines de scélérats. On ne pouvait douter que les commandants de Segna et des petits ports voisins ne participassent au produit de ces brigandages. Jamais on n'obtenait la restitution des cargaisons volées, pas même celle des bâtiments : jamais le canon de la côte autrichienne, lorsqu'il tirait sur les corsaires, ne les atteignait; enfin, quelques marchands de Venise, qui étaient allés solliciter, à la cour d'Autriche, la restitution de leurs vaisseaux, disaient avoir reconnu chez les ministres des effets qui faisaient partie de la cargaison (1).

L'historien des Uscoques ajoute à ce sujet cette réflexion : On fait un titre de louange à la maison d'Autriche, de ce que jamais elle n'a puni ses ministres par la perte de la vie, ni même par la confiscation de leurs biens, quelque mal acquis qu'ils pussent être. Elle en mériterait peut-être davantage, si, libérale à récompenser, elle eût été exacte à punir.

Grace aux présents que les Uscoques avaient soin de distribuer, ils étaient inexpugnables. Les gouverneurs autrichiens, quand on leur portait des plaintes, disaient que cette peuplade était fort difficile à discipliner, qu'elle était chargée de la défense d'une longue frontière, qu'il fallait user de ménagements avec elle. On lui avait promis quelque solde, et on ne lui en payait jamais. Enfin, lorsque pressé par de si fréquentes réclamations, ou par un sentiment

---

(1) E di queste spoglie fatta la scelta, le più eccellenti erano mandate per arricchire li principali ministri della corte. Li panni preziosi servivano per vestimenti a' cortegiani.

(*Relazione delle cose che dall' anno 1615 hanno mosso la repubblica veneta a rompere la guerra con gli Uscochi.* Man. de la Biblioth.-du-Roi, venant de la bibl. de Brienne, n° 10.)

de justice, le prince ordonnait de réprimer ces excès, et envoyait des commissaires pour punir les pirates, on pendait quelques misérables, les commissaires partaient, et les brigandages recommençaient comme auparavant.

<small>IV.
Ils sont attaqués par les Turcs.</small>

Les Vénitiens avaient eu plusieurs fois le projet d'aller attaquer Segna par mer, afin d'extirper le mal dans sa racine; mais les Turcs offraient aussitôt de faire le siége de cette place par terre, et il était fort dangereux de leur faciliter une conquête qu'ils auraient voulu garder.

Un pacha du voisinage, fatigué par cette circonspection, dont il pénétrait sans peine le motif, entreprit, avec les seules forces de son gouvernement, de se délivrer des Uscoques. Sans distinguer pirates ni Autrichiens, il se jeta sur les frontières de la Croatie. L'Autriche attaquée, fut obligée de faire marcher des troupes contre lui; de sorte que l'empereur se trouva soutenant, les armes à la main, la cause des pirates. Un corps de ses troupes surprit le pacha au passage d'une rivière, et détruisit sa petite armée. La Porte fit marcher des forces plus considérables, la guerre devint générale : la Hongrie et les pays voisins furent ravagés pendant douze ans.

Du moment que les Turcs eurent pris les armes, les Vénitiens ne purent plus agir, car ils n'avaient garde de les attaquer ni de les seconder. Toute leur attention se borna à munir leurs îles, moins contre les Uscoques que contre les Ottomans.

Dans cette guerre, les Uscoques servirent comme des pillards, et on les accuse même d'avoir occasionné, par leur désordre, la défaite d'une petite armée autrichienne, dont ils faisaient partie (1). La neutralité que les Vénitiens gardaient dans cette guerre, devait leur attirer l'inimitié du parti malheureux. Le gouvernement autrichien, battu par les Turcs, et non secouru par les Vénitiens, laissa les Uscoques se livrer à tous leurs brigandages contre les propriétés de la république. Elle envoya contre eux un providiteur qui surprit un de leurs postes, et fit mettre à mort tout ce qu'il y trouva. Une flotte de quinze galères et de trente bâtiments armés bloqua leurs divers ports. Ces ports étaient ceux de l'Autriche, et par conséquent ce blocus devait contrarier un gouvernement jaloux de ses droits. On négocia inutilement pour le faire lever. L'audace des pirates prouva que de tels moyens ne suffisaient pas pour les contenir. Ils

Et par les Vénitiens.

---

(1) *Hist. di Venezia*, di And. Morosini, lib. 15.

sortaient de tous les côtés, à la faveur des accidents qui écartaient un moment les escadres de la république. Un jour, l'amiral vénitien rencontra une grande quantité de barques, chargées de plusieurs centaines de ces pirates. Il leur donna la chasse et les força de se jeter dans un hâvre près de Sébénigo. Ils se trouvaient dans une île, environnés par des forces très-supérieures, et les Turcs étaient sur le rivage du continent opposé pour fondre sur eux s'ils y abordaient. Dans la soirée, il s'éleva une épouvantable tempête, les galères à l'ancre avaient peine à résister à une mer en fureur. Les Uscoques profitèrent de cette affreuse nuit pour appareiller, et passèrent avec de frêles bateaux au travers de la flotte vénitienne, qui n'osa lever l'ancre pour les poursuivre.

On attachait tant d'importance à leur destruction, qu'on voulait la constater. Dix-sept de ces brigands furent surpris dans une petite île; leurs têtes furent portées à Venise. Dans une autre occasion, on en envoya soixante. Ce hideux trophée fut exposé aux yeux du public le jour de l'Assomption, et fit partie de la pompe que le gouvernement déployait dans cette cérémonie (1).

---

(1) Lettre de Léon Bruslart, ambassadeur de France à

C'était comme à Constantinople : « On ne se « souvenait point, dit l'archevêque de Zara, d'a- « voir vu tant de têtes à-la-fois ; elles y firent un « spectacle très-agréable, on exaltait le vain- « queur jusqu'au ciel. »

Les Vénitiens prirent le parti de bâtir des forts qui fermaient les étroits passages par où le golfe de Quarnero communique avec la haute mer. Alors, désespérés de ne pouvoir plus continuer leurs pirateries, les Uscoques firent, par terre, une invasion dans l'Istrie vénitienne, sans s'embarrasser si ce nouvel acte d'hostilité n'attirerait pas à l'Autriche, déja occupée d'une guerre difficile contre les Turcs, un ennemi de plus. Ce fut l'étendard impérial à la main qu'ils ravagèrent une partie de cette province : un corps de troupes accourut pour les en chasser ; le général eut ordre de s'abstenir, en les poursuivant, d'attaquer les places autrichiennes ; mais les campagnes étaient dévastées et les habitants rançonnés.

L'Autriche, qui sentit bien que cette guerre défensive allait dégénérer en guerre offensive, si l'on ne se hâtait de donner satisfaction aux

V.
Accommodement.
L'Autriche châtie les Uscoques.

Venise, dans le journal de son ambassade, man. de la Bibl.-du-Roi, n° 2077-1426.

Vénitiens, les fit inviter à envoyer un commissaire à Segna, pour être témoin du châtiment qu'elle allait infliger aux Uscoques. En effet, les chefs de ces perturbateurs furent pendus sous les yeux de ce commissaire; tous ceux qui se trouvaient dans la ville furent désarmés; on livra à la république ceux de ses sujets qui faisaient partie de cette bande. On défendit à ceux qui furent épargnés de sortir avec des barques armées, et les exécutions ne cessèrent que lorsque le commissaire vénitien voulut bien le trouver bon. On laissa à Segna une centaine d'Uscoques; on en dispersa deux fois autant dans la Croatie, le reste errait dans les bois pour éviter le supplice.

<small>Le gouverneur autrichien massacré. 1602.</small>

Le gouverneur, qui s'était chargé de cette exécution, n'avait pu déployer une si grande sévérité, qu'à l'aide de quelques troupes allemandes. Quand il fallut les renvoyer, pour soutenir la guerre contre les Turcs, il se trouva en butte à la haine d'hommes entreprenants et désespérés. Ils assiégèrent sa maison, le massacrèrent, et ce meurtre demeura impuni. Aussitôt tous les Uscoques dispersés accoururent à Segna. Tel était l'état des choses en 1602.

<small>VI. Renouvellement des hostilités.</small>

Leurs pirateries ne tardèrent pas à recommencer; partis un jour, au nombre de six cents, ils assaillirent, emportèrent, pillèrent, et puis mirent en cendres une petite ville qui appartenait à la Porte, dans le voisinage de Sébénigo, ville vénitienne. Le butin qu'ils avaient fait étant beaucoup trop considérable pour tenir dans de petites barques, ils s'emparèrent de celles qu'ils trouvèrent à Sébénigo, s'en servirent pour le transport, et puis les coulèrent à fond. Il y avait là de quoi fournir aux Turcs un prétexte pour accuser les habitants de Sébénigo de connivence. Venise, de concert avec l'Autriche, réprima ces excès pendant quelque temps : mais bientôt ils parvinrent à ce point, que les Uscoques enlevaient les filles des habitants les plus aisés de la côte ou des îles vénitiennes, et puis reparaissaient les armes à la main, pour exiger, disaient-ils, la dot de leurs femmes. En 1606, trois de leurs barques attaquèrent et prirent une frégate qui allait de Cattaro à Venise, avec une somme assez considérable, et des lettres pour le gouvernement ; une partie de l'argent fut rendue par l'autorité du gouvernement autrichien. A peine avait-on accommodé cette affaire, que cent cinquante de ces brigands surprirent la ville vénitienne de Pola. Ils s'en virent bientôt chassés ; mais ce ne fut pas sans enlever leur butin. La flotte de la république vint encore bloquer Segna, et intercepter tout commerce, tout approvisionnement, toute communication

Les Vénitiens bloquent Segna.

entre les ports occupés par les pirates et les îles. Sur ces entrefaites, l'Autriche ayant conclu une trève avec les Turcs, défendit aux Uscoques, sous peine de la vie, de donner à ceux-ci aucun prétexte pour recommencer les hostilités. La funeste activité des pirates se tourna contre les Vénitiens, qui éprouvèrent de grands dommages, quoique la présence continuelle de leurs bâtiments armés imposât de pénibles privations aux habitants de Segna, plus ou moins complices de ces brigandages.

Le duc de Toscane, le vice-roi de Naples, voulurent prendre quelques centaines de ces bandits à leur solde, pour les faire servir sur leurs galères : il y en eut même qui s'offrirent à la république de Venise : ce moyen de les disperser eût été efficace ; mais le gouvernement autrichien, à qui la diète de Hongrie disputait alors Segna, et qui croyait que la conservation de cette place ne pouvait lui être assurée que par les Uscoques, s'opposa formellement à ce qu'ils allassent servir ailleurs. Leur interdire ce moyen de gagner leur vie, et ne pas leur payer la faible solde qu'on leur avait promise, c'était les autoriser, les forcer à vivre de pillage.

L'Autriche cependant voulut donner aux Vénitiens une espèce de satisfaction ; elle ordonna à ses commissaires de faire enlever toutes les barques des Uscoques, et de les envoyer à Fiume, pour y être brûlées. Les Uscoques tombèrent sur Fiume, reprirent leurs barques, et les emmenèrent avec toutes celles qui étaient dans le port. Malgré les pertes continuelles qu'ils éprouvaient dans des combats presque toujours inégaux, ils se trouvaient alors plus nombreux que jamais. Leurs chefs eurent la noire malice de répandre que la cour d'Autriche et la république de Venise les avaient formellement autorisés à faire des courses contre les Turcs; et pour donner à cette supposition quelque apparence de réalité, ils assemblèrent un millier de leurs gens sur la place publique de Segna, leur montrèrent de prétendues lettres de marque du gouvernement vénitien, et leur firent jurer sur le crucifix de respecter le pavillon de la république. La Porte demanda avec hauteur une explication, qui, de la part des Vénitiens, ne pouvait être qu'un désaveu : ceux-ci soupçonnèrent que l'Autriche, déjà brouillée avec l'empire ottoman, n'était pas étrangère à cette manœuvre, dont le but évident était de les engager malgré eux dans sa querelle.

Il ne fallut pas moins que la dévastation de quelques îles vénitiennes par les pirates, pour convaincre les Turcs de la sincère neutralité de la république, et à cet égard, malgré le serment prêté, les Uscoques se chargèrent de multiplier les preuves. La pêche, le cabotage, le commerce, les campagnes, tout fut en proie à leurs rapines: ils s'enhardirent jusqu'à attaquer des bâtiments armés, et comme on avait imaginé de garder quelques-uns des leurs en ôtage, ils se mirent à parcourir la côte, pour enlever quelques podestats vénitiens; ils surprirent le provéditeur Jérôme Marcello, avec ses gens, et l'emmenèrent dans leurs montagnes, où ils le transférèrent de caverne en caverne, jusqu'à ce que le gouvernement autrichien les eût forcés de le relâcher.

VII. Différend entre la république et l'Autriche. 1613.

Cet outrage avait irrité les Vénitiens au point que leurs troupes ravageaient la frontière autrichienne de l'Istrie. Quand les deux gouvernements voulurent, en 1613, faire cesser ce fléau, ils commencèrent par se demander l'un à l'autre la réparation des dommages: c'en était assez pour ne pas terminer de long-temps l'accommodement qu'on desirait; car la république n'élevait pas ses réclamations à moins d'un million de ducats d'or (1); mais l'Autriche y mit un obstacle bien plus insurmontable, en demandant, pour ses vaisseaux, la libre naviga-

---

(1) *Memorie recondite* di Vittorio Siri, tom. II.

tion du golfe. On sentit qu'il était impossible de se concilier sur ces deux points; on n'en parla plus, et on convint que l'Autriche s'engagerait à mettre fin aux brigandages des Uscoques, en plaçant une forte garnison allemande dans Segna; à ce prix, les Vénitiens consentirent à lever le blocus des ports, et même à renvoyer quatre ou cinq Uscoques qu'ils avaient gardés pour otages.

Il semblait que la cour d'Autriche n'eût fait ce traité que pour inspirer de la sécurité à ses voisins, et fournir aux pirates l'occasion de surprendre une plus riche proie. Elle ne prit aucune mesure pour contenir, pour disperser, ni pour solder les Uscoques. Dès que les Vénitiens eurent levé le blocus des ports, les brigands sortirent au nombre de cinq cents, et allèrent à cinquante ou soixante lieues de là, ravager les côtes, enlever des bestiaux, et piller quelques villages. C'était sur le territoire ottoman qu'ils commettaient toutes ces hostilités; mais c'était dans les îles vénitiennes, qui couvrent le littoral de la Dalmatie, qu'ils venaient chercher un abri ou des vivres, les achetant et les dérobant tour-à-tour. La république arma une flottille, qui leur donna la chasse, et leur prit quelques barques. Ils ne tardèrent pas à réparer cet échec.

VIII.
Galère vénitienne enlevée par les pirates. Le commandant massacré.

Une galère commandée par Christophe Venier entra dans un des ports de l'île de Pago. Les Uscoques en ayant eu avis, s'approchèrent de l'île pendant la nuit, mirent à terre une partie de leurs gens, lesquels prirent poste sur une hauteur qui domine le port; les autres, montés sur six barques, arrivèrent à la pointe du jour sur la galère, qui, assaillie de tous côtés, fut enlevée à l'abordage. Ils jetèrent à la mer, après le combat, une quarantaine de passagers ou de personnes de l'équipage, et se mirent en route avec leur prise pour Segna. Chemin faisant, ils coupèrent la tête à trois des principaux officiers; arrivés sur la côte, ils massacrèrent le capitaine avec une cruauté digne des Cannibales, et placèrent sa tête sur la table où ils célébrèrent cette victoire par une orgie (1): ensuite

---

(1) Il sopra-comito fù legato con maniera più che barbara, gli fù troncata la testa e postola sopra la mensa dove si posero a mangiare e bere con gran giubbilo e allegrezza, saporando le vivande con la vista di quella, e dopo levati da tavola, tratto il cuore del cadavero, se lo mangiarono; il resto fù buttato a' cani.

(*Relazione delle cause che dal* 1615 *hanno mosso la repubblica veneta a rompere la guerra con gli Uscochi.* Manuscrit de la Biblioth.-du-Roi, provenant de la bibl. de Brienne, n° 10.)

ils firent entrer la galère dans le port et mirent les canons en batterie autour de la ville.

La nouvelle de cette atrocité excita la plus vive indignation dans Venise; le peuple et les amis de l'infortuné Venier demandaient vengeance, et criaient qu'il fallait exterminer les pirates; mais la république venait de s'engager dans une guerre de terre avec les Espagnols. Les personnages les plus graves du conseil pensèrent qu'il serait toujours temps de venger l'offense faite par les Uscoques au pavillon de Saint-Marc, et que le plus sûr était de choisir pour cela un moment où l'état ne serait pas menacé d'une guerre plus sérieuse. Plus il était difficile de croire que le gouverneur autrichien n'eût pas favorisé cet attentat, puisqu'il avait reçu la galère, laissé vendre le butin et placer les canons sur les remparts, plus il était nécessaire de calculer ses forces, avant de se décider à une entreprise, qui pouvait faire éclater la guerre dans l'Istrie, dans le Frioul, et sur mer, tandis qu'on l'avait déja en Italie.

On se borna à écrire, pour demander la restitution de la galère; le commandant de Segna répondit par des expressions de regret sur cet accident, qu'il appelait un malentendu, s'excusa de ne point rendre la galère, sur la nécessité d'attendre à ce sujet les ordres de sa cour, et ne renvoya que la tête du capitaine. Le gouvernement autrichien, au lieu d'offrir une prompte réparation, se borna à faire partir des commissaires, pour prendre, disait-il, des informations, proposant à la république d'en envoyer de son côté. Le sénat jugea que les faits parlaient assez d'eux-mêmes, pour démontrer la superfluité d'une pareille enquête, à moins qu'on ne voulût faire traîner cette affaire en longueur. En effet l'envoi de ces commissaires aurait compromis la dignité du gouvernement vénitien, car ils auraient pu voir journellement les pirates continuer leur sorties, et rentrer chargés de butin.

Les amiraux vénitiens se bornèrent à serrer la côte, et à défendre toute communication avec les pays habités ou fréquentés par les Uscoques. Les ministres autrichiens, se croyant en droit d'articuler des plaintes, plutôt qu'obligés d'offrir des réparations, renouvelèrent la prétention de la libre navigation de l'Adriatique, c'est-à-dire qu'ils demandaient que les vaisseaux qui traversaient le golfe sous pavillon autrichien, fussent affranchis des péages, et de l'obligation de toucher à Venise.

Irruption des Uscoques en Istrie.

Tout cela n'était pas propre à rétablir entre les deux gouvernements une parfaite intelligence. Pendant qu'on discutait ces demandes incidentes, les Uscoques firent une nouvelle irruption en Istrie. Il était d'usage dans cette province que, pendant l'hiver, les troupeaux de la partie montagneuse, appartenant à l'Autriche, descendissent vers la partie vénitienne, et que, dans l'été, les habitants de la plaine envoyassent leurs bestiaux paître sur la montagne. Les pirates trouvèrent les pâturages autrichiens couverts de troupeaux appartenant à des sujets de la république, et en enlevèrent une grande partie. Les Vénitiens à leur tour, se jetèrent sur les terres de l'Autriche, et emmenèrent les bestiaux qu'ils y trouvèrent; en même temps, ils resserrèrent le blocus de Segna. Un commissaire autrichien, envoyé dans cette ville, fit couper la tête à trois ou quatre Uscoques, imposa une amende aux autres, en emprisonna quelques-uns, et fit ensuite prier le capitaine du golfe de lever le blocus. Celui-ci répondit que son gouvernement ne demandait pas mieux que de vivre en paix, qu'il réclamait l'exécution des traités existants, c'est-à-dire la répression efficace des pirates, et qu'il ne pourrait se persuader qu'on voulût sincèrement les réprimer, tant qu'il verrait sur les remparts de Segna des canons enlevés aux Vénitiens, et une galère appartenant à la république, retenue dans le port. Le commissaire partit de Segna pour s'en re-

Connivence du commissaire autrichien.

tourner en Autriche, se faisant suivre de mulets chargés de cent cinquante mille florins d'argent, et de marchandises, qui révélaient sa vénalité, et expliquaient sa partialité. Le résultat de sa mission s'était borné à rançonner les Uscoques, et par conséquent à les rendre plus avides de pillage en les appauvrissant.

IX. Représailles des Vénitiens. Ils font la guerre à l'Autriche.

Quelques petites villes des îles vénitiennes en souffrirent. Il fallut en venir à se faire justice soi-même. On brûla un village où étaient les grains destinés à l'approvisionnement des Uscoques. On surprit le château de Novi appartenant au comte Frangipani, commandant de Segna; on en renversa les murailles, et on emmena trois des canons de la galère de Venise qui s'y trouvaient. Le château fut pillé, et des salines, qui étaient dans le voisinage, furent détruites. Les Vénitiens étaient toujours fort exacts à ruiner ces sortes d'établissements quand ils en trouvaient chez leurs voisins. Ils détruisirent de même une autre saline, qui avait été formée depuis une quarantaine d'années près de Trieste; car ces déplorables hostilités s'étendaient sur toute la côte, depuis l'extrémité septentrionale de l'Adriatique jusqu'à Cattaro. Les sujets autrichiens, qui vivaient du produit de cette saline, tombèrent sur les Vénitiens, pendant qu'ils renversaient les digues, et comblaient les canaux, en tuèrent un grand nombre, et les poursuivirent jusques dans le Frioul. Le provéditeur, qui commandait cette expédition, se jeta dans la mer à cheval, au risque de se noyer, pour gagner une galère stationnée près du rivage (1). Fiers de ce succès, ces paysans s'avancèrent sur les terres de la république, mettant tout à feu et à sang. Les Uscoques accoururent pour prendre part au pillage. Vittorio Siri rapporte (2) que le gouverneur de Trieste cita le provéditeur à comparaître, dans trois jours, pour se justifier de la destruction des salines, sous peine d'être condamné à être pendu comme brigand, et en même temps il promit six mille ducats à qui le livrerait mort ou vif. Le gouvernement de la république ne manqua pas d'user de représailles, et mit à prix la tête du gouverneur autrichien. On juge à de tels procédés de la fureur avec laquelle on devait se faire la guerre. Cette fureur amena des désordres ; ils furent effroyables dans l'armée vénitienne. La discorde alla jusqu'à l'effusion du sang. Il en résulta des surprises, des terreurs paniques, des défaites honteuses, et l'abandon de toute l'ar-

---

(1) *Memorie recondite* di Vittorio Siri, tom. III.
(2) *Ibid.*

tillerie au milieu d'une fausse alerte (1). Ce fut alors que les Vénitiens eurent lieu de se féliciter d'avoir, quelques années auparavant, bâti la forteresse de Palma-Nova sur cette frontière; elle servit d'asyle à leurs troupes fugitives, et de barrière contre leurs ennemis.

Quand ils eurent rallié leur petite armée, ils s'avancèrent à leur tour, obligèrent les Autrichiens d'évacuer toutes les places non fortifiées, comme Medea, Sagra, Cervignano, Cormons, Meriano, Porpetto, et les ruines d'Aquilée, et envahirent tout le comté de Gorice. Alors les ministres autrichiens jetèrent les hauts cris, sur ce que la république commençait les hostilités sans avoir déclaré la rupture. Ils se plaignirent à toutes les cours, publièrent des manifestes, et Venise se trouva décidément en guerre, non pas seulement avec les Uscoques, mais avec l'archiduc Ferdinand d'Autriche. La délibération, dans laquelle on se détermina à ces actes de vigueur, fut très-orageuse. Au mépris des avis, et même des larmes des vieux sénateurs, Renier Zeno, soutenu de tout ce qu'il y avait de jeunes gens dans le conseil, fit résoudre le siége de Gradisca (2).

---

(1) *Memorie recondite* di Vittorio Siri, tom. III.
(2) Cette république s'étant rencontrée en une conjonc-

LIVRE XXX.

Le baron Adam de Trautmansdorff arriva pour prendre le commandement des troupes autrichiennes, et s'occupa d'abord de mettre en état

ture, que les Austriens, après leur avoir brûlé plus de soixante villages et bourgades, s'étoient retirés à la persuasion du Verdemer du Nectar (*de l'ambassadeur d'Espagne*) résidant en ce lieu, qui, pour rendre son maître arbitre et médiateur entre eux et l'archiduc Ferdinand, avoit voulu donner cette erre de sa bonne volonté, les a rendus aussi pleins d'audace et de témérité, qu'ils l'étoient auparavant d'épouvante et de terreur; si bien que les plus jeunes et et moins expérimentés, conduits par Renier Zin, dernièrement revenu de Turin, ont opiniâtrément résolu, et avec mépris des raisons et prières des plus entendus de leur sénat, d'assiéger Gradisca, ville de l'archiduc, et située dedans le Frioul, et en ont envoyé la commission à Pompeo Justiniani, lequel a quelques quatre à cinq mille hommes de ces cernides, avec lesquels il leur a déja déclaré n'oser engager sa réputation en aucune entreprise de considération, et quelques cinq cents chevaux.

(*Correspondance de Léon Bruslart, ambassadeur de France à Venise*, man. de la Bibl.-du-Roi, n° 1025 $\frac{8}{6}$, dépêche au roi, du 30 décembre 1615.)

« Monsieur, c'est pitié que de voir le désordre, la désobéissance et la confusion de ce sénat, où les jeunes veulent tout emporter de haute lutte, sur les plus anciens et expérimentés, étant du tout résolus à la guerre, et ne voulant permettre à personne de parler au contraire. Mercredi et samedi derniers, ils tinrent deux pregadi, qui durèrent

de défense les deux places fortifiées, qui gardent cette frontière, c'est-à-dire Gorice et Gradisca, situées sur le Lisonzo, qui coule entre les deux

---

chacun neuf heures : au premier ils résolurent ce siége dont j'ai parlé en la lettre du roi, et quoique les plus vieux, avec leurs prières et larmes, suppliassent les autres de les vouloir entendre en leurs raisons, ils ne purent jamais obtenir et furent sifflés, et si indignement rebutés que les capi de dieci, qui sont ceux qui ont la suprême autorité, voulant imposer silence aux insolents, furent aussi traités avec le même mépris, enfin les conjurant de vouloir suspendre l'exécution de cette délibération, et voyant qu'ils ne le pouvoient emporter sur eux, firent ouvrir les portes et ordonnèrent qu'un chacun se retirât.

« Le samedi suivant, ceste affaire fut de nouveau agitée et conclue avec la même opiniâtreté au contentement des jeunes; mais avec des clameurs et contradictions telles de la part des vieux, que ceux qui étoient en bas croyoient qu'ils fussent aux mains.

« Ils ne parlèrent que de la foiblesse du Nectar (*de l'Espagne*), que ce Zin disoit avoir reconnue pendant qu'il étoit près de l'abricot du duc de Savoie, et de la lâcheté du melon (*du duc de Mantoue*), et de tous ceux de sa maison, et s'amusant à discourir de la puissance et disposition des autres, ils laissèrent en arrière la considération de leurs propres forces, par laquelle ils devoient commencer, et reconnoître qu'elles sont sans comparaison bien plus foibles que celles dont ils parlent, et verrez qu'ils en feront l'épreuve à leur dommage si on en vient aux extrémités. »

(*Idem*. Dépêche au ministre, du 30 décembre 1615.)

états. Cette précaution était urgente, car une armée de douze mille hommes vint mettre le siége devant la seconde de ces places. On était alors au mois de février 1616. De part et d'autre on essaya assez infructueusement les sorties et les assauts. Les Vénitiens, après avoir longtemps canonné la ville, parvinrent, à l'aide de la mine, à ouvrir une brèche praticable; mais, dit l'observateur contemporain (1), « la lâcheté et la bonhomie de leurs soldats, que les prières, l'autorité, les menaces, et les coups de leurs capitaines ne purent jamais déterminer à tenter l'escalade, firent échouer cette entreprise. »

X. Guerre dans le Frioul. Siége de Gradisca par les Vénitiens. 1616.

Le pape, les Français, et les Espagnols, voulurent intervenir dans cette affaire, et proposèrent une suspension d'armes. Les Vénitiens consentirent à lever le siége de Gradisca, qui avait duré un mois et demi, et à éloigner un peu leurs troupes de cette place, à condition qu'elle ne pourrait être réparée. Le marquis de Bedemar, dans sa relation sur les affaires de Venise, dit que les Vénitiens s'étaient d'abord refusés à lever le siége de Gradisca; mais que la place ayant

Ils lèvent le siége.

---

(1) *Lettre de Léon Bruslart, ambassadeur de France à Venise.* Dans le journal de son ambassade, manuscrit de la Biblioth.-du-Roi, n° 2077-1426.

opposé de la résistance, on jugea que les milices étaient incapables de l'emporter, et que l'armée allait se consumer dans ce siége. On se fit un mérite de le lever par condescendance à la demande du pape, dont l'intervention, dans cette affaire, sauvait l'honneur des armes de la république (1). Quoi qu'il en soit, c'était assurément une très-fausse mesure que de suspendre un siége; mais la république était alors si près d'avoir la guerre contre le roi d'Espagne, qu'elle crut devoir écarter ce danger par cette complaisance. Elle eut bientôt lieu de s'apercevoir que le puissant médiateur était disposé à en abuser.

Les Espagnols proposèrent au gouvernement vénitien de commencer par rendre tout ce qui avait été conquis du territoire de l'archiduc, après quoi celui-ci donnerait satisfaction à la république sur l'affaire des Uscoques.

On avait fait trop souvent cette promesse à la république pour qu'elle pût s'y fier, et ce qui devait l'indisposer encore contre cette proposition, c'est qu'elle était faite comme un commandement, et qu'elle passait par l'organe du

---

(1) Relation qui fait partie d'un manuscrit de la Bibl.-du-Roi, n° 10,130.

marquis de Bedemar, ambassadeur d'Espagne, dès long-temps suspect d'inimitié contre les Vénitiens (1). La cour de Madrid prononçait, d'un ton impérieux, sur les affaires du Frioul, et des Uscoques, comme elle avait prononcé, dans un autre différend, entre les ducs de Savoie et de Mantoue. Aussi la demande fut-elle rejetée.

Pendant cette négociation, l'armée autrichienne avait passé le Lisonzo, et il fallait commencer par la battre pour reprendre les opérations du siége de Gradisca.

Le général des Vénitiens était un Génois, nommé Pompée Justiniani, qui avait rendu son nom illustre dans les guerres de Flandres, où il avait perdu un bras.

Il était adossé à la forteresse de Palma-Nova, comme Trautmansdorff à celles de Gorice et de Gradisca. Après avoir tenté audacieusement, mais sans succès, de surprendre le général autrichien dans son camp, après avoir repoussé un corps de troupes allemandes, qui venait par la

---

(1) Il y avait huit mois que cet ambassadeur ne s'était présenté devant le collége, lorsqu'il alla y faire cette espèce de sommation. On peut en voir l'analyse et le sommaire des réponses du collége, dans la *Lettre de l'ambassadeur de France, Léon Bruslart. Journal de son ambassade à Venise,* ubi suprà.

vallée du haut Tagliamento, il força l'ennemi à se retirer sous Gorice, et par conséquent à découvrir Gradisca. Il se disposait à tenter le passage du Lisonzo, lorsqu'il fut tué dans une reconnaissance (1).

Les Vénitiens lui firent élever un tombeau et une statue équestre. C'était beaucoup pour ce qu'il avait eu le temps de faire, mais cette république était plus magnifique dans ses récompenses que de plus grands états.

Sous le successeur de Justiniani, qui fut Jean de Médicis, fils naturel de Cosme Ier, les Vénitiens couvrirent de petits forts toute la rive droite du Lizonzo; mais la campagne se passa sans évènements remarquables. Le Lisonzo séparait les deux armées, et tour-à-tour chacune faisait avec des succès divers quelques excursions sur la rive opposée. La guerre ravageait en même temps toute la côte orientale de l'Adriatique. En Dalmatie les Vénitiens se présentèrent tout-à-coup devant la forteresse de Scrissa ; c'était un des repaires des pirates. Le commandant de cette place était un de leurs chefs; il voulut engager les habitants, et quelques Allemands qui en formaient la garnison, à

---

(1) *Hist. de Venise* de B. Nani, liv. 11.

se défendre avec vigueur; mais ceux-ci étaient tellement effrayés des menaces des Vénitiens qu'ils se jetèrent sur lui, le massacrèrent, envoyèrent sa tête au général des assiégeants, et ouvrirent leurs portes : la ville fut démolie, et tous les Uscoques qu'on y trouva furent livrés au bourreau (1).

En Istrie on les poursuivait avec la même fureur; et en même temps les sujets de Venise, comme ceux de l'Autriche, voyaient leurs récoltes détruites, leurs villages brûlés ; l'insalubrité de l'air vint ajouter à ces calamités. Plus les Vénitiens éprouvaient de résistance, plus ils se montraient inébranlables dans leurs prétentions sur la souveraineté de l'Adriatique.

« Le général de la mer, écrivait l'ambassadeur de France (2), a fait pendre fort légèrement ces neuf Anglois, dont il y en a trois qui sont gentilshommes de qualité, et un autre, qui fut despendu, se trouve de l'une des plus grandes maisons d'Angleterre. Ils ont résolu de continuer le mesme traitement à tous les vaisseaux qu'ils rencontreront. »

---

(1) *Ibid.*
(2) *Correspondance de Léon Bruslart, Lettre du* 14 *août* 1618. (Manuscrit de la Bibliot.-du-Roi, n° 1017-740.)

XI.
Les Vénitiens cherchent des alliés.

Le sénat, qui voyait toutes les funestes conséquences que pouvait avoir une guerre contre l'Espagne et l'Autriche, n'avait rien épargné pour se procurer des alliés. Il n'y avait rien à espérer de la France; cette cour, qui venait de s'unir avec la maison d'Espagne par un double mariage, en avait adopté les intérêts; aussi l'ambassadeur de Savoie disait-il en plein collége: « Toute l'Europe admire la sécurité, le sommeil de la république, au milieu d'un péril si évident, elle qui passe pour si vigilante, qui est si soigneuse de sonner l'alarme, d'appeler les autres gouvernements à son secours; aujourd'hui elle s'obstine à fermer les yeux : apparemment qu'elle est rassurée par l'état de la France, gouvernée par un roi enfant, par une reine florentine, tout espagnole dans le cœur, et par un conseil dévoué au cabinet de Madrid (1). »

Le duc de Savoie.

Cette raillerie amère produisit son effet. La république hésitait pour se liguer ouvertement avec le duc de Savoie, alors en guerre avec l'Espagne : celui-ci feignit d'être disposé à la paix; aussitôt les Vénitiens se décidèrent à entrer dans son alliance, lui ouvrirent leur bourse, lui don-

---

(1) *Memorie recondite* di Vittorio Siri, tom. III, et *Correspondance de Léon Bruslart*, 1614.

nèrent trois cent mille ducats d'avance, et lui en promirent cinquante mille par mois.

Le sénat avait cherché à s'assurer le secours des Suisses, c'est-à-dire la faculté de solder des troupes de cette nation; mais les affections des Suisses étaient fort diverses. L'argent de l'Espagne avait détourné les cantons catholiques d'embrasser la cause des Vénitiens. La république avait mieux réussi auprès des cantons de Berne et de Zurich (1), qui étaient les plus puissants de la confédération, et qui voyaient arriver un ministre vénitien, précédé de quatre trompettes, annonçant qu'il avait cent mille sequins à distribuer (2). Les Vénitiens ne pouvaient se passer de recrues; c'était par cette raison qu'ils briguaient l'alliance des Grisons, et que le roi de France, voulant se réserver cette ressource pour lui-même, mettait obstacle au traité. Ils commencèrent par rendre les intentions du roi suspectes, en ne le désignant que par la dénomination de gendre du roi d'Espagne. L'appât de l'or attirait des soldats sous leurs drapeaux. Ces recrues, non avouées par le gouvernement

Les Suisses.

Les Grisons.

---

(1) Ce traité est dans la collection de Lunig. *Codex Italiæ diplomaticus*, tom. II, pars 2, sectio 6, xxxviii.

(2) *Memorie recondite*, tom. III.

du pays, s'échappaient de leurs montagnes, malgré un cordon de postes placés pour fermer les passages. Il fallut des lois pénales, qui allèrent jusqu'à la confiscation des biens, pour faire cesser cette émigration. Les Grisons furent tellement enhardis, par les instances que le gouvernement vénitien faisait pour entrer dans leur alliance, qu'ils se permirent des insultes. Comme pour les déterminer, l'ambassadeur vénitien était descendu jusqu'à l'intrigue, ils saisirent ce prétexte pour publier, le 2 janvier 1615, un décret, portant que, ce ministre ne cessant de distribuer des présents, de répandre de l'argent, de donner des repas, pour obtenir le renouvellement de l'alliance avec la république, on lui notifierait que cette alliance était révoquée (1). On alla plus loin, les agents de la république furent expulsés par un autre décret (2). Les naturels du pays qui avaient pris du service dans ses troupes furent rappelés; des commissaires furent envoyés pour leur en intimer l'ordre. Ces commissaires ayant négligé de se faire connaître, le podestat de Bergame les fit arrêter. Tout cela devait amener entre ces

---

(1) *Memorie recondite* di Vittorio Siri., *ibid.*
(2) Du 20 octobre 1616.

deux républiques une rupture éclatante, si l'une n'eût été dans l'opulence, et l'autre nécessiteuse ; et en dernier résultat, il se trouva que, malgré tous ces obstacles, Venise avait renforcé son armée de près de quatre mille Grisons.

Suriano, qui était alors ambassadeur de Venise auprès de la nouvelle république des Provinces-Unies, conçut l'idée d'une alliance offensive et défensive, qui aurait pour garant l'inimitié naturelle que l'une et l'autre devaient aux Espagnols.

Les Hollandais.

Lorsque cette proposition fut agitée dans le conseil, Jean Nani, l'un des membres du collége, ne vit pas entre les deux républiques cette identité d'intérêts, qui pouvait faire espérer une coopération sincère, et une alliance durable. Les Hollandais, soit à cause de leur religion, soit à raison de leur liberté encore mal affermie, devaient avoir une multitude de différends, dans lesquels il était inutile d'engager les Vénitiens. Contracter cette alliance c'était se déclarer en état d'hostilité permanente avec le roi d'Espagne, et il était imprudent, téméraire même, de se faire de ce puissant monarque un ennemi irréconciliable. Quel secours attendre d'un allié si éloigné, et qui avait tant d'autres intérêts à défendre? Enfin, si on avait besoin de ce secours, on pouvait être sûr qu'on serait toujours à temps de se le procurer, tant qu'on aurait des subsides à fournir.

A cela, Sébastien Venier, autre conseiller du collége, répondit, que les alliés lointains étaient les plus fidèles; que le plus grand intérêt de tous, la conservation de leur indépendance, liait les deux républiques; qu'heureusement elles avaient le même ennemi; que la diversion la plus importante était celle que les Hollandais pouvaient opérer, et que par conséquent il fallait les y encourager : c'était le seul moyen de s'assurer la domination de la Méditerranée. Il n'était pas douteux que le secours des Provinces-Unies ne fût utile, et la diversion plus utile encore; quant au subside qu'il devait en coûter, y avait-il une occasion plus importante, et un meilleur emploi à faire de l'argent qu'on pouvait avoir?

Ces raisons déterminèrent le sénat : les deux républiques s'allièrent pour quinze ans. Venise prit l'engagement de fournir aux Provinces-Unies, si elles étaient attaquées, un subside de cinquante mille florins par mois, et les Hollandais promirent, dans un cas semblable, un secours équivalent en troupes, en vaisseaux ou en argent, au choix du gouvernement vénitien (1). Le pape fut très-irrité de cette alliance. « Les Vénitiens, disait-il, ont pour ministre en France un homme d'un esprit turbulent (2), capable de mettre le feu dans le paradis, et ils vont chercher au bout du monde des hérétiques pour venir infester l'Italie; » à quoi l'archevêque de Lyon, Marquemont, ambassadeur de France, répondit que la république faisait venir des Hollandais pour s'en servir à la guerre, et non pour les catéchiser.

Ce fut en exécution de cette convention qu'on vit arriver à Venise quatre mille Hollandais, que commandait le comte Jean de Nassau. Ces troupes débarquèrent sur la place Saint-Marc, où le gouvernement vénitien, qui n'était

---

(1) *Codex Italiæ diplomaticus*, Lunig, tom. II, pars 2, setio 6, XLI.

La copie du traité est dans la *Correspondance de Léon Bruslart*, manuscrit de la Biblioth.-du-Roi, à la fin du volume numeroté 1017-740. Voyez aussi un *Traité postérieur entre la seigneurie de Venise et MM. les états-généraux des Pays-Bas*, du 28 avril 1620, dans un autre manuscrit de la Bibl.-du-Roi, provenant de la bibl. de Brienne, n° 14. Ce traité est aussi dans les *Memorie recondite* di Vittorio Siri, tom. 5, p. 72.

(2) Simon Contarini.

pas fâché de déployer cet appareil militaire, fit faire la revue; mais, dit un auteur à-peu-près contemporain (1), j'ai entendu plusieurs fois de vieux sénateurs se rappeler cette ostentation, et s'effrayer encore d'une imprudence, qui avait mis, pendant quelques jours, leur capitale à la discrétion des étrangers. Maîtres de la ville, assurés de toutes les communications par leurs vaisseaux, ils pouvaient renverser la république sans résistance. Aussitôt que cette réflexion eut frappé quelques esprits, on se hâta de faire partir ces troupes pour le Frioul.

XII.
Traité de paix.
26 septembre 1617.

Elles trouvèrent le blocus de Gradisca recommencé, et coopérèrent utilement à resserrer cette place, qui éprouvait, depuis quelque temps, de pénibles privations. Ce siége fut fort long; la place était sur le point de se rendre. Enfin, après trois ans de guerre, le danger de perdre Gradisca, l'arrivée des Hollandais, et l'envie de porter son ambition ailleurs, déterminèrent l'archiduc à négocier. Les haines nationales s'envenimaient au point que, dans le Frioul, un prisonnier de guerre autrichien ayant été amené devant Camille Trevisani, l'un des généraux de la république, celui-ci lui demanda

---

(1) *Memorie recondite* di Vittorio SIRI, tom. 4, p. 146.

qui il était, et en apprenant par sa réponse qu'il était parent de l'ambassadeur d'Espagne, lui fendit la tête sur-le-champ (1).

Pendant que les Vénitiens étaient engagés plus sérieusement que jamais avec les Uscoques et à leur occasion avec Ferdinand, ils se trouvaient en état d'hostilité avec l'Espagne, comme alliés du duc de Savoie, que cette puissance opprimait. D'une part l'archiduc nouvellement couronné roi de Bohème, et qui aspirait à la couronne impériale, sentait le besoin de se débarrasser de sa querelle avec les Vénitiens ; mais comme ils ne pouvaient se réconcilier avec lui sans s'assurer de leur paix avec la branche de sa maison qui régnait en Espagne, il fallait négocier sur un plan de pacification générale : d'un autre côté, quoique les succès de la guerre qui avait lieu contre les Espagnols en Italie, eussent été assez divers, la république ne pouvait se dissimuler que les forces étaient inégales, et que le résultat de cette lutte devait être d'accroître la puissance de la maison d'Espagne en Italie. Il n'y avait qu'un moyen de rétablir l'équilibre, c'était que la France mît le poids de ses

---

(1) *Correspondance de Léon Bruslart*. Lettre à M. de Puysieulx, du 25 juillet 1617, vol. 1026-740.

armes dans la balance (1) ; mais elle venait de s'allier avec l'Espagne par un mariage ; elle était déchirée au-dedans par des factions.

Un traité conclu à Asti termina les différends du duc de Savoie avec la cour de Madrid, cependant l'inexécution de ce traité prolongeait les incertitudes. Fatiguée de tous ces troubles, la France s'interposa pour les faire cesser, en procurant un arrangement entre l'archiduc et les Vénitiens. Il ne pouvait pas être tout-à-fait tel que ceux-ci l'auraient desiré. On négligea dans le projet de traité, de leur assurer la restitution préalable de leurs navires et des marchandises. Les deux ambassadeurs que la république avait à Paris, firent des représentations sur cette omission. Le chancelier de France leur dit : « Vous objectez, messieurs, que vous n'êtes pas autorisés à conclure; cependant les conditions qui vous sont offertes sont honorables, et vous n'ignorez pas qu'il a fallu toute l'influence du

---

(1) Le marquis de Treizenel, ambassadeur de France à Rome, conseillait au roi, par une lettre du 15 juin 1616, c'est-à-dire quelques jours avant la conclusion du traité d'Asti, ou de défendre le duc de Savoie, ou, s'il voulait l'abandonner, de s'emparer d'une partie de sa dépouille, pour ne pas laisser les Espagnols faire de trop grands progrès en Italie, et sur-tout vers les Alpes.

roi sur le cabinet de Madrid pour les obtenir. C'est à vous de saisir l'occasion ; il faut que vous sachiez que, si vous la laissez échapper, le roi qui a promis la paix à l'Italie, s'unira avec l'Espagne pour faire cette paix aux dépens de ceux qui la refusent, et dont le repentir sera désormais inutile. »

Les ambassadeurs demandèrent un délai pour attendre des ordres de Venise. On le leur refusa. Le roi lui-même eut avec eux une conférence, pour les déterminer à accepter le traité. Il prit sur lui ce que leur conduite pouvait avoir d'irrégulier, et leur donna même un écrit qui contenait à-peu-près une garantie des autres conditions qu'ils desiraient. Ébranlés par toutes ces attaques, les plénipotentiaires se laissèrent aller au-delà de leurs instructions. Ce fut un grand sujet de scandale pour Venise; on y ratifia le traité, mais on rappela les ambassadeurs, et on allait commencer leur procès, si le roi de France ne fût intervenu, et n'eût parlé assez haut, pour faire cesser une poursuite qu'il regardait comme une injure personnelle. Ainsi fut conclue cette paix qui rendit le repos à l'Italie (1).

---

(1) Les articles arrêtés à Paris, la note des ambassadeurs de Venise, et la promesse du roi, sont rapportés dans Vit-

Ce traité fut signé à Paris (1); mais on l'appela le traité de Madrid, parce qu'il y fut ratifié, le 26 septembre 1617. Il portait qu'aussitôt que l'archiduc aurait mis une garnison allemande dans Segna, les Vénitiens lui restitueraient une de ses places, qu'ensuite on nommerait respectivement des commissaires pour prononcer, dans le délai de vingt jours, sur le sort des Uscoques, et pour aviser aux moyens de confiner les plus turbulents dans l'intérieur des terres; leurs barques devaient être brûlées, et, après les exécutions de ces conditions, les troupes de la république devaient évacuer tout ce qu'elles avaient conquis sur le territoire autrichien.

Ainsi fut dispersée, dès qu'on le voulut sin-

---

torio SIRI, t. IV. Voy. aussi dans un man. de la Bibl.-du-Roi, prov. de la bibl. de Brienne, n° 14, et qui est un recueil de traités, le traité fait à Paris, pour l'accommodement des différends entre l'archiduc Ferdinand, roi de Bohême, et la république de Venise, le 6 septembre 1617, et les articles proposés à Madrid, au mois de juin de la même année, pour le même objet.

(1) Le texte de ce traité, et le sommaire des pourparlers qui le précédèrent, sont rapportés par l'ambassadeur de France à Venise, Léon Bruslart, dans le journal de son ambassade, manuscrit de la Bibliothèque-du-Roi, n° 2077-1426.

cèrement, une peuplade, dont le nombre ne s'éleva jamais à plus de mille hommes, et qui, soutenue par la duplicité du cabinet autrichien, fatigua, pendant près d'un siècle, les Turcs et la république de Venise. « Depuis trente ans en çà, dit un témoin oculaire (1), ils lui coûtent vingt millions d'or, tant en prises et déprédations, par eux faictes dedans le golfe, dommages et intérêts qu'elle a payés au Turc, qu'en la despense qu'elle a employée pour les tenir en bride. »

Le même traité, qui délivrait la république des pirates, terminait aussi une autre guerre qu'elle faisait en même temps en Italie, et dont je n'ai pas voulu mêler le récit avec l'histoire des Uscoques.

Cette guerre avait lieu dans le Montferrat. Ce pays est une principauté qui s'étend entre le Milanais et le Piémont. Elle avait été transportée dans la maison des Paléologue par une princesse italienne, qui avait épousé l'empereur Andronic, et cette maison avait possédé ce pays jusqu'au moment où elle s'était éteinte, en 1532. Cette petite souveraineté avait été adju-

XIII. Querelles pour la succession du Montferrat.

---

(1) Léon BRUSLART, voyez sa *Correspondauce*. Vol. 1036-740. Lettre du 12 janvier 1616.

gée, en 1536, par une sentence de l'empereur Charles-Quint, au duc de Mantoue, Frédéric de Gonzague, à cause de sa femme, qui était de la maison des Paléologue ; mais les ducs de Savoie, alliés anciennement à cette même famille, avaient sur ce pays des prétentions qu'ils reproduisaient fréquemment. Ces différends paraissaient avoir été terminés par le mariage du duc de Mantoue, avec une fille de Charles-Emmanuel, duc de Savoie. Celui-ci apprit bientôt la mort de son gendre, qui ne laissait qu'une fille, et se hâta de faire valoir encore tous les droits qu'il avait cédés. Pour colorer ses prétentions de quelque apparence de justice, il demanda qu'on lui remît cette enfant, qu'il pouvait produire comme héritière du Montferrat, parce que cette principauté n'était pas un fief, dont les femmes fussent exclues. Ferdinand de Gonzague, frère et successeur du dernier duc de Mantoue, sentit qu'en livrant la jeune princesse, il s'exposait à perdre la moitié de ses états. Il invoqua la protection de l'empereur, tandis que Charles-Emmanuel sollicitait l'appui de l'Espagne (1).

---

(1) Il existe parmi les manuscrits de la Bibliothèque-du-Roi, sous le n° 10061, un ouvrage qui est l'*Histoire du gou-*

Ces deux grandes autorités voulurent être arbitres de la querelle ; mais la puissance de l'empereur n'était pas, à beaucoup près, aussi considérable que celle du roi d'Espagne. Celui-ci possédait d'ailleurs de vastes états en Italie, où la branche autrichienne de sa maison n'avait encore aucun établissement. Il avait par conséquent plus d'intérêt et de moyens d'y dominer.

Pendant qu'on négociait, Charles-Emmanuel rassembla des troupes, se jeta dans la province, objet du litige, et s'empara de presque toutes les positions. Les Vénitiens virent avec inquiétude une irruption qui pouvait attirer les étrangers en Italie. Ils firent des représentations au duc de Savoie, fournirent quelque argent au duc de Mantoue pour lever des troupes, et rappelèrent l'ambassadeur qu'ils avaient à Turin.

Mais la cour de Madrid, usant de sa supériorité, rendit une décision qui ne satisfaisait aucune des deux parties. Elle exigea que la jeune princesse fût envoyée à Milan, que le duc de

---

vernement du marquis d'Inojosa, à Milan, pendant les années 1611, 1612, 1613, 1614, et 1615, *et qui contient, sur cette partie de l'histoire d'Italie, beaucoup de détails intéressants, mais peu susceptibles d'entrer dans une histoire générale de la république de Venise.*

Savoie évacuât le Montferrat, et, sans consulter ni ce prince, ni le duc de Mantoue, elle régla que, pour confondre une seconde fois les droits des deux maisons rivales, Ferdinand de Gonzague épouserait la veuve de son frère, c'est-à-dire la fille de Charles-Emmanuel. A cette sentence arbitrale, elle ajouta l'ordre de désarmer, et de licencier les troupes,

Cette affectation d'autorité annonçait combien il était dangereux d'accoutumer la cour d'Espagne à intervenir dans les affaires de l'Italie. Charles-Emmanuel, qui était un prince de beaucoup de valeur et de caractère, prit le parti de la résistance. Il renvoya l'ordre de la Toison, qu'il avait reçu du roi d'Espagne, en faisant dire à ce prince, qu'il était si peu disposé à porter des chaînes, qu'il ne voulait pas même garder celle-là (1).

Ses troupes entrèrent dans le Milanais : ses

---

(1) *Histoire de Venise* par Baptiste NANI, liv. 1. Au reste on peut voir beaucoup de détails sur cette affaire dans la *Correspondance de Courtin de Villiers*, ambassadeur de France à Venise, 1620 et 1621. (Manuscrit de la Bibliot.-du-Roi, n° 9310 fonds de Lancelot 85.) On y trouve entre autres pièces les propositions du duc de Savoie, et les réponses du duc de Mantoue pour le mariage.

ambassadeurs allèrent solliciter les secours de la république. Elle temporisa, en profitant de ces délais pour renforcer son armée, prendre des Suisses à sa solde, et s'entremêler dans la négociation; mais le duc de Savoie perdit une bataille contre les Espagnols, et, forcé de recevoir la paix, il ne voulut y consentir, qu'à condition que les Vénitiens se rendraient garants du traité.

Garantir un traité entre le fort et le faible, c'était nécessairement se déclarer l'allié de celui-ci. La république sentait tout ce que cet arrangement avait de dangereux pour elle; cependant elle s'y détermina pour éviter l'explosion de la guerre en Italie. Ce traité, qu'on appela le traité d'Asti, fut conclu le 21 juin 1615 (1).

XIV Traité d'Asti, garanti par les Vénitiens 21 juin 1615.

---

(1) Voyez sur cette guerre du Montferrat une dépêche de Léon Bruslart, qui en contient la relation. Cette lettre se trouve dans un manuscrit de la Bibliot.-du-Roi, qui ne porte point de titre, mais qui est le journal de l'ambassade de Léon Bruslart de 1611 à 1619, ce manuscrit porte le n° 2077-1426. On peut voir aussi sur cette paix d'Asti, plusieurs lettres du roi Louis XIII, à M. de Léon, dans le second volume du *Recueil des lettres écrites à cet ambassadeur*, man. de la Bibl.-du-Roi, n° 1115-741. Les lettres sont en chiffres, mais il y a la traduction interlinéaire; cependant elles laissent à desirer pour la clarté, parce qu'on y a employé

Jean Bembo, doge. 1615.

Cette année fut celle de la mort de Marc-Antoine Memmo, que Jean Bembo remplaça dans le dogat. L'élection de Memmo, en 1612, avait fait cesser la longue exclusion qu'éprouvaient les anciennes familles, dont pas une, depuis deux cent cinquante ans, n'avait été appelée à cette dignité. Ce fut pour elles un nouveau succès de parvenir à faire remplacer ce doge par Jean Bembo, dont l'origine remontait aussi aux premiers âges de la république; mais une circonstance prouve qu'il y eut à vaincre une forte opposition, l'élection n'eut lieu qu'après quatorze scrutins (1).

L'Espagne, après avoir réduit le duc de Savoie, ne se piqua point d'observer fidèlement les conditions qu'elle avait dictées. Charles-Emmanuel ne voulut ni s'en départir, ni se mettre à la discrétion de cette cour en licenciant ses troupes.

Renouvellement de la guerre. 1616.

La guerre se ranima, en 1616, et les Vénitiens se virent obligés d'y prendre part. Ils

---

beaucoup de termes de convention. On trouve aussi dans cette même correspondance, volume numéroté 1026-740, les instructions données par la cour de France à ses ministres, près les ducs de Mantoue et de Savoie.

(1) *Correspondance de Léon Bruslart*, 1615. Volume 2077-1426.

étaient encore à cette époque en état d'hostilités avec l'archiduc d'Autriche. La cour d'Espagne était intervenue dans le différend avec plus de hauteur que d'impartialité. Cette complication de dangers les obligea d'accepter l'alliance du duc de Savoie. Ils lui fournirent un subside, un contingent de quatre mille hommes, rassemblèrent des troupes sur la frontière du Milanais, et mirent une flotte en mer. Les levées des soldats étaient toujours une opération difficile pour les Vénitiens. Ils publiaient ordinairement, dans ces occasions, une amnistie, qui permettait à leurs bannis de rentrer dans leur patrie, en y prenant du service militaire, et je remarque que, lorsqu'on adopta cette mesure pour la guerre du Frioul et du Montferrat, on évalua à dix mille le nombre des soldats que la république pouvait en espérer (1). Cela indique combien le bannissement était une peine en usage, et on a droit de s'en étonner, si on considère que cet état n'avait qu'une population insuffisante, qu'il était obligé d'acheter pour ses chiourmes des forçats étrangers, et qu'il avait un tel besoin d'hommes,

---

(1) *Correspondance de Léon Bruslart*, lettre du 19 avril 1617, 1026 — 740.

que l'empereur, quand il voulait être agréable à ce gouvernement, lui envoyait en présent quelques centaines de galériens (1).

Trente mille Espagnols ou Milanais, combattirent, pendant deux campagnes, l'armée du duc de Savoie; mais ce ne fut pas avec cette vigueur qui rend les succès décisifs. Le seul évènement important de cette guerre fut la prise de Verceil par les Espagnols. Comme la cour de Madrid n'avait pas formellement déclaré la guerre à la république, les actes d'hostilité n'auraient pas dû s'étendre hors du Piémont; cependant, vers la frontière de l'état de Venise, les troupes milanaises firent des excursions sur le territoire de Crème et de Bergame. Sur mer, la flotte vénitienne eut quelques rencontres avec la flotte de Naples. Ces hostilités avaient sans doute quelque chose d'irrégulier, puisqu'on voyait encore un ambassadeur d'Espagne à Venise; mais cet ambassadeur était bien loin d'être un ministre de

---

(1) *Lettre de M.* Hurault de Maisse, *ambassadeur de France à Venise, au Roi,* du 8 mai 1583. Correspondance de cet ambassadeur, man. de la Bibl.-du-Roi, n° 1020 $\frac{11}{265}$. « L'empereur a fait présent à ces seigneurs de quelques quantités de condamnés aux galères, qui leur ont été fort agréables. »

paix. Enfin le traité de Madrid (1), en confirmant les dispositions qui avaient été arrêtées à Asti, vint mettre un terme au différend qui existait entre l'Espagne et le duc de Savoie. Son effet devait être de réconcilier les Vénitiens, qui, dans cette guerre, n'avaient été que les alliés du duc, avec les deux branches de la famille autrichienne.

Ce qu'il y eut d'étrange, ce fut qu'après la signature de ce traité, ils n'en eurent pas moins à soutenir la guerre contre le vice-roi de Naples. Sa cour le désavouait (2), et cependant le maintenait dans sa charge.

Il y avait alors, en Italie, trois Espagnols

XV. Conduite des ministres espagnols.

(1) Traité fait à Paris pour l'accommodement des différends d'entre l'archiduc Ferdinand, roi de Bohème, et la république de Venise, du 6 septembre 1617.

Articles proposés à Madrid au mois de juin 1617, pour l'accommodement du différend de l'archiduc Ferdinand et de la république de Venise.

(Manuscrit de la Biblioth.-du-Roi, provenant de la bibl. de Brienne, n° 14.)

(2) Dans la Correspondance de Léon Bruslart, on trouve une copie de la Lettre du roi d'Espagne au duc d'Ossone pour la restitution des prises qu'il avait faites. Elle est du 2 octobre 1717.

(Man. de la Bibliothèque.du-Roi, n° 1026-740, feuillet 222.

qui passaient pour avoir voué une grande haine à la république, et qui la manifestaient plus que leur gouvernement. C'était Pierre de Tolède, gouverneur de Milan, et le duc d'Ossone, vice-roi de Naples, mus l'un et l'autre par un homme encore plus dangereux, Alphonse de la Cueva, marquis de Bédemar, ambassadeur de la cour de Madrid près le gouvernement vénitien. Ce ministre assurait le sénat que son maître avait ordonné au vice-roi de respecter le pavillon de la république. En effet, l'escadre du roi était sortie du golfe; mais les Vénitiens lui fournirent presque aussitôt un prétexte pour y rentrer. Ils allèrent ravager les côtes de la république de Raguse, qui n'avait jamais été en guerre avec eux, mais qui avait accueilli dans ses ports les vaisseaux espagnols (1). Cette république implora aussitôt la protection du vice-roi de Naples. Dix-huit galions ou autres bâtiments parurent dans le golfe, portant à la vérité, au lieu du pavillon royal, celui du duc d'Ossone (2). Les historiens vénitiens disent, qu'à la vue du pavillon de

---

(1) *Hist di Pietro Giovani* Capriata, liv. 6.

(2) *Hist. di Venezia di* B. Nani, lib. 3, et *Storia civile veneziana* di Vettor Sandi, lib. 11, cap. 11, art. 2.

Saint-Marc, cette escadre se sauva dans le port de Brindes. Il n'en est pas tout-à-fait ainsi. La flotte vénitienne consistait en quinze galions, six galéasses, trente-deux galères légères, et quinze barques albanaises. Elle était par conséquent quatre fois plus nombreuse que l'escadre napolitaine; mais les équipages en étaient si faibles qu'à peine tous les bâtiments pouvaient-ils manœuvrer. D'abord on se canonna de loin; ensuite, le vent ayant fraîchi, les Espagnols s'avancèrent vers la ligne vénitienne, que leur capitane traversa même plusieurs fois. Une tempête vint mettre fin à ce combat, peu glorieux pour les armes de la république. Les Espagnols regagnèrent Brindes, et les Vénitiens, en tâchant de rentrer dans les ports de la Dalmatie, virent deux de leurs galères s'enfoncer dans les flots; mais ce qui prouve que ce combat ne fut pas bien sérieux, c'est la perte des Espagnols, évaluée par l'auteur de qui j'emprunte tous ces détails (1), à dix morts et à trente blessés. Le gouvernement vénitien donna, il est vrai, un successeur à son amiral, mais le dédommagea de cette disgrace en l'élevant à la dignité de procurateur.

---

(1) Capriata, liv. 6.

Bientôt après, une flotte d'une trentaine de galères sortit des ports de Naples, pour aller ravager quelques îles de la Dalmatie. Les Vénitiens, par représailles, dévastèrent les côtes de la Pouille; il n'y eut point de combat. C'était, comme on voit, un état d'hostilité fort difficile à qualifier.

XVI. Détails intérieurs.

La guerre contre l'Espagne avait fourni au gouvernement vénitien une occasion de montrer sa vigilance, et la juste sévérité de sa discipline domestique. On eut à régler avec le duc de Savoie le compte des subsides qui lui avaient été promis : il se trouva que ce prince n'avait pas touché la totalité des sommes que la république avait envoyées. Cet argent avait passé par les mains d'Antoine Donato, ambassadeur de la république à Turin : sa dignité, ses talents, sa naissance, l'honneur qu'il avait d'être neveu du dernier doge, n'empêchèrent pas qu'il ne fût mandé, pour se justifier des soupçons que ce déficit avait fait naître contre lui. Ses réponses peu satisfaisantes, et bientôt sa fuite, les confirmèrent : ses biens furent confisqués; il fut dégradé de noblesse, ainsi que toute sa postérité, et condamné par contumace à être pendu (1).

---

(1) La sentence, qui contient cette condamnation, est dans la *Correspondance de* Léon Bruslart, vol. 1118-742.

L'impartialité de la république se manifesta en même temps en faveur d'un des parents de ce condamné. Nicolas Donato fut élu doge, à la place de Jean Bembo, mort en 1618; mais il n'occupa le trône que pendant un mois. Après lui, on y éleva Antoine Priuli. L'élection de Nicolas Donato fut suivie d'un scandale auquel on n'était point accoutumé à Venise : lorsque ce doge, porté par les ouvriers de l'arsenal, faisait le tour de la place Saint-Marc, le peuple, au lieu de crier *Viva il serenissimo Donato*, se mit à crier *Viva Nani, Viva Priuli*, et ne daigna pas même ramasser l'argent que le nouveau prince faisait jeter. On reprochait à Donato, d'avoir proposé un impôt sur les blés (1); il y eut des rixes, des placards insolents; mais cette mutinerie, qu'on aurait pu prendre pour un avertissement sérieux, demeura sans résultat.

Nicolas Donato, doge.
Antoine Priuli, doge.
1618.

---

(1) Mercure français, tom. 5, 1618.

LIVRE XXXI.

Conjuration de 1618.

I.
Situation de la république relativement à l'Espagne.

Pendant que la république s'était trouvée engagée dans un état d'hostilité contre l'archiduc Ferdinand, la branche de la maison d'Autriche, qui régnait en Espagne, n'avait pas pris une part active à cette guerre, mais elle avait fourni des secours à l'archiduc, et comme médiatrice, elle avait montré une partialité dont les Vénitiens avaient peut-être le droit de se plaindre.

Dans les différends entre les ducs de Savoie et de Mantoue, cette même cour s'était portée pour arbitre, avec une hauteur, qui avait obligé le duc de Savoie à recourir aux armes, et la république de Venise avait cru qu'il était de son intérêt, comme de sa dignité, d'encourager la résistance de ce prince par des promesses de secours, et par des subsides, dont la somme s'élevait déja à plus de deux millions de ducats (1).

Dans la guerre et dans la négociation, on avait eu plus d'une occasion de remarquer que les Espagnols voyaient d'un œil de malveillance une république toujours empressée de mettre obstacle aux progrès de leur influence en Italie. Cependant la guerre n'avait pas éclaté entre l'Espagne et Venise. Des traités venaient de réconcilier l'archiduc avec les Vénitiens, le duc de Savoie avec la cour de Madrid; mais ces traités avaient placé ces diverses puissances dans un état de paix légal, sans faire cesser les causes de leurs inimitiés.

Du côté de la Savoie, tous les efforts des Espagnols tendaient à détacher le duc de l'alliance des Vénitiens. Ce prince était tour-à-tour menacé et caressé par le gouverneur de Milan, qui tantôt refusait de lui remettre Verceil, tantôt lui conseillait de ne pas évacuer le Montferrat, tant promis au duc de Mantoue. La cour de France, inquiète et mécontente de ces délais, réclamait, de la part des Espagnols, l'évacuation de Verceil, stipulée dans le traité de paix. Le cabinet de Madrid adressait ordres sur ordres à

---

(1) *Hist. de la république de Venise*, de Bat. Nani, liv. 3.

son général pour cette restitution, sans que celui-ci se mît en devoir d'obéir, et cependant on ne le révoquait point.

Du côté de Naples les hostilités continuaient encore, seulement on pouvait les prendre pour des pirateries. Il avait été convenu entre les gouvernements d'Espagne et de Venise qu'on se rendrait toutes les prises faites en mer, d'autant plus injustement qu'on n'avait jamais été en état de guerre; le roi avait même remis à l'ambassadeur de la république une lettre de sa main, par laquelle il recommandait au duc d'Ossone la prompte exécution de cette mesure. Le duc d'Ossone avait soin de rendre le compte des restitutions interminable (1). La cour de Madrid avait rappelé très-publiquement ses forces navales en Espagne. Le vice-roi les gardait en Italie, et il devenait encore plus difficile de s'expliquer cette désobéissance, quand on voyait sur son pavillon ses propres armes, au lieu de celles du roi. Loin de désarmer, il augmentait ses forces, il recrutait des gens de guerre de diverses nations, appelait des corsaires à son service, même de ces Uscoques que la république venait enfin de

---

(1) *Storia civile Veneziana*, di Vettor Sandi, lib. 11, c. 11, art. 2.

disperser, et couvrait tous ses préparatifs du prétexte grossier d'une guerre contre les Turcs; comme si un vice-roi de Naples, sans l'aveu de son souverain, eût pu attaquer l'empire ottoman : mais ce ne pouvait pas être pour cette guerre qu'il faisait construire des bateaux plats, et lever des cartes des lagunes de Venise (1).

La république manifestait hautement sa méfiance contre les Espagnols, gardait les troupes étrangères, dont elle avait annoncé le licenciement, resserrait son alliance avec les Hollandais, et s'assurait, par de nouveaux subsides, les secours du duc de Savoie.

Les choses étaient encore dans cet état, lorsque, vers le milieu du mois de mai 1618, on vit plusieurs hommes inconnus, pendus aux gibets de la place Saint-Marc. Le lendemain on en vit encore d'autres; c'étaient tous des étrangers. On apprit qu'il avait été fait des arrestations; on parlait de plusieurs centaines de personnes jetées dans les cachots du conseil des Dix, de procédures commencées, d'exécutions nocturnes. Des indices certains ne permettaient pas de douter, que beaucoup d'hommes n'eussent été noyés dans les canaux. On racontait qu'il avait

II. Arrestations et exécutions.

---

(1) *Ibid.*

été fait des exécutions dans quelques places fortes. On parlait d'étrangers employés sur la flotte, qui avaient été poignardés, pendus ou jetés à la mer.

Tout-à-coup il se répandit un bruit, que Venise avait été menacée d'un grand péril; qu'il avait existé depuis long-temps une conspiration, pour livrer cette capitale au fer et aux flammes, pour exterminer la noblesse, enfin pour renverser la république. Venise était dans l'indignation et dans la terreur; mais le conseil des Dix gardait le plus profond silence. Après avoir écarté le danger, on ne le vit nullement s'occuper de faire cesser la curiosité, ni même l'inquiétude populaire. Impénétrable et muet, sûr de sa force, il ne daignait pas donner l'explication de tant de supplices, et laissait l'imagination en exagérer le nombre et en chercher la cause.

Accoutumés à la marche constamment mystérieuse de leur gouvernement, les Vénitiens se livrèrent à leurs conjectures, ou aux inspirations qu'on eut soin de leur donner. Dans ces circonstances, l'ambassadeur d'Espagne fut menacé par la populace. Il se retira de Venise avec quelque mystère, et le bruit s'accrédita que la conjuration, qui venait d'être découverte, avait été tramée par ce ministre, de l'aveu du cabinet espagnol. Le gouvernement vénitien ne fit rien, du moins ostensiblement, pour détruire cette opinion, ni pour la confirmer. Il reçut sans difficulté, sans témoigner aucun ressentiment, l'ambassadeur qui vint remplacer le marquis de Bedemar. Il laissa soupçonner tout ce qu'on voulut, nommer qui on voulut, et s'il dirigea les soupçons, ce fut par des moyens qu'on ignore. Aucune pièce authentique ne fut publiée; s'il fallait même en croire un historien (1), toutes celles qui existaient auraient été soigneusement anéanties. De l'aveu de tous, cette affaire resta ensevelie dans le plus profond secret; aucun évènement antérieur n'en fournissait l'explication; aucun acte public n'en révéla les circonstances. Cinq mois après, un décret du sénat ordonna des prières solennelles, pour remercier la Providence d'avoir sauvé la république. Mais le danger qu'elle avait couru restait toujours un mystère.

On juge combien il dut être facile à l'imagination de s'égarer, en cherchant à le pénétrer. Aussi dès les premiers jours qui suivirent ces

---

(1) Gli atti pubblici della causa fossero dal senato con molta segretezza soppressi.

Hist. di Pietro Giovanni Capriata, lib. 6.)

évènements, les uns faisaient-ils des récits divers de la conjuration, tandis que d'autres doutaient qu'elle eût existé. L'ambassadeur de France se trouvait absent de Venise, au moment où ces évènements se passèrent. Son frère, qui le suppléait, en rendit compte au ministre, le 22 mai, et après avoir rapporté les faits notoires et les bruits qu'on faisait courir, il ajoutait : « Plusieurs « estiment ceste affaire une chose de néant (1). »

Quelques jours après, le 6 juin, l'ambassadeur de retour à Venise, écrivait lui-même : « Depuis ce qui vous en ha esté escript, ilz ont « faict jetter en mer le capitaine Jacques-Pierre, « et un autre nommé Langlade, qui servoient en « l'armée, et qui touts deux s'estoient ensemble « retirez du service du duc (d'Ossone), pour se « venir desdier à celui de ceste république. Les « Vénitiens, pour couvrir ceste mort barbares- « que, ont publié que touts ces gents-là avoient « une entreprise contre ceste ville, qu'ilz vou- « loient brusler l'arcenac, s'emparer de Saint- « Marc et de leur thrésor, mettre le feu en plu- « sieurs endroitz de la ville, et, avec une mine,

---

(1) Lettre de M. Broussin, frère de Léon Bruslart à M. de Puysieulx, du 22 mai 1618, dans la *Correspondance de Léon Bruslart*, vol. 1017-740. Voyez ci-après *Pièces justificatives*.

« faire sauter toute la seigneurie, pendant la tenue
« du grand conseil; que plus de sept centz hommes
« s'estoient évadez incontinent après la prison de
« ces misérables; que l'ambassadeur d'Espagne
« avoit touché quatre-vingtz mille escuz, depuis
« six mois, lesquels il avoit employez à tramer
« ce desseing; que deus Espagnolz avoient esté
« pris à Chiozza, avec vingt-cinq mille pistoles,
« qu'ilz portoient en leurs valises. Sur quoy le
« peuple murmuroit en telle sorte contre les Es-
« pagnolz, que la maison dudict ambassadeur,
« sa personne et touts les siens estoient en péril
« trez-évident. Or je vous puis mieulx assurer
« que personne au monde, de la fausseté de touts
« ces bruicts (1). »

Le 19, dans une dépêche en chiffres, et ou
par conséquent il devait exprimer plus ouvertement sa pensée, l'ambassadeur ajoutait : « Quel-
« que chose qu'ilz disent, il ne se voit aucun
« signe d'apparence dehors ni dedans ceste ville
« que ceste entreprise eust aucun fondement (2). »
Et le 3 juillet, encore dans une lettre chiffrée :
« Plus nous ouvrons les yeulx du corps et de
« l'esprit, moins nous voyons de jour et de lu-

---

(1) *Correspondance de* Léon Bruslart, *ibid.*
(2) *Ibid.*

« mière en ceste grande conjuration ; mais au
« contraire nous en trouvons plus claire et appa-
« rente la vanité ; et autre personne de jugement
« n'en ha dez le commencement eu la moindre
« opinion du monde (1). »

Toute la correspondance de cet ambassadeur atteste son incrédulité, et en énonçant son opinion, il ne la donne pas seulement pour le résultat de ses notions particulières, mais comme partagée par le peuple même de Venise (2), et

---

(1) *Ibid.*

(2) Lettre de Léon Bruslart à M. de Puysieulx, du 25 octobre 1618.

« Pour ce que les Vénitiens ont veu la dérision et le mespris, auxquels estoit venue parmi le peuple ceste grande conjuration, ilz ont ordonné qu'il seroit collégialement, c'est-à-dire sans l'assistance des ambassadeurs, célébré une messe où le *Te Deum laudamus* se chantera en signe d'action de grâces qu'ilz rendent à Dieu de les avoir préservez d'un si grand danger. Ceste délibération ainsy faicte hors de temps ha esté aussy mal reçue que ces premières terreurs paniques, et n'ha rien changé de l'opinion commune. »

Autre lettre du même au même, du 7 novembre 1618.

« Le vendredy suyvant ma derniere despesche, cette messe solemnelle feust célébrée avec procession à l'entour de la place de Saint-Marc, et ce jour-là feust solemnisé comme celuy de Pasque, le tout pour abuser *la simplice brigata.* »

(*Ibid.*)

par des observateurs d'un autre ordre (1), à qui on pouvait supposer le plus de sagacité.

Le cardinal vénitien Vendramini n'avait pas craint de lui dire : « Qu'il s'était moqué de cette « conjuration à l'heure qu'il en avait ouï parler, « pour savoir les difficultés et impossibilités qui « se rencontroient en ce dessein (2). »

A Rome, le cardinal Borghèse, neveu du pape, et ministre, manifestait la même opinion (3); et le pape Paul V, qui à la vérité n'était pas suspect de partialité en faveur des Vénitiens, « Après « avoir tasté plusieurs fois le poulx à leur ambas- « sadeur sur ceste affaire, sans que celui-ci osât « jamais lui en dire un mot (4), lui dit, qu'il pa- « roissoit que ses maîtres étoient allés trop vîte (5), « et déclara au ministre de France, qu'il ne voyoit

---

(1) Notamment le résident de France chez les Grisons, voyez ses lettres des 18 et 26 juin à Léon Bruslart dans la *Correspondance* de cet ambassadeur, vol. 1116-741.

(2) Lettre de Léon Bruslart à M. de Puysieulx, du 3 juillet 1618. Vol 1017-740.

(3) Lettre de l'archevêque de Lyon, Marquemont, ambassadeur de France à Rome, à Léon Bruslart, du 11 août 1618. Vol. 1116-741.

(4) Lettre de Léon Bruslart à M. de Puysieulx, du 19 juillet 1618. Vol 1017-740 et 2077-1426.

(5) Lettre de l'archevêque de Lyon, Marquemont, au roi, du 17 juin 1618.

« pas ce qu'on pouvait répondre à tant de bonnes
« raisons, qui établissoient la non-existence de
« la conjuration (1). »

On voit que tous les contemporains de cet évènement étaient loin d'admettre l'explication qu'on avait voulu en donner; cependant ces bruits de conspiration, ces grands attentats médités par une puissance, pour en renverser une autre, ont toujours des partisans, et durent en rencontrer à Venise, comme ils en ont trouvé par-tout. D'ailleurs les supplices n'étaient point une supposition. L'inquiète curiosité des esprits ne pouvait qu'être irritée par tout ce qu'il y avait de terrible et de mystérieux dans cette affaire; aussi en imagina-t-on plusieurs explications.

III.
Conjectures auxquelles ces exécutions donnent lieu.

Les uns, frappés de quelques signes de mécontentement, qui s'étaient manifestés parmi les troupes licenciées (2), crurent que les soldats pouvaient avoir en effet comploté de se rendre maîtres de quelque forteresse; que c'était là le seul danger que la république eût couru; et qu'elle en avait puni les auteurs avec une

---

(1) Lettre du même à Léon Bruslart, du 11 août 1618. Vol. 1116-741.

(2) Lettre de Léon Bruslart à M. de Puysieulx, du 27 mars 1618. Vol. 1026-740.

grande sévérité, prenant peut-être une simple mutinerie pour une trahison; mais alors pourquoi aurait-on impliqué dans cette affaire, et compris dans la condamnation, des hommes qui n'avaient, par leur état, par leur nation, aucun rapport avec ces troupes, des étrangers qui se trouvaient momentanément à Venise, des marins embarqués sur la flotte?

D'autres racontaient que l'un de ces marins, Jacques-Pierre, était fort odieux aux Turcs, parce qu'il avait autrefois désolé leur commerce; qu'il avait conçu le plan d'une invasion dans la Morée, et que la république en avait sacrifié l'inventeur, pour se faire un mérite auprès de la Porte, à qui elle avait révélé ce projet (1);

---

(1) « Je vous diray plus, que tant s'en fault que ledict Jacques Pierre eust ceste pensée, qu'au contraire il ne songeoit qu'à servir le roy et M. de Nevers en ses desseings de Levant; et avoit chargé ce Renauld de mémoires bien amples sur ce subject et de lettres qu'il escrivoit à sa majesté et à monsieur de Nevers, dont il vint chez moi me faire la lecture; et envoyoit exprès en France ledict Renauld pour en estre porteur et luy avoit faict payer deux cents ducatz pour faire son voyage, et moy je luy avois aussy donné un passeport; de sorte que quelques-uns estiment que les dicts mémoires, ayant esté trouvez ez mains dudict Renauld, auront avancé la mort dudict Jacques Pierre plustost qu'aucune conspiration. Joint à cela l'instance qu'on dict avoir esté

mais quel intérêt avait-on de faire périr plusieurs centaines d'hommes totalement étrangers à un pareil dessein, qui ne pouvaient concourir à son exécution, et dont l'existence devait être

---

faicte par ce chiaoux, qui est party envers les Vénitiens pour le faire mourir, pour les grandes déprédations qu'il avoit faictes autrefois sur le Turc, et pour ce qu'ilz sont gentz qui tirent avantage de tout. J'ay occasion d'entrer en soupçon qu'ilz se veuillent servir desdicts mémoires, et les envoyer en Levant, pour descouvrir au grand-seigneur ce que l'on entreprend contre luy, et acquérir par ce moyen ses bonnes grâces. »

Lettre de Léon Bruslart à M. de Puysieulx, du 6 juin 1618.

L'ambassadeur de France n'était pas le seul à avoir cette opinion. Elle était répandue dans le public, car le gouvernement vénitien s'occupa de la détruire. Voici ce qu'on lit dans une dépêche qu'il adressait, le 16 juin, à son résident à Milan. On lui mande qu'il a été répandu, au sujet des gens qui ont été exécutés dernièrement, qu'on les avait fait mourir pour complaire aux Turcs; et on le charge de démentir cette version, en disant que probablement c'est une invention de ceux qui ont intérêt de cacher la vérité; et que ceux qu'on a fait périr, avaient été convaincus de machinations tramées depuis long-temps contre l'arsenal, la monnaie et la noblesse.

(Registre des lettres écrites au résident de la république à Milan, au sujet de la conjuration de 1618. Aff., etc. Voyez-en l'extrait dans les *Pièces justificatives*.)

indifférente aux Turcs, comme leur perte? L'ambassadeur de France, qui soutenait cette version, était bien en droit d'ajouter : « Il n'y a nul fon- « dement en ceste cruelle justice (1), ilz pensent « couvrir ceste barbarie, par ceste apparence de « conjuration (2). »

Ainsi, selon ce ministre, le gouvernement vénitien aurait ordonné l'une des plus sanglantes exécutions juridiques dont l'histoire fasse mention, uniquement pour y envelopper un corsaire odieux aux Turcs, et quelques aventuriers suspects; et quels étaient-ils donc ces hommes? des étrangers obscurs, sans patrie qui pût les réclamer, sans amis dans Venise. Quel besoin avait-on de recourir à ce moyen pour s'en débarrasser? Aucun. Et pour qu'on s'aperçût de leur disparition, il ne fallait pas moins que l'éclat et l'horreur de leur supplice. La raison se refuse à admettre une pareille explication.

Quelques esprits italiens, toujours disposés à trouver dans la politique des raffinements dignes de leur propre subtilité, imaginèrent que tous ces bruits de conspiration tramée par les Espa-

---

(1) Lettre de Léon Bruslart à M. de Puysieulx, du 3 juillet 1618. Vol. 1017-740.

(2) Du même au même, du 19 juillet, *ibid.*

gnols, avaient été répandus, sans avoir rien de réel. Mais quel était donc, selon eux, l'objet d'une imputation odieuse et dénuée de preuves? Quel fruit en tirer, lorsqu'on évitait si soigneusement de donner à cette imputation un caractère officiel? Le voici. La présence du marquis de Bedemar était, dit-on, importune au gouvernement vénitien. Ne pouvant obtenir son rappel, on voulut le forcer à quitter la place, en lui suscitant une affaire, qui compromettait son caractère et même sa sûreté personnelle (1); et ce coup-d'état leur parut si heureusement imaginé, qu'ils insinuèrent que la république pouvait bien en avoir été redevable à Paul Sarpi, tant ils avaient de vénération pour ce grand politique! Mais il faut convenir que c'eût été un étrange moyen d'écarter un ambassadeur, que de sacrifier cinq ou six cents hommes innocents, uniquement pour faire courir le bruit d'une conjuration, et exciter la haine publique contre ce ministre étranger. Cet expédient n'avait-il pas des inconvénients plus graves que la présence du marquis de Bedemar à Venise?

L'invraisemblance de ces diverses solutions

---

(1) Cette opinion a été rapportée par Gabriel Naudé, dans son livre des *Coups-d'état*.

était si évidente, qu'on aima mieux admettre l'existence de la conjuration, parce qu'elle ébranlait l'imagination plus fortement, et qu'au moins elle rendait raison de tout le sang qui avait été versé.

Telles sont les explications qui ont été données jusque ici de ce mystérieux évènement. Elles sont fort diverses, et peut-être est-il permis d'ajouter qu'elles sont toutes invraisemblables. Aucune ne satisfait l'esprit, toutes laissent des doutes sur une multitude de circonstances qu'il est impossible de concilier. Que des soldats mutins aient comploté de s'emparer d'une forteresse, pour se faire payer une gratification; que le gouvernement de la république ait voulu livrer aux Turcs un corsaire qui leur était odieux; que les Vénitiens aient voulu faire sortir de leur ville un ministre étranger dont ils redoutaient l'inimitié; il ne résulte point de tout cela la nécessité de faire périr précipitamment, secrètement, plusieurs centaines d'hommes de nations différentes, de professions diverses, et de supposer une grande conjuration, dont la divulgation seule était une offense, qui, juste ou non, commettait la république avec la puissance la plus redoutable de l'Europe.

En général, pour se rendre raison des actions des hommes, il faut consulter leurs passions ou leurs intérêts; or la république ne pouvait éprouver un sentiment de haine contre des étrangers inconnus, et son intérêt n'était pas de s'attirer une guerre avec l'Espagne. Sans doute les Espagnols voulaient dominer en Italie; ils n'avaient pas vu sans dépit les obstacles que la république mettait à leurs progrès, la guerre qu'elle faisait au duc d'Autriche, les secours qu'elle fournissait au duc de Savoie; mais il n'y en avait pas moins quatre-vingt-six ans que la cour de Madrid était en paix avec Venise, un traité récent venait de pacifier l'Italie, et cet acte portait le nom de traité de Madrid. La république n'était donc point menacée dans ce moment d'une guerre avec la maison d'Autriche. Elle pouvait desirer l'affaiblissement de cette puissance; mais elle ne pouvait pas être tentée de combattre seule contre un souverain qui possédait l'Espagne, Naples, le Milanais, et qui aurait eu l'empereur pour auxiliaire.

Si c'était de la cour de Madrid que devait venir l'aggression, si cette cour avait réellement conçu le projet de renverser la république, comment se serait-elle entremise pour la réconcilier avec Ferdinand ?

Mais faire disparaître une telle puissance n'était pas un succès qu'on pût obtenir par un coup-de-main : et quand on aurait réussi à brûler

Venise, à renverser le gouvernement, pouvait-on se flatter d'usurper, sans contradiction, les états de cette république? la France, l'Allemagne, les Turcs, toute l'Italie étaient là pour en disputer les lambeaux aux Espagnols. Ce projet était également honteux, atroce et insensé. Il n'y a là rien qui autorise à le mettre sur le compte d'un prince aussi modéré que Philippe III, et d'un conseil aussi grave que le conseil de Madrid. Je sais bien que la modération du roi était de l'indifférence, de l'incapacité, si l'on veut; mais l'une et l'autre sont également éloignées des entreprises hasardeuses; et si l'on fait dépendre les résolutions du roi, de celles de son premier ministre, il ne faut pas oublier que le duc de Lerme était ami du repos, par intérêt et par caractère (1).

Expliquer les faits obscurs n'est pas toujours possible. Séparer le vrai du faux est l'objet de

---

(1) Nani a prévu cette objection, car il dit, au commencement de son troisième livre : « L'humeur du roi Philippe III, naturellement juste, et celle du duc de Lerme, son premier ministre, que son propre génie et ses intérêts particuliers portaient au repos, faisaient croire à plusieurs que ce qui se passait en Italie était plutôt toléré qu'ordonné par la cour de Madrid. Mais on avait été entraîné si avant, que l'honneur de la nation s'y trouvait engagé

la critique, qui s'ennoblit par cette recherche assidue de la vérité. Nous consacrerons, en faveur de ceux pour qui de telles questions ne sont point frivoles, quelques pages à l'examen de cette conjuration et des documents inconnus même aux auteurs qui en ont accrédité le récit. Sans doute, tout n'est pas controuvé dans les relations qu'on a données de cet évènement. Les faits matériels subsistent. Il est possible qu'il y ait eu des mouvements séditieux et même quelque complot parmi les troupes licenciées; il est possible que des agents plus ou moins importants aient cru à l'existence d'une conjuration contre la république; mais il est possible aussi qu'on n'ait pas considéré tous ces faits sous leurs véritables rapports; et peut-être l'étude des monuments inédits qui nous restent, le rapprochement de quelques faits contemporains, qu'on avait négligés, jetteront-ils quelque jour sur ce problème historique, et nous mettront-ils sur la voie d'une solution nouvelle. Si elle ne satisfait pas complétement la curiosité, elle a du moins l'avantage de présenter une explication naturelle de toutes les circonstances avérées de cet évènement.

IV. Portrait du duc d'Ossone.

L'un des artifices les plus ordinaires à ceux qui se croient autorisés à disposer arbitrairement les faits qu'ils trouvent dans l'histoire, est de soumettre aussi à leur imagination les caractères des personnages; de sorte que les évènements sont présentés sous le jour qui convient à l'effet qu'on veut produire, et les portraits des acteurs sont tracés d'après le rôle qu'ils doivent jouer.

C'est ce qui est arrivé dans le récit des faits que nous cherchons à éclaircir. Le marquis de Bedemar était destiné à être l'auteur d'une conjuration : on l'a peint comme un homme d'une grande audace, d'un vaste savoir, d'un puissant génie. Le duc d'Ossone devait, au contraire, être placé sous un jour moins favorable; on ne lui donnait qu'un rôle secondaire : il devait faire les fautes, et ses fautes étaient ménagées pour faire ressortir l'habileté du personnage principal. Il fallait que ce ministre ne fût qu'un brillant étourdi, dont l'humeur n'admettait ni suite, ni direction, n'agissant que par saillies; capable d'entreprendre une guerre malgré les ordres de sa cour. C'est ainsi qu'on nous l'a peint, mais ce n'est point ainsi qu'en ont parlé les historiens du temps, et les peuples qu'il a gouvernés.

« Dom Pedre Giron, duc d'Ossone, était, disent ses contemporains, l'un des plus grands hommes de son siècle; doué d'une merveilleuse promptitude d'esprit, accompagné d'une grande clarté de jugement; de qui on rapporte une infinité de réparties et d'actions qui sentent une sagesse inspirée; homme de cœur, libéral, excellent dans toutes les parties de l'administration, et dont la mémoire est encore chère aux peuples. »

Après ce portrait que j'abrège, on ajoute: « Qu'il n'avait rien de petit que la stature; mais que sa fortune présente ne lui suffisait pas (1). » Il était cependant grand d'Espagne, chevalier de la Toison, gentilhomme de la chambre du roi, membre de son conseil, vice-roi de Naples, gendre du duc d'Alcala, et ami du duc de Lerme, même son allié, car il avait marié son fils avec une fille du duc d'Uzèda, fils de ce premier ministre, et lui-même favori du roi.

Si nous consultons les Napolitains, leurs historiens nous rapportent (2) que, dès le commencement de son administration, on remarqua dans le vice-roi beaucoup d'application aux affaires, de la persévérance pour la réforme des abus, une grande fermeté dans la distribution de la justice, et en même-temps, tout ce que la magnificence et les manières pouvaient avoir

---

(1) *Hist. du connétable de Lesdiguières*, par Louis VIDEL, liv. 10, ch. 2.

(2) *Hist. civile du royaume de Naples*, par GIANNONE, liv. 35, ch. 4.

de séduisant ; aussi gagna-t-il l'affection des peuples.

Ces portraits ont été tracés après la disgrace et la mort du vice-roi ; ainsi les auteurs ne peuvent être suspects de flatterie. Cependant, il peut y avoir de l'exagération dans leurs éloges. Tâchons de juger le duc d'Ossone par les faits.

V. Son histoire.

Ce seigneur, malgré son nom, sa fortune, ses alliances et une éducation soignée, fut négligé long-temps par la cour. Il était déja chef de sa maison, et avait atteint l'âge de vingt-cinq ans, qu'il n'avait encore obtenu aucun emploi civil ni militaire. Piqué de cet oubli, et fatigué de son inaction, il alla en 1602 en Flandres, pour y servir comme volontaire, à la tête d'un régiment levé et entretenu à ses frais. Après six campagnes, il revint à Madrid avec des dettes, deux blessures, une réputation brillante de valeur, et le collier de la Toison. Les recommandations pressantes de l'archiduc d'Autriche, sous lequel il venait de servir, attirèrent enfin sur lui l'attention du roi, qui lui donna l'entrée dans ses conseils. A peine y avait-il été admis, que l'on y fit cette proposition, si funeste et si fameuse, d'expulser du royaume les hérétiques, les Juifs, les descendants des Maures, enfin toute la population non-catholique. Le nouveau membre du conseil eut la sagesse et le courage de s'opposer à cette détermination. Seul de son avis, et ne pouvant empêcher le roi de se priver d'un million de sujets, il plaida avec chaleur, mais sans succès, en faveur de ces infortunés, pour qu'au moins on ne les privât point de leurs biens.

L'inquisition ne lui pardonna pas une opposition si généreuse (1); elle l'avait mandé quelques années auparavant, au sujet d'une plaisanterie qu'il s'était permise sur un miracle. Cette fois, elle l'accusa de s'être laissé séduire, pendant ses voyages, par les opinions des hérétiques, et d'avoir trahi ses sentiments secrets, en prenant la défense des malheureux. L'enquête, qui fut ordonnée par le tribunal, n'eut point de suites; et l'année suivante, le duc fut nommé à

---

(1) Les inquisiteurs eurent la plus grande part à cette résolution de Philippe III, et notèrent, comme suspects dans la foi, tous ceux qui avaient condamné cette mesure politique, entre autres le duc d'Ossone, qu'ils mirent en jugement. Cette affaire n'eut aucune suite éclatante, parce que la nature du procès n'offrait aucune proposition hérétique ou favorable à l'hérésie, quoiqu'on en qualifiât plusieurs de téméraires, de scandaleuses et offensant les oreilles pieuses.

(*Hist. critique de l'inquisition*, par LLORENTE, ch. 57.)

la vice-royauté de Sicile (1). L'embellissement de la ville de Messine, la répression du brigandage, les entreprises des Turcs repoussées avec vigueur (2), signalèrent son administration; et quoiqu'elle n'eût pas été louable en tout, quoiqu'il eût porté la justice jusqu'à la rigueur, qu'il eût surchargé le pays d'impôts (3), et n'eût pas négligé sa propre fortune (4); quoique enfin on pût lui reprocher, au sujet de quelques usages superstitieux des Siciliens, des railleries qui, pour être gaies ou ingénieuses, n'en étaient pas moins un oubli des ménagements que les hommes publics doivent aux préjugés populaires (5); sa

---

(1) Tous ces détails sont tirés de la *Vie du duc d'Ossone*, par Grégorio Leti, partie 2, liv. 1er.

(2) *Ibid.* part. 2, liv. 2.

(3) *Ibid.* part. 2, liv. 3.

(4) On disait que les gouverneurs espagnols employaient la première année à faire justice, la seconde à faire fortune, et la troisième à se faire des amis. Ces charges étaient triennales.

(5) On gardait dans la cathédrale de Messine une lettre de la sainte-vierge, par laquelle elle prenait la ville sous sa protection. Selon les uns, la vierge avait écrit cette lettre de son vivant et de sa propre main, suivant les autres elle l'avait dictée à saint Luc et envoyée du ciel. Cette relique était l'objet de la vénération des Siciliens, qui la regardaient comme leur palladium. Dans une cérémonie publique l'arche-

mémoire demeura tellement chère aux Siciliens, que long-temps après, lorsqu'il fut tombé dans la disgrace, ils n'élevèrent la voix que pour le défendre, au lieu de se ranger parmi ses accusateurs.

Appelé à la vice-royauté de Naples, et précédé dans ce royaume par la réputation qu'il s'était faite en Sicile, le duc d'Ossone y trouvait des souvenirs moins favorables et difficiles à effacer. L'extrême sévérité, l'avarice de son grand-père, qui avait exercé autrefois ce gouvernement, y avaient rendu son nom odieux.

VI. Son administration à Naples.

A cette époque, les rapports entre le prince et les sujets, n'étaient pas déterminés avec une exacte précision : on admettait assez généralement qu'il était du devoir de la souveraineté d'être juste et paternelle, mais de son essence d'être absolue. Cette autorité ne connaissait

---

vêque la présentait au vice-roi pour la baiser; le duc dit à ses voisins, la sainte-vierge aurait bien mieux fait de nous envoyer une lettre-de-change qui nous aidât à armer pour battre les Turcs.

Une autre fois à Catane, visitant l'église de Sainte-Agathe, on lui donna à baiser les mamelles de cette sainte, qu'on y conserve avec dévotion; en se mettant à genoux il se retourna vers la duchesse : et lui dit, Dona Catharina, avec votre permission et sans que vous en soyez jalouse.

guère de restrictions, que dans ses relations avec les ordres privilégiés; et quand le prince déléguait sa puissance, comme il la croyait sans limites, il n'en mettait pas à celle de ses lieutenants. Les gouverneurs, dans ce temps-là, surtout ceux des provinces éloignées, ressemblaient assez à ce que sont les pachas d'aujourd'hui; ils pouvaient établir des impôts, lever des troupes, disposer des finances et de presque tous les emplois, à leur gré, faire ou violer les lois; ils administraient eux-mêmes la justice criminelle et civile, exerçaient le droit de faire grace, et suivaient, souvent sans beaucoup de risque, une autre direction que celle de leur gouvernement.

Telle était, à-peu-près la puissance d'un viceroi de Naples; il commandait à douze provinces, tenait une cour, était entouré de six grands officiers de la couronne, voyait auprès de lui des résidents étrangers, par lesquels il correspondait immédiatement avec d'autres puissances. Seulement il était assisté d'un conseil-d'état, qu'il ne pouvait guère se dispenser de consulter dans certaines affaires; mais ce conseil, qu'on appelait le collatéral, et qui s'assemblait sous sa présidence, n'était composé que de onze membres, dont trois étaient espagnols, et huit italiens. Ces conseillers, quoique revêtus du titre de régents du royaume, étaient, pour la plupart, sous la dépendance du gouverneur.

Dans la capitale, l'autorité principale était exercée par un corps de sept magistrats, appelés les élus, parce qu'ils étaient choisis par le peuple. Six de ces magistrats étaient des seigneurs; un seul devait être pris parmi les habitants non-nobles. Mais cette charge, précisément parce qu'elle était unique, était d'une grande importance; l'élu du peuple jouissait du titre d'excellence, et de toute la considération qu'on ne peut refuser au chef naturel d'une population nombreuse et remuante.

Le duc d'Ossone s'annonça dans son gouvernement de Naples, par une proclamation propre à lui concilier au moins les suffrages populaires (1); elle ordonnait de poursuivre les malfaiteurs, sans avoir égard à la qualité des personnes, défendait aux seigneurs de tenir des bandits à leurs gages, ou de les protéger; recommandait sévèrement aux tribunaux d'administrer la justice, sans se laisser intimider par les hommes puissants, et défendait aux nobles de traiter le peuple avec mépris (2).

---

(1) Elle est de 1616, et rapportée textuellement par Gregorio LETI; part. 2, liv. 3.

(2) « Entre autres désordres, portait un des articles, il

De cette proclamation de ses intentions, le vice-roi passa aux effets. Un seigneur du nom de François Renaldi, s'étant permis de dire qu'il ne fallait parler au peuple qu'avec le bâton, fut condamné à une amende, et mis en prison (1). Dans les deux premières années de l'administration du nouveau gouverneur, plus de trente nobles périrent par la main du bourreau (2). Le

---

n'en est guère de plus préjudiciable pour l'état, que le mépris que la noblesse affecte envers le peuple. C'est une source d'inimitiés et de discorde. Nous sommes informés que le peuple est irrité de s'entendre traiter de canaille par les seigneurs; c'est pourquoi nous ordonnons que chacun ait à se tenir dans les bornes que lui prescrit sa position, que le peuple respecte la noblesse, et lui rende les honneurs qui lui sont dus, que les seigneurs aient des égards pour le peuple et s'abstiennent de toutes dénominations injurieuses.

« Quant aux ecclésiastiques, nous sommes informés que, pour se familiariser trop avec les séculiers, la plupart compromettent la gravité de leur caractère; que plusieurs, sous prétexte de censurer les vices, s'oublient jusqu'à déclamer avec emportement sur des objets qui ne sont point de leur ressort, et contre des personnes qui ont droit à leurs respects. Qu'ils soient prévenus que nous aurons l'œil ouvert sur leur conduite, pour les faire honorer ou châtier selon qu'ils se comporteront.

(1) *Vie du duc d'Ossone*, par Gregorio LETI, 3e partie, liv. 2.

(2) *Ibid.*

duc supprima l'impôt qui se prélevait sur le pain, et en fit baisser le prix d'un tiers (1). Un jour qu'il traversait le marché, il vit un commis de l'octroi qui pesait des denrées; il tira son épée, et coupa les cordes de la balance, en disant que les fruits de la terre étaient des dons du ciel, le prix du travail du pauvre peuple, et qu'il était injuste de les assujettir à un impôt (2). Il n'en fallait pas tant pour être appelé le bon vice-roi, le père des pauvres, et pour devenir l'idole des Napolitains. Mais, en même-temps, il devenait aussi l'objet de la haine des grands, malgré quelques cajoleries, par lesquelles il flattait ceux qu'il croyait pouvoir s'attacher.

Dans les commencements, il prit peu de soin de se concilier les suffrages du clergé (3).

---

(1) En 1617 (*ibid.*), part. 2, liv. 3.

(2) *Ibid.*, 3ᵉ part., liv. 2, et Nani, *Hist. de Venise*, liv. 4.

(3) Un père Marra, jésuite, ayant capté, au profit de son ordre, la succession d'un homme très-riche, dont il était le confesseur, et cela au détriment d'un fils, qui avait donné quelques sujets de mécontentement à son père, le duc cassa le testament, et fit mettre le successeur légitime en possession de l'héritage. Il employa pour cela une subtilité. Le testateur avait dit, qu'il donnait tout son bien aux jésuites, à la charge par eux de remettre à son fils ce qu'ils voudraient. En conséquence, ils lui proposaient une modique

Entre divers actes de son autorité, un de ceux dont les peuples lui tinrent le plus de compte, fut son opposition à un impôt que les jésuites voulaient faire établir à leur profit. Sous le prétexte de bâtir une église, où l'on devait prier perpétuellement pour la prospérité de la maison d'Espagne, ils avaient obtenu, de la cour, la concession d'un impôt, fort modique en apparence, sur chaque livre de pain qui se consommerait dans le royaume de Naples. Le vice-roi refusa de les mettre en jouissance d'une concession établie à son insu (1); et sa fermeté préserva le peuple de cette taxe.

Il lui fallut encore plus de courage pour empêcher l'établissement de l'inquisition dans le royaume. La cour de Rome méditait depuis longtemps cette conquête : le pape Paul V en fit, en quelque sorte, le prix du chapeau de cardinal, qu'il envoya au duc de Lerme. Ce premier mi-

---

somme de huit mille écus. Le vice-roi les fit venir, et leur dit : Vous n'avez pas bien compris le testament : il vous prescrit de remettre au fils ce que vous voudrez ; or qu'est-ce que vous voulez ? L'héritage. C'est donc l'héritage qu'il faut remettre, et les huit mille écus sont la part qui vous revient.

(1) *Vie du duc d'Ossone*, par Gregorio LETI, part. 3, livre 1.

nistre fit passer l'affaire dans le conseil de Madrid, et écrivit au vice-roi, que ce serait acquérir de nouveaux titres aux bontés du monarque, et rendre un grand service à la couronne, que de contribuer à une œuvre si sainte (1). Le duc répondit qu'on avait perdu la Hollande pour avoir voulu y introduire le saint-office, et que cet exemple devait servir de leçon. Sa résistance fut encore couronnée du succès.

Mais il était dangereux de résister deux fois aux ordres de Madrid, et de s'attirer l'inimitié des jésuites et de la cour de Rome. Le duc de Lerme, comme premier ministre, et le duc d'Uzeda son fils, comme favori de Philippe III, se partageaient alors toute l'autorité en Espagne. Le premier s'était jeté aveuglément entre les bras des jésuites, et paraissait ne gouverner que par eux. Il en résulta pour le duc d'Ossone quelques désagréments, qui ne pouvaient être que très-sensibles à un homme fier et extrêmement irritable.

VII.
Il conçoit le projet de s'emparer du trône de Naples.

Il avait auprès de lui, en qualité de capitaine de ses gardes, un gentilhomme ou aventurier français nommé Laverrière, à qui il donna part dans sa confiance, jusqu'à lui laisser entrevoir

---

(1) *Ibid.* part. 3, liv. 2.

le ressentiment qui l'aigrissait contre la cour d'Espagne. Ce Laverrière communiqua cette découverte à un autre Français de ses amis, gentilhomme dauphinais, dont le nom était Deveynes (1).

Ces deux étrangers jugèrent tout le parti qu'il y avait à tirer des passions du vice-roi.

Depuis la longue rivalité des maisons d'Anjou et d'Arragon, les Français n'avaient cessé de reporter leurs vues vers le royaume de Naples, et de faire aux moins des vœux pour en voir expulser les Espagnols. Laverrière sonda le duc : le trouvant aussi irrité, aussi ambitieux qu'il pouvait le souhaiter, il ne laissait pas échapper une occasion d'aigrir son ressentiment; et en lui peignant sous des traits odieux la maison d'Autriche, il avait soin de représenter cette maison en guerre dans le nord avec des provinces révoltées, obligée de faire une trêve que les Hollandais menaçaient de rompre à tout moment. occupée en Allemagne par la guerre de Bohème,

---

(1) Ceci et tout ce qui est relatif au projet du duc d'Ossone et aux négociations qui en furent la suite, est raconté par Louis Videl, qui était secrétaire du connétable de Lesdiguières, et par conséquent à portée d'être bien instruit d'une affaire négociée dans le cabinet du connétable.

(Voyez *Hist. de Lesdiguères*, liv. 10.

dans le Frioul par les Vénitiens, en Italie par la France et le duc de Savoie, menacée en Sicile par les Turcs; l'Espagne épuisée d'hommes et d'argent, l'empereur sans moyens de la secourir, et toute l'Europe faisant des vœux secrets pour l'abaissement d'une maison qui occupait tant de trônes.

Cette jalousie, si méritée par les héritiers de Charles-Quint, promettait des alliés à quiconque se déclarerait l'ennemi de l'Espagne. Le vice-roi conçut que l'occasion était favorable. Son ressentiment et son orgueil ne lui disaient que trop d'en profiter, et de s'élever à la dignité de souverain (1) : mais, pour y réussir, il fallait

---

(1) « Or le duc d'Ossone s'apercevant que la cour commençait à se refroidir à son égard, nonobstant les services signalés qu'il lui avait rendus, et qu'il lui rendait tous les jours, et qu'elle commençait à prêter l'oreille à ceux qui voulaient lui nuire ; et se voyant tant de forces en main, et dans une assez haute réputation dans l'esprit du peuple, se mit à concevoir des desseins auxquels il n'aurait peut-être jamais pensé autrement. »

« Le bruit courut long-temps par toute l'Europe, que l'ingratitude de la cour de Madrid, pour les services importants du duc d'Ossone, et sa trop grande facilité à écouter ses envieux et ses ennemis, lui firent former ces desseins, qui causèrent sa ruine. » La nature de ces desseins est expliquée sans équivoque, par le passage suivant du même

tromper le cabinet de Madrid, jusqu'au moment où l'on se croirait en état de le braver; s'assurer des alliés, gagner le peuple, inspirer de la confiance ou de la crainte aux seigneurs napolitains, se ménager l'affection des troupes nationales, leur donner des chefs dévoués, les distribuer de manière qu'elles ne pussent opposer aucune résistance, recruter beaucoup d'étrangers, tenir la flotte à la mer, faire de nouveaux armements; et comme ces mouvements de troupes, ces levées, ces armements ne pouvaient s'opérer avec mystère, il fallait trouver un prétexte plausible, qui colorât toutes ces dispositions. Or, la chose était difficile, puisque l'Espagne était sur le point de conclure la paix avec le duc de Savoie, et l'archiduc avec les Vénitiens.

Le duc d'Ossone prit le parti de ne pas re-

---

auteur. « Peut-être que les applaudissements qu'il recueillit pendant sa vice-royauté de Sicile, et les honneurs dont il fut comblé dans son second gouvernement, firent naître en lui cet ardent désir de régner, non plus comme ministre d'un grand roi, mais comme souverain d'un grand royaume. »
(Gregorio Leti, 3ᵉ partie, liv. 2.)

« Comme il prévoyait qu'on le pourrait ôter de ce poste, où il s'était accoutumé à l'empire, il méditait depuis quelque temps les moyens de changer le ministère en un pouvoir absolu.
(Bat. Nani. Hist. de Venise, liv. 4.)

garder cette paix comme définitive, et de continuer les hostilités, même après la paix signée, au mépris de tout ce qu'on put lui écrire du cabinet de Madrid. Le gouvernement lui donnait ordre de renvoyer la flotte en Espagne, il la fit partir pour l'Adriatique (1). Le droit de souveraineté, prétendu par les Vénitiens sur ce golfe, n'avait jamais été reconnu formellement par les Espagnols; la moindre rencontre devait donner lieu à des plaintes, à des actes de violence, à des représailles, qui constituaient les deux puissances en état d'hostilité, quoiqu'il n'y eût pas de guerre déclarée. Le vice-roi écrivit même au duc d'Uzeda, pour lui faire approuver toutes les raisons qui pouvaient porter la cour d'Espagne à se maintenir sur le pied de guerre (2); il y allait de la gloire et de l'intérêt du roi, d'abaisser l'orgueil de la république. La cour parut donner dans ce piége, à en juger par le peu de

---

(1) Le vice-roi fit demeurer ses vaisseaux à Naples, quoiqu'il eût reçu ordre de les envoyer en Espagne.

(*Hist. de* NANI, liv. 3.)

(2) Gregorio LETI, 2ᵉ partie, liv. 3. L'opinion la plus commune, dit-il, fut que le roi d'Espagne n'avait jamais eu sincèrement intention d'obliger son vice-roi à restituer aux Vénitiens toutes les richesses qu'on leur avait prises.

fermeté qu'elle mit à assurer l'exécution des promesses qu'elle avait faites aux Vénitiens.

Tandis que les vaisseaux capturés, les cargaisons vendues, les préparatifs dont les ports retentissaient, l'apparition des escadres napolitaines dans l'Adriatique, occasionnaient un échange de plaintes et de récriminations, occupaient la curiosité publique et l'activité de la diplomatie des deux gouvernements; le duc, à la faveur de cette mésintelligence apparente, négociait avec Venise, et cherchait à capter la bienveillance des Turcs.

Il faisait consister la gloire de son gouvernement de Sicile, à les avoir tenus éloignés des côtes de ce royaume. Depuis qu'il était à Naples, il n'était bruit que de ses armements contre la puissance ottomane; il ne parlait que d'humilier le croissant; mais il était si peu vrai qu'il pensât sérieusement à l'attaquer, qu'il faisait offrir des présents au grand-visir (1), renvoyait au capitan pacha son beau-frère, prisonnier des Espagnols (2), avec un grand nombre d'autres escla-

---

(1) Nani, *Hist. de Venise*, liv. 3.

(2) *Ibid.* « On avait de grandes appréhensions à cause des négociations d'Ossone avec la Porte, et que ce duc avait déjà dépêché, comme les Vénitiens l'avaient découvert, vers le capitan pacha, une barque commandée par le capitaine

ves, cherchait à gagner la bienveillance du divan, et y entretenait des intelligences (1); il fut même accusé, dans la suite, d'avoir rendu aux Turcs le service de les avertir d'une attaque projetée contre eux par la grande flotte espagnole. Il n'aurait pas été fâché, disait-on, de voir détruire la marine du roi (2). De tels moyens pouvaient suffire avec les Turcs, parce qu'il ne s'agissait que d'endormir leur vigilance; on était sûr qu'une nouvelle révolution, dans le royaume de Naples, leur serait fort indifférente; il n'était donc nul-

---

Sonnovale, avec de riches présents, et particulièrement avec l'aga de Zara, son parent, etc. »

(Gregorio Leti, 2ᵉ partie, liv. 3.)

(1) Ha tenido mucha correspondencia con el Turco, por medio de un Moro que en differentes vezes traxo mucho de la nacion turquesca, con quien tratava en secreto y se tenia per cierto que eran espias.

(*Mémoire adressé au roi d'Espagne par les seigneurs de Naples, contre le duc d'Ossone. Voyez Pièces justificatives.*)

(2) Cette inculpation que Gregorio Leti rapporte liv. 2 de la 3ᵉ partie de la *Vie du duc d'Ossone*, est consignée dans l'interrogatoire que le duc subit dans sa prison. Pendant qu'on instruisait le procès, un commissaire du roi faisait une enquête, pour vérifier si le duc, *résolu de se faire souverain de Naples, avait traité secrètement avec le Turc, en offrant de lui céder la Sicile.* (*Ibid.* liv. 3 de la 3ᵉ partie.)

lement nécessaire de les en prévenir; mais il fallait éviter qu'ils ne prissent ce moment pour piller les côtes, ou pour attaquer les vaisseaux.

Avec les Vénitiens, on ne pouvait se dispenser des confidences; ce n'était qu'à la faveur d'une brouillerie simulée avec eux, que le vice-roi pouvait conserver sa flotte, augmenter ses troupes, et tenir le royaume dans une espèce d'agitation, toujours nécessaire pour faciliter un grand changement. Ce changement lui-même ne pouvait s'opérer sans le concours, ou au moins sans l'aveu du gouvernement vénitien.

VIII.
Ses négociations avec les Vénitiens.

Les agents du vice-roi entrèrent en conférence avec le résident de la république à Naples, qui se nommait Gaspard Spinelli. On juge bien que, dans une matière si délicate, ils commencèrent par des insinuations, se répandant en plaintes contre les Espagnols, les accusant de tous les malheurs de l'Italie, laissant échapper le vœu de les en voir expulsés; ils faisaient entrevoir que le duc d'Ossone serait en état de rendre ce service à la péninsule, pourvu qu'on lui fournît quelques secours, et que l'approbation d'une puissance respectable, le mît en état de se déclarer.

Les Vénitiens étaient trop pénétrants, pour ne pas voir, d'un coup d'œil, ce qu'il pouvait y avoir, dans cette révolution, d'avantageux pour leur république. L'affaiblissement d'une puissance dangereuse, l'acquisition d'un voisin qui aurait besoin d'eux, le prix à exiger pour cette protection, des priviléges commerciaux, la reconnaissance formelle du droit de souveraineté sur l'Adriatique, peut-être même la restitution des quatre ports que la république avait possédés autrefois sur les côtes de la Pouille ; de tels avantages étaient séduisants; il ne s'agissait plus que de calculer la probabilité du succès.

Tous les historiens s'accordent à raconter cette négociation (1), même les Napolitains (2). Il est

---

(1) Louis VIDEL, liv. 10, Baptiste NANI, liv. 4, et Gregorio LETI, 2ᵉ liv. de la 3ᵉ partie.

(2) GIANNONE dit (*Hist. du royaume de Naples*, liv. 35, ch. 4.), que le vice-roi, comptant sur les troubles de l'Italie et sur la haine générale de tous ses princes contre les Espagnols, assuré de l'affection des peuples, et du dévouement d'un grand nombre d'étrangers, qu'il avait attirés dans le royaume, essaya d'engager la république de Venise et le duc de Savoie à conspirer avec lui, pour chasser les Espagnols de l'Italie; que Charles-Emmanuel s'était mis en communication pour cet objet avec la cour de France, et que cette cour avait chargé de la conduite de cette affaire le maréchal de Lesdiguières, qui correspondait avec Naples par des émissaires affidés.

Giannone emprunte une partie de ces détails à Nani dont il rapporte les propres termes ; ainsi voilà quatre historiens

constant que ces projets ambitieux furent conçus, et communiqués aux Vénitiens ; il est constant qu'ils en délibérèrent, car nous savons que Nicolas Contarini harangua en faveur de cette proposition. « Il n'est pas de meilleur moyen, disait-il, de nous délivrer des appréhensions continuelles que nous cause l'immense puissance de la maison d'Autriche. Non-seulement il faut accueillir les desseins dont il s'agit, mais les fomenter, les appuyer. Une fois le royaume de Naples démembré de la monarchie espagnole,

---

de nations différentes, un Français, un Napolitain, un Vénitien et un Milanais, que l'on pourrait appeler cosmopolite(*), qui racontent ce fait avec les mêmes circonstances. Il est vrai que Nani ne manque pas de dire que la république de Venise, toujours prudente, et fort éloignée de semblables pratiques, se garda bien de prêter l'oreille aux propositions du duc d'Ossone ; tandis que le Français dit précisément le contraire ; mais on s'explique facilement cette différence, quand on se rappelle que Nani était obligé à une extrême circonspection par son triple caractère de Vénitien, d'ambassadeur et d'historiographe.

(*) La famille de Gregorio Leti était de Bologne. Il naquit à Milan en 1630, passa une partie de sa jeunesse dans diverses villes d'Italie, se maria à Lausanne, où il embrassa le calvinisme ; fut naturalisé à Genève et y résida près de vingt ans ; vint en France ; passa en Angleterre, y fut nommé historiographe du roi, et en fut chassé, pour avoir rempli ses fonctions avec trop de liberté ; enfin il alla mourir en Hollande avec le titre d'historien de la ville d'Amsterdam.

nous verrons cette monarchie réduite à rechercher notre amitié, et le nouveau roi dans notre dépendance. Quel plus grand bienfait pour l'Italie, si ce n'est le fruit même de cet exemple, c'est-à-dire le démembrement du Milanais (1)? »

Et ces sentiments étaient tellement partagés par le corps entier du gouvernement, que, long-temps après, le doge Antoine Priuli, parlant du duc d'Ossone, du traitement qu'il avait reçu des Espagnols, et des vues qu'il avait eues sur la couronne de Naples, dit : « Il était trop heureux pour nous qu'on lui donnât des sujets de ressentiment, parce que l'occasion fait le larron (2). »

On ne rapporte point le traité fait entre le duc d'Ossone et les Vénitiens; il est évident que, s'il a existé, les deux parties étaient très-intéressées à tenir cet acte secret, et que, le projet ayant avorté, ses auteurs ont dû se garder d'en révéler l'existence. Il est très-possible même, qu'un gouvernement aussi circonspect

---

(1) Gregorio Leti, liv. 2, de la 3e partie. Il dit que cette harangue fut prononcée dans le sénat. J'en doute fort, le sénat était une assemblée trop nombreuse pour qu'on y discutât une affaire de cette nature. Il est beaucoup plus vraisemblable que cette délibération eut lieu dans le collége des sages, ou dans le conseil des Dix.

(2) *Ibid.*

que celui de Venise, se soit refusé, dans une affaire si hasardeuse, à prendre un engagement authentique, et se soit borné à des encouragements, à des promesses. Mais les détails des faits n'en constatent pas moins sa connivence, et prouvent que, s'il n'avait pas promis formellement sa coopération, il avait au moins laissé entrevoir son assentiment.

A partir de ce moment, la conduite du gouvernement vénitien fut telle, qu'elle ne peut s'expliquer que par la connaissance qu'il avait des projets du duc d'Ossone. Tous les amis de la république, qui étaient, par conséquent, les ennemis de l'Espagne et de l'Autriche, devinrent les alliés du vice-roi de Naples.

Le dauphinais Deveynes, confident de Laverrière, avait écrit en France au garde des sceaux Guillaume Duvair, avec qui il était en relation, et lui avait touché quelques mots de la révolution projetée (1). Cette révolution ne pouvait manquer d'être agréable à la cour de France ; mais une pareille affaire n'était pas de nature à être expliquée et négociée autrement que de vive voix.

Deveynes partit de Naples pour Paris, avec

IX. Négociations du duc d'Ossone avec le duc de Savoie et avec la cour de France.

---

(1) Louis VIDEL, liv. 10.

des instructions du duc d'Ossone, qui lui recommandaient de sonder, en passant à Turin, les dispositions du duc de Savoie. Il n'avait garde de traverser le Piémont, sans aller rendre compte de l'objet de son voyage au maréchal de Lesdiguières, son compatriote, qui commandait alors l'armée de France en Italie. Le secrétaire de ce seigneur nous atteste que Lesdiguières accueillit ce projet avec transport, et qu'il en récompensa le porteur, en l'admettant au nombre de ses domestiques (1). Le duc de Savoie ne reçut pas la confidence avec moins d'empressement; et l'agent continua sa route vers Paris, muni de lettres que ce prince et le maréchal lui donnèrent pour les ministres.

Ceux-ci, pour éluder peut-être la nécessité de se décider, jugèrent qu'il était convenable qu'une affaire, où tout dépendait de la juste appréciation des circonstances, fût traitée au quartier-général de l'armée, plutôt que dans le cabinet. Revenu à Turin, Deveynes fut dépêché à Naples (2), avec des lettres du duc de Savoie et de Lesdiguières, qui encourageaient le duc d'Ossone, et avec l'autorisation de lui promettre

---

(1) *Ibid.*

(2) Nani a eu connaissance de ce voyage de Deveynes, car

toutes sortes d'assistances, à mesure qu'on le verrait avancer dans sa résolution.

Laverrière avait profité du temps pour l'y affermir et l'y engager plus avant. Gagner les esprits, rassembler des forces, préparer l'exécution de son projet, sans le laisser pénétrer, était une tâche difficile; mais, d'une autre part, il était impossible de compter sur l'appui, même sur l'approbation ouverte des puissances étrangères, avant de leur avoir fait entrevoir la probabilité du succès.

Il est certain, dit un historien italien (1), que chacun jouait alors au plus fin, et trouvait dans les maximes d'état de ce temps-là, de quoi autoriser la subtilité, et même la fourberie. Aussi tous les princes d'Italie se conduisaient-ils avec tant d'adresse et de circonspection, qu'ils semblaient tenir à tous les partis à-la-fois.

Le duc d'Ossone, quoiqu'il n'ignorât point que, pour se rendre populaire, il n'en coûte le plus souvent aux grands que des maximes, avait donné au peuple de Naples des gages de sa sincérité, en affectant de ne ménager ni le clergé,

---

il dit, liv. 4, que Lesdiguières envoya à Naples une personne affidée pour observer en quel état étaient les affaires.

(1) Gregorio Leti, 3ᵉ partie, liv. 1ᵉʳ.

ni la noblesse. Il s'aperçut probablement que c'était préparer des obstacles à l'exécution de son dessein; car le changement que l'on remarque dans sa conduite, me paraît indiquer l'époque où il conçut l'espérance d'usurper le trône.

X.
Fixation de l'époque de ces négociations.

La plupart des auteurs qui ont parlé de son projet, en font mention sous la date de 1619, parce qu'en effet c'est vers cette époque qu'il commença à transpirer; mais tout ce qui avait été fait jusque-là avait exigé du temps (1). Il était naturel que le vice-roi eût choisi, pour entreprendre des négociations avec des puissances étrangères, et pour concevoir le projet de se révolter contre son souverain, le moment où l'Espagne était en guerre avec le duc de Savoie, et l'Autriche avec les Vénitiens. Aussi est-ce pendant cette guerre qu'il ralentissait l'envoi des secours réclamés avec instances par le gouverneur de Milan. Ici je laisse parler un historien italien.

---

(1) On trouvera dans les *Pièces justificatives*, à la suite de l'examen des relations qui ont été données de cette conjuration, une analyse de toutes les objections dont le fait que j'établis ici me paraît susceptible. La question relative à l'époque où le duc d'Ossone conçut son projet, y est discutée.

« La guerre était extrêmement échauffée entre le roi catholique et le duc de Savoie, sur-tout depuis que dom Pèdre de Tolede avait pris le gouvernement du Milanais; le duc d'Ossone, dès son arrivée, avait reçu l'ordre d'assembler des troupes et de lui envoyer des secours; mais pour dix soldats qu'il faisait passer dans le Milanais, il en levait trente pour l'exécution de ses desseins, plus grands que jamais, depuis son arrivée à Naples (1). »

Il se conduisit de la même manière avec l'archiduc Ferdinand. On lui recommandait de faire passer en Allemagne des troupes et des munitions; il s'obstinait à les envoyer par Trieste, *prévoyant bien que de ce côté-là il se rencontrerait immanquablement des obstacles, puisqu'il s'agissait de traverser l'Adriatique.* La cour de Madrid lui prescrivait d'envoyer trois cent mille écus à Vienne; il répondait que le trésor de

---

(1) Gregorio Leti, 3ᵉ liv. de la 2ᵉ partie. La date du fait est indiquée ici bien positivement, *au moment de son arrivée à Naples, pendant la guerre*, c'est-à-dire antérieurement au traité du mois de juin 1617. Il est vrai que les projets que l'historien attribue au duc d'Ossone dans ce passage, sont, non pas de se faire roi, mais de faire la guerre aux Vénitiens. On va voir par la note suivante qu'il se contredit.

Naples était épuisé. Aussi les Autrichiens l'accusaient-ils hautement, jusqu'à dire, « qu'il était aisé de connaître qu'il avait quelque dessein, ce dont ses actions rendaient suffisamment témoignage, et sur-tout le refus d'assister la maison d'Autriche en Allemagne; le plaisir qu'il semblait prendre à l'affaiblir, pour parvenir à ses fins secrètes; les prétextes inventés, pour se dispenser d'envoyer de l'argent; le soin qu'il prenait de diriger les munitions et les soldats par les chemins les plus longs et les plus dangereux, afin de les faire arriver trop tard, ou tomber entre les mains des ennemis (1). »

Ces refus, ces manéges, ces reproches, tout cela n'a pu avoir lieu qu'antérieurement au 6 septembre 1617, époque où fut signé le traité entre la république de Venise et l'archiduc Ferdinand.

Il n'est pas rare qu'on trouve dans un même historien des faits contradictoires; par exemple, Nani, et d'après lui l'historien de Naples Giannone, admettent dans leurs récits la conspiration du duc d'Ossone, pour s'emparer du royaume de Naples, et cela, quelques pages

---

(1) Gregorio LETI, 2ᵉ liv. de la 3ᵉ partie. Ici l'auteur admet que le duc d'Ossone était d'intelligence avec les Vénitiens.

après avoir raconté la conjuration du même duc d'Ossone contre les Vénitiens. Ils ne se sont pas aperçus que nécessairement l'un de ces faits devait détruire l'autre. Ils supposent que le vice-roi ne conçut le projet de se déclarer indépendant, que quand il se crut perdu à la cour de Madrid. Mais pourquoi se serait-il cru perdu, s'il n'était point coupable? pourquoi l'excès du zèle l'aurait-il plongé dans la disgrace, tandis que son complice Bedemar resta en faveur? par quel changement subit aurait-il passé de l'excès du zèle à la révolte? comment aurait-il osé compter sur les secours de la république de Venise, après avoir attenté à son existence? et comment, après avoir échoué dans ce complot, aurait-il eu le temps d'en tramer un autre, dont l'exécution exigeait tant de négociations et de préparatifs? D'ailleurs il y a des faits qui tiennent à la conspiration de Naples, qui sont antérieurs à la prétendue découverte de la conspiration contre Venise.

Un autre historien (1) dit positivement que, lorsque le vice-roi fit communiquer secrètement son projet à la cour de France, le duc de Luynes venait de succéder à la faveur du maréchal d'Ancre; et la mort de celui-ci eut lieu le 24 fé-

_____
(1) Louis Videl, liv. 10.

vrier 1617 : donc, il est évident que ce projet existait au moins dès les premiers mois de cette année.

XI. Préparatifs du vice-roi à Naples.

Pour conserver l'affection du peuple, le vice-roi engagea dans ses intérêts l'élu Jules Genovino, qui était alors le tribun populaire de Naples; homme de sens et de résolution, adroit, et jouissant d'une grande influence. Il le fit continuer dans sa charge (1).

Pour regagner la noblesse, il se montra affable envers tous, généreux, magnifique envers quelques-uns, et chercha, par la distribution des places, à se faire des créatures.

Le plus difficile était de s'attacher le clergé. Il cajola les religieux, s'assujettit, ainsi que la vice-reine, à des pratiques de dévotion, visita les couvents, y laissa des marques de sa libéralité ; acheta une maison de plaisance dont il fit don aux jésuites; engagea la vice-reine à prendre un confesseur de cet ordre, et choisit pour lui-même le père Antoine Caraffa, personnage d'une grande naissance, d'une haute réputation, et proche parent de l'archevêque de Naples (2).

---

(1) Gregorio Leti, liv. 2 de la 3ᵉ partie.
(2) *Ibid.*

Mais le clergé, et sur-tout les jésuites, loin de se montrer disposés à rendre légèrement leur confiance, n'en furent sans doute que plus vigilants à épier les motifs secrets d'un si grand changement dans la conduite du vice-roi.

Dans la nécessité de se procurer de l'argent, il établit de nouveaux impôts, en évitant de les faire peser uniquement sur le peuple : il s'empara des caisses des banques, sous divers prétextes (1) : il fit aux Génois des emprunts considérables, qui ne furent pas exempts de contrainte : il poussa même l'affectation jusqu'à consulter un théologien, sur la légitimité de ces emprunts, dont le remboursement ne paraissait pas assuré (2). Par ces moyens ou d'autres, il se vantait d'avoir accru les revenus du royaume de onze cent mille ducats (3).

On juge bien quelle était la destination de tout cet argent, dont la levée ne pouvait se faire sans compromettre un peu la popularité du vice-

---

(1) *Ibid.* liv. 3 de la 3e partie.

(2) Le père Mandola décida, d'après la maxime *non est peccatum nisi voluntarium*, que, pourvu que le vice-roi, en empruntant, eût l'intention de rendre, l'emprunt était irréprochable, bien que dans la suite il ne pût être remboursé. (*Ibid.*)

(3) Dans sa lettre au roi. (*Ibid.* liv. 2 de la 3e partie.)

roi. Ses libéralités lui garantissaient le dévouement des troupes, et ses manières encore plus séduisantes lui gagnaient les cœurs des officiers. Cependant la petite armée, qui occupait le royaume de Naples, était composée principalement d'Espagnols. Le duc cherchait tous les moyens d'augmenter ses forces, et de se rendre propres celles qui l'entouraient.

Il ne pouvait, sous peine de se trahir, ôter aux Espagnols la garde de la capitale; mais il inspira aux régents du royaume des inquiétudes pour quelques points importants de la côte. Les apparitions fréquentes de la flotte vénitienne devant les ports confirmèrent ces craintes, et, sollicité de porter rapidement ses meilleures troupes sur les points qui semblaient menacés, le duc ne parut que céder aux conseils de la régence, lorsqu'il détacha de la garnison de Naples, les régiments dont il était le moins sûr, pour les disperser dans les provinces.

Il ne resta dans la capitale que six mille Espagnols, dont quelques-uns avaient fait la guerre sous lui, et qui généralement paraissaient lui être entièrement dévoués.

Il y avait aussi, parmi les troupes du royaume, des Wallons et des Italiens. La fidélité de ceux-ci était moins difficile à ébranler. Le duc savait que, pour les entraîner à la révolte, il suffisait de leur fournir quelque occasion de se mutiner, et ces occasions n'étaient pas rares, grace à la pénurie de la cour d'Espagne, qui demandait continuellement des fonds au royaume de Naples, au lieu d'assurer la solde des troupes par des envois d'argent.

Il importait au vice-roi de former quelques corps de gens qui fussent entièrement à lui. Laverrière, Deveynes, lui conseillèrent d'attirer à son service des aventuriers français, répandus alors en fort grand nombre sur toute la surface de l'Italie. Par leur caractère entreprenant, leur haine contre l'Espagne, et leur amour pour les nouveautés, ils étaient plus propres que les autres à embrasser une révolution avec ardeur, et à donner l'impulsion dans un moment décisif. D'ailleurs, plus il aurait d'hommes de cette nation sous ses drapeaux, plus il devrait être facile au duc d'entraîner la France dans ses intérêts, ou au moins de faire croire qu'elle les favorisait.

Il ne pouvait recruter que sous le prétexte d'une guerre. Il répandit le bruit que les Turcs et les Vénitiens faisaient des armements; il se tint en état d'hostilité avec la république, et cela sans nécessité réelle; car enfin, c'était l'Autriche et non pas l'Espagne qui se trouvait en guerre avec les Vénitiens. Il était au moins étrange, que le vice-roi de Naples se déclarât

XII.
Ses hostilités simulées contre les Vénitiens.

l'auxiliaire de l'archiduc, lorsque le roi d'Espagne se bornait au rôle de médiateur. La signature de la paix ne laissait pas même l'apparence d'un prétexte, pour continuer les actes hostiles; mais le duc d'Ossone ne les suspendit point malgré les ordres réitérés de la cour. Le roi lui écrit de sa main, pour presser la restitution des bâtiments capturés (1) ; cette restitution est éludée. De la part d'un gouverneur fidèle ce serait un acte de démence; mais si ce gouverneur médite une rebellion, les conséquences de cette désobéissance ne peuvent l'effrayer. Il fait courir la flotte de Naples dans l'Adriatique, pour éviter de la renvoyer en Espagne, où les ordres du roi la rappelaient : il prolonge la guerre, pour se dispenser de désarmer. Profitant de cette circonstance que le roi est en paix, il fait arborer à ses vaisseaux, non le pavillon d'Espagne, non les armes de Naples, mais les siennes, pour habituer ses troupes à ce signe, qui bientôt doit être sur leurs drapeaux. Sa flotte rencontre plusieurs fois la flotte vénitienne, jamais il n'y a de combat; il semble que toujours l'amiral qui a la supériorité des forces, ait aussi dans ses instructions de ne pas détruire la flotte ennemie;

---

(1) Gregorio Leti, 3ᵉ liv. de la 2ᵉ partie

tout se réduit à des escarmouches, à des canonnades sans effet, et à la capture de quelques bâtiments isolés. Un amiral vénitien avec une flotte quatre fois plus nombreuse que l'escadre napolitaine (1) la canonne de si loin, que la perte des Napolitains se réduit à une trentaine de blessés : on se contente de lui retirer le commandement, et encore on l'en dédommage par la dignité de procurateur. Son successeur rencontre l'armée ennemie, et, quoique au moins égal en forces, il évite le combat : un cri d'indignation s'élève contre lui, il est mis en jugement et absous. Ce n'est qu'après une troisième rencontre semblable, que le gouvernement vénitien se croit obligé, sous peine d'avouer la connivence, à destituer son amiral. Les soldats eux-mêmes commençaient à remarquer ce manége, et lorsque après un combat de six heures, il n'y avait personne de mort ni d'un côté ni de l'autre, on était bien fondé à dire qu'on n'avait mis que de la poudre dans les canons (2).

Cette guerre simulée fournissait au vice-roi un prétexte pour augmenter ses forces. Il attirait des Français; il en organisait des régiments,

---

(1) Histoire de Jean Capriata, liv. 6.
(2) Gregorio Leti, 3ᵉ liv. de la 2ᵉ partie.

il en formait les équipages de ses vaisseaux : tout Français qui arrivait à Naples était sûr d'y trouver un bon accueil, de l'argent et de l'emploi. Le duc d'Ossone faisait recruter des matelots dans Marseille même; l'ambassadeur vénitien près la cour de France affectait de s'en plaindre (1); le roi ne mettait à ce recrutement aucune opposition.

Les moyens préparés par le duc d'Ossone étaient encore insuffisants, puisqu'ils se réduisaient à appeler un à un dans ses troupes des aventuriers étrangers. Les alliances qu'il avait tâché de conclure n'étaient pas assez avancées pour qu'il fût prudent d'y compter.

Les Vénitiens n'avaient encore promis que leur approbation, et il était évident qu'elle était tacitement subordonnée à la condition du succès.

Le duc de Savoie avait promis ses secours; mais ce n'était pas un prince assez puissant pour imposer à l'Espagne; on ne pouvait en attendre qu'une diversion; il était également certain qu'en cas de succès, sa coopération se réduirait à l'occupation de quelques places du Milanais, et que si le projet ne réussissait pas, il se hâterait de le désavouer.

---

(1) *Memorie recondite* di Vittorio Siri, tom. 4.

Lesdiguières avait embrassé la cause du duc d'Ossone avec chaleur, mais il n'avait pas communiqué son ardeur au conseil de France. Cette cour, en refusant de traiter directement cette affaire, laissait voir qu'elle voulait se réserver les moyens d'abandonner le négociateur. Elle n'avait donné que des encouragements vagues; il fallait donc presser le ministère, le déterminer à prendre quelques engagements, à promettre sa coopération; car, en dernier résultat, il n'y avait que cette puissance capable de balancer les efforts de l'Espagne. Il fallait en même temps que le vice-roi augmentât le nombre de ses troupes et de ses vaisseaux; car, tant qu'il ne serait pas en état d'agir, il ne devait pas s'attendre à être secouru par une cour aussi timide que la cour de France, et par un conseil aussi circonspect que le sénat de Venise.

XIII. Froideur de la cour de France. Négociations avec la Hollande.

Le maréchal de Lesdiguières commença par se mettre en relation sur cette affaire avec un des hommes de la cour les plus connus par leur dextérité, Deageant de Saint-Marcellin (1), autre dauphinais, espèce de favori, qui eut l'adresse de s'introduire successivement dans la confiance du maréchal d'Ancre, ensuite du duc

---

(1) Louis Videl, liv. 10.

de Luynes et enfin du roi : c'était un homme entreprenant, diligent, et quoiqu'il n'eût point de caractère officiel, on espérait que, s'il embrassait cette affaire avec chaleur, elle marcherait plus rapidement sous sa direction que dans les mains des ministres.

Cependant il n'y avait pas moyen de se passer de l'assentiment du conseil : pour le déterminer par l'autorité de l'exemple, le duc de Savoie et Lesdiguières prirent sur eux de faire tâter le prince d'Orange (1), qui, en sa qualité d'ennemi naturel des Espagnols, ne pouvait manquer de s'intéresser aux succès du duc d'Ossone. Les Provinces-Unies qui venaient de secouer le joug de la maison d'Autriche, étaient alors en état de trève avec elle : par cette trève même, la cour de Madrid avait reconnu leur indépendance, et il est remarquable qu'elles en étaient redevables au duc d'Ossone, dont l'opinion avait déterminé le conseil d'Espagne dans cette occasion (2).

A la faveur de cette trève, les Hollandais avaient fourni aux ennemis secrets de l'Espagne, c'est-à-dire aux Vénitiens, un corps de

---

(1) *Ibid.*
(2) Gregorio Leti, liv. 1 de la 2e partie.

quatre mille hommes (1), que ceux-ci avaient employés contre l'archiduc d'Autriche, dans la guerre du Frioul : les partisans de l'Espagne criaient, avec beaucoup d'affectation, contre la république, pour avoir appelé des soldats hérétiques en Italie (2). Après la paix signée il était naturel que les états-généraux fissent revenir ces troupes en Hollande, où l'expiration prochaine de la trêve de 1609 allait les rendre nécessaires; ils ne les rappelaient cependant pas. Les Vénitiens n'en avaient plus besoin; ces étrangers étaient assez insubordonnés; leur entretien était une dépense considérable et inutile; cependant le gouvernement les gardait depuis un an dans quelques places ou dans le lazaret, à un mille de Venise. D'un côté, les Vénitiens

---

(1) « Il arriva à l'armée de Venise, mille Hollandais, commandés par le colonel Vessenhoven, et trois mille sous les ordres du comte de Nassau. »
(*Hist. de Nani*, liv. 3.)

(2) « Les Espagnols étaient extrêmement alarmés de voir que deux puissantes républiques comme Venise et la Hollande, fussent en si bonne intelligence, et qu'elles eussent trouvé le moyen de joindre, pour ainsi dire, la mer Adriatique à l'Océan. Ils étaient incessamment aux oreilles du pape, pour l'obliger à s'opposer à l'entrée des Hollandais en Italie, sous prétexte qu'ils pouvaient y répandre le poison de l'hérésie. » (*Ibid.*)

disaient que les hostilités du vice-roi de Naples les forçaient à retenir ces troupes; de l'autre, le duc d'Ossone faisait dépendre de leur licenciement la cessation des hostilités (1). Les Vénitiens alors en paix avec tout le monde, resserraient leur alliance avec la Hollande (2), avec le duc de Savoie, et fournissaient à ce prince un subside extraordinaire pour retenir l'armée française en Italie (3).

---

(1) « Il accompagnait ces belles promesses des conditions les plus dures, prétendant que la république renvoyât les vaisseaux hollandais et licenciât les troupes de cette nation. Mais ce qu'il y a de remarquable c'est que, dans le même temps que le duc demandait ce licenciement, il faisait fréter des vaisseaux en Angleterre et en Hollande, pour renforcer son armée navale. »

(Gregorio Leti, 1er liv. de la 3e partie.)

(2) Gregorio Leti, 3e liv. de la 2e partie, et 2e liv. de la 3e partie où il dit : « Cependant on publia la ligue défensive pour quinze ans, entre les Vénitiens et les Hollandais. Ceux-là promettant aux Hollandais cinquante mille florins par mois, en cas d'invasion, et ceux-ci réciproquement s'engageant à donner la même somme aux Vénitiens, en cas que la république fût attaquée.

(3) « Les Vénitiens, outre les deniers qu'ils fournissaient tous les mois, avaient donné au duc quatre-vingt mille ducats d'extrordinaire, et en même temps les moyens d'attirer une seconde fois Lesdiguières avec des troupes. »

(Nani, liv. 3.)

Dans le même temps le duc d'Ossone traitait avec le prince d'Orange, pour en obtenir des secours : il louait des vaisseaux Hollandais (1), s'occupait d'attirer à son service les quatre mille hommes que la république de Venise gardait sans nécessité, et cet embauchage, qui n'aurait pu avoir lieu sans l'aveu tacite du prince d'Orange, car le commandant de ces troupes était un comte de Nassau, cet embauchage, dis-je, ne se faisait point à l'insu des Vénitiens, qui auraient pu y mettre obstacle. Il est évident que le duc d'Ossone avait un grand intérêt à prendre ces quatre mille Hollandais à sa solde; que le prince d'Orange y consentait; mais que, comme on ne pouvait les embarquer pour Naples avant que le vice-roi n'eût levé le masque, les Vénitiens les tenaient en réserve sous divers prétextes, pour les faire partir au moment décisif. Le prince d'Orange avait même promis d'envoyer, aussitôt que le duc d'Ossone se serait déclaré, une escadre hollandaise dans la Méditer-

XIV. Secours fournis par les Hollandais.

Quatre mille Hollandais destinés à passer du service de Venise à celui du duc d'Ossone.

Envoi d'une escadre hollandaise dans la Méditerranée.

---

(1) « Le vice-roi disait qu'il était prêt d'exécuter les ordres de sa cour, aussitôt que la république aurait licencié les Hollandais; cependant lui-même, dans ce temps-là, essayait de se pourvoir de vaisseaux en Angleterre et en Hollande. »

(*Hist. de* NANI , liv. 3.)

ranée, pour interdire aux Espagnols la faculté de venir débarquer des troupes dans le royaume de Naples (1). Il tint en effet cette promesse, et, sous prétexte de fournir des secours aux Vénitiens, qui avaient fait la paix depuis plusieurs mois, et qui n'avaient pas besoin de vaisseaux, il fit partir, au mois de mai 1618, douze bâtiments, qui se présentèrent devant le détroit de Gibraltar le 24 juin; la flotte d'Espagne s'avança, pour leur interdire le passage; un engagement eut lieu; mais, soit que le vent favorisât la marche des Hollandais, soit que l'amiral espagnol n'eût pas fait tout ce qu'il aurait pu faire, les premiers passèrent librement (2). Il faut re-

---

(1) Louis VIDEL, liv. 10.

(2) « Deux bâtiments de Livourne ont rapporté que naviguant de conserve avec les douze vaisseaux hollandais, qui viennent à notre service, ils ont rencontré le 24 du mois dernier, au détroit de Gibraltar, dix vaisseaux et deux caravelles espagnoles pour leur fermer le passage, d'où il est résulté un combat de six heures, après lequel les Espagnols se sont retirés.

(Lettre du doge au résident de la république à Milan, du 12 juillet 1618, dans un registre des actes du sénat et des inquisiteurs d'état, relatifs à la conjuration de 1618. Manuscrit des archives des aff. étr. analysé ci-après, dans les *Pièces justificatives*.)

« Christophe Suriano, résident de la république en Hol-

marquer que cet amiral était le prince Philibert, fils du duc de Savoie, dont le père était alors l'allié secret du duc d'Ossone, et qui lui-même était redevable au vice-roi, du commandement qui lui avait été confié (1).

Si la république de Venise eût été déterminée à se déclarer ouvertement pour le vice-roi qui méditait l'usurpation du trône de Naples, il aurait suffi de tenir les troupes hollandaises rassemblées, pour les embarquer au moment décisif. Mais il n'en était pas ainsi; les Vénitiens consentaient seulement à fermer les yeux, et

---

lande, équipa douze vaisseaux qui passèrent heureusement le détroit, malgré l'opposition de six grands vaisseaux et de douze moindres, lesquels furent contraints de se retirer sur les côtes d'Espagne, après avoir souffert quelque dommage. »
(*Hist. de* Nani, liv. 3.)

(1) « Le duc d'Ossone insinua au prince Philibert la pensée de demander la charge de général de la mer, l'assurant que, de son côté, il y contribuerait de tout son pouvoir, se faisant un grand plaisir de voir ce commandement entre les mains d'un prince qui lui en serait redevable. Philibert voulut que le duc d'Ossone en parlât le premier au duc de Lerme, comme il fit effectivement. Les objections que cette proposition éprouva dans le conseil, furent combattues par le premier ministre; ainsi Philibert fut déclaré général des forces maritimes, etc.
(Gregorio Leti, liv. 1er de la 2e partie.)

pour que ces quatre mille hommes passassent au service du duc d'Ossone, il fallait qu'on les eût débauchés du service de la republique. Or, il restait à trouver un motif à cet embauchage fait dans Venise, sous les yeux de l'ambassadeur espagnol. La haine que le duc d'Ossone affectait contre les Vénitiens, fournit ce prétexte : il savait que ce sentiment était sincèrement partagé par dom Pedro de Tolède, gouverneur de Milan, et par le marquis de Bedemar; il feignit d'avoir conçu de grands projets contre la république (1), et envoya à Venise des émissaires secrets, pour en préparer l'exécution, en débauchant les troupes hollandaises, que le gouvernement vénitien tenait si complaisamment dans le lazaret.

XV. Le corsaire Jacques Pierre au service du duc d'Ossone.

Entre les étrangers que le duc d'Ossone avait attirés, depuis quelque temps, à son service, il y avait un homme de mer nommé le capitaine Jacques Pierre, natif de Normandie, qui s'était acquis une grande réputation. Ce Jacques Pierre, ayant beaucoup navigué dans les mers du Le-

---

(1) « Nani et Martinioni semblent vouloir attribuer le premier projet de la conspiration au duc d'Ossone, et dans le journal de Thomas (domestique du vice-roi) qui m'a été envoyé d'Espagne, on attribue à ce duc l'honneur de l'invention. »

(Gregorio Leti, 1er liv. de la 3e partie. »)

vant, s'était rendu redoutable au commerce des Turcs. Le duc de Nevers, qui prétendait avoir hérité des droits des Paléologues, sur une partie de la Grèce, et le père Joseph, confident du cardinal de Richelieu, l'avaient employé à pratiquer des intelligences dans la Morée (1).

Le duc d'Ossone, qui l'avait attiré dans son gouvernement, lui fit une de ces confidences qu'on croit toujours propres à séduire les hommes de résolution. Il lui dit un jour, que Venise était une ville ouverte, où l'on pouvait arriver de tous côtés avec des bateaux plats; qu'habituellement on n'y entretenait point de garnison, mais seulement une garde de police; que la population était timide; qu'à certaine époque de l'année, une grande partie de la noblesse et des citoyens opulents se retiraient à la campagne; qu'ordinairement il y avait dans cette ville un grand concours d'étrangers; et que, dans ce moment, le lazaret était rempli de troupes hollandaises, mécontentes de leur licenciement, et fatiguées de leur inaction. L'oligarchie vénitienne était un gouvernement odieux, qui ne devait pas trouver parmi ses sujets, de zélés défenseurs. Toutes ces circonstances paraissaient favorables,

---

(1) *Memorie recondite* di Vittorio SIRI.

pour se rendre maîtres de cette capitale par un coup-de-main : il suffisait, pour cela, de gagner une partie des troupes hollandaises; de répandre tout-à-coup dans la ville l'alarme, la confusion, et de s'emparer des postes principaux. A l'instant, les galions de Naples pénétreraient dans les lagunes, et débarqueraient deux ou trois mille soldats; de sorte que Venise se trouverait au pouvoir du vainqueur, avant que les conseils eussent pu se réunir, et que les troupes du dehors, que d'ailleurs on tâcherait d'occcuper, eussent pu arriver à leur secours. Pour tenter une pareille entreprise, il fallait un homme de tête et de cœur; c'était à ce double titre qu'on lui en confiait la direction. Au surplus, il devait, selon les circonstances, recevoir des instructions plus détaillées de l'ambassadeur de sa majesté catholique résidant dans cette capitale. Renverser le gouvernement vénitien n'était pas seulement une entreprise glorieuse, c'était le plus grand service qu'on pût rendre à la couronne d'Espagne.

Telles furent, à-peu-près, les instructions que le duc d'Ossone donna au capitaine (1); et, comme on aurait cru manquer aux règles de la politi-

---

(1) Gregorio Leti, liv. 1, part. 3.

que, si on n'eût mis de la ruse dans les moindres détails de ses actions, il fut convenu que Jacques Pierre feindrait de quitter le service de Naples, et affecterait le ressentiment d'un favori disgracié.

En conséquence, vers le milieu de l'année 1617, il partit ou feignit de s'échapper de Naples, et annonça, en passant à Rome, que son projet était d'aller offrir ses services aux Vénitiens (1).

<small>Il arrive à Venise, et y est admis au service de la république.</small>

Le duc d'Ossone affecta une grande colère, en apprenant le départ de cet étranger; il fit arrêter la famille, et confisquer les biens du capitaine, tandis que celui-ci se rendait à Nice, pour y solliciter du duc de Savoie, une lettre

---

(1) Le récit de Gregorio Leti, sur les circonstances du départ de Jacques Pierre, me paraît offrir plusieurs inexactitudes.

1° Il place ce départ sous la date de 1618. C'est une erreur évidente, car nous aurons à citer tout-à-l'heure un écrit de Jacques Pierre, daté de Venise, du 21 août 1617.

2° Il dit que le capitaine s'adressa, en arrivant à Rome, à l'ambassadeur de Venise. Nous allons citer aussi la lettre que l'ambassadeur écrivit pour annoncer que Jacques Pierre s'était enfui de Naples. Il n'y dit point que le capitaine soit venu chez lui, et lui ait révélé les projets du vice-roi.

3° Leti ajoute que Jacques Pierre passa par Ancône, où l'ambassadeur l'avait recommandé au consul de la république. Il paraît certain que de Rome il se rendit en Savoie.

de recommandation auprès du gouvernement de la république.

Quoique la fuite de Jacques Pierre, et sa brouillerie avec le vice-roi, ne parussent qu'un évènement domestique, l'ambassadeur de Venise à Rome ne négligea point d'en rendre compte à ses maîtres. Simon Contarini, c'était le nom de ce ministre, n'était pas initié dans la négociation entamée à Naples. Il écrivit que ce grand éclat, qu'avait fait la brouillerie du capitaine et du duc d'Ossone, pouvait n'être que le voile d'une perfidie, et que cet aventurier, qui se rendait à Venise, devait être tenu pour suspect (1).

Dans toute autre circonstance, un pareil avis aurait certainement suffi à un gouvernement si ombrageux, pour interdire l'entrée de la capitale à cet étranger, et sur-tout pour refuser de l'admettre au service de la république. Cependant, malgré ces avertissements réitérés, Jacques Pierre, en arrivant à Venise, y trouva un asyle, un accueil, un traitement de 40 écus par mois (2), et un emploi subalterne; car les Vénitiens n'en donnaient pas d'autres à des étran-

---

(1) Gregorio Leti, liv. 1, partie 3, et les autres historiens.

(2) Lettre de Léon Bruslart à M. de Puysieulx, du 19 juillet 1618, vol 1017-740.

gers, si ce n'est dans leur armée de terre. Les historiens qui ont écrit qu'on lui confia, bientôt après son arrivée, le commandement de douze vaisseaux (1), et que les patriciens s'empressèrent de demander à servir sous ses ordres (2), ont montré peu de connaissance des usages des Vénitiens. Il était de règle immémoriale que les nobles seuls pouvaient commander des vaisseaux de l'état ; et quand cette règle n'aurait pas existé, un tel excès de confiance n'en eût pas été moins étrange. Les auteurs qui rapportent cette fable, en ont si bien senti l'absurdité, qu'ils ajoutent que le capitaine ne pouvait assez s'étonner, et se moquer de la crédulité de ses nouveaux maîtres (3). On va juger si un tel emploi, et cette jactance, convenaient au rôle qu'il prit dès le quatrième jour de son séjour à Venise.

Il y avait déjà dans cette capitale un autre avenurier, nommé le capitaine Alexandre Spinosa, napolitain, créature et émissaire du duc

---

(1) L'abbé de Saint-Réal, *Conjuration de Venise*. Le continuateur de l'*Histoire de Jean-Baptiste Vero*, appelle Jacques Pierre et Langlade *primores classiarios*. Or *classiarius* est *qui in classe pugnat et subauditur miles*.

(2) Gregorio LETI, liv. 1, part. 3.

(3) *Ibid.*

d'Ossone. Dans sa première entrevue avec Jacques Pierre, ce Spinosa lui dit, « qu'il y avait plus d'écus à gagner au service du roi d'Espagne, que de sous au service des Pantalons; (c'était le surnom injurieux par lequel les détracteurs des Vénitiens se plaisaient à les désigner); que la paix entre l'Espagne et la Savoie allait être conclue, et qu'alors la république aurait à se défendre toute seule; que le duc d'Ossone avait assez d'argent aux Vénitiens, pour leur faire la guerre à leurs dépens; que le roi voulait, sans la leur déclarer formellement en son nom, armer contre eux un de ses sujets; que le vice-roi avait certainement de grands desseins, car il avait fait un présent considérable au capitan pacha; que, sans les Turcs, il se serait déjà passé bien des évènements, et qu'on en verrait infailliblement quelque chose avant deux mois; que, pour lui, il était serviteur du duc d'Ossone; et que, dans la vue de lui rendre de plus grands services, il allait demander à la république l'agrément de lever une compagnie de cavalerie. »

Le lendemain du jour où cette conversation avait eu lieu, c'est-à-dire le 21 août 1617, le gouvernement vénitien reçut un rapport secret, où on lui en rendait compte mot pour mot, en ajoutant « que l'ambassadeur d'Espagne avait écrit dernièrement au duc d'Ossone, et que la dépêche avait été confiée à un moine, parti pour Naples depuis trois jours; qu'au surplus, Alexandre Spinosa avait des relations directes avec le marquis de Bedemar, et se rendait quelquefois chez ce ministre, mais toujours la nuit, pour éviter d'être aperçu (1). »

Cela était vrai, car, quatre jours après, Spinosa conduisit le capitaine Jacques Pierre au palais d'Espagne. Il le fit entrer avec mystère, et, au lieu de le mener directement à l'appartement de l'ambassadeur, l'introduisit dans la chambre du secrétaire, en lui faisant observer que toutes ces précautions étaient indispensables, parce que le palais était rempli d'espions.

XVI. Entrevue nocturne de Jacques Pierre avec le marquis de Bedemar.

L'ambassadeur arriva par une porte intérieure; dès que le capitaine lui eut été présenté, il lui fit l'accueil le plus gracieux, et beaucoup de compliments sur sa réputation. Il le connaissait depuis long-temps, disait-il, pour un homme capable de rendre de grands services au roi, et de mettre à exécution une importante entreprise, dont il n'ignorait pas qu'on lui avait parlé à Naples.

---

(1) Cette révélation est rapportée ci-après textuellement dans les *Pièces justificatives*.

Jacques Pierre répondit qu'en effet le duc d'Ossone avait eu le projet de l'envoyer à Venise avec quelques barques et deux ou trois cents soldats, pour mettre le feu à l'arsenal, et à quelques galéasses qui y étaient en armement; mais qu'on l'avait envoyé seul, et que, d'après la connaissance qu'il avait prise des localités, il ne doutait pas que ce projet ne fût d'une exécution facile.

Là-dessus le marquis de Bedemar appuya cette opinion, en disant qu'il n'y avait à Venise aucun homme de tête, pour résister à une pareille attaque; que le moindre évènement inattendu suffisait pour répandre l'alarme; que quatre braves qui feraient le coup de poing sur la place Saint-Marc, mettraient en déroute toute la population; qu'il n'y avait pas le moindre doute qu'avec un petit nombre de gens de résolution, on ne pût se rendre maître de Venise; et que la perte de Venise entraînerait celle de tout l'état; mais que, les dispositions à faire n'étant pas de nature à être discutées par écrit, il importait que Jacques Pierre repartît sur-le-champ pour Naples, et allât rendre compte au duc d'Ossone de toutes ses observations. Ces instances furent accompagnées de grandes promesses, d'offres d'argent, de passeports, de sûretés; et l'ambassadeur termina en disant au capitaine que, s'il accomplissait ce grand projet, il mériterait une couronne.

Ici, Alexandre Spinosa prit la parole, pour demander quels étaient les moyens d'exécution dont on s'était assuré; à quoi Jacques Pierre répondit, qu'on avait fait construire à Naples trente barques, susceptibles de naviguer dans les lagunes, et de contenir chacune cent hommes, ce qui formait une force suffisante pour s'emparer de Venise par un coup-de-main, pour peu qu'on fût secondé par quelques intelligences au-dedans; qu'il y avait déja à Naples un Anglais, nommé Helyot, qui devait être chargé de conduire l'escadre.

L'ambassadeur interrompit Jacques Pierre, en lui prenant le bras, qu'il serrait fortement, et lui répéta qu'il n'y avait rien de plus urgent que son départ pour Naples.

Le capitaine s'en excusa, en lui représentant qu'il venait d'être admis au service des Vénitiens, qu'il avait reçu un mois de solde d'avance, jusqu'au 15 septembre (1), et qu'il ne pouvait pas demander un congé avant l'expiration de ce

---

(1) Cette date prouve que Jacques Pierre comptait au service des Vénitiens, à partir du 15 août 1617.

terme. L'ambassadeur loua fort sa délicatesse, l'exhortant à se tenir prêt à partir dès que cela lui serait possible, et termina en disant qu'il allait écrire au duc d'Ossone, pour l'en prévenir.

Spinosa et Jacques Pierre, en prenant congé de l'ambassadeur, se donnèrent rendez-vous, pour faire le lendemain le tour de Venise dans une barque.

XVII. *Le gouvernement reçoit l'avis d'une conjuration tramée contre la république.* Cette conversation avait duré plus d'une heure; dès le lendemain matin, elle fut transmise par écrit aux inquisiteurs d'état (1).

Par plusieurs avertissements postérieurs, le gouvernement continua d'être informé de divers projets, attribués au duc d'Ossone, sur quelques places de l'Albanie, sur la Morée, sur Venise.

Quel que fût le degré de confiance que de pareils avis pouvaient mériter, leur effet devait être de déterminer un gouvernement, naturellement soupçonneux, à prendre des précautions pour se préserver d'une surprise. Il était facile de prévoir sur quels points on devait la tenter; ainsi celui qui avait donné ces avis devait en conclure que, désormais, il serait plus difficile d'introduire des barques ennemies dans les ca-

---

(1) Voyez cette révélation du 26 août 1617, dans les *Pièces justificatives*.

naux, de surprendre les postes, de mettre le feu à l'arsenal, etc.

Maintenant, veut-on savoir quel était l'auteur de toutes ces révélations? c'était le capitaine Jacques Pierre. Il se nomme lui-même en tête de chacun de ses rapports. Ces rapports, nous les avons sous les yeux; nous n'en possédons pas seulement la copie, l'expédition authentique, l'original; nous avons mieux que tout cela; nous trouvons, dans la correspondance de l'ambassadeur de France, qui résidait à Venise à cette époque (1), les minutes de toutes ces déclarations. Ces minutes sont chargées de ratures, d'additions, de corrections, où l'on voit l'esprit qui a dicté ses rapports, et qui en attestent la sincérité. Elles sont envoyées successivement par l'ambassadeur au ministre des affaires étrangères. Il nous apprend lui-même qu'elles ont été trouvées dans un coffre de Jacques Pierre (2), et

Jacques Pierre et Renault étaient les auteurs de ces avis.

―――――――――

*(1) Correspondance de Léon BRUSLART. Volume 1116-741, feuillets 199, 207, 232, etc., et n° 1118-742. Bibliothèque-du-Roi.

(2) « Vous verrez par deux brouillardz que je vous envoye escriptz de la main de feu Renault et qui ont esté trouvez dedans un coffre de Jacques Pierre, comme ledict Jacques Pierre avait bien adverti les Vénitiens. »

(Lettre de Mr Léon BRUSLART à M. de Puysieulx, du 19 juillet 1618. Vol. 1017-740.

qu'elles sont de la main du capitaine Renault, autre français, qui les rédigeait, parce que Jacques Pierre ne savait pas écrire en italien (1).

Il y a plus, Jacques Pierre fut mandé par les inquisiteurs d'état, et on l'interrogea pendant quatre heures sur les projets qu'il dénonçait, et sur les moyens de les faire échouer (2).

Ce n'est pas tout encore; on crut, ou on feignit de croire à ses révélations; car cet Alexandre Spinosa, qui y était dénoncé comme émissaire du duc d'Ossone, et confident du marquis de Bedemar, fut enlevé secrètement, et mis à mort (3). Un Napolitain, sujet de l'Espagne, était bien autrement suspect qu'un Français, porteur de lettres de recommandation du duc de Savoie,

---

(1) Lettre du même au même, du 3 juillet 1618. Même volume.

(2) Lettre du même au même, du 6 juin 1618. Même volume.

(3) Voyez parmi les *Pièces justificatives*, la déposition de Jaffier. Gregorio LETI, (liv. 1, part. 3), raconte que ce Spinosa était chargé, par le duc d'Ossone, de surveiller Jacques Pierre, et que celui-ci, s'en étant aperçu, en fut irrité à tel point, qu'il voulait révéler la conjuration au conseil des Dix, ce dont le marquis de Bedemar le dissuada. On voit qu'en ceci l'auteur se trompe tout-à-fait, puisqu'il est constant que dès le premier jour Jacques Pierre révélait tout ce qu'il savait au gouvernement vénitien.

et qui, dès les premiers jours de son arrivée, avait débuté par des avis si importants (1).

---

(1) Saint-Réal dit : « Que Jacques Pierre alla se jeter aux pieds du duc de Savoie et lui raconta divers desseins tous horribles à penser, mais très-faux, et qui n'avaient rien de commun avec le véritable. » On voit que, si le complot véritable était une conjuration du duc d'Ossone et du marquis de Bedemar, contre Venise, Jacques Pierre ne l'avait pas dissimulé, et n'avait mis dans ses avertissements ni retard, ni reticences.

Quant à Spinosa, le récit de Gregorio Leti, sur cet aventurier, est un tissu d'erreurs évidentes, il dit : « Quoique le duc d'Ossone eût une grande confiance dans le capitaine Jacques Pierre, il jugea bon de le faire observer sous main. Il n'eut pas plutôt appris l'arrivée du capitaine à Venise, qu'il y envoya un certain Alexandre Spinosa, avec ordre d'épier les actions du capitaine : (on a vu que Spinosa était déja à Venise quand Jacques Pierre y arriva.) Alexandre ne doutait pas que le duc ne meditât quelque entreprise importante, et que Jacques Pierre ne conduisît la trame, et par conséquent il ne croyait nullement que ce capitaine fût aussi ennemi du vice-roi qu'il le disait. Ce qui le confirma dans cette opinion, c'est qu'il offrit de le poignarder, à quoi le duc s'opposa. (On a vu que Spinosa était du secret, et assistait aux conférences de Jacques Pierre avec l'ambassadeur d'Espagne : par conséquent il n'avait pas besoin de tant de pénétration, pour savoir ce que le capitaine venait faire à Venise.) Jacques Pierre délibéra s'il se découvrirait à Spinosa : (il n'avait rien à lui révéler.) Il se consulta long-temps avec Renault, et ils résolurent de le perdre. (La première dénon-

XVIII.
Preuves
de leur
sincérité.

Mais quel était donc le motif qui pouvait déterminer ce transfuge à faire de telles révélations? Pour apprécier ses intentions, il faut commencer par apprécier sa sincérité. Or, elle ne paraît pas pouvoir être révoquée en doute. Ces trente bateaux, construits pour naviguer dans les lagunes; ce débarquement inopiné de trois mille soldats; l'apparition de la flotte napolitaine, pour les seconder, l'incendie de l'arsenal et de la monnaie, pour faciliter l'occupation de ces postes, et répandre le trouble dans la ville; toutes ces circonstances devaient être celles d'une surprise tentée par les Napolitains; et les historiens, qui en attribuent le projet au duc d'Ossone, n'en ont pas imaginé d'autres : par conséquent ces révélations, faites près d'un an avant l'époque où on prétendit que l'entreprise devait éclater, faites avec une entière liberté et sans aucune réticence, ne pouvaient pas avoir pour objet de tromper le gouvernement vénitien.

Avertir que Venise était menacée par les Espagnols, c'était indiquer la nécessité de garder soigneusement les trois ou quatre points par où on pénètre dans les lagunes. Dire que les enne-

---

ciation contre Spinosa, est du 21 août 1617. Jacques Pierre venait d'arriver à Venise.)

mis se proposaient de mettre le feu à la monnaie, à l'arsenal, c'était inviter à faire exercer, sur tous les établissements publics, une surveillance plus exacte. Il était évident que la police allait suivre de l'œil tous les étrangers répandus dans la ville, et prendre toutes les précautions nécessaires pour éviter une surprise. Ces avertissements devaient donc avoir pour résultat de faire avorter la conjuration; donc, si la conjuration existait, Jacques Pierre en était le révélateur, et non pas le complice.

Il n'y a qu'une manière d'expliquer la conduite de cet aventurier. Le duc d'Ossone l'envoie à Venise, avec la mission de débaucher les troupes hollandaises, mais en le trompant sur l'emploi qu'on veut en faire. Jacques Pierre croit qu'il s'agit d'entreprendre un coup-de-main sur cette capitale. Français de nation, il se présente, peu de jours après son arrivée, chez l'ambassadeur de France, et lui déclare qu'il vient demander de l'emploi à la république, pour lui rendre un fidèle service, et pour lui révéler des projets qui se trament contre elle (1). L'ambassadeur,

---

(1) « Il y avoit plus de dix mois qu'ilz m'avoient dict (Jacques Pierre et un autre) qu'ilz estoient venus au service de ceste république, pour luy descouvrir ce misérable pro-

non averti des véritables desseins du duc d'Ossone, puisque la cour de France ne s'était pas encore déterminée à les seconder, doit attacher une grande importance à ses révélations. Il se trouve, auprès de lui, un autre Français, nommé le capitaine Nicolas Renault, qui offre sa plume à Jacques Pierre, pour la rédaction des avis à transmettre au gouvernement vénitien; et la minute de chacun de ces avis, écrite de la main du capitaine Renault, est envoyée par l'ambassadeur à son gouvernement.

Voilà une série de faits, dont la correspondance officielle et originale, nous fournit la preuve authentique. Il paraît naturel d'en conclure que Jacques Pierre ne tarda pas à réfléchir sur les conséquences d'une conspiration, tramée dans Venise contre le gouvernement vénitien; que, soit qu'il en eût horreur, soit qu'il en prévît le danger, il voulut se mettre en sûreté par ses révélations; et que Renault, rédacteur des rapports, étant un commensal de l'ambassadeur de France, ne manquait pas de les communiquer à ce ministre.

---

ject formé par le duc d'Ossone, lequel ilz avoient baillé par escript. »

(Lettre de Léon Bruslart à M. de Puysieulx, du 19 juin 1618. Vol. n° 1017-740.)

Si le dénonciateur voulait réellement servir les Espagnols, par une ruse d'ailleurs si maladroite, en ne révélant aux Vénitiens qu'une partie du complot, pour leur inspirer une fausse sécurité, il ne devait pas en faire part à l'ambassadeur d'une puissance, rivale déclarée des Espagnols.

Tels sont les faits et les écrits, qui peuvent servir à faire apprécier les intentions de Jacques Pierre et du capitaine Renault.

XIX. Preuves de l'intelligence des Vénitiens avec le duc d'Ossone.

Mais le duc d'Ossone avait à Venise un grand nombre d'autres émissaires, notamment un nommé Langlade, habile artificier, parti de Naples avec Jacques Pierre (1), et qui avait obtenu de l'emploi sur la flotte de la république; un capitaine Antoine Jaffier; deux frères Desbouleaux, et beaucoup d'autres, tous Français, tous arrivés de Naples, et admis au service vénitien.

Ces émissaires recrutaient pour le duc d'Ossone, et étaient parvenus à débaucher des soldats, et même des officiers des troupes hollandaises. Les uns disent trois cents hommes, d'autre sept cents, il y en a qui portent ce nombre jusqu'à deux mille (2), jusqu'à cinq

---

(1) Gregorio Leti, liv. 1, part. 3.
(2) Tous ces nombres sont dans Gregorio Leti. Ce bio-

mille; plus il était considérable, plus il était impossible que le gouvernement vénitien ne s'en aperçût pas. On ne peut nier que, si les Espagnols, ou le duc d'Ossone, avaient formé des desseins contre Venise, les Vénitiens n'en fussent bien avertis. Les avis consécutifs, donnés par Jacques Pierre et Renault, et réitérés pendant dix mois, devaient avoir excité la vigilance des inquisiteurs d'état. On ne peut pas douter que, s'ils eussent conçu des alarmes, ou seulement quelques soupçons, ils n'eussent pris leurs précautions; cependant, ils n'éloignaient point les troupes étrangères, dont les services étaient désormais inutiles, dont l'entretien était onéreux, dont les mauvaises dispositions s'étaient déja manifestées par quelques actes de mutinerie. Le recrutement s'opérait sans obstacle; les émissaires du duc d'Ossone remplissaient Venise depuis près d'un an; tous étaient connus; un seul (Spinosa) avait été arrêté: comment concevoir une pareille conduite, une si extrême imprudence, de la part

---

graphe, qui compile plutôt qu'il ne rédige, copie des passages entiers d'autres auteurs, qu'il ne cite pas toujours; de sorte qu'on trouve fréquemment des contradictions dans son livre, et qu'il faut quelquefois le lire avec beaucoup d'attention, pour distinguer son opinion de celle des auteurs qu'il a copiés.

du gouvernement vénitien, à moins d'admettre qu'il était d'intelligence avec le duc d'Ossone, et qu'il voulait bien tolérer un recrutement, dont il connaissait la véritable destination?

Jacques Pierre, que le duc d'Ossone avait trompé, en l'initiant dans un prétendu projet de conspiration contre Venise, trompait à son tour le vice-roi, en révélant ce projet, et le marquis de Bedemar, en en conférant avec lui, comme pour en concerter l'exécution.

Renault était le véritable confident de Jacques Pierre; mais quel était-il ce Renault? Un Français, natif de Nevers, vieillard, *ivrogne, joueur et pipeur, qui ne fut jamais homme de main ni de faction* (1), *et dont les fourberies étaient connues de tout le monde* (2); c'est le portrait que la légation de France en fait au ministre. Ce portrait s'accorde fort bien avec le rôle subalterne qu'il avait pris dans cette affaire.

L'ambassadeur de France était initié dans les projets que Jacques Pierre attribuait au duc d'Ossone, puisque cet aventurier, dès les premiers jours de son arrivée à Venise, s'était pré-

---

(1) Lettre de M. Léon Bruslart à M. de Puysieulx, du 3 juillet 1618, vol 1017-740.

(2) Lettre de M. Broussin, frère de Léon Bruslart, à M. de Puysieulx, du 28 mai 1618. *Ibid.*

senté à lui, pour lui en faire part. Il savait que le gouvernement vénitien en était bien informé, et n'y attachait, apparemment, aucune importance ; car, le 9 mai 1618 il demandait son rappel au ministre, prévoyant, disait-il, *que les affaires de ce goulphe iraient s'assoupissant* (1); et, quelques jours après, il partait pour aller faire un pélerinage de trois semaines à Lorette. Aurait-il fait cette demande, l'aurait-il motivée ainsi, se serait-il absenté de sa résidence, s'il eût eu connaissance d'une conspiration tout près d'éclater ?

Il nous reste à examiner quels pouvaient être les desseins de l'ambassadeur d'Espagne. A cet égard, nous ne saurions rien affirmer, n'ayant pas la correspondance de ce ministre. On voit bien que Jacques Pierre et Spinosa, eurent une conférence mystérieuse avec le marquis de Bedemar ; mais c'est par la révélation de Jacques Pierre (2), que nous en connaissons les détails.

---

(1) *Ibid.*

(2) Gregorio Leti, raconte (liv. 1ᵉʳ, part. 3) que, quelques jours après l'arrivée de Jacques Pierre et de Langlade à Venise, le marquis de Bedemar adressa une note au collége pour réclamer ces deux aventuriers comme déserteurs du service de Naples. Je ne saurais admettre cette particularité ; 1° parce que la réclamation n'aurait été nullement fondée ; 2° parce que Leti met dans la bouche du doge une réponse

Jacques Pierre était envoyé par le duc d'Ossone à Venise; il y venait avec la mission de débaucher les troupes hollandaises, pour exécuter un coup-de-main contre cette république; les indiscrétions du duc d'Ossone, et la haine qu'il affectait de manifester contre les Vénitiens, rendaient ce projet croyable, coloraient l'envoi de ces émissaires, et les trompaient eux-mêmes. Selon le rapport de Jacques Pierre, le marquis de Bedemar y applaudissait, et le pressait de retourner à Naples, pour en concerter l'exécution. Tout cela peut être, soit que l'ambassadeur jugeât à propos de laisser tenter cette hasardeuse entreprise, soit que, dissimulant les objections dont elle était susceptible, il ne voulût qu'entretenir le zèle d'un aventurier, qui paraissait fort animé contre les Vénitiens. Peu importait au duc d'Ossone, que Bedemar approuvât ou non ce coup-de-main, puisqu'on n'avait nullement l'intention de le tenter. L'essentiel était que l'ambassadeur crût à l'existence de ce projet, afin qu'il ne pénétrât pas la véri-

---

très-fière que le doge ne peut pas avoir prononcée, car on ne traitait jamais ces sortes d'affaires de vive voix; 3° à quoi aurait servi cette démarche ? A détourner tout soupçon d'intelligence entre Jacques Pierre et les Espagnols ? l'artifice était grossier.

table destination des troupes, et la connivence de la république. Pour l'induire en erreur, on lui avait adressé un homme qui la partageait; cet homme, soit par crainte, soit par tout autre motif, révélait aux Vénitiens le terrible secret dans lequel il se croyait initié; mais les Vénitiens en savaient plus que lui, et ces révélations, qui auraient ruiné les projets du duc d'Ossone, s'ils eussent été tels qu'on les supposait, en rendaient l'exécution d'autant plus sûre. Peut-être fut-ce pour augmenter la confiance de Jacques Pierre, et lui prouver qu'on ne négligeait pas ses avertissements, que l'inquisition d'état fit enlever et périr cet Alexandre Spinosa, que le capitaine avait dénoncé.

XX.
Lettre de Jacques Pierre au vice-roi.

De son côté Jacques Pierre devait être jaloux de prouver au gouvernement que le complot, dont il avait annoncé l'existence, se tramait réellement.

Il n'alla point à Naples, quoique le marquis de Bedemar l'en eût pressé. Il resta dix mois consécutifs à Venise, écrivant de temps en temps au duc d'Ossone, sans en recevoir l'ordre et les moyens de mettre à exécution l'entreprise pour laquelle il se croyait envoyé. Le 7 avril il lui écrivait de nouveau : nous avons cette lettre (1), mais rien n'en constate l'authenticité. Jacques Pierre y envoie au vice-roi un mémoire sur la manière de franchir les passes, de s'emparer des forts et d'opérer un débarquement. Il expose les moyens de se rendre maître de Venise, et ces moyens sont ceux dont lui-même avait averti le gouvernement vénitien. « J'ai, disait-il, adressé à votre excellence, le bourguignon Laurent Nolot; il a été retenu à Naples pendant deux mois et demi. Je lui avais fait connaître l'état des forces que j'étais parvenu à rassembler. Les troupes du comte de Lievenstein, au nombre de 3500 hommes, se trouvaient, depuis plus de six semaines, à ma disposition; plusieurs des chefs étaient à moi. Je m'étais en outre assuré d'à-peu-près deux mille hommes, dans les provinces; mais il devenait de jour en jour plus difficile de les amuser par des paroles, pour leur faire attendre le retour de Nolot; parce que celles de ces troupes qui étaient dans le lazaret, souffraient et se mutinaient. Votre silence a dû me faire croire que vous n'approuviez pas mon projet. Ne pouvant les entretenir dans l'espérance, je

---

(1) Bibliothèque-du-Roi, manusc. de la collection de Brienne, n° 10.

me suis vu obligé, pour les empêcher de se débander, de consentir à ce qu'elles fissent leur accommodement avec la seigneurie, et cela dix jours avant l'arrivée de Nolot, qui nous a enfin rapporté votre réponse. Si elle fût arrivée à temps, le projet aurait déja reçu son exécution, et Venise serait en notre pouvoir. Pour que votre excellence soit convaincue de la facilité de ce que je proposais, je lui envoie mon plan. On verra si l'entreprise était illusoire. Si Dieu me donne vie, et m'accorde la grace de n'être pas découvert, je me fais fort de rassembler encore mon monde et de venir à bout de mon dessein. Je ne demande, pour moi et mes compagnons, d'autre récompense que le butin. Ce que j'ai offert, je l'offre encore, à moins que nous ne venions à recevoir l'ordre de nous embarquer; c'est pourquoi je renvoie Nolot à votre excellence. Il lui exposera l'état des choses, c'est à elle de voir ce qu'elle jugera à propos de résoudre. »

Cette lettre, vraie ou supposée, ne prouve ni la culpabilité de Jacques Pierre, ni l'existence de la conjuration. Jacques Pierre avait tout révélé aux inquisiteurs d'état, ainsi il ne voulait pas tenter l'exécution de l'entreprise. Il exagérait probablement ses forces et les chances du succès, mais en cela il ne se compromettait pas. Il se plaint de ce que le duc d'Ossone tarde à se décider, donc, le 7 avril, le plan de l'entreprise n'était pas encore définitivement concerté entre le vice-roi et son principal agent.

Remarquons que cette lettre n'est vraisemblable, qu'autant que Jacques Pierre peut confier sans risque de pareils détails à la correspondance, et que le silence du duc d'Ossone n'est explicable, qu'autant qu'il n'a pas initié le capitaine dans ses véritables desseins. Supposons un moment que le vice-roi et le marquis de Bedemar eussent concerté avec une égale sincérité la ruine de Venise, était-ce un aventurier, un étranger, un corsaire, qui devait être l'intermédiaire de leur correspondance? Une fois le plan de l'entreprise arrêté et convenu entre les deux ministres, c'était à l'ambassadeur, présent à Venise, de diriger les agents qui se trouvaient sur les lieux; lui seul pouvait juger si les circonstances étaient favorables. Au contraire Jacques Pierre correspond directement avec le duc d'Ossone, il se plaint de ce que le duc tarde à approuver son projet; donc le duc ne l'avait pas envoyé à Venise pour l'exécuter; en effet, le vice-roi avait de tout autres desseins; il prenait à son service les troupes licenciées par la république, mais le moment n'était pas encore venu de faire partir ces troupes pour Naples.

XXI. Suite des négociations auprès de la cour de France.

Il était évident que le duc d'Ossone attendait, pour se déclarer, d'être assuré de la seule alliance qui pût lui garantir un secours efficace contre la cour d'Espagne. Il fallait décider la cour de France à promettre formellement sa coopération. Lesdiguières en confia le soin au maréchal de Créqui, son gendre (1), et le duc de Savoie, qui ne prenait pas cette affaire avec moins de chaleur, écrivit dans le même sens au prince de Piémont, son fils, qui était alors à Paris pour y épouser Christine, fille du feu roi Henri IV (2). Tous deux reçurent ordre de solliciter la prompte résolution des ministres, et de leur représenter qu'on ne pouvait pas espérer une circonstance plus favorable, pour arracher à la maison d'Espagne une de ses plus belles couronnes; que la trève de Flandres était sur le point d'expirer, qu'on était assuré de la coopération des Hollandais, et au moins de la bienveillance des Vénitiens; que le vice-roi avait déjà quinze à seize mille hommes de troupes, indépendamment de celles qu'il levait à

---

(1) Louis VIDEL, liv. 10.
(2) *Ibid.*

Venise, et une flotte composée de galères ou galions; qu'il était indubitable que plusieurs villes de la Lombardie secoueraient le joug des Espagnols, aussitôt qu'elles croiraient pouvoir le faire avec quelque apparence de succès; que tout, dans ce grand dessein, paraissait promettre une heureuse issue, pourvu qu'on ne le fît point avorter par des lenteurs, toujours funestes dans ces sortes d'affaires; que la réussite dépendait du secret, mais que ce secret ne pouvait être gardé long-temps; qu'enfin, s'il y a une prudence qui conseille de laisser mûrir les évènements, il en est une aussi qui recommande de ne pas laisser échapper l'occasion offerte par un heureux concours de circonstances fugitives.

Malgré le soin que le prince de Piémont et Créqui mirent à faire valoir ces raisons, le conseil du roi ne partageait point leur ardeur sur cette affaire. Ceux des ministres, qui ne se refusaient pas positivement à y engager la France, recommandaient des précautions peu compatibles avec une entreprise de cette nature. Les autres montraient une invincible répugnance à commettre la France avec l'Espagne, et leur politique allait jusqu'à soupçonner que ces projets du duc d'Ossone pouvaient n'être qu'un piége tendu par le cabinet de Madrid à ses ennemis, pour leur fournir une occasion de se démasquer (1). Toutes ces incertitudes retardèrent la résolution si impatiemment attendue en Italie.

Laverrière et Deveynes ne cessaient de dire au vice-roi, que, pour forcer la France à se déclarer, il suffisait qu'il se déclarât lui-même. Le duc protestait de sa résolution; il comptait déja trois alliés; mais les secours des Hollandais, promis de si loin, pouvaient ne pas arriver à temps; le duc de Savoie ne pouvait opérer qu'une diversion, et n'avait point de troupes à envoyer au fond de l'Italie; les Vénitiens ne s'étaient engagés qu'avec circonspection.

XXII. Soupçons qui s'élèvent contre le vice-roi. Ses imprudences.

D'une autre part, les dispositions que le vice-roi avait faites, pour augmenter son armée et sa flotte, les levées d'argent, dont on ne voyait pas clairement l'objet, la disparition des munitions de tous les forts, qui avaient été employées à approvisionner les vaisseaux (2), la dispersion des troupes nationales, l'affluence d'un si grand nombre de Français à Naples; tout cela devait déplaire aux régents du royaume, quoiqu'ils ne pénétrassent peut-être pas encore

―――――――――――

(1) Louis Videl, liv. 10.
(2) Gregorio Leti, liv. 3, part. 3.

le véritable motif de toutes ces mesures. En effet, ils vinrent témoigner au vice-roi l'inquiétude que leur causait la présence de tant d'étrangers d'une humeur si peu compatible avec le caractère des troupes nationales, et en demandèrent le licenciement. Cette proposition pouvait faire avorter son dessein. Il n'était pas possible de la rejeter ouvertement, sans se rendre suspect. Le duc imagina de faire suggérer aux Français de venir eux-mêmes tous ensemble demander leur congé. A son instigation, ils se présentèrent en foule, en déclarant qu'ils voulaient se retirer tous à-la-fois, officiers, soldats, matelots, et cela, pour passer au service des Vénitiens, où ils espéraient trouver de plus grands avantages. Dès que les régents furent avertis de cette démarche, ils s'effrayèrent de l'idée d'envoyer un tel renfort à une puissance que l'Espagne redoutait déja. Ils craignirent les reproches de la cour de Madrid, et furent les premiers à prier le vice-roi de prodiguer les récompenses et les promesses, pour retenir ces étrangers (1).

Laverrière saisit ce moment, pour lui remontrer, que l'entreprise dans laquelle il se trouvait engagé, était de celles que l'on ne peut même

---

(1) Louis VIDEL, liv. 10.

concevoir impunément ; que tôt ou tard la cour d'Espagne en serait informée ; que déja il ne pouvait se dissimuler que les grands de Naples, les prêtres, ne fussent ses ennemis secrets ; que s'il voulait n'avoir plus à craindre ni Naples, ni l'Espagne, il fallait se déclarer le maître de l'une et rebelle envers l'autre ; que pour n'avoir plus à rendre compte de sa conduite, il suffisait de se mettre au-dessus des lois, et qu'enfin il n'y avait plus d'asyle pour lui que sur le trône.

Ces raisons étaient puissantes, le péril pressant, l'impatience du vice-roi extrême, et cette impatience se décelait par des actes quelquefois peu réfléchis. Il répétait souvent cette maxime : qu'il y avait toujours de la gloire à tenter de grandes entreprises, dût-on y succomber (1). On a vu qu'il avait substitué ses armes à celles du roi, sur le pavillon qu'arborait la flotte ; cette innovation parut si étrange à la duchesse d'Ossone, qu'elle crut pouvoir se permettre à ce sujet quelques représentations : on attribue, au vice-roi, une réponse altière qui trahissait l'espérance d'avoir bientôt un pavillon à arborer comme souverain (2).

---

(1) Gregorio Leti, liv. 2, part. 3.
(2) Que tubo hechas vanderas publicamente con sus ar-

Le duc d'Uzeda, premier ministre, favori du roi et allié au duc d'Ossone, par le mariage de leurs enfants, le fit avertir que son mérite lui attirait beaucoup d'ennemis (1). C'était une raison, pour le duc, de hâter l'exécution de son projet; mais son fils unique était en Espagne; il fallait en retirer un si précieux ôtage. Le desir de voir sa belle-fille lui fournit pour cela un prétexte assez plausible. Il envoya une escadre à Barcelonne, et huit jours après avoir annoncé leur départ, les jeunes époux étaient en mer (2). Le conseil d'Espagne, dit Gregorio Leti (3), ne fit aucune réflexion sur ce voyage, quoiqu'on eût déja commencé à soupçonner que le vice-roi avait conçu quelque projet extraordinaire.

L'arrivée à Naples du jeune dom Juan et de la fille du premier ministre, fut célébrée par des

---

mas, quétando las del rey nostro senor, y reprehendendosele la duchessa su muger y deziendole que esperava de simill' egando a noticia de su magestad, le respondio que no estava el lexos de ser rey.

(Mémoire adressé par les grands de Naples au roi d'Espagne, contre le duc d'Ossone. *Archives des affaires étrangères.*)

(1) Gregorio LETI, liv. 2, part. 3.

(2) *Ibid.*

(3) *Ibid.*

fêtes ; le duc fit faire des libéralités au peuple, distribuer du pain, du vin, de l'argent ; deux jours après il donna un repas aux personnages les plus considérables de cette capitale, à ceux qu'il croyait les plus dévoués à ses intérêts. Il les avait rassemblés dans le palais royal, dont les galeries renfermaient les pierreries de la couronne. Pendant la fête il proposa à sa belle-fille d'aller voir ce précieux dépôt. Toute la compagnie les y suivit. Le balcon de la galerie donnait sur une place couverte d'une immense population. Toutes les richesses qui composaient le trésor étaient étalées sur des tables. On y voyait briller les sceptres et les couronnes des anciens rois. Aussitôt que le duc parut sur le balcon, il fut accueilli par des acclamations dont il s'enivra pendant un quart-d'heure ; rentré dans la chambre du trésor, il affecta beaucoup de gaieté, et, prenant une couronne, la mit sur sa tête, en demandant aux seigneurs qui l'entouraient, si elle lui allait bien. Il avait même fait quelques pas vers le balcon ; mais le prince de Bisignano, l'un des personnages les plus considérés du royaume, l'arrêta, en lui disant avec une fermeté respectueuse, « Excellence, cette couronne va fort bien, mais sur la tête du roi. » Le duc, de l'air le plus riant et le moins embarrassé, soutint cette réponse, comme si elle n'eût été que la suite d'une plaisanterie et continua de présider à la fête, avec une liberté d'esprit qui aurait trompé des yeux moins clairvoyants (1).

Mais on ne douta pas que le prince de Bisignano et d'autres seigneurs n'eussent rendu compte à la cour d'une action si étrange.

De telles imprudences devaient porter ceux qui favorisaient de leurs vœux les projets du duc à redoubler de circonspection. La cour de France n'avait pas besoin de cet avertissement; uniquement occupée de dissensions domestiques, elle semblait regarder les affaires du dehors comme des occupations importunes. Le dauphinais Deveynes avait fait un second voyage à Paris, pour solliciter une décision. Tout ce que la dextérité de cet émissaire et le crédit de Déageant, purent obtenir, se réduisit à un acte non officiel et fort équivoque.

XXIII.
Réponse de la cour de France.

Le conseil, après une longue délibération, autorisa le maréchal de Créqui à écrire en ces termes à Lesdiguières (2) : « qu'il pouvait continuer de traiter avec le duc d'Ossone, et lui donner sous main toutes sortes d'assurances de secours, voire que l'on n'assisterait point le roi

---

(1) *Ibid.* Voyez aussi le mémoire adressé au roi par les seigneurs napolitains contre le duc.
(2) Louis Videl, liv. 10.

d'Espagne contre lui ; que l'on lui enverrait des hommes en diverses troupes, par terre et par mer ; mais l'on ne voulait point que le nom du roi y fut engagé, afin que, les choses venant à changer, et le duc d'Ossone à se bien remettre avec son roi, l'on ne pût imputer à sa majesté d'avoir assisté un rebelle contre la couronne d'Espagne, avec qui elle était en paix ; lui recommandant de ne point se laisser emporter aux précipitations de ceux qui se proposaient peut-être moins l'intérêt de la France, que le leur propre, et qui ne prenaient cette affaire à cœur que pour l'avantage qu'ils espéraient en tirer. »

La circonspection de cette réponse, qui se réduisait à la promesse d'approuver l'entreprise après l'évènement, devait glacer le zèle de tous les partisans du duc d'Ossone. Cependant Lesdiguières et le duc de Savoie se flattaient encore d'obtenir par l'entremise de Déageant, un secours plus efficace, lorsque cette dernière espérance leur fut ravie. Le duc de Luynes, tout-puissant à la cour de France, depuis la mort du maréchal d'Ancre, conçut quelque ombrage de l'influence de Déageant et fit résoudre sa disgrace. Déageant, qui prenait réellement un vif intérêt au succès de la négociation entamée, demandait seulement la permission de prolonger son séjour à la cour, jusqu'à la conclusion de cette affaire; il n'y eut pas moyen d'obtenir ce délai du duc de Luynes, qui n'eut point de repos qu'il ne l'eût entièrement éloigné (1).

Lorsque Deveynes vint apporter cette nouvelle à Lesdiguières, le maréchal l'engagea à continuer son voyage jusqu'à Naples, pour tâcher de soutenir encore le vice-roi dans sa résolution.

La face des affaires y était bien changée; la cour d'Espagne était instruite de tout; on a même accusé le duc de Savoie d'avoir voulu se faire un mérite de la révélation de cette entreprise, dès qu'il avait désespéré du succès (2) : peut-être la restitution de Verceil, qui eut lieu quelque temps après, ne fut-elle que le prix de cette trahison. Un capucin nommé frère Laurent de Brindisi, avait été dépêché à Madrid par quelques grands de Naples, pour y rendre compte des menées du vice-roi. Celui-ci, soupçonnant l'objet de cette mission, avait fait arrêter ce religieux, à son passage à Gênes, mais on n'avait pas su l'y retenir (3); de sorte que le duc d'Ossone ne pouvait douter qu'on n'eût pénétré ses projets; et qu'on ne méditât sa perte.

Danger du duc d'Ossone.
Trahison imputée au duc de Savoie.

---

(1) Louis VIDEL, liv. 10.
(2) *Memorie recondite* di Vittorio SIRI, liv. 5.
(3) *Hist. civile du royaume de Naples*, par GIANNONE, liv. 35, chap. 4.

Cependant, lorsqu'il apprit l'arrivée de Deveynes, il voulut essayer un artifice, pour se disculper et se faire croire incorruptible. Il cacha dans son cabinet, deux Espagnols, qui devaient entendre sa conversation avec cet agent, et voir comment il repousserait ses propositions. C'était une ruse grossière, elle ne réussit pas. Deveynes se présenta en effet, mais soit circonspection habituelle, soit qu'il soupçonnât quelque piége, prévoyant que le duc pouvait se repentir de s'être engagé si avant, il se borna à des compliments, sans dire un mot du résultat de son voyage, et attendit que le vice-roi parlât le premier des projets dont ils s'étaient si souvent entretenus. Celui-ci n'eut garde de le faire, et n'eut pas même contre ses accusateurs, le faible moyen de défense qu'il avait voulu se ménager (1).

Après un récit aussi circonstancié, dont les détails sont rapportés par plusieurs écrivains désintéressés, et notamment par un contemporain, par un témoin oculaire, placé dans le cabinet du maréchal de Lesdiguières, où cette trame avait été ourdie, il est bien difficile, ce me semble, de ne pas demeurer convaincu que le duc d'Os-

---

(1) Louis Videl, liv. 10.

sone avait conçu et communiqué à quelques puissances, le projet de se faire roi de Naples. Mais s'il méditait de se révolter contre le roi d'Espagne, il ne pouvait pas avoir l'idée de s'emparer de Venise pour le roi d'Espagne, l'existence de l'un de ces projets exclut l'autre nécessairement.

Les Vénitiens, soit que la correspondance de leurs ambassadeurs de Paris et de Madrid, les eût avertis du mauvais tour que prenait cette affaire, soit que les imprudences du duc d'Ossone eussent suffi pour les effrayer, furent des premiers à en juger l'issue, et n'hésitèrent pas à effacer toutes les traces de la connivence qu'on aurait pu leur reprocher. La conspiration qu'on leur dénonçait depuis un an, et dont ils n'avaient tenu aucun compte, prit aussitôt à leurs yeux de la réalité. Ils ne pouvaient pas savoir précisément jusqu'à quel point chacun des agents était initié dans le secret. Le plus sûr était de les faire disparaître tous à-la-fois, à l'instant et sans exception, et cela avant que la cour d'Espagne n'eût manifesté aucun ressentiment contre le duc d'Ossone, peut-être même avant que les autres cours n'eussent désespéré du succès de son entreprise.

XXIV. Mesures que prennent les Vénitiens pour faire disparaître les traces de cette affaire.

Il serait difficile de dire jusqu'à quel point cette proscription, dans laquelle furent enveloppées plusieurs centaines de personnes, eut le caractère d'un jugement. Il existe bien une prétendue copie de la procédure, mais il n'y a rien qui en garantisse l'authenticité, et ses nombreuses irrégularités, ses inexactitudes même, peuvent à bon droit la faire tenir pour suspecte.

<small>Dénonciation d'une conspiration.</small>

Il y avait dix mois que Jacques Pierre et Renault, faisaient parvenir aux inquisiteurs d'état, des avis sur les projets supposés du duc d'Ossone. On était au commencement du mois de mai 1618; Jacques Pierre était parti pour aller exercer son emploi sur la flotte; l'artificier Langlade, venu avec lui de Naples et employé comme lui dans la marine vénitienne, se trouvait à Zara; le capitaine Renault avait déja pris des passeports pour aller en France, porter au duc de Nevers un projet de descente dans la Morée; deux autres Français, nommés Desbouleaux, admis aussi au service de Saint-Marc, étaient sur le point de partir pour Naples. « Voilà, remarque l'ambassadeur de France (1), des gens bien écartés pour exécuter une importante machination. Cet ambassadeur lui-même, venait de s'absenter, pour aller faire un pélerinage à Lorette, lorsque deux Français, que ce ministre qualifie

<small>Déclaration de Moncassin et de Balthazar Juven.</small>

---

(1) Lettre du 3 juillet 1618 à M. de Puysieulx.

de *vagabonds et coureurs de pays* (1), allèrent dénoncer au gouvernement vénitien un complot tramé contre la république.

Ce ministre ne donne aucuns détails sur leurs révélations. Il dit seulement que l'un s'appelait Moncassin et l'autre Lacombe.

Mais nous trouvons toutes les circonstances de la déclaration du premier, dans une communication que le conseil des Dix adressa au sénat, le 17 octobre 1618, et qui existe aux archives de Venise (2). Laissons ce conseil exposer lui-même comment il a eu connaissance de la conspiration.

« Au commencement du mois de mars dernier, dit-il, un Français de la province de Languedoc, nommé Moncassin, âgé d'environ trente ans, d'une naissance honnête, homme de courage, d'exécution, et d'un esprit délié, arriva à Venise, où il obtint la permission de lever une compagnie de mousquetaires français. Jacques Pierre, l'un des chefs de la conjuration (3), le

---

(1) *Ibid.*
(2) Elle est aussi aux aff. étr. Voyez-en la traduction parmi les *Pièces justificatives*.
(3) Ici il y a dans le rapport une inexactitude incroyable. Le conseil des Dix, qui parle le 17 octobre, dit que Jacques Pierre arriva à Venise peu de jours après Moncassin, qui y était arrivé au mois de mars 1618. Or il est constant que

jugea propre à y être employé. Un jour il lui dévoila ses projets, et lui dit que c'était un miracle que cette ville, dont l'accès était ouvert de toutes parts, où il n'y avait ni garnison, ni population accoutumée à la guerre, eût échappé jusque-là à une surprise. Il le conduisit au haut du clocher de Saint-Marc, et de là il lui montra les passes, en expliquant, en homme expérimenté, comment il fallait s'y diriger; les forts, en ajoutant qu'ils n'étaient gardés que par de la canaille, et lui indiquant du doigt l'hôtel de la monnaie, il s'écria : « N'est-ce pas un péché que « tout cet argent n'appartienne pas à un souve- « rain? Les gens de guerre en seraient bien au- « trement récompensés. » Là-dessus il lui révéla que le duc d'Ossone et l'ambassadeur d'Espagne favorisaient une entreprise, dont lui, Jacques Pierre, devait être le chef; que des galions devaient arriver de Naples avec 500 hommes, tous gens de main : qu'à leur première apparition on mettrait le feu en divers endroits pour répandre le trouble et l'alarme dans la ville; qu'on ferait sauter la porte de l'arsenal et de la monnaie; qu'on s'emparerait de la salle d'armes existante au palais; que maître de la place Saint-Marc et

---

Jacques Pierre était à Venise et avait des relations avec le conseil des Dix, dès le mois d'août précédent.

du pont de Rialte, on l'était de tout Venise ; qu'on mettrait en batterie, sur la place et sur le pont, quelques canons pris à l'arsenal, et que dans cette position on attendrait le débarquement des gens de guerre arrivant de Naples. Le duc d'Ossone abandonnait le trésor et tout le butin aux conjurés. »

« Telles furent les confidences par lesquelles Jacques Pierre engagea Moncassin dans la conjuration. »

« Dans ce temps-là des gens bien intentionnés firent parvenir entre les mains du doge un écrit en italien, mais orthographié à la française, dans lequel on dévoilait ces machinations, avec des particularités sur les projets concertés entre le duc d'Ossone et plusieurs capitaines. »

Ici le conseil des Dix déclare qu'il était averti dès le mois de mars, de l'existence de la conjuration, mais il ne dit pas assez. Il ne dit pas qu'il avait reçu ces révélations huit mois plutôt et que c'était par Jacques Pierre.

Poursuivons l'extrait du rapport.

« Vers le milieu du mois d'avril, Moncassin dit, avec beaucoup de précaution, à un nommé Balthazar Juven, capitaine comme lui, qu'il avait des choses d'une grande importance à lui confier, et après avoir reçu l'assurance de sa discrétion, il le conduisit chez Jacques Pierre. Là se trouvaient réunis le pétardier Langlade, le capitaine Nicolas Renault, les deux frères Jean et Charles Desbouleaux (1), un soldat nommé Lacolombe (2), et, à ce qu'on croit, aussi un Jean Bérard, condamné par le conseil des Dix à la peine capitale. »

« Ce fut par Jacques Pierre lui-même, que Balthazar Juven fut initié dans le secret de la conjuration ; mais, dès-lors, il conçut le projet de le révéler. »

« Quelques jours après, sous prétexte qu'il avait à traiter quelques affaires de sa compagnie, il vint au palais, se faisant accompagner par Moncassin. Arrivés dans la salle ducale, Moncassin demanda à Balthazar ce qu'ils venaient faire en ce lieu : à quoi l'autre répondit en riant, qu'il venait demander au doge la permission de mettre le feu à l'arsenal, à la monnaie et de livrer Venise aux Espagnols. « Ah ! s'écria Mon-
« cassin, demi-mort de frayeur, vous voulez
« nous perdre tous. » Juven le rassura, en ajoutant que son projet était de déclarer qu'ils étaient

---

(1) Ce nom est défiguré dans tous les écrits italiens, ici on lit Boleo.

(2) Ce Lacolombe, dont on ne retrouve plus le nom dans le reste de la procédure, pourrait bien être le Lacombe que l'ambassadeur de France nomme dans sa lettre.

venus l'un et l'autre dans l'intention de sauver la république, et qu'il allait le faire introduire. »

« En effet Balthazar Juven entra chez le doge; Moncassin resta dans la salle ducale, irrésolu, troublé, ne sachant s'il devait attendre ou s'enfuir, mais surveillé, gardé, à son insu, par plusieurs personnes, notamment par le noble Marc Bollani, à qui Juven s'était adressé pour obtenir cette audience. Bientôt après, Moncassin fut appelé dans l'intérieur; là, il fut rassuré, caressé, et s'engagea à tenir le conseil informé de tous les progrès de la conjuration. Non-seulement il tint parole, mais il procura le moyen d'introduire dans l'assemblée des conjurés, une personne affidée, qui confirma les rapports parvenus jusques alors au gouvernement. »

« En substance, ils établissaient, que le duc d'Ossone avait formé le projet de surprendre Venise. Quatre vaisseaux, chargés, en apparence, de marchandises, et en effet de soldats, et accompagnés de barques armées, devaient arriver près du port. Les soldats se seraient tenus cachés : la nuit, ils devaient entrer dans le port de Malamocco, s'emparer de quelques barques, prendre terre, arriver sur la place Saint-Marc, où les conjurés, déjà répandus dans la ville, devaient se joindre à eux. Cinq cents hommes devaient prendre poste au pont de Rialte; cinq cents à Murano; deux cents devaient se rendre maîtres du palais; on se serait emparé de toutes les barques, on aurait rompu tous les ponts, pour interdire aux habitants les moyens de circuler dans la ville. Une fois en possession des postes principaux, on aurait fait publier que le roi d'Espagne prenait les Vénitiens sous sa protection, que loin d'avoir à craindre pour leurs biens ou pour leurs personnes, ils allaient être délivrés de leurs tyrans. On se promettait de séduire les nobles pauvres, et d'intimider les autres; après quoi, tous devaient être appelés, pour prêter serment de fidélité au roi d'Espagne; et ceux qui s'y seraient refusés, devaient être arrêtés. »

Ces déclarations, qu'on doit croire avoir existé, puisque le conseil des Dix les rapporte lui-même, étaient bien de quelque importance. Cependant il n'en est fait aucune mention dans la procédure, du moins telle que nous l'avons.

XXV. Procédure. Déclaration d'Antoine Jaffier.

La révélation qui sert de base à l'instruction, n'est plus celle de Juven ou de Moncassin; c'est un autre Français, nommé le capitaine Jaffier, admis, grace à la recommandation de Jacques Pierre, dans les troupes de la république, que l'on voit comparaître volontairement devant le conseil des Dix, et qui, après avoir reçu l'assurance de sa grace, et la promesse d'une récompense, déclare que le duc d'Ossone a conçu le projet de faire enlever, par surprise, quelque place maritime de la république, et de faire brûler quelques vaisseaux; qu'il entretient, à cet effet, plusieurs agents à Venise, notamment le capitaine Renault, et le corsaire Jacques Pierre.

C'est à cela que se réduit la déclaration de Jaffier; il parle des vues du duc d'Ossone sur quelque place, sans dire laquelle; il ne fait aucune mention du projet de surprendre Venise, de brûler l'arsenal, de massacrer la noblesse; ce qui prouverait, en supposant que le complot eût existé, qu'il n'y était que médiocrement initié (1).

Deux jours après que le tribunal eut reçu cette déposition, deux autres étrangers, un Français, nommé Brainville, que la procédure appelle Brambilla, employé dans l'arsenal, et un officier des troupes hollandaises, qu'on appelait Théodore, laissèrent échapper devant un noble vé-

Déclaration de Brainville et de Théodore.

---

(1) Comment l'abbé de Saint-Réal n'a-t-il pas fait cette observation, lui qui dit avoir eu cette déposition sous les yeux, et qui fait assister Jaffier aux conférences des conjurés?

nitien, qu'ils savaient des choses dont la révélation serait d'une grande importance pour la république. Ce patricien, n'ayant pu pénétrer leur secret, malgré beaucoup de questions, courut faire part de ses soupçons à l'inquisition d'état, et en reçut l'ordre d'attirer ces aventuriers dans la maison de l'un des inquisiteurs. Le tribunal, qui n'avait point de lieu fixe pour ses séances, s'y réunit à l'instant ; et là, après les exhortations et les promesses, qui pouvaient les déterminer à parler, ces deux étrangers déclarèrent que Jacques Pierre et Renault avaient profité du mécontentement des Hollandais, pour attirer à Venise trois cents hommes de cette troupe ; que leur projet était de s'emparer des postes principaux, de mettre le feu à l'arsenal, à la monnaie, au palais ducal, et que le jour de l'exécution, on se proposait de faire venir le reste de ces soldats, en leur annonçant qu'il y avait un bon coup à faire. Le projet avait été discuté dans plusieurs conférences, tenues dans la maison du capitaine Renault, et chez les ambassadeurs de France et d'Espagne ; lesquels avaient connaissance de ce qui se tramait, et y donnaient la main. L'ambassadeur d'Espagne, ajoutaient les déposants, avait, dans son palais, des armes pour plus de cinq cents hommes. Aussitôt que la conjuration aurait éclaté à Venise,

Jacques Pierre devait mettre le feu à la flotte, et tâcher de s'emparer de quelque place maritime; tandis que des soldats étrangers tenteraient un coup-de-main sur quelque forteresse de terre-ferme, notamment sur Brescia, et qu'à cet effet, des troupes de Milan et du Tyrol devaient s'avancer, pour leur prêter main-forte. Enfin c'était le capitaine Renault qui conduisait cette entreprise, et qui en avait dressé le plan.

Cette déclaration était, comme on voit, beaucoup plus importante que les précédentes; mais le duc d'Ossone n'y était pas même nommé : et comment ne pas être frappé de l'absurde alliance de l'ambassadeur de France et de l'ambassadeur d'Espagne, pour conspirer contre la république?

On retint les deux dénonciateurs; et sur-le-champ, toutes les auberges, tous les logements garnis de Venise, furent fouillés. On emprisonna plus de deux cents personnes. La procédure ajoute : « Le matin même, Renault et deux « autres Français furent arrêtés dans le palais « de l'ambassadeur de France. » Cette perquisition chez l'ambassadeur de France a été admise par tous les historiens qui ont écrit sur cette conjuration, comme un fait non contesté. Ils racontent même que ce ministre, requis de faire ouvrir son palais, s'y prêta sans la moindre ob-

XXVI.
Arrestations.
S'il est vrai qu'on en ait fait chez l'ambassadeur de France.

servation. La vérité est que, dans la correspondance de cet ambassadeur, où les lettres se suivent jour par jour, il n'est pas fait la moindre mention de cette visite; et, si le fait eût existé, ce silence serait d'autant plus extraordinaire, que l'ambassadeur était absent, que par conséquent celui qui le suppléait devait être d'autant plus scrupuleux sur les détails. Or voici comment ce suppléant rend compte des arrestations qui avaient eu lieu (1) : « Les Vénitiens sont dans « une grande alarme d'une conspiration, qu'ilz « disent avoir descouverte ces jours passez. Un « nommé Tournon, deux frères Desbouleaux, « et un certain Renault, de Nevers, que vous « avez veu fort souvent, et duquel les fourberies « estoient cognues de tout le monde; tous ces « malheureux furent pris prisonniers, le 14 de « ce mois. » Est-ce dans ces termes, que le correspondant aurait dû rapporter l'arrestation, si elle eût été faite, au mépris du droit d'asyle appartenant à l'ambassadeur de France; si, en l'absence de cet ambassadeur, on eût violé son palais ?

De deux choses l'une; ou Renault était un

---

(1) Lettre de M. Broussin à M. de Puysieulx, du 22 mai 1618. Vol. 1017-740. Voyez ci-après les *Pièces justificatives*.

conspirateur, ou il ne l'était pas : s'il était innocent (et l'ambassadeur en avait la certitude), dans ce cas il lui devait protection ; s'il était coupable, ce ministre avait à se disculper d'avoir reçu chez lui un homme suspect, et d'avoir compromis, par cette imprudence, la dignité de son caractère.

Il n'est pas possible de se persuader que des arrestations aient été faites chez un ambassadeur, qui n'en rend pas compte à sa cour ; et comment la procédure, si elle était réellement une pièce officielle, pourrait-elle contenir une erreur aussi grave ?

On voit que les révélations arrivaient coup-sur-coup : les arrestations étaient déja très-nombreuses, et avec elles commencèrent les interrogatoires.

XXVII. Interrogatoires et tortures.

Renault déclara ne point connaître le duc d'Ossone, n'avoir jamais eu aucunes liaisons particulières avec l'ambassadeur d'Espagne. On lui exhiba des pièces trouvées, disait-on, chez lui ; il refusa de les reconnaître, nia qu'elles fussent de sa main, et offrit de fournir sur-le-champ une pièce de comparaison.

Renault.

Cette pièce de comparaison ne devait pas être nécessaire aux juges : il y avait près d'un an qu'ils recevaient, de la main de cet homme, maintenant accusé devant eux, comme chef de la conspiration, des avis qui en révélaient l'existence et tous les détails.

Les interrogatoires se renouvelèrent pendant plusieurs jours. Renault, pressé de questions, confronté avec d'autres accusés, mis sept fois à la torture, demeura inébranlable dans ses dénégations : les tourments n'arrachèrent de lui que des imprécations contre ses juges, qu'il traitait d'assassins, qui avaient supposé des pièces, pour torturer un pauvre vieillard étranger et innocent.

On eut beau lui annoncer qu'il serait appliqué tous les jours à la question, jusqu'à ce qu'il eût avoué la vérité : on eut beau lui promettre sa liberté, sa grace, s'il dévoilait toute la conjuration ; il n'y eut aucun moyen de triompher de sa fermeté. On finit par désespérer de lui arracher aucun aveu, et on se détermina à lui arracher la vie, en le faisant étrangler dans sa prison, après quoi il fut exposé au gibet, pendu par un pied ; c'était le supplice des traîtres.

Tel fut le sort du principal accusé : la procédure atteste qu'il persista, jusqu'au dernier moment, à protester de son innocence.

Renault pouvait invoquer les preuves qu'il en avait données, en rédigeant, en écrivant de sa main, tous les avis que Jacques Pierre faisait parvenir au gouvernement, depuis dix mois. Il est impossible que ce moyen de défense ne se soit pas présenté à l'esprit de l'accusé : la procédure ne fait pas la moindre mention de cet argument, et une telle omission ne peut que la rendre suspecte.

Cette procédure ne contient pas, à beaucoup près, l'interrogatoire, ni même les noms de tous les autres prévenus. Elle ne rapporte avec quelques détails, que les déclarations suivantes.

Un capitaine, Laurent Bruslart, qui avait été arrêté comme compagnon de Renault, déclara, sur la promesse qu'on lui fit de lui accorder sa grace, qu'il y avait à Venise un grand nombre de Français admis depuis peu au service de Saint-Marc, par le crédit du capitaine Jacques Pierre; que ce capitaine entretenait des intelligences avec le vice-roi de Naples et l'ambassadeur d'Espagne; qu'enfin il méditait, ainsi que Renault, la perte de la république, et qu'ils en avaient conféré plusieurs fois chez l'ambassadeur de France. Selon lui, cette animosité des Français contre les Vénitiens venait de ce que le roi avait appris que le baile de Venise à Constantinople avait découvert au grand-visir des projets concertés entre la France et l'Espagne, contre l'empire ottoman, ce qui avait exposé les Français au ressentiment des Turcs. Le roi, disait-il, avait

<small>Laurent Bruslart.</small>

témoigné qu'il verrait avec plaisir qu'on tirât vengeance de ce mauvais office.

Les Vénitiens devaient sans doute savoir à quoi s'en tenir sur la possibilité de cette ligue entre l'Espagne et la France contre l'empire turc. Ils savaient si Philippe III, qui venait d'expulser les descendants des Juifs et des Maures, et Louis XIII, à peine sorti de sa minorité, cherchant à se soustraire à l'autorité de sa mère, pour retomber sous la domination d'un favori, étaient en état d'entreprendre une guerre d'outre-mer.

Le déposant ajoutait, qu'il ne savait pas positivement en quoi consistait l'entreprise projetée, mais que Renault devait se rendre à Marseille, pour s'y embarquer sur une flotte française, destinée à venir attaquer les possessions de la république dans le Levant.

Les Vénitiens, qui étaient instruits des négociations entamées entre le duc d'Ossone et la cour de France, pouvaient s'expliquer la véritable destination de cette flotte de Marseille, si en effet elle existait.

« On discuta fort longuement, ce sont les termes de la procédure, si on devait conserver la vie au capitaine Bruslart; mais, par beaucoup de considérations, et *par une suite du parti qu'on avait pris de mettre à mort tous ceux qui etaient impliqués dans cette affaire*, il fut étranglé la nuit de St-Pierre et de St-Paul, ce qui se rapporte au 29 juin : cinquante de ses co-accusés furent étranglés, et un plus grand nombre enseveli secrètement.

« Deux artificiers, qui se nommaient les frères Desbouleaux, furent interrogés séparément. Le premier nia toutes les relations qu'on l'accusait d'avoir eues avec le capitaine Jacques Pierre. On dit au second que son frère avait tout déclaré, et qu'en conséquence il venait d'être mis en liberté, ce qui le détermina à avouer qu'ils avaient travaillé chez l'ambassadeur d'Espagne, à préparer une grande quantité de pétards, et qu'il y avait dans ce palais beaucoup d'armes et de poudre.

Les frères Desbouleaux.

« Ces deux frères furent appliqués à la torture pendant plusieurs heures ; l'un persista dans ses dénégations, l'autre ne fit que répéter ses aveux : tous deux furent pendus le lendemain, et vingt-neuf prisonniers furent noyés, la même nuit, dans le canal Orfano, *pour ne point ébruiter l'affaire.* »

Si à ces deux déclarations de Laurent Bruslart et de l'un des frères Desbouleaux on en ajoute une, beaucoup plus succincte, d'un lieutenant des troupes de Nassau, que la procédure ne nomme même pas, et qui avoua qu'il avait pris part à un complot tramé par le capitaine Jacques Pierre, pour mettre le feu à la ville, en ajoutant que les princes de Nassau en avaient connaissance, *et même le comte Maurice*, on aura une idée complette de toutes les charges, qui résultent des dénonciations et des aveux consignés dans cette étrange procédure.

<small>Accusé parent du maréchal de Lesdiguières.</small>

Voilà ce qu'on a recueilli de plusieurs centaines d'accusés, qui tous subirent la question, et dont un seul fut assez heureux, pour faire hésiter ses juges sur sa condamnation : celui-là était un gentilhomme de Dauphiné, commandant une compagnie au service de la république. Lorsqu'on l'arrêta, il se trouvait à Brescia. On dit qu'il était accusé d'avoir malversé dans l'administration de sa compagnie : si tel eût été le véritable motif de son arrestation, il eût été naturel de le faire juger sur les lieux (1); mais on le fit venir à Venise, sous une escorte très-

---

(1) « Ils ont aussy amené depuis peu un capitaine, qui avoit sa compagnie de gentz de pied à Bresse, et leur avoit esté recommandé par M. le maréchal de Lesdiguières, sur ce qu'il avait faict passer tout plein de passevolantz ; mais il a esté conduit dudict Bresse en ceste ville en sy grand triumphe et avec telle garde que l'on a creu que c'estoit encores pour le faict de ceste conspiration, en quoy il semble qu'ilz ayent intention de le faire croire aussy, veu

nombreuse; retenu dans les prisons du conseil des Dix, il y demeura quatre mois, après quoi il fut mis en liberté, et même indemnisé de la captivité qu'il avait soufferte (1). Mais la clémence du gouvernement vénitien s'explique, lorsqu'on sait que ce gentilhomme était un protégé du maréchal de Lesdiguières, spécialement recommandé par lui, et même, suivant quelques historiens, lui appartenant d'assez près.

---

que ceste faute se pouvoit sommairement chastier sur les lieux. »

(Lettre de Léon BRUSLART à M. de Puysieulx, du 3 juillet 1618. Vol 1017-740.)

« Il vous plaira aussy de voir un petit billet que m'ha faict tenir de la prison un gentilhomme de Dauphiné qui commandoit à une compagnie de gentz de pied au service de ces seigneurs, et leur avoit esté recommandé par M. de Lesdiguières, lequel ne sçai-je encores pour quelle cause ilz l'ont faict prisonnier, quoiqu'ilz l'ayent amené de Bresse en triumphe, accompagné de cent chevaux. Sur quoy je n'oserois faire aucun office, les voyant si desireux de couvrir leurs cruautez par ceste apparence de conspiration, que si on leur en parle ilz le feront davantage esclatter. »

(Lettre du même au même, du 19 juillet. *Ibid*.:

(1) « Julien (le gouvernement de Venise), a mis en liberté ce gentilhomme de M. de Lesdiguières, qui estoit prisonnier, et luy a donné, pour ses dommages et intérêts, douze cents escus. Le prince l'ha aussi faict chevalier et honoré d'une médaille et chaîne d'or. »

(Lettre du même au même, du 25 octobre. *Ibid*.)

Mort de Jacques Pierre et de Langlade.

Quant à Jacques Pierre, qui était sur la flotte, on ne jugea pas nécessaire de l'interroger; l'amiral le fit jeter à la mer, *sans lui donner le temps de se confesser.* Quarante-cinq hommes suspects, pour avoir eu des relations avec lui, furent noyés sans bruit. L'artificier Langlade, qui se trouvait alors à Zara, y fut tué à coups d'arquebuse, avec un soldat et un enfant qui le servaient (1). Deux cent soixante officiers et autres gens de guerre, arrêtés dans les villes de la terre-ferme, périrent par la main du bourreau.

---

(1) Gregorio Leti, fait un récit de la mort de Jacques Pierre et de Langlade (liv. 1, part. 3), dont plusieurs circonstances méritent d'être relevées. Selon lui, Jacques Pierre sentant approcher le moment où la conspiration devait éclater à Venise, avait demandé à l'amiral la permission de sortir du port de Lesina, avec son escadre, pour aller en croisière, (comme si on demandait de pareils ordres, et comme si un étranger, à la solde de quarante écus par mois, cût été revêtu d'un commandement). Les vents ne permirent pas de sortir du port.

« L'amiral, ayant reçu l'ordre de faire périr Jacques Pierre et Langlade, fit répandre le bruit qu'il fallait que chacun se tînt prêt pour se mettre en mer avec toute l'armée qui devait prendre la route de Candie, parce qu'on avait nouvelle que celle des Turcs devait aussi aller de ce côté-là, et cependant il assembla le conseil de guerre, duquel le capitaine et Langlade étaient, et qui y allèrent l'esprit rempli de soupçons, tristes et funestes présages de leur mort. A

Veut-on savoir maintenant quel fut le sort des dénonciateurs?

XXVIII. Ce que devinrent les dénonciateurs.

Ils étaient au nombre de sept : Jacques Pierre et Renault, qui depuis un an ne cessaient de donner des avis sur les projets présumés du duc d'Ossone ; Balthazar Juven et Moncassin, qui avaient fait des révélations fort postérieures, que le gouvernement affectait de regarder comme les premières ; Antoine Jaffier, sur la déposition duquel on avait commencé la procédure ; le français Brainville et le hollandais Théodore, qui avaient confié leurs scrupules à un noble vénitien, et

---

peine furent-ils arrivés dans la galère capitane, que, par ordre du général, et en sa présence, ils furent tous deux poignardés et jetés à la mer. »

Jacques Pierre, et Langlade, ne pouvaient pas être du conseil de guerre, à cause de leur qualité d'étrangers, et de l'infériorité de leur emploi. La procédure, dont je suis loin d'ailleurs de garantir l'authenticité, dit que l'amiral reçut l'ordre de faire noyer Jacques Pierre, sans forme de procès, ainsi que tous ses complices, mais avec le moindre bruit possible, et qu'il exécuta cet ordre avec beaucoup de mystère. Ce n'aurait pas été y mettre du mystère que de faire poignarder, sur sa capitane et en sa présence, deux officiers importants, puisqu'on suppose qu'ils étaient membres du conseil de guerre. Langlade d'ailleurs était absent ; il se trouvait à Zara, et y fut tué de *cinq arquebuzades*. Ces circonstances sont rapportées dans la lettre écrite le 19 juillet, par l'ambassadeur de France au ministre.

avaient été amenés par lui à faire leur déclaration devant les inquisiteurs d'état.

On a vu que Renault fut étranglé, et Jacques Pierre jeté à la mer.

Brainville et Théodore avaient bien eu réellement le projet de faire avorter la conjuration; mais on considéra qu'ils ne l'avaient révélée que parce qu'on les avait attirés devant le tribunal; en conséquence, on leur fit subir la torture, après quoi ils furent étranglés.

Antoine Jaffier reçut 4000 sequins, pour prix de sa dénonciation, et on lui signifia l'ordre de sortir du territoire de la république, dans le délai de trois jours; mais en passant par Brescia, il y fut arrêté pour avoir eu des communications avec des officiers français, fut ramené à Venise et noyé (1).

---

(1) La mort de Jaffier me donne encore occasion de relever quelques circonstances, dont Gregorio Leti, ou les auteurs qu'il copie, en ont brodé le récit. Suivant ce qu'on lit dans son histoire (liv. 1, partie 3), Jaffier fut pris les armes à la main, combattant avec les Espagnols, pour enlever Brescia à la république. (Ce combat n'eut jamais lieu.)

Lorsqu'il fut conduit au lieu où il devait être noyé, le fameux Paul Sarpi l'accompagnait, en l'exhortant à bien mourir. Le confesseur lui ayant demandé, si avant de mourir, il avait quelque grace à solliciter; « d'être délivré, répondit-il, de l'horreur de vivre sous un atroce gouvernement,

Les pièces ne font point connaître ce que devint Balthazar Juven (1).

Quant à Moncassin, le gouvernement lui assigna une pension de 50 ducats par mois (2), et 300 de gratification (3); mais on le fit partir pour Candie (4), en lui inspirant quelques craintes (5), et à peine y fut-il arrivé, qu'on lui suscita une *querelle d'allemand*, dans laquelle il fut tué. Ce sont les expressions de l'ambassadeur de France (6).

Ainsi, accusés, accusateurs, tous furent jugés

---

qui a manqué à sa parole et fait périr mes compagnons. » (Il n'est pas impossible que Jaffier ait fait cette réponse ; mais je ne saurais dire où l'historien l'a puisée, et il en est de même de la présence de Paul Sarpi à l'exécution.)

(1) Le conseil des Dix, dans son rapport du 17 octobre, dit que le capitaine Balthasar, après avoir amené Moncassin devant le doge, s'en retourna à Crème, parce qu'il avait affaire à sa compagnie, et ne s'occupa plus de la conjuration. Il y a des historiens qui donnent le nom de Balthazar Juven à celui des conjurés, qui était parent du maréchal de Lesdiguières et qui seul échappa au supplice.

(2) Lettre de Léon Bruslard à M. de Puysieulx, du 19 juillet. Vol. 1617-740.

(3) Du même au même, du 3 juillet.

(4) Du même au même, du 19 juillet.

(5) Du même au même, du 14 août.

(6) Du même au même, du 7 novembre.

également coupables : et ceux qui avaient spontanément donné les premiers avis, et ceux qui, plus tard, révélaient un complot, dont le gouvernement était instruit long-temps avant eux (1); et ceux qui s'avouaient complices d'une conjuration, dans laquelle ils avaient été initiés, sans en connaître le véritable objet; et ceux qui niaient d'y avoir pris aucune part; tous, sans exception, périrent, pour qu'il ne restât aucun témoin qui pût déposer des circonstances de cette affaire. Cinq mois après, on vit le doge, accompagné de toute la noblesse, aller à la basilique de Saint-Marc, rendre publiquement des actions de graces à la Providence.

XXIX. Inexactitudes de la procédure dans les faits concernant l'ambassadeur d'Espagne.

Il est une circonstance importante, sur laquelle on ne peut se dispenser de s'arrêter, parce qu'elle sert à faire apprécier la procédure. Cette procédure rapporte qu'aussitôt que, dans l'instruction, le nom du marquis de Bedemar eut été prononcé, et qu'on eut dit que son palais était rempli de munitions, le conseil des Dix y envoya faire une perquisition, et qu'on y trouva une grande quantité d'armes et de poudre; qu'il vint au collége, où il parla avec beaucoup de

---

(1) Moncassin était arrivé à Venise au mois de Mars 1618, et le gouvernement était averti de la prétendue conjuration dès le mois d'août précédent.

hauteur, et où le doge lui répondit, que les ambassadeurs n'avaient droit aux égards des gouvernements auprès desquels ils résidaient, qu'autant qu'ils exerçaient leur charge comme ils le devaient, et non quand ils complotaient la ruine d'une puissance amie, et la mort de tant de personnes innocentes. Le lendemain, ajoute la procédure, le nonce du pape et l'ambassadeur de France furent invités à venir devant le collége, où on leur fit part de la découverte de la conjuration, en les invitant à en rendre compte à leurs cours. Mais, et cette perquisition, et ces communications, bien que consignées dans un acte juridique, n'en sont pas moins des faits que la critique historique ne saurait admettre.

D'abord, quant au rassemblement d'armes existant chez le marquis de Bedemar, l'ambassadeur de France le nie formellement (1), et en effet, comment l'ambassadeur d'Espagne aurait-il pu oublier que le palais d'un ministre étranger, toujours rempli d'espions, était le lieu de Venise

---

(1) Aucunes armes offensives ou défensives n'avoient esté descouvertes, nonobstant les bruitz qui en coururent dez les premiers moments.

(Lettre de Léon Bruslart à M. de Puysieulx, du 19 juillet 1618).

où l'on pouvait le moins former un pareil dépôt, à l'insu du gouvernement?

Quant à la perquisition faite dans ce palais, l'ambassadeur de France n'en fait pas la moindre mention dans sa correspondance, ni le marquis de Bedemar, dans son rapport au roi d'Espagne; or conçoit-on qu'ils eussent passé sous silence un fait aussi grave?

Bedemar fit demander une audience au collége, le 25 mai, c'est-à-dire onze jours après l'éclat qu'avait fait la découverte de la conjuration : il y vint de son propre mouvement, et dans l'objet de demander des sûretés, pour sa maison et pour sa personne : les discours qu'il y tint sont d'un homme effrayé, embarrassé, si l'on veut; mais il ne se défendit qu'en termes généraux, et sans rien spécifier de tous les bruits injurieux répandus contre lui : il n'y fut question ni de la perquisition, ni des armes trouvées, ni même de la conjuration.

Cette séance était présidée par le vice-doge (1),

---

(1) Introduit dans le collége, j'attendais que le vice-doge parlât de cette affaire. (Rapport du marquis de Bedemar, au roi d'Espagne.) On lit dans le procès-verbal les réponses que lui fit Jean Dandolo, doyen des conseillers, tenant la place du doge. Elles se réduisent absolument à de simples formules. (Voyez les *Pièces justificatives*.)

car on était alors dans un moment d'interrègne. Cette circonstance nous révèle l'inexactitude d'un autre passage de la procédure, où l'on dit, que le nonce du pape et l'ambassadeur de France avaient été appelés, pour recevoir une communication sur ce qui s'était passé. Comment l'ambassadeur de France aurait-il été mandé, puisqu'il était alors absent? Comment aurait-il reçu cette notification de la bouche du vice-doge, puisqu'il raconte lui-même qu'il revint à Venise avec le nouveau doge Antoine Priuli (1)? Comment, si on lui avait fait une pareille communication, aurait-il négligé d'en rendre compte, et se serait-il plaint au contraire du silence absolu que le gouvernement avait gardé sur un fait si important? Quant aux communications officielles, le même ministre écrivait (2): » De « deça l'on n'en ha parlé à aucun ambassadeur, se « doubtant qu'ayant été témoings de ce qui s'est « passé, ilz y ajouteroient peu de foi. »

Ainsi l'existence des armes, la perquisition, les discours arrogants que les uns prêtent au marquis de Bedemar, les espèces d'aveux que

---

(1) Lettre de Léon Bruslart à M. de Puysieulx, du 6 juin.

(2) Lettre du même au même, du 7 novembre.

d'autres lui attribuent, les reproches du doge, la comparution du ministre de France au collége, sont des faits démentis par des écrits authentiques; par conséquent la procédure qui affirme tous ces faits ne l'est pas, ou au moins, si elle est officielle, elle contient des inexactitudes, et ces inexactitudes volontaires démontreraient l'intention d'égarer l'opinion. Et comment aurait-on fait des communications officielles aux ministres étrangers, sur une affaire, dont le sénat n'obtint lui-même qu'une connaissance tardive et imparfaite? Ce grand corps étonné de voir couler tant de sang, sans qu'on daignât lui en apprendre la cause, fut peut-être plus offensé du silence des décemvirs, qu'effrayé de leur précipitation à ordonner tant de supplices. Cependant, afin de garder les apparences, il se détermina à tenir pour bon et juridique tout ce qui avait été fait (1); mais, lorsque les membres du conseil des Dix voulurent donner quelques explications insuffisantes sur cette procédure, on la leur reprocha amèrement, en leur disant que puisqu'ils avaient rendu ce jugement, c'était à eux de le soutenir; « Il ne « s'en parlera plus, écrivait l'ambassadeur de

---

(1) Lettres de Léon Bruslart, des 19 juin et 3 juillet.

« France, *et qui est mort à son dam* (1). » Cet étonnement, cette improbation des sénateurs ne seraient pas explicables, si le secret de cette affaire eût été de nature à pouvoir leur être révélé.

Il est juste d'entendre le marquis de Bedemar lui-même.

Ce ministre a été peint comme un homme habile, mais odieux : je ne saurais dire jusqu'à quel point il pouvait mériter l'une ou l'autre de ces qualifications ; mais la lecture de ses mémoires fait connaître qu'il n'avait pas porté, dans son ambassade de Venise, cet esprit de bienveillance, qui contribue si puissamment à maintenir l'harmonie entre deux états. En faisant le tableau du gouvernement de cette république, il est descendu jusqu'au style de la satire, et s'il est vrai qu'il eût à se plaindre de l'animosité des Vénitiens, il faut convenir que cette haine n'était qu'une réciprocité.

<small>XXX. Son départ et son rapport au roi.</small>

Il partit de Venise, non pas en sortant de l'audience du collége, mais dix-neuf jours après (le 13 juin), donnant pour motif à ce départ une lettre du gouverneur de Milan, qui l'en-

---

(1) Lettre du 28 août.

gageait à aller passer quelques jours dans cette capitale (1).

Ce départ n'était pas une fuite, car l'effervescence populaire était calmée : il n'était pas précipité, car il y avait un mois que la conspiration était découverte : il n'était pas imprévu, car le gouvernement vénitien en avait averti son résident à Milan, depuis le 6 juin (2). On recommandait même à cet agent de tâcher de découvrir quel pouvait être l'objet de ce voyage (3). On n'était pas, avec l'ambassadeur, en état de mésintelligence déclarée; car on ordonnait au résident d'aller lui faire, à son arrivée, une visite de civilité (4).

---

(1) Lettre du doge à Marin Vincenti, résident de la république à Milan, du 13 juin. Voyez les *Pièces justificatives*.

(2) Lettre des inquisiteurs d'état au même, du 6 juin, *ibid*.

(3) Di penetrar la causa di questa sua mossa, quali fini, intenzioni e pensieri vi siano.

(Lettre du 13 juin, *ibid*.)

(4) Lettre du doge au même, du 16 juin, *ibid*. On voit d'après ces circonstances ce qu'on doit penser de la version adoptée par Gregorio Leti, qui dit, liv. 1, part. 3, que « le marquis de Bedemar, après avoir parlé avec jactance, se leva brusquement, témoignant du mépris pour le sénat, même dans les cérémonies. » (Ce n'était pas le sénat, mais le collège

Cependant on chargea l'ambassadeur de la république en Espagne de solliciter le rappel de ce ministre, justement en horreur aux Vénitiens, disait-on; mais en lui recommandant de se renfermer dans des termes généraux, sans entrer dans aucune particularité (1). Le gouvernement espagnol avait prévenu cette demande; car la lettre qui la contient est du 2 juillet, et dès le 28, on savait à Venise que le marquis de Bedemar était rappelé (2), il est probable que lui-même avait sollicité une autre destination.

Aussi ne revint-il point à Venise; il s'arrêta quelque temps à Milan, et ce fut de cette dernière ville, qu'il adressa au roi un mémoire, sur la situation politique de la république, probablement pour avoir occasion d'y insérer

---

qui donnait audience aux ambassadeurs.)« Le peuple l'attendait avec une furieuse impatience de le sacrifier à son ressentiment. Les sénateurs qui l'accompagnaient (ce n'était point là l'usage), eurent beaucoup de peine à le retenir. Il déclara qu'il voulait partir à l'heure même, et fut embarqué sur un brigantin bien armé, et conduit sous bonne escorte jusqu'aux frontières du Milanais. »

(1) Lettre du sénat à l'ambassadeur de la république en Espagne; du 2 juillet, voyez *Pièces justificatives*.

(2) Lettre du doge au résident de la république à Milan, du 28 juillet, *ibid.*

une justification de la conduite qu'on lui imputait.

« Le nom du roi catholique, dit-il (1), et celui de la nation espagnole, sont, à Venise, les noms les plus odieux qu'on puisse prononcer. Parmi la populace, la qualification d'Espagnol est une injure ; chez les grands, cette haine se manifeste par des maximes.

« Si nous savons conserver la bienveillance des autres nations, ils disent que nous aspirons à la monarchie universelle. Si nous nous montrons généreux de ces biens, que la Providence nous a départis avec tant de munificence, nous cherchons à corrompre. Le roi catholique fournit-il des secours au roi Ferdinand, son parent : ils le dénoncent à toutes les cours, comme perturbateur de la paix, comme protecteur de l'injustice, comme ennemi de la liberté vénitienne. Le duc d'Ossone, vice-roi de Naples, arme-t-il quelques vaisseaux, pour naviguer dans l'Adriatique : ils vont disant que cet armement menace Venise. En effet, ne serait-il pas étrange que le duc d'Ossone, sujet du roi, fît croiser les vaisseaux du roi, pour prêter secours à un prince, parent du roi !

---

(1) Il existe trois copies de ce rapport à la Bibliothèque-du-Roi, sous les numéros 3, 10130 et 10079-3. 3.

« Ici, je ne puis me dispenser de parler de moi-même.

« Aussitôt qu'il fut connu que sa majesté catholique avait déterminé de secourir le roi Ferdinand, la persécution la plus absurde commença à être dirigée contre tout ce qui m'appartenait, et contre ma personne.

« Mais ce qui caractérise encore plus leur système de calomnie, ce fut l'invention de cette conjuration, qu'ils accusaient les Espagnols d'avoir tramée, pour mettre Venise à feu et à sang. Ils crurent ce moyen utile pour exciter, contre notre nation, une indignation générale.

« Je sais bien que beaucoup de gens jugèrent, que de pareils desseins ne s'accordaient, ni avec la piété du roi, ni avec la générosité de la nation espagnole. On dut s'étonner que la république ne profitât pas plus ouvertement d'une si belle occasion, pour justifier, en nous accusant devant toute l'Europe, ses plaintes antérieures, et ses procédés hostiles; mais cette fable n'en eut pas moins tout le succès qu'on pouvait desirer, auprès d'un peuple crédule.

« On laissa aux cours étrangères la peine de débrouiller cette intrigue mystérieuse; on n'en parla qu'à quelques-uns des ambassadeurs résidant à Venise, et ce fut en termes fort obscurs, et susceptibles de plusieurs interprétations.

« Je ne vois aucun moyen de concilier les contradictions que l'on remarque dans cette affaire. A les en croire, j'aurais été l'homme le plus artificieux, et cependant j'aurais conçu l'entreprise la plus imprudente, la plus absurde : j'aurais tramé un complot détestable, qui ne pouvait manquer d'être découvert, et qui, soit qu'il réussît, soit qu'il avortât, devait infailliblement m'attirer le blâme universel, me couvrir de honte, et me faire courir les plus grands dangers. Je ne parle pas de l'impossibilité de l'entreprise, de la folie qu'il y avait à la tenter, même à la concevoir ; je m'en rapporte au simple bon sens. »

La pièce la plus convaincante qui existe à la charge du marquis de Bedemar, est précisément celle qu'on ne cite point ; je veux dire la dénonciation où le capitaine Jacques Pierre rend compte de ses conférences nocturnes avec ce ministre. Cette pièce, dont nous avons la minute authentique, atteste que l'ambassadeur avait approuvé les projets qu'on attribuait au duc d'Ossone contre Venise ; mais on ne pouvait produire cette révélation, parce qu'elle était de Jacques Pierre, qu'on voulait condamner comme conspirateur, et qu'elle était antérieure de dix mois à l'époque où l'on prétendait avoir découvert la conjuration.

S'il est vrai que cette affaire fût, de part ou d'autre, une de ces entreprises que l'on croit ennoblir, en les appelant du nom de coups-d'état (1), elle en prouve la vanité ; car il n'en résulta rien, pas même la disgrace du marquis de Bedemar, qui continua d'être ministre, et fut, bientôt après, revêtu de la pourpre romaine.

<small>XXXI. Réfutation de la conjuration par l'ambassadeur de France.</small>

Cette conduite, envers l'ambassadeur accusé de la conspiration, était, de la part des cours de Rome et de Madrid, un démenti formel de la conspiration même.

D'abord rien absolument n'autorise à dire, quoique beaucoup d'historiens modernes l'aient affirmé, que le cabinet espagnol avait approuvé le projet de cette entreprise, soit positivement, soit tacitement. Ici, une autre objection se présente : comment le marquis de Bedemar aurait-il donné les mains à la conjuration, sans s'être assuré de l'approbation de sa cour ? Le fait est, que Jacques Pierre rapporte la conférence qu'il avait eue avec cet ambassadeur ; mais Bedemar s'était borné à l'encourager dans ses projets ; il était possible qu'il ne se proposât point d'en

---

(1) C'est l'opinion de Gabriel Naudé, dans son livre des *Coups-d'état*; que les Vénitiens supposèrent une conspiration pour se débarrasser du marquis de Bedemar.

diriger l'exécution, ni même d'y prendre part ; et qu'il supposât que le duc d'Ossone, parent du premier ministre, avait la certitude de n'être pas désavoué après l'évènement. Il y a des historiens qui rendent compte de la correspondance du marquis de Bedemar avec le premier ministre, et qui, en attribuant à celui-ci toute la circonspection indispensable, ne laissent pas d'ajouter qu'il se réservait d'approuver la conjuration si elle réussissait (1); mais on ne dit point où l'on a vu cette correspondance, ni même quel est le contemporain qui en parle.

Un témoin qui est d'un tout autre poids, l'ambassadeur de France, atteste formellement (2) que la cour d'Espagne n'approuvait point les hostilités du duc d'Ossone contre la république ; à plus forte raison, n'aurait-elle pas approuvé la conjuration.

Le ministre de Venise, qui résidait en Espagne, fut appelé à l'Escurial ; et là le roi, avec une vivacité qui ne lui était pas ordinaire, lui exprima son juste ressentiment des bruits qu'on avait fait courir, et des indignités répandues,

---

(1) Saint-Réal.

(2) Lettre de Léon Bruslart à M. de Puysieulx, du 19 juin 1618. Vol. 1017-740.

avec tant d'affectation, sur le compte de son ambassadeur (1).

L'invraisemblance de cette conjuration était ce qui frappait le plus, dans les récits que le gouvernement vénitien voulait accréditer.

Ce ne fut qu'un mois après l'évènement, le 15 juin, dans un dîné, et non, comme on l'a dit, dans une audience publique, que le doge parla, pour la première fois, à l'ambassadeur de France, de la conspiration découverte. L'ambassadeur savait à quoi s'en tenir, puisqu'il avait eu entre les mains les avis que Jacques Pierre et Renault avaient fait parvenir pendant un an aux inquisiteurs d'état. Il répondit, qu'il s'étonnait d'autant plus que Jacques Pierre et ses compagnons eussent conspiré, qu'ils lui avaient dit n'être venus au service de la république, que pour révéler les complots qui se tramaient contre elle; et le doge convint qu'en effet ils avaient donné des avis. L'ambassadeur profita de cette occasion, pour reproduire, en les présentant comme les doutes de quelques observateurs incrédules, tous les arguments qui détruisaient l'existence de la conjuration.

L'impossibilité de l'entreprise.

(1. Lettre du même au même, du 11 septembre, *ibid*.

Les révélations faites, depuis dix mois, par Jacques Pierre et Renault, qui ne pouvaient pas vouloir tenter une conjuration qu'ils avaient dénoncée.

La constance de l'un dans ses dénégations, au milieu des tortures, et la précipitation avec laquelle on avait fait mourir l'autre, sans même l'interroger; tandis qu'il aurait été si important de l'entendre, si réellement on eût pu le croire à la tête d'une conspiration.

La dispersion de ceux qu'on voulait donner pour chefs de l'entreprise; Jacques Pierre sur la flotte, Langlade à Zara, Renault partant pour la France, et les frères Desbouleaux, déja brouillés avec Jacques Pierre, prêts à s'embarquer pour Naples.

Le peu de consistance des hommes à qui on supposait le projet de renverser la république; un capitaine Renault, vieillard, ivrogne, joueur, qui n'était point homme de main; un Jacques Pierre, un Langlade, employés à quarante écus par mois; et les frères Desbouleaux, qui recevaient une solde de quinze écus.

L'invraisemblance qu'un pareil projet, s'il avait été conçu par la cour d'Espagne, fût confié à de telles mains, sans qu'aucune force réelle eût été disposée, pour en seconder l'exécution;

sans qu'un seul Espagnol se trouvât parmi ceux qui devaient y concourir.

La folie qu'il y avait à supposer que le duc d'Ossone voulut tenter une entreprise contre la république, au moment où la flotte Vénitienne tenait la mer, et qu'il n'avait lui-même que quinze galères à Brindisi, encore en fort mauvais état.

L'absence de tout témoin, même de toutes armes.

L'insuffisance de quelques prétendus aveux, arrachés par la torture, et démentis par les dénégations constantes de presque tous les accusés.

La mort si prompte de tous les dénonciateurs; preuve certaine qu'on avait grand intérêt de faire disparaître toutes les traces de cette affaire.

L'expédient si tardif dont on s'était avisé, de rendre grace de cette découverte à la Providence, cinq mois après le péril passé.

Le silence qu'on avait gardé sur cette affaire, avec tous les ministres étrangers résidant à Venise.

Enfin le mécontentement qu'on savait que le sénat avait témoigné, de la manière dont elle avait été conduite par le conseil des Dix.

L'ambassadeur mettait ces arguments dans la

bouche de quelques Français, mécontents d'avoir vu sacrifier un si grand nombre de leurs compatriotes (1).

XXXII. Explication de tous les faits par le projet du duc d'Ossone de s'emparer du trône de Naples.

Les faits constants sont, que, s'il y avait eu réellement un projet de conspiration contre Venise, le gouvernement en était averti un an avant qu'elle fût sur le point d'éclater; qu'il fit périr, sans choix, sans formes, sans même les interroger, plusieurs centaines de prévenus, trompés sur l'objet du complot dont ils étaient les agents, et ceux qui, depuis long-temps, l'avaient révélé.

Il était possible que Jacques Pierre, Renault, plusieurs autres, et le marquis de Bedemar lui-même, crussent à l'existence de la conjuration, sans qu'elle eût rien de réel; mais il était impossible que le duc d'Ossone pensât à conspirer contre Venise, puisqu'il est certain que, dans le même temps, il aspirait à se rendre maître du royaume de Naples. L'existence de ce dernier fait, détruit l'autre nécessairement; et sans ce fait, la conduite des Vénitiens et du duc d'Ossone demeure inexplicable, et nous jette dans toutes

---

(1) Toutes ces raisons sont développées dans les lettres de l'ambassadeur, des 6 et 19 juin, 3 et 19 juillet, 27 octobre et 7 novembre 1618.

les incertitudes, qu'atteste la diversité des récits. Au contraire, en partant de ce projet d'usurpation de la couronne, projet qu'il est impossible de révoquer en doute, toutes les circonstances, jusques-là incompréhensibles, deviennent explicables.

Le duc d'Ossone continue la guerre, pour se dispenser de désarmer; il fait arborer son propre pavillon sur la flotte du roi; il envoie des émissaires à Venise, pour y engager des troupes que la république licenciait; il trompe l'ambassadeur d'Espagne, sur la destination de ces troupes; il annonce le projet de s'emparer de Venise, et quand ses agents lui écrivent que tout est prêt, qu'on n'attend plus que ses ordres, il diffère de les donner.

Quelques-uns de ces agents, effrayés du péril inséparable d'une telle entreprise, la révèlent au gouvernement vénitien, et continuent d'avoir des relations mystérieuses avec l'ambassadeur d'Espagne.

Les Vénitiens, prévenus qu'il y a à se méfier de ces émissaires, les reçoivent, les accueillent, les emploient. Ils savent qu'on débauche leurs troupes, et ils ne les éloignent, ni ne les licencient. Ils affectent de se plaindre du vice-roi de Naples, et laissent ses agents recruter pour lui dans Venise. Pendant dix mois, ils feignent d'ignorer qu'il se trame une conspiration.

Voilà, ce semble, une explication assez naturelle de la conduite du duc d'Ossone, de Jacques Pierre, du marquis de Bedemar, et des Vénitiens. Tout-à-coup, ceux-ci s'aperçoivent que le projet du vice-roi va transpirer; aussitôt, ils feignent de découvrir une conspiration; ils font enlever tous les émissaires du duc, tous ceux que ces émissaires ont engagés; tous sont sacrifiés, quelque peu initiés qu'ils puissent être dans ce mystère. Le plus instruit, celui qui avait, dès long-temps, révélé tout ce qu'il savait, est noyé, sans qu'on se donne seulement le temps de l'interroger; les autres, avant d'être envoyés secrètement au supplice, sont appliqués à la question. Et pourquoi cette procédure, ces interrogatoires, ces tortures? C'est pour arracher aux prévenus, non l'aveu d'une conspiration que leurs juges connaissaient mieux qu'eux, mais les noms de quelques complices; car il ne fallait pas qu'un seul pût échapper. Les dénonciateurs disparaissent en même temps que les accusés; le peuple s'effraie, frémit du complot qu'on lui révèle; l'ambassadeur d'Espagne se trouve compromis; celui de France, frappé d'étonnement, ne peut percer ce terrible mystère; le marquis de Bedemar fuit de Venise; et le gouvernement de la république, après avoir effacé toutes les traces d'un complot tramé de son aveu, prend, sur le gouvernement espagnol, l'avantage de l'initiative dans l'accusation.

Toutes ces circonstances s'enchaînent, se suivent, s'éclaircissent mutuellement; les documents qui nous restent sont d'accord avec les faits; au lieu d'un projet absurde et impie, conçu contre Venise, par un conseil grave et un prince timide, on voit l'entreprise imprudente d'un grand seigneur ambitieux, secrètement favorisée par quelques puissances jalouses de l'Espagne. L'atrocité de beaucoup d'exécutions injustes subsiste toujours, mais du moins on voit l'intérêt que le gouvernement vénitien pouvait avoir à sacrifier tant de malheureux.

Le gouvernement français, et quelques autres puissances, sont accusés d'avoir encouragé, sous main, la rebellion d'un sujet de la cour d'Espagne : c'est un genre d'hostilité, que beaucoup d'exemples rendent croyable, quoiqu'ils ne le justifient pas. Les Espagnols eux-mêmes n'avaient fait emploi que de ce moyen, pendant toute la durée de la ligue; et la cour de France était si disposée à user de représailles, qu'elle en réitéra l'essai à plusieurs reprises (1).

---

(1) En voici la preuve. On trouve le passage suivant dans

Tome IV.

La conduite que tint cette cour fournit encore une preuve de la connaissance qu'on y avait,

---

un manuscrit de la Biblioth.-du-Roi, intitulé: *Négociations de M. le marquis de Saint-Chaumont, ambassadeur extraordinaire pour le roi, à Rome, extrait des originaux de ses dépêches*, n° 1100.

« On avait été long-temps en France à songer aux moyens de faire glisser la révolte dans les pays de la domination d'Espagne qui étaient en Italie, comme on y avait réussi en Catalogne et en Portugal, et *après plusieurs tentatives*. Le mauvais traitement, que le royaume de Naples recevait des vice-rois, donna lieu à une entreprise, qui pensa faire perdre au roi catholique une de ses plus belles provinces; car le marquis de Saint-Chaumont trouva le moyen de porter un seigneur italien à entreprendre sur le royaume de Naples, qu'il prétendait de faire révolter au printemps prochain, et de s'en rendre maître. Cette entreprise, de quelque côté qu'on l'envisageât, était avantageuse à la France; car, quand elle n'en aurait tiré aucun avantage que celui de donner de l'occupation à ses ennemis en ce pays-là, et les empêcher d'en tirer les secours d'hommes et d'argent, qu'ils en recevaient, pour conserver leurs autres états, c'était beaucoup; et les demandes de ce seigneur étaient si médiocres, qu'elles contribuèrent beaucoup à faire que cet ambassadeur prêtât l'oreille à ses propositions, car il se contentait qu'on lui envoyât secrètement quatre mille mousquets et deux mille fers de piques bien emballés, en façon qu'il ne parût pas que ce fût des armes, et qu'on lui donnât quelque argent pour maintenir les capitaines, qu'on remettrait la somme au cardinal Mazarin, duquel il était bien connu : et un des articles de

de l'usurpation méditée par le duc d'Ossone. L'archevêque de Lyon, Marquemont, ambassa-

---

son traité était, qu'il lui fît jurer (à l'ambassadeur), qu'il n'écrirait son nom qu'à sa seule éminence, et qu'il le mettrait de sa main en un billet séparé, qu'elle serait suppliée de déchiffrer elle-même. »

Il y a vingt lettres de M. de Saint-Chaumont, sur ce sujet, dans sa correspondance (autre manuscrit de la Biblioth.-du-Roi, n° 1099-737), notamment ses dépêches des 23 mars 1644, au roi; 11, 18, 25 avril, à M. de Brienne; 2 mai, au roi ; 6, 8 mai, à M. de Brienne ; 16 mai, au roi ; 23, 30 mai, à M. de Brienne et 10 juillet, au roi. On voit par ces lettres, que l'ambassadeur employait à l'exécution de ses desseins plusieurs personnages, plus ou moins considérables, deux jésuites, et un prieur-général de l'ordre de la charité, qui, en entrant dans le complot, se rassurait par ce raisonnement : « A l'époque des vêpres siciliennes ma famille fut ruinée pour avoir été dans le parti de la France, d'où je conclus que je puis en conscience contribuer à expulser les Espagnols. »

Ceci se passait en 1644. On sait que Henri, duc de Guise, tenta la même entreprise en 1647. Il fut pris et conduit en Espagne ; ce mauvais succès ne découragea point Mazarin ; il fit partir de Toulon une flotte qui devait porter à Naples le prince Thomas de Savoie ; mais l'incapacité de ce nouveau prétendant, ou les caprices de la fortune firent échouer l'entreprise. Cinq ans après, on reproduisait le même projet. Le comte d'Argenson, ambassadeur à Venise, écrivait au comte de Brienne, secrétaire-d'état, le 27 janvier 1652, tom. 3 de sa correspondance : « Monsieur, je vous écris cette dé-

deur à Rome, et qui n'était point initié dans ce

pêche à part, dans le dernier secret : c'est pour vous informer d'une chose, qui paraît d'une haute conséquence, et qui, avec l'aide de Dieu, nous peut produire de très-grands avantages. Il s'agit d'enlever tout-d'un-coup le royaume de Sicile aux Espagnols, de faire réussir une conjuration qui se trame depuis long-temps sur ce sujet, et de voir les mesures dont on pourrait se servir dans la conjoncture présente. »

Il rapporte qu'un gentilhomme était venu lui proposer de faire soulever la Sicile, et il ajoute : « qu'au reste avant de mettre la main à l'œuvre, il avait voulu (ce gentilhomme) mettre à couvert sa conscience et celle de ses amis ; que dix théologiens lui avaient décidé nettement, par trois ou quatre raisons, que le royaume n'était plus obligé au serment de fidélité envers le roi catholique, que de droit il était à la France, etc. »

L'ambassadeur traite ce sujet dans toutes ses lettres, jusqu'au 26 septembre 1654, c'est-à-dire pendant trois ans. Et en effet à cette époque le duc de Guise, à peine sorti des prisons d'Espagne, tenta sur Naples, avec une escadre française, une nouvelle entreprise qui ne fut pas plus heureuse que la première.

Dix ans après, dans le 2e volume de la correspondance du comte d'Avaux, alors ambassadeur à Venise, on trouve plusieurs lettres sur un sujet semblable.

Plus tard, en 1676, l'abbé d'Estrades remplissant alors cette ambassade, le ministre des affaires étrangères lui écrit sous la date du 16 décembre : « Votre lettre du 28 passé confirme les dispositions qui paraissent également en Sicile

LIVRE XXXI.   533

mystère, écrivait au roi (1) : « Je suis fortement persuadé que les Vénitiens ont voulu sacrifier le pauvre capitaine Jacques Pierre au ressentiment de leur alliance avec le grand-seigneur. J'avoue qu'avant de former un jugement sur cette affaire, il faut s'en éclaircir ; mais l'invraisemblance de la conjuration, le temps de l'absence de l'ambassadeur de France choisi pour faire les exécutions, la certitude des entreprises contre quel-

---

et à Naples, pour une révolution générale. Il y a assez d'apparence que la déclaration d'un roi que S. M. voudrait donner à cette île, serait capable de l'avancer : mais c'est sur quoi S. M. n'a pas encore pris sa résolution formelle ; parce que sans doute la matière n'est pas encore aussi préparée qu'elle le doit être, pour une affaire de tant d'éclat ; mais ce qui est vrai, c'est qu'elle continue dans le dessein de ne point unir ces couronnes à la sienne. »

Enfin, dès que ces royaumes eurent passé de la maison d'Autriche à la maison de Bourbon, pendant la guerre de la succession d'Espagne, le ministre de France à Venise, alors l'abbé de Pomponne, eut à rendre compte, en 1705, d'une conspiration tramée à l'instigation de l'empereur, pour faire révolter Naples, conspiration qui éclata en effet et qui réussit en 1709.

Tout cela ne fait peut-être pas honneur à la morale des cabinets, mais cela constate qu'on avait pu vouloir en 1618, ce que depuis on essaya à plusieurs reprises.

(1) Lettre de l'archevêque de Lyon au roi, du 1er juin 1618.

ques places du grand-seigneur, le voyage que Renault était sur le point de faire en France, pour y porter le plan de ces places, rendent ces mêmes exécutions fort suspectes d'injustice et de barbarie. »

Si les Vénitiens, pour serrer plus étroitement leur alliance avec le grand-seigneur, et éviter leur ruine, n'ont point craint de commettre une action aussi détestable, que celle de faire mourir les sujets innocents de votre majesté, et d'imprimer au nom français la tache de trahison, cela mérite un autre traité de Cambrai, une autre ligue de tous les princes chrétiens contre eux. »

Le roi prend l'affaire avec moins de chaleur; il répond à son ministre (1) : « La république a, tout récemment, fait mourir, d'une façon fort précipitée et fort légère, quelques soldats français; ayant plus d'égard à certaines règles d'état mal fondées, qu'à la justice, je n'ai pas cru devoir en témoigner aucun ressentiment. »

En effet les Vénitiens avaient mis, dans cette affaire, une telle précipitation, qu'ils devancèrent les mesures que la cour d'Espagne avait à prendre contre un sujet infidèle.

---

(1) Lettre du roi à l'archevêque de Lyon, du 4 juillet 1618.

Il est vrai qu'elle y procéda avec une telle len- XXXIII.
teur, qu'on aurait pu la croire capable d'oublier Disgrace
cette trahison. Elle nomma un successeur au duc d'Ossone.
d'Ossone, mais seulement en 1619; ce fut le
cardinal Borgia, alors ambassadeur à Rome. On
avait si bien dissimulé les soupçons, ou le duc
d'Ossone avait une telle idée de son crédit, qu'il
sollicitait sa continuation dans sa charge, faisait
engager le cardinal à différer son départ, et ré-
pandait l'argent à pleines mains, même dans le
conseil du roi (1). Cependant son successeur,
parti de Rome à l'improviste, était arrivé à Gaëte.
De là, après s'être concerté secrètement avec les
grands du royaume, il s'avança jusque dans l'île
de Procida, sous le prétexte d'une chasse. Le
soir, il se jeta, déguisé, dans une felouque, qui
le porta jusqu'au rivage le plus voisin du Châ-
teau-neuf; et, au point du jour, une salve de
l'artillerie des trois forts de Naples, apprit aux
habitants de cette capitale, qu'ils avaient un nouveau gouverneur (2). On dit que le duc d'Ossone eut d'abord le dessein d'empêcher Borgia de
s'emparer du commandement; mais qu'il ne

---

(1) Tous ces détails de la vie du duc d'Ossone sont puisés
dans les *Mémoires secrets* de Vittorio Siri, liv. 5, pag. 156,
et suiv., copiés par Gregorio Leti, 3ᵉ liv. de la 3ᵉ partie.

(2) Giannone, liv. 35, ch. 4, et Nani, liv. 4.

trouva pas le peuple déterminé à le soutenir dans sa révolte (1). Il fallut quitter Naples, d'où il partit, marchant entre une double haie de troupes, et salué, à son embarquement, par toute l'artillerie de la place et des vaisseaux (2).

Lorsqu'on apprit ce départ à Venise, l'ambassadeur, qui avait succédé au marquis de Bedemar, dit au ministre de France, que le duc d'Ossone allait chercher quelque malheur en Espagne.

Il paraît que lui-même en avait le pressentiment; car, arrivé sur les côtes de Provence, il mit pied à terre, et envoya sa femme et son fils directement à Madrid. C'était un usage en Espa-

---

(1) *Ibid.*

(2) Vittorio Siri raconte que la cour de Madrid avait prorogé le duc d'Ossone dans sa vice-royauté jusqu'au mois d'octobre, mais que le courrier qui apportait cette décision, n'arriva à Naples qu'après le cardinal Borgia. Il est évident que, si une pareille décision eût existé, le cardinal n'aurait pas pu réclamer le commandement, et le duc d'Ossone, qui n'avait pas envie de le céder, l'aurait gardé.

Le même auteur dit, que le duc voulut partir de nuit, pour échapper à ses créanciers, mais les autres historiens démentent cette assertion. Le duc était immensément riche. S'il avait fait des emprunts, ses créanciers ne pouvaient pas en être inquiets, et le fait est qu'il s'embarqua en plein jour, et avec tous les honneurs dus au rang qu'il avait occupé.

gne, que les vice-rois, en revenant de leur gouvernement, ne se présentassent à la cour, qu'après en avoir reçu la permission, et qu'ils ne l'obtinssent qu'après que leur conduite avait été examinée dans le conseil.

Cette étiquette, des douleurs de goutte, et des devoirs qu'il avait, disait-il, à rendre à la cour de France, fournirent au duc un prétexte pour s'arrêter. Il traversa ce royaume, voyageant à petites journées, pour avoir le temps d'apprendre quelle réception on lui préparait à Madrid.

Les premières lettres de la duchesse furent très-rassurantes; elle avait obtenu une audience du roi, et même la permission, pour le duc, de venir à la cour, sans que son administration eût été soumise à un examen.

Il se hâta d'arriver, fit une entrée magnifique dans la capitale, et lorsque, trois jours après, il se rendit à l'audience du roi, parmi les carrosses des grands, qui vinrent grossir son cortége, on remarqua celui du duc d'Uzeda, premier ministre. Toutes les fois qu'il se montrait en public, sa suite était nombreuse; dans son hôtel, on voyait étalées les richesses conquises sur les Turcs; aussi ses ennemis ne manquaient-ils pas de dire, qu'il était parti vice-roi, et qu'il revenait roi. L'ambassadeur de Venise écrivait à ses maîtres : Le duc d'Ossone, qui était sorti de Naples comme un homme que tout le monde croyait perdu, semble avoir enchanté Madrid ; il y est plus grand qu'il ne le fut jamais en Italie ; mais il ne faut pas se louer de la journée avant la fin.

Il est fort difficile en effet d'expliquer cette ostentation de la part du duc, cette affluence des courtisans, cette affectation du premier ministre à venir grossir le cortége d'un homme qu'on croyait déja disgracié. Il faut en convenir, ce n'est point ainsi qu'on reçoit un sujet qui a voulu lever l'étendard de la révolte. Mais, quelque inexplicable que puisse être la conduite de la cour d'Espagne, le projet du vice-roi n'en est pas moins un fait constant, attesté par tous les historiens, et prouvé par une multitude de circonstances. Le duc d'Uzeda avait d'anciennes liaisons avec le duc d'Ossone ; peut-être voulait-il éviter la perte du père de son gendre, et espérait-il, en se montrant à sa suite, démentir, par sa présence, les bruits qui avaient couru contre l'ex-vice-roi. Il était possible enfin qu'ils ne fussent pas parvenus jusqu'aux oreilles de Philippe III, car ce prince ne gouverna jamais par lui-même.

Quoi qu'il en soit, le duc d'Ossone ne fut pas le dernier à se laisser éblouir par ces apparences de faveur. Le maréchal de Bassompierre, qui était alors ambassadeur de France en Espagne, raconte (1) que, Philippe étant mort le 31 mars 1621, le duc dit à quelques gentilshommes français, qu'il se proposait de dire au nouveau roi : « Sire, il y a maintenant en Europe, trois grands princes, dont l'un a seize ans, l'autre dix-sept, et le troisième dix-huit, (c'est-à-dire, le roi d'Espagne, le roi de France, et le grand-seigneur): celui des trois qui aura la meilleure épée, sera mon maître. »

XXXIV.
Sa prison et sa mort. Les Vénitiens se rangent parmi ses accusateurs.

Mais il n'eut pas occasion de se permettre cette jactance; car le changement de règne amena une révolution, dont il fut la victime. Le premier ministre fut disgracié, et, immédiatement après, le duc d'Ossone fut arrêté (2), ainsi que ses secrétaires, plusieurs Napolitains de sa suite, et même quelques Espagnols, dont le seul tort était d'être de ses amis. On saisit ses papiers, et on commença à rassembler des matériaux, pour

---

(1) *Mémoires de* BASSOMPIERRE, à la fin du 1er vol.

(2) Gregorio Leti dit, que cette arrestation eut lieu le 17 avril; c'est une erreur; car Bassompierre place sous la date du 2 avril le propos du duc d'Ossone que je viens de rapporter, et son arrestation sous la date du 7. Il ajoute que le 10 on redoubla la garde; parce qu'on avait donné avis au roi que quelques gens *sans emploi* voulaient sauver le prisonnier.

lui faire son procès. Des commissaires furent envoyés en Sicile et à Naples, pour recueillir des informations contre lui. Les Siciliens lui rendirent un éclatant témoignage : personne, dans cette province, ne déposa contre l'ancien gouverneur. Mais il n'en fut pas de même à Naples; des volumes immenses (1) se remplirent de toutes les charges dont on cherchait à l'accabler; et on accuse le résident de Venise de s'être rangé parmi ses dénonciateurs, en fournissant un mémoire, qui contenait les plus graves inculpations (2). Des magistrats furent nommés pour

---

(1) On dit que l'information contenait dix-sept rames de papier.

(2) Gregorio Leti, liv. 3, partie 3. La conduite de ce résident s'accorde parfaitement avec celle de l'historiographe de Venise Nani, qui, sortant de sa modération accoutumée, épuise contre le duc d'Ossone les reproches les plus injurieux. Il l'accuse de concussions, de luxure, d'impiété, de tyrannie. Il le traite de ministre, qui avait opprimé la noblesse, épuisé les peuples, profané les choses sacrées. Il partit, dit-il, chargé de l'exécration publique, et, en arrivant en Espagne, il fut jeté en prison, où la mort vint bientôt après le saisir et le traîner devant le souverain juge, pour le livrer aux supplices éternels qu'il avait mérités. On ne peut pas prendre plus de soin d'écarter le soupçon de connivence. Malheureusement pour la réputation de véracité de Nani, ce portrait n'est point ressemblant et les faits ne

examiner toutes ces charges, et recevoir les réponses du prisonnier (1). Cette procédure se prolongea pendant plus de trois ans, sans qu'il y eût aucune décision juridique, malgré l'acharnement des inquisiteurs d'Espagne, qui, fidèles à leur ancienne inimitié contre le duc d'Ossone, voulurent faire revivre les accusations d'hérésie dont, autrefois, il avait été l'objet (2). Enfin le prisonnier mourut au château d'Almeda, le 25

---

sont point exacts. Il est constant que le duc d'Ossone a laissé une mémoire chère aux peuples qu'il avait gouvernés. On a vu qu'il ne fut point arrêté en arrivant à Madrid et qu'il ne mourut qu'après avoir passé trois ans et demi en prison.

(1) Cet interrogatoire a bien été recueilli par le biographe du duc d'Ossone, mais il est si loin d'avoir aucun caractère d'authenticité que je n'ose en rien extraire. Je me borne à rapporter quatre pièces que j'ai trouvées dans les archives diplomatiques, savoir, une lettre du roi à la duchesse d'Ossone, un mémoire de la duchesse, un mémoire du duc, et un mémoire envoyé contre lui, par les grands de Naples.

(2) « Quelques années après il fut destitué et mis en prison par ordre du roi. Les inquisiteurs saisirent cette occasion pour rappeler leurs anciennes charges, mais l'espoir de tant d'ennemis fut trompé; le duc étant mort dans les cachots, avant que le jugement définitif sur son affaire principale eût été prononcé. »

(*Histoire critique de l'inquisition*, par M. LLORENTE, chap. 37.

septembre 1624, d'une apoplexie, selon quelques-uns, mais non sans soupçons de poison, s'il faut adopter l'opinion de quelques autres (1).

---

(1) Louis Videl, *Vie de Lesdiguières*, liv. 10, ch. 2. Il fallait bien que ce soupçon eût trouvé quelque créance, car on répandit que c'était la duchesse d'Ossone elle-même, qui avait fait parvenir du poison à son mari, pour lui éviter la honte du supplice.

(Gregorio Leti, liv. 3, part. 3.)

LIVRE XXXII.

Guerre de la Valteline. — Guerre pour la succession de Mantoue. — Modifications dans les attributions du conseil des Dix. Démêlés avec le pape. — Peste à Venise. — Brouilleries avec les Turcs, 1618-1644.

I. Révolte de la Valteline contre les Grisons, excitée par les Espagnols.

En exposant les raisons qu'il peut y avoir de douter que les Espagnols aient été les auteurs de la conjuration de 1618, on n'a pas prétendu les disculper d'avoir troublé, par leur ambition, la paix de l'Italie. Sans eux, il est probable qu'elle aurait joui d'un assez long intervalle de tranquillité. Médiateurs, protecteurs, arbitres, tous les rôles leur furent bons pour agrandir leurs possessions et leur influence; et la politique du sénat de Venise fut constamment employée à retarder leurs progrès.

Il y avait, à l'orient de la Suisse, entre les sources du Rhin et le Tyrol, un état fédératif, composé de trois petites républiques, qu'on appelait les Ligues-Grises. Les opinions des novateurs, qui voulaient réformer la religion, y avaient pénétré, et avaient jeté des semences de divisions parmi ces trois républiques confédérées. Les habitants de ces montagnes avaient acquis autrefois, moitié par violence, moitié par des traités, une des petites vallées qui se trouvent sur le revers des Alpes, vers l'Italie. On appelait cette province la Valteline. Elle supportait impatiemment le gouvernement des Grisons; parce que leur joug était dur, comme l'est, presque toujours, celui des républiques.

Les deux branches de la maison d'Autriche, possédant, l'une le Tyrol, à l'est de cette province, et l'autre le Milanais, au sud-ouest, convoitaient, depuis long-temps, la Valteline; afin d'établir une communication facile entre leurs états. Elles y auraient trouvé un second avantage, celui d'envelopper, depuis les bords du Lisonzo, jusqu'à ceux du Pô, la république de Venise, et de la priver de toute communication avec la Suisse et avec la France. Déja un gouverneur de Milan avait fait commencer, à l'extrémité du lac de Côme, un petit fort (1), qui le rendait maître de l'entrée de ces vallées.

---

(1) Le fort de Fuentes.

Au mois de juillet 1620, les Autrichiens et les Espagnols encouragèrent les Valtelins à la révolte, et leur fournirent un petit secours de trois cents hommes. Il n'en fallait pas davantage pour allumer la guerre civile; elle éclata, et ce fut avec toute la fureur, qui signale les insurrections et les guerres de religion (1) : les magistrats Grisons furent massacrés.

Le sénat de Venise, dès l'instant qu'il avait découvert les projets des Espagnols, s'était empressé de se lier avec les Grisons; il avait reçu leurs ambassadeurs avec une magnificence, qu'on accusait d'aller jusqu'à la corruption; on leur avait rendu, sur leur passage, des honneurs extraordinaires, on les avait comblés de présents. Cette alliance, pour laquelle on montrait tant d'empressement, n'était pas sans quelques dangers. Les personnages graves qui les prévoyaient, manifestaient leur inquiétude, au milieu des réjouissances publiques, et demandaient si le Saint-Esprit qu'on avait invoqué, était bon politique (2).

Intervention de Venise et de la France en faveur des Grisons.

---

(1) On peut voir le manifeste des Valtelins et les pièces relatives à cette affaire, dans un man. de la bibliothèque de Monsieur, n° 638, intitulé : *Meslanges de plusieurs mémoires, titres, etc., pendant l'ambassade de M. Miron, depuis 1617 jusqu'en 1524.*

(2) *Memorie recondite* di Vittorio SIRI, tom. 1. p. 376.

La ligue signée, on réclama l'intervention de la cour de France, pour obtenir, du gouvernement espagnol, la démolition du nouveau fort qui fermait l'entrée de la Valteline ; mais ce fort s'élevait avec une effrayante rapidité, et se trouva bientôt pourvu de soixante pièces d'artillerie et d'une nombreuse garnison.

Quelques années après, lorsque les habitants de la vallée se soulevèrent, à l'instigation des Espagnols, le sénat se hâta d'avertir les ligues de la véritable cause de cette révolte, les exhorta à employer la clémence, pour ramener leurs sujets dans le devoir, et la vigueur, pour repousser les instigateurs de l'insurrection. Il réclama l'intervention des Suisses, et offrit des subsides. On se battit avec des succès divers ; mais les gouverneurs de Milan et du Tyrol envoyaient successivement des renforts, qui entretenaient le feu de la guerre, et elle prit un tel caractère de violence, qu'une partie de la population de la Valteline se réfugia dans les états de Venise. La division éclata entre les trois républiques confédérées.

Les Vénitiens sentaient bien qu'il était indispensable d'armer pour dicter la paix. On commença par des démonstrations assez fastueuses ; trente galères étaient, disait-on, toutes prêtes dans l'arsenal ; il s'agissait d'enrôler des volontaires pour les monter. Le capitaine-général, qui devait recevoir les engagements, vint s'asseoir au milieu de la place Saint-Marc, devant une table chargée de monnaie d'or et d'argent; on assurait qu'il y en avait pour plusieurs millions. Cette table était entourée d'une barrière formée par une chaîne d'or massif, que, suivant l'opinion populaire, cinquante hommes avaient peine à porter. Enfin on avait soin d'ajouter que la république possédait encore vingt millions de sequins dans son trésor de réserve (1). Cette ostentation de richesse prouvait que le gouvernement ne pensait pas sérieusement à entreprendre la guerre : il savait trop qu'un trésor est un secret, et se serait bien gardé de se mettre dans l'impossibilité de demander de nouvelles contributions à ses peuples, en étalant à leurs yeux une opulence que l'imagination grossissait encore. On n'avait pas oublié que, peu de temps auparavant, lorsqu'on avait voulu armer une escadre, pour l'opposer à la flotte napolitaine, on n'avait jamais pu trouver dans la ville deux mille hommes qui voulussent servir comme soldats dans cette expédition; et que la résistance du peuple à ce projet de levée avait eu tous les

---

(1) *Memorie recondite* di Vittorio Siri, tom. 1, p. 407.

caractères d'une sédition (1). Cette expérience conseillait sans doute d'essayer des moyens plus persuasifs, pour opérer un recrutement; mais, en même temps, elle avertissait de leur inutilité. Aussi la république était-elle bien éloignée de se commettre avec l'Espagne et avec l'Autriche, avant d'être assurée de la coopération de la France. Cette couronne ne voulut d'abord que négocier; et, pendant ce temps-là, les Espagnols, sous prétexte de protéger la Valteline, achevèrent de l'envahir (2).

11.
Les Autrichiens et les Espagnols attaquent les Grisons.

Pressés par les sollicitations de la France, ils promirent d'évacuer cette malheureuse province; mais au lieu de tenir leur parole, ils attaquèrent

---

(1) *Correspondance de Léon Bruslart*, ambassadeur de France à Venise, lettre au roi, du 4 juillet 1617.

(2) C'est ce que l'ambassadeur de France à Venise, M. Courtin de Villiers, avait prévu. Il écrivait à M. de Puysieulx, le 11 octobre 1620 : « Quant à la Valteline, vous avez vu par ma dernière dépêche, du 23 du passé, en quels termes les choses y sont réduites, sur le pied d'établissement qu'y prennent les Espagnols, dont il ne faut pas espérer de les faire démordre, si l'on ne resoult d'y apporter d'autres efforts; car je vous assure que ce n'est pas un mal à guérir avec des paroles. »

(Correspondance de M. Courtin de Villiers, man. de la Bibliothèque-du-Roi, n° 9310, fonds de Lancelot 85.)

3.

les Grisons, les battirent, et entrèrent dans la ville de Coire, leur capitale : là, ils imposèrent un traité, par lequel les Ligues-Grises renonçaient à la souveraineté de la Valteline, moyennant une indemnité de vingt-cinq mille écus. L'une des trois petites républiques entrait dans le domaine de l'Autriche, et les deux autres s'obligeaient à laisser toujours leurs passages ouverts aux troupes espagnoles et autrichiennes. Ces conditions, dictées par la force, furent violées; les Grisons se soulevèrent, chassèrent les étrangers, mais ne purent reconquérir la Valteline. Les Autrichiens leur proposèrent une trève, qu'ils acceptèrent; et, à la faveur de la sécurité qu'elle inspirait, les troupes allemandes revinrent en force, reconquirent le pays des Grisons, et ajoutèrent aux conditions auxquelles ce peuple s'était déjà soumis, l'obligation de souffrir une garnison étrangère dans sa capitale. Pour colorer cette odieuse usurpation, l'Autriche et l'Espagne affectaient un grand zèle pour le catholicisme, et proscrivaient, dans le pays, l'exercice de la religion protestante ; ce qui n'était pas un moyen d'y amener la paix.

Il y avait près de deux ans que ce brigandage scandalisait l'Europe, lorsque enfin, grace aux efforts de Jean Pesaro, ambassadeur de la république à Paris, la France, le duc de Savoie et

III.
Ligue contre la maison d'Autriche.
1623.

la république de Venise se décidèrent, au commencement de 1623, à se liguer (1), pour lever une armée de quarante-six mille hommes, dont la moitié devait être fournie par la France, afin d'obliger les Espagnols et les Autrichiens à évacuer la Valteline et le pays des Grisons.

La cour d'Espagne, pour éviter d'y être forcée, proposa d'ouvrir une négociation, dans laquelle le pape serait médiateur, et offrit de lui remettre la Valteline en dépôt, ce qui fut accepté.

Quand on en vint à discuter les conditions d'un arrangement dans lequel les Grisons avaient tout à réclamer, et les Espagnols rien à prétendre, le médiateur commença par demander que la Valteline formât un état indépendant, que les troupes espagnoles y eussent un libre passage, et qu'on dédommageât le saint-siége des frais que la garde de ce dépôt lui avait occasionnés.

---

(1) Traité de la ligue du roy avec la république de Venise et monsieur de Savoye, en febvrier 1623.

(Manusc. de la bibl. de Brienne, n° 14.)

On trouve dans les *Memorie recondite* de Vittorio Siri, tom. V, le plan d'opérations, arrêté dans les conférences de Compiègne. Voyez aussi le *Codex Italiæ diplomaticus*, de Lunig, tom. I, pars 1, sect. 2, cap. 2, LXXVII.

C'était évidemment vouloir laisser les Espagnols maîtres du pays. On eut recours aux armes ; le marquis de Cœuvres, à la tête de six mille Français, secondés par trois ou quatre mille Vénitiens, entra dans la Valteline, chassa les troupes du pape, et n'avait plus à combattre que quatre mille Espagnols, qui tenaient auprès de la petite place de Riva.

Les Vénitiens, qui attachaient beaucoup d'importance à cette affaire, savaient que la cour de France avait rassemblé une vingtaine de mille hommes ; ils n'attendaient, pour donner, que l'arrivée de l'armée française, qui s'était avancée sur les montagnes du Piémont. Mais cette armée, destinée à la réparation d'une iniquité, se disposait alors à en commettre une autre non moins odieuse.

Les Italiens doutaient que la France se déterminât à s'engager dans cette guerre, où elle n'avait d'autre intérêt que de contrarier la cour d'Espagne. Les Vénitiens ne voulaient pas se hasarder à en soutenir seuls tout le poids. Le duc de Savoie proposa un plan de campagne, qui ne tendait à rien moins qu'à abattre la puissance de la maison d'Autriche. Il traçait la marche des armées de presque tous les états de l'Europe alors ennemis de cette maison, faisait attaquer les Pays-Bas, la Franche-Comté, les états héréditaires d'Allemagne, la Hongrie, tandis que les flottes de Hollande et d'Angleterre devaient menacer les côtes d'Espagne. Ce projet ne pouvait manquer d'être accueilli par le cardinal de Richelieu; mais, pour faire mouvoir toutes ces forces, il fallait un autre bras que celui du duc de Savoie; et, dans un plan si vaste, la Valteline disparaissait; l'intérêt de l'Italie même n'était plus qu'un intérêt secondaire. Charles-Emmanuel, pour se venger des Espagnols, voulait attirer les Français en Italie, et animer ces deux peuples l'un contre l'autre, par un intérêt plus vif que celui qu'ils prenaient aux Grisons ou à la Valteline.

IV.
Tentative des Français pour surprendre Gênes.
1624.

Bien persuadé que les politiques ne croient pas devoir aux usurpations d'autre sentiment que la jalousie, il proposa à la cour de France de se venger de la cour d'Espagne, en l'imitant. Les princes ont toujours un penchant secret pour ces sortes de diversions. Le duc de Savoie indiqua Gênes comme une conquête importante et facile, sur laquelle le roi avait beaucoup de prétentions à élever, et dont l'occupation ne pouvait manquer de donner de grandes inquiétudes au cabinet espagnol.

Les Vénitiens, consultés sur ce projet, le repoussèrent; plus prévoyants que le duc, ils savaient combien il est dangereux d'accoutumer les grandes puissances à rétablir toujours l'équilibre entre elles aux dépens des états plus faibles, de sorte qu'une iniquité en amène nécessairement une autre; mais ils se bornèrent à représenter fortement qu'il n'y avait point de raison pour faire porter aux Génois la peine d'une usurpation commise par les Espagnols. Ces représentations n'empêchèrent pas qu'au mois de mars 1625, le connétable de Lesdiguières, à la tête de trente mille hommes, n'envahît le territoire de cette république. Attaquée à l'improviste, elle devait succomber; mais un de ses citoyens, Jean-Jérôme, du nom illustre de Doria, proposa fièrement de prendre le parti d'une courageuse résistance. La jalousie du duc de Savoie et du connétable, ralentit les opérations : les efforts des uns, les retards des autres, donnèrent le temps aux secours d'arriver; des troupes vinrent de Naples, de Milan, et les armées de France et de Savoie eurent la honte qu'elles méritaient, de manquer leur entreprise sur Gênes, et de voir les Génois faire le procès à l'ambassadeur de France, raser sa maison, confisquer ses biens, et mettre sa tête à prix. Louis XIII éprouva un tel dépit de cette vengeance, qu'il écrivait, le 24 mars 1625, à Béthune, son ambassadeur à Rome : « Je m'en souviendrai long-temps, et je « ferai châtier ces petits républicains comme le

« mérite leur insolence. » Quelque temps après, le 4 octobre, il fit arrêter tous les Génois qui se trouvaient dans le royaume, saisit leurs biens, leurs marchandises, leurs livres de commerce, et promit une récompense de soixante mille livres à celui qui prouverait avoir tué un de ceux qui avaient eu part à la sentence rendue contre l'ambassadeur de France. Les Français eurent à se reprocher d'avoir perdu le moment de profiter des succès qu'on avait obtenus dans la Valteline; les Allemands étaient arrivés en force dans cette province, et le résultat de cette campagne devenait incertain.

<small>V.
Traité de
Monzon.</small>

Pendant que les Vénitiens, les Allemands, les Grisons, les Valtelins et le pape négociaient, et épuisaient toutes les combinaisons pour amener un arrangement, on apprit avec surprise que la cour de France, sans consulter ses alliés, avait décidé, d'accord avec le cabinet de Madrid, du sort de la Valteline. Les deux rois avaient prononcé, par un traité conclu à Monzon, que les Grisons seraient rétablis dans la situation où ils étaient avant la guerre; que, par conséquent, ils conserveraient la souveraineté de la Valteline; que cette province ne serait assujettie qu'à un léger tribut; mais que tous les forts en seraient démolis, et que tout autre culte que celui de la religion catholique serait interdit dans le pays :

les Grisons ne pouvaient plus y envoyer leurs troupes : et le roi de France conservait le droit de passage.

Il était évident que ce traité terminait l'affaire conformément aux vues de l'Espagne, qui devenait la protectrice nécessaire des Valtelins contre leurs anciens maîtres. Richelieu avait alors des affaires plus importantes que celles des Grisons.

Les Vénitiens, qui sentaient tout ce que ce procédé avait d'injurieux pour leur république, dissimulèrent leur ressentiment, parce que, déja brouillés avec la cour d'Espagne, ils ne pouvaient se dispenser de rester avec la France dans les termes d'une bienveillance réciproque. Le gage de cette déférence fut la remise des reliques de saint Roch, dont ils firent hommage à la reine-mère (1). Quatre ans après le traité de Monzon, une autre guerre amena d'autres combinaisons, et les Grisons furent rétablis dans leurs droits par deux traités consécutifs. Mais les Autrichiens n'ayant pas encore, à cette époque, évacué le pays, les Français revinrent en 1631, les en chassèrent, se mirent à leur place, et s'y maintinrent pendant six ans. Le pays souffrait beau-

---

(1) Lettre du comte d'Avaux, ambassadeur, du 16 janvier 1630.

coup. Pressés de remettre la Valteline, les Français imaginèrent des prétextes pour s'en dispenser ; cette protection devenait aussi suspecte qu'elle avait été onéreuse. Les Grisons, par une de ces résolutions imprévues que le dépit conseille, appelèrent à leur secours, pour chasser les Français, ces Autrichiens, ces Espagnols, contre lesquels ils luttaient eux-mêmes depuis seize ans. Les Français, au nombre de sept ou huit mille hommes, furent assaillis de toutes parts. Leur général, qui était le duc Henri de Rohan, s'étant jeté dans un petit fort, fut obligé d'y capituler, de consentir à faire évacuer le pays par ses troupes, et de rester en ôtage jusqu'à leur départ. Les Espagnols, contents d'assurer leur domination, remirent sans difficultés la Valteline sous le joug des Ligues-Grises ; et cette république, en prenant le titre d'alliée du duché de Milan, se trouva placée sous la protection et sous l'influence de la cour d'Espagne.

VI.
Guerre pour la succession de Mantoue.

Cette affaire n'était pas encore terminée, lorsque la fortune vint offrir à cette même cour une autre occasion de s'ingérer dans les querelles de l'Italie. Le duc de Mantoue était près de mourir sans postérité, ne laissant qu'une nièce inhabile à recueillir tout l'héritage de sa maison, qui se composait du Mantouan et du Montferrat, parce que le duché de Mantoue était un fief masculin.

Une branche cadette de cette maison était établie en France depuis long-temps. Le chef de cette branche portait le titre de duc de Nevers, il avait un fils qu'on appelait le prince de Réthel. On proposa le mariage de ce fils avec la princesse de Mantoue. L'Espagne, la Savoie s'opposaient à ce mariage; mais la fin du duc de Mantoue approchait, il importait de confondre les droits des deux héritiers; on fit venir le jeune prince et le mariage fut célébré le jour même de la mort du duc.

Le prince de Réthel se mit en possession, pour son père, des deux principautés; l'empereur en refusa l'investiture, tandis que le roi d'Espagne et le duc de Savoie signaient un traité, par lequel ils se partageaient le Montferrat.

Les Vénitiens négocièrent avec l'empereur, qui favorisait les prétentions de l'Espagne, avec le cabinet de Madrid, qui voulait séquestrer la principauté en litige, jusqu'à ce qu'il eût été prononcé sur les droits des héritiers. Ils agirent auprès du pape et sur-tout auprès de la cour de France, fort portée naturellement à protéger le nouveau duc, pour s'opposer aux projets des Espagnols; mais alors tout occupée du siége de la Rochelle. Il fallut se passer du secours de la France, jusqu'à ce que la conquête de cette place eût rendu les forces du roi disponibles.

Le Montferrat fut envahi par les troupes d'Espagne et de Savoie, et l'empereur envoya un commissaire pour se saisir du duché de Mantoue. Le duc montra un courage égal au danger : il rassembla toutes ses forces dans sa capitale, et implora l'assistance des Vénitiens, qui, bien résolus à ne prendre part à la guerre que lorsque la France y serait engagée, se bornèrent à lui fournir quelques moyens de se mettre en état de défense.

<small>Intervention de la France. 1628.</small>
Ce ne fut qu'à la fin de 1628, que Richelieu s'occupa sérieusement de disputer aux Espagnols le droit qu'ils voulaient s'arroger de disposer des états d'Italie. Il fit dire aux Vénitiens que Louis XIII, en personne, se préparait à passer les Alpes. Ils avaient déja une armée sur les frontières du Milanais; après une longue séance du sénat où l'on invoqua solennellement les lumières du St.-Esprit, où beaucoup d'orateurs haranguèrent, et où les vieillards versèrent des larmes, tant ils étaient effrayés des suites que leur résolution pouvait avoir (1), la seigneurie signa un traité d'alliance (2) pour la défense du

---

(1) *Memorie recondite* di Vittorio Siri, tom. I, p. 623.

(2) *Codex Italiæ diplomaticus.* Lunig, tom. II, pars. 2, sectio 6, XLII.

duc de Mantoue; le roi fournissait vingt-un mille hommes, la république onze mille, et le duc cinq mille.

L'armée française força le passage des Alpes, obligea le duc de Savoie à lui livrer la citadelle de Suze, et à se détacher de l'alliance des Espagnols; mais Richelieu envoya le père Joseph, capucin, l'un de ses confidents, au duc de Mantoue, pour lui proposer de céder le Montferrat à la France. Cette demande révélait à quel prix cette puissance mettait sa protection. Le duc sentit qu'il n'avait fait qu'attirer en Italie un prétendant de plus; il éluda la proposition, et l'armée française, presque tout entière, repassa les Alpes, pour aller faire la guerre aux huguenots, dans le Languedoc. Cette retraite laissait les Espagnols maîtres de l'Italie, et obligeait les Vénitiens à rester dans les limites de la plus exacte circonspection. Ils offrirent au duc de Mantoue tout ce qu'ils pouvaient lui fournir, à l'exception d'une armée. Cependant la fermeté de ce prince finit par leur inspirer une résolution plus généreuse. Ils firent avancer près de vingt mille hommes et en détachèrent cinq ou six mille, pour l'aider à défendre sa capitale; car c'était sur ce point qu'il était obligé de concentrer toutes ses forces.

Mantoue assiégée soutint vigoureusement les

Siège de Mantoue.

efforts des Espagnols et des Autrichiens réunis. Tandis que le duc disputait les approches et faisait de fréquentes sorties, la petite armée des Vénitiens fatiguait l'armée assiégeante et ravitaillait deux fois la place. Richelieu jugea cependant qu'il y aurait de la honte à laisser accabler un prince, qui se montrait si digne de son rang. Il fit avancer une seconde fois l'armée française, et comme on avait à se plaindre du duc de Savoie, qui avait encore changé de parti, les Français se mirent à le dépouiller de ses états. Pendant qu'ils agissaient ainsi pour eux-mêmes, ils prétendaient s'acquitter envers le duc de Mantoue par cette diversion, et comme ils avaient attiré du côté des Alpes une partie de l'armée ennemie, ils disaient que c'était aux Vénitiens de faire un effort, pour disperser ce qui était resté devant Mantoue. Le sénat se détermina à le tenter, mais cette entreprise eut un succès tout contraire ; l'armée de la république fut battue, ou plutôt dispersée, à Valesso, et se retira en désordre, des bords du Mincio jusqu'à l'Adige (1). Cette

VII.
Les
Vénitiens
sont battus
à Valesso.
1630.

___

(1) Voyez dans les manusc. de la Bibl.-du-Roi, n° 1027 $\frac{H}{166}$, les négociations du maréchal d'Estrée et du comte d'Avaux, en 1630, dans l'objet de déterminer les Vénitiens à faire quelques efforts pour secourir Mantoue, et le mémoire

déroute de Valesso, l'un des évènements les plus honteux pour les armes vénitiennes, fut le résultat d'une terreur panique. Les Autrichiens, après avoir délogé quelques postes, étaient venus camper le soir à environ un mille de l'armée qui était sous cette place. Pendant la nuit les Vénitiens tinrent conseil; ils avaient dix-sept mille hommes, les ennemis n'en avaient pas la moitié, cependant tout le monde opina pour la retraite, chacun se hâta de l'effectuer, et ce fut avec une telle précipitation, qu'on marcha sans aucun ordre, et qu'on oublia des détachements. Le commandant de Valesso, se voyant abandonné à ses propres forces, renonça à se défendre, et mit le feu à ses magasins. La lueur de l'incendie avertit les Autrichiens qu'il se passait quelque chose d'extraordinaire : ils envoyèrent une reconnaissance pour tâter la grande-garde, il ne s'en trouva point; ils avancèrent avec précaution, le camp était abandonné; dès que le jour parut, ils se mirent à la poursuite de l'armée fugitive, ramassèrent à-peu-près deux mille Vénitiens errants dans la campagne et accompagnèrent le

---

du maréchal d'Estrée, intitulé *Discours de Mantoue*. Ms. provenant de la bibl. de Dupuy, n° 589.

reste, avec les railleries les plus piquantes, jusques sur les glacis de Peschiera.

A Venise on s'en prit de cette retraite au patricien Zacharie Sagredo, assez injustement, car c'était la première fois qu'on l'avait employé à l'armée, et on n'était pas en droit d'exiger de lui de l'expérience.

Dans toute l'Italie, les ennemis de la république, ses alliés même, prirent soin de publier sa honte : on prétendit que les Autrichiens avaient poursuivi son armée à coups de bâton, et un Génois nommé Capriata, consigna, dans une histoire qu'il publia sur cette guerre, tout ce qu'il pouvait y avoir de plus amer pour les Vénitiens, et de plus mortifiant pour Zacharie Sagredo. A quelque temps de là, celui-ci se trouvait membre de l'inquisition d'état, lorsqu'un banni vint proposer à ce tribunal, si on voulait lui promettre sa grace, de tuer l'historien satirique qui devait leur être si odieux : la chose mise en délibération, Sagredo eut la grandeur d'ame de s'y opposer, et la gloire de sauver la vie à un homme qui l'avait cruellement offensé (1).

Prise de Mantoue par les Autrichiens

Ceci se passait en 1630; malgré la promptitude du gouvernement vénitien à réorganiser son

---

(1) *Memorie recondite* di Vittorio Siri, tom. VII, p. 118.

armée, et malgré les mouvements qu'elle fit en avant, les Autrichiens parvinrent à surprendre Mantoue. Cette ville où il ne restait pas mille hommes de garnison, venait de perdre, en trois mois, vingt-cinq mille de ses habitants, par les ravages de la peste (1). Les ennemis y entrèrent à la faveur d'une attaque de nuit et de quelques intelligences. La ville fut livrée au pillage, et le duc, surpris dans son palais, n'obtint que la liberté de sortir de sa capitale.

Cette conquête rendit l'empereur arbitre du sort des principautés de Mantoue et du Montferrat; mais, comme il se trouvait alors pressé en Allemagne par les Suédois, il conclut avec la France un traité, qui devait mettre fin aux discordes de l'Italie. Par cet arrangement, le duc de Mantoue recouvrait ses états, et n'était obligé de sacrifier que la ville de Trino, qu'il devait céder au duc de Savoie, et en conséquence de cette acquisition, qu'elle ne demandait pas, on prétendait forcer la cour de Turin à abandonner aux Français, Pignerol, Suze, Avigliana et Bricheras.

VIII.
Traité de Cherasco.
1631.

Ainsi, au moment où le duc perdait sa capitale, une descente de Gustave-Adolphe en Po-

---

(1) *Relation de la prise de Mantoue*, ms. de la Bibl.-du-Roi, n° 27, provenant de la collection de Dupuy.

méranie obligeait l'empereur à lâcher prise, et faisait triompher dans le traité ceux qui avaient été vaincus sur le champ de bataille. La cour d'Espagne en témoigna beaucoup de ressentiment; il fallut recommencer deux fois la négociation, pour en venir à un arrangement définitif, enfin on convint que la France ne retiendrait que Pignerol, et qu'on accorderait au duc de Savoie une partie assez considérable du Montferrat. Ce traité, conclu le 6 avril 1631, fut appelé le traité de Cherasco. Les Vénitiens y étaient compris, et sans faire ni pertes, ni acquisitions, se trouvèrent réconciliés avec l'Espagne. Il n'en fut pas de même de la France : la cour de Madrid ne pouvait consentir à ce qu'elle fît des établissements en Italie; la guerre continua entre ces deux couronnes encore fort long-temps; mais la république évita d'y prendre part.

Réclamation des subsides promis au roi de Suède.

Cette diversion du roi de Suède avait été trop utile aux Vénitiens, pour qu'ils ne cherchassent pas à l'encourager; ils avaient promis à ce prince un subside de quatre cent mille francs par an. Lorsque son ambassadeur se présenta pour en réclamer le paiement, la paix venait d'être signée, on n'avait rien à espérer ni à craindre de la Suède; on répondit que la guerre d'Italie, à laquelle la république avait contribué d'une manière si onéreuse pour elle, avait eu cet effet de faciliter les conquêtes de Gustave-Adolphe en Allemagne, que par conséquent les deux puissances étaient quittes respectivement; que le gouvernement vénitien avait fait ses dispositions pour le paiement; mais que, la paix avec les princes de la maison d'Autriche étant signée, il ne pouvait plus avec honneur, fournir un subside à leurs ennemis; que d'ailleurs la république avait fait d'immenses sacrifices, éprouvé de grands malheurs, et que si les circonstances rallumaient de nouvelles hostilités, elle serait empressée de prouver à sa majesté suédoise l'intérêt qu'elle prenait à ses prospérités et à sa gloire. Cette réponse ne pouvait satisfaire le ministre de Gustave-Adolphe; il allégua les engagements contractés, reprocha à la république son manque de foi, fit des railleries assez piquantes sur la peur qu'on avait des Autrichiens, et se permit des expressions, qui ne pouvaient appartenir qu'à une éloquence un peu gothique (1), *che sentivano il gotico*. Déconcerté par le flegme vénitien, le ministre suédois appela à son secours le comte d'Avaux, alors ambassadeur de France; celui-ci insista fortement pour que la république payât le subside promis; mais

---

(1) *Memorie recondite* di Vittorio SIRI, tom. VII, p. 410.

il obtint, pour toute raison, qu'il y avait prescription. On laissa cet ambassadeur s'étonner d'une jurisprudence si nouvelle, et l'autre jeter les hauts cris; le Suédois fut obligé de partir avec cette réponse.

La république et le pape avaient fait une ligue pour se garantir mutuellement leurs états : comme on ne s'était pas garanti les usurpations, les Vénitiens se virent sur le point de se brouiller avec le saint-siége, au sujet du duché de Castro, fief de l'église, que le duc de Parme possédait, et que le pape voulut lui enlever, pour le donner à la famille Barberini. Cette guerre, qui ne présente point d'évènements dignes d'être recueillis par l'histoire, se termina d'une manière favorable pour le duc, à qui les Vénitiens avaient fourni des secours.

IX.
État des finances de la république.

Tels furent les évènements militaires et politiques, qui remplirent l'intervalle des années 1618 à 1644.

Je suis obligé de revenir sur mes pas, pour faire mention de quelques particularités relatives à l'administration intérieure de la république. Nous avons un monument contemporain, qui fait connaître quels étaient ses revenus à cette époque; c'est un mémoire que le marquis de Bedemar, de retour de son ambassade de Venise, adressa au roi d'Espagne. Il y évalue les recettes à 3,859,196 sequins, et les dépenses à 2,898,390. Il en résulterait que la république aurait eu annuellement un excédent de recettes de près d'un million de sequins; mais il faut considérer que ce calcul ne supposait point de circonstances extraordinaires, et il en survenait fréquemment. S'il fallait en croire le marquis de Bedemar, les finances, administrées d'ailleurs avec beaucoup d'ordre et d'intelligence, ne l'auraient pas toujours été avec autant de fidélité (1).

Une institution avait été imaginée depuis long-temps, pour remédier aux embarras des finances. C'était une caisse spéciale, inviolable, dans laquelle, depuis plusieurs siècles, on versait le produit de certains cens, qui s'élevait à près de cent mille ducats. Presque jamais on n'y avait touché. En 1583, il s'y trouvait deux millions cinq cent mille ducats (2). Le marquis de Bedemar, qui écrivait en 1619, croyait qu'à cette époque, ce trésor de réserve pouvait s'élever à trois millions de sequins. Un autre am-

---

(1) Voyez les *Mémoires du marquis de Bedemar*, manuscrit de la Biblioth.-du-Roi, n° 10130 et 10079.

(2) *Correspondance de M. Hurault de Maisse, ambassadeur de France à Venise.* Lettre au roi, du 25 octobre 1583, manuscrit de la Bibliothèque-du-Roi, n° 1020 $\frac{n}{65}$.

bassadeur (1) évaluait à huit millions de ducats ce qu'on en avait tiré pour la guerre du Frioul et des Uscoques, et disait qu'il en restait encore cinq ou six.

Le ministre espagnol donne le dénombrement de la population de Venise à cette époque. Cette capitale contenait alors, selon lui, cent sept mille trois cent cinquante deux personnes, dont il évalue la consommation annuelle à six cent cinquante-six mille neuf cent soixante-dix mesures (*staia*) de farine, c'était par conséquent à-peu-près six mesures par tête.

Suivant le ministre de France qui résidait à Venise dans le même temps, cette population se serait élevée à cent soixante-seize mille ames (2), parmi lesquelles, dit-il, quarante mille vivent entre quatre murailles. Apparemment que le marquis de Bedemar ne comptait que la population active. Ce qu'il y a de certain, c'est qu'elle tendait à s'accroître; car Soranzo, qui écrivait

---

(1) *Relation de l'ambassade de Venise*, 1619, par M. Léon Bruslart. Ms. de la Bibl.-du-Roi, n° 720 ou 2179-1525. Cet auteur estime le restant dans le trésor à cinq ou six millions de ducats; mais il dit qu'il y en avait eu jusqu'à 15, et que le versement annuel était de quatre cent quatre-vingt mille.

(2) *Ibid.*

vers 1680, assure (1) que, depuis 1630, elle avait augmenté d'un quart.

Pendant cette période que nous venons de parcourir, le trône ducal vaqua plusieurs fois.

François Contarini y monta après Antoine Priuli, en 1623.

François Contarini, doge. 1623.

Jean Cornaro, en 1625.

Jean Cornaro. 1625.

Nicolas Contarini, en 1630.

Nicolas Contarini. 1630.

François Erizzo, en 1632.

François Erizzo. 1632.

Le second de ces doges éprouva, dans son propre fils, combien les lois de la république étaient inflexibles.

Il existait entre sa maison et celle des Zeno, une de ces inimitiés trop souvent héréditaires en Italie. Renier Zeno, qui se trouvait l'un des trois chefs du conseil des Dix, censurait tout ce que faisait ce doge, tout ce qui lui appartenait, avec une sévérité, qui tenait de l'animosité plus que du patriotisme. Il s'élevait contre quelques faveurs, que, par considération pour ce vieillard, on avait accordées à ses enfants; il l'accusait de

X. Brouillerie entre les Cornaro et les Zeno.

_____

(1) *Governo dello stato veneto*, manuscrit de la bibl. de Monsieur, n° 54.

tolérer leurs désordres, et le sommait publiquement de les réprimer. Le pape ayant revêtu de la pourpre Frédéric Cornaro, évêque de Bergame, et fils du doge, Zeno s'empressa de s'écrier que la loi, qui interdisait aux enfants du doge d'accepter aucun bénéfice de la cour de Rome, pendant le règne de leur père, était violée. Il exigea qu'on mît en délibération si on n'obligerait pas le fils, ou même le père, à se démettre de sa dignité. Le crédit de la famille du prince triompha de cette attaque : on allégua des exemples; on établit que la dignité de cardinal ne devait pas être considérée comme un bénéfice : Frédéric Cornaro fut autorisé à accepter le chapeau. Quelque temps après, Zeno revint à la charge ; il avança que les enfants du doge n'avaient pas tous le droit d'entrer au sénat, et cette fois il réussit à en faire limiter le nombre à deux; de sorte que le plus jeune des trois fils du doge, s'en trouva exclus (1). Celui-ci, qui se nommait George Cornaro, était surtout l'objet des invectives de Zeno, qu'on pou-

---

(1) *Relation et sentences rendues à Venise, sur l'assassinat du cav. Zeno*, dans le ms. de la Bibl.-du-Roi, n° 3, ayant pour titre : *Relations de la cour de Rome*, etc., *par le cav.* Zeno, *et de la république de Venise*, par Alphonse de la Cueva.

vait prendre pour une persécution. Irrité contre ce censeur malveillant, qui abusait de l'autorité de sa charge, il l'attendit un soir à la porte du palais, l'assaillit avec l'aide de quelques complices, le frappa de neuf coups de poignard et prit la fuite. Le lendemain, les vêtements ensanglantés de Renier Zeno et une hache que les meurtriers avaient laissée sur la place, furent portés au palais, en plein jour, à la vue d'un peuple, plus étonné encore de cet attentat, qu'ému de ce spectacle. Le rang et les vertus du père, la vénération qu'il s'était acquise, ne pouvaient absoudre le coupable; mais on ne se contenta pas de le condamner par contumace, de confisquer ses biens présents et à venir, et d'effacer son nom du livre d'or; on voulut constater l'inflexibilité de la loi par un marbre, qui fut élevé sur le lieu même où le crime avait été commis (1).

---

(1) On peut voir les quatre sentences du conseil des Dix, sur cette affaire, à la fin du manuscrit cité ci-dessus.

Le comte de la Tour, dans son *Examen de la constitution de Venise*, fait mention de cet évènement d'une manière imparfaite. « Zeno, dit-il, siégeait à côté du doge son ennemi. Il pensa lui en coûter la vie ; le fils du doge lui porta même une blessure dangereuse. Aucun historien vénitien n'a osé s'occuper de cet évènement, dont je suis sûr et qui

George Cornaro se refugia à Ferrare, où quelque temps après il fut tué dans une rixe fortuite ou suscitée, qu'il eut avec un autre banni.

On remarqua que dans la proclamation contre le condamné, la formule ordinaire des actes publics, *Le sérénissime prince fait savoir*, ne fut point employée. C'était un hommage rendu à la nature. Zeno, qui n'était point mort de ses blessures, crut voir dans cette dérogation à l'usage un ménagement pour la famille de son assassin ; et, afin d'exciter l'animosité du peuple, il affecta de prendre de grandes précautions la première fois qu'il reparut en public.

Il était arrivé, quelque temps auparavant, qu'un nommé Pantaléon Résitani avait volé dans l'île de Scio la tête de saint Isidore, et l'avait confiée à deux marchands vénitiens. Ceux-ci avaient nié le dépôt, et un procès fort scanda-

---

est unique dans leur histoire. Nani ne fait que l'indiquer. »

Le fait est que Zeno avait provoqué l'inimitié du fils du doge, et que le jugement qui suivit l'assassinat eut la plus grande publicité. L'auteur parle de ce fait comme si la découverte lui en était due, et un monument avait été élevé pour en perpétuer la mémoire. Enfin le fait n'était point sans exemple, car le fils du doge, François Foscari, avait été condamné, injustement à la vérité, à l'occasion de l'assassinat d'un membre du conseil des Dix.

leux s'était engagé entre les voleurs. L'un d'eux, pour se tirer d'affaire, avait fait hommage de cette relique à une église de Venise dont saint Isidore était le patron. On agita si on lui devait une récompense ; Renier Zeno soutint que, puisqu'on payait les têtes des proscrits, on pouvait bien payer celle d'un si grand saint, et cet avis prévalut, malgré l'opposition du procurateur Cornaro, qui prétendait que saint Isidore avait déja une tête dans sa châsse.

Ce fut dans l'église de ce saint, dont il se vantait d'avoir sauvé la tête, que Renier Zeno alla rendre grace à Dieu du rétablissement de sa santé. Il s'y fit transporter accompagné d'une nombreuse escorte et d'une foule de clients. Il demanda même au conseil des Dix la permission de se faire suivre à l'avenir d'hommes armés, permission qui lui fut refusée (1).

Cet assassinat avait envenimé la haine des deux familles. Cette haine forma deux factions dans Venise. Renier Zeno n'écouta plus que son ressentiment, et menaça tous les partisans de la famille Cornaro. On craignit la guerre civile,

---

(1) Les détails de cette anecdote sont extraits d'un manusc. intitulé : *Memorie intorno all' acceduto per il consiglio de' Dieci* 1628.

(Archives des aff. étrang.)

et on crut que le conseil des Dix allait devenir l'auxiliaire ou le chef de l'une des factions.

XI. *Méprises du conseil des Dix.*

Ce tribunal, dès long-temps odieux, avait quelques années auparavant, encouru l'indignation publique, par une de ces erreurs irréparables auxquelles sont nécessairement exposés les magistrats qui jugent précipitamment, sans publicité et sans formalités. Les encouragements qu'on donnait à la délation avaient fait naître une société secrète de délateurs qui, se partageant les rôles d'accusateurs et de témoins suscitaient à ceux qu'ils voulaient perdre des affaires criminelles, toujours dangereuses devant un tribunal qui s'appliquait à laisser à l'innocence peu de moyens de se défendre, et qui avait pour maxime avouée, de condamner sur un soupçon, comme sur une preuve (1).

Un sénateur, Antoine Foscarini, qui avait été ambassadeur en France, fut dénoncé comme ayant entretenu des correspondances secrètes avec les étrangers : le souvenir de ce qui s'était passé quelques années auparavant, invitait à la sévérité. Foscarini, quoique innocent, quoique membre du corps le plus auguste de l'état, quoique profondément instruit des lois de sa

---

(1) C'est l'expression de Nani, liv. 5 de son histoire.

patrie, ne put se défendre au fond de sa prison, contre des dépositions dont les auteurs lui étaient inconnus. Il fut pendu comme traître (1).

Ce succès multiplia les délations : elle devinrent si nombreuses et l'impudence des délateurs en hasarda de si invraisemblables, qu'on finit par ouvrir les yeux ; les scélérats furent découverts, punis, et la mémoire de Foscarini réhabilitée ; mais cet évènement, en frappant de

---

(1) *Hist. de la république de Venise*, par Baptiste Nani, liv. 5. *Memorie recondite* di Vittorio Siri, tom. 5, p. 380. Il y a des écrivains qui prétendent que cette condamnation de l'accusé ne fut qu'une erreur volontaire du tribunal, et que son véritable crime était de s'être montré libéral envers le peuple. On l'accusa d'avoir entretenu des correspondances avec l'ambassadeur d'Espagne. (Mayer, *description de Venise*, tom. 2.)

Le même auteur dit que ce Foscarini fut jugé coupable, parce qu'effectivement il avait été vu déguisé, rodant la nuit dans les environs du palais de l'ambassadeur ; mais que ce déguisement, ces sorties nocturnes, n'avaient pour objet qu'une intelligence secrète avec une dame, dont l'accusé sauva l'honneur aux dépens de sa propre vie. Cette anecdote, qui a été racontée diversement, a fourni le sujet d'une belle tragédie, où le terrible tribunal qui gouvernait Venise a été peint avec autant d'énergie que de vérité, par un de ces infortunés, dont la patrie, les lettres et l'amitié déplorent également l'absence, et dont le talent comme le noble caractère ont pris dans le malheur un nouvel éclat.

terreur tous les citoyens, porta atteinte à la considération du conseil des Dix et en fit un objet de haine.

On se rappelait, et on citait avec amertume, qu'il était échappé à un des membres de ce tribunal, dans le temps de sa grande puissance, de s'écrier, *Nous sommes des rois* (1).

Tout le monde desirait qu'on mît au moins des bornes à l'autorité d'un tribunal, qui en usait si malheureusement, et d'une inquisition, qui affectait de pénétrer jusque dans les moindres détails de la vie privée.

XII.
Attaques dirigées contre le conseil des Dix.

Ce Renier Zeno, l'implacable ennemi des Cornaro, devait être un esprit ardent, qui ménageait peu les hommes mêmes de son parti. Dans sa jeunesse, pour avoir parlé avec trop de violence dans le grand conseil, il avait été condamné à un exil de dix ans, par ce même tribunal, à la tête duquel il se trouvait maintenant. On lui doit cette justice de dire que l'esprit de corps ne l'aveuglait point, et qu'il improuvait les empiètements d'attributions que se permettaient les décemvirs. Il manifesta même l'intention de provoquer une délibération du grand conseil

---

(1) « Sumus tot reges. » *Essai de l'histoire de l'inquisition d'état de Venise*, par M. le professeur Siebenkees.

sur un sujet qu'il ne croyait pas de leur compétence ; le tribunal le lui défendit ; il osa désobéir, annonçant que son projet était d'examiner les promissions ducales, c'est-à-dire le serment du doge ; que du reste il parlerait sans passion, protestant qu'il avait étouffé tout ressentiment des offenses qu'il avait reçues, qu'il en avait perdu jusqu'au souvenir, à l'exemple du héros de la guerre de Chiozza, de Victor Pisani. Cet exorde ne rassura point assez ses antagonistes pour qu'ils lui laissassent prendre la parole. Ils le traitèrent de César et le menacèrent de trouver des Brutus et des Cassius.

Les parents et les amis des Cornaro, étaient venus en armes à cette séance. Le tumulte fut violent. Le doge parla avec une modération propre à lui concilier les esprits. Il protesta de sa soumission à toutes les volontés de la république, ajoutant qu'il était prêt même à se démettre de sa dignité. Zéno l'interrompit par ce cri, Ah ! pauvre liberté ! Alors l'agitation devint extrême dans l'assemblée, on fit ouvrir les portes, et la foule qui couvrait la place Saint-Marc, vit sortir d'un côté les partisans des Cornaro, de l'autre Zeno, qui se retira dans sa maison.

Aussitôt les inquisiteurs d'état firent publier une défense de dire un mot sur cette affaire et condamnèrent Zeno à un nouveau banissement (1).

Cet acte de despotisme, qui interdisait à un membre du corps souverain le droit d'y faire une proposition, excita une indignation générale; on ne prit cependant aucune mesure contre le conseil des Dix; mais quand l'époque de son renouvellement arriva, l'assemblée générale des patriciens affecta de ne donner à aucun des candidats désignés le nombre de voix nécessaire, on eut beau renouveler les épreuves et multiplier les intrigues, il n'y eut point d'élection, et par conséquent il n'y eut plus de conseil des Dix.

Alors ceux qu'une longue expérience avait accoutumés à respecter, comme inviolables, les anciennes institutions de la république, commencèrent à s'alarmer d'une innovation, qui en annonçait d'autres. Une commission fut nommée, pour proposer la correction des abus qu'on reprochait au tribunal. L'avis de ces commissaires fut que, dans un état où un aussi grand nombre de personnes participaient au pouvoir souverain, il était indispensable de comprimer,

---

(1) Memorie intorno all' accaduto per il consiglio de' Dieci 1628. (Man. des aff. étr. *Mémoires historiques et politiques de la répub. de Venise,* par Léopold Curti, 2ᵉ part., ch. 4.) *Storia civile veneziana* di Vettor Sandi, lib. 11, cap. 2.

par une force toujours agissante, l'ambition des particuliers, que l'institution du conseil des Dix remplissait parfaitement cet objet ; mais qu'il était convenable de lui interdire d'étendre ses attributions, au-delà de celles qui lui avaient été formellement assignées, et sur-tout d'interpréter, de restreindre, de modifier ou d'annuller les lois du grand conseil.

Lorsque cette affaire fut mise en délibération, toutes les passions se réveillèrent. La foule des nobles desirait sur-tout d'être affranchie de l'autorité d'un tribunal, qui évoquait la connaissance des fautes les plus légères, et qui les jugeait dans l'ombre, avec des formes silencieuses, encore plus effrayantes que sa sévérité même.

On se sépara sans avoir pu en venir à une délibération.

Le lendemain, François Contarini, beau-père de Renier Zéno, parla avec chaleur contre un conseil qui n'avait d'attributions que celles dont il dépouillait les tribunaux : il fit une peinture si vive de la terreur qu'inspirait l'existence du décemvirat, que presque toute l'assemblée, sans aller aux voix, s'écria qu'elle partageait le sentiment de l'orateur : on demanda à revenir sur l'affaire de Zéno; la conduite du tribunal fut improuvée, et la sentence d'exil révoquée à la majorité de 848 voix contre 298. Il y eut 130 voix nulles (1). Alors un sénateur en cheveux blancs parut dans la chaire, c'était Baptiste Nani; le calme se rétablit à son aspect, et il s'exprima en ces termes (2) :

XIII.
Discours de Baptiste Nani pour la défense de ce conseil.

« Je sais que, pour être écouté avec faveur, il faut partager les passions de ceux qui « nous entendent; mais je sais aussi que mon « devoir est d'énoncer mon opinion : j'aurai tou-« jours pour cela assez de liberté et de courage. « Je ne recherche ni les honneurs, ni même les « applaudissements; je ne desire rien, comme « je ne crains rien. L'objet de mon ambition « c'est d'éterniser la gloire de notre patrie, « unique soin qui occupait nos ancêtres. Ces « institutions, cette liberté, qu'ils nous ont trans-« mises, sont un dépôt dont nous sommes « responsables envers nos descendants.

« De tous les priviléges dont peut être investi « un homme, celui qui émane le plus immédia-« tement de la divinité, c'est le droit de gou-« verner les autres; mais l'exercice en est pé-« nible; il est difficile de gouverner ses inférieurs, « et à plus forte raison ses égaux : aussi la prin-« cipale gloire de cette république est-elle que

---

(1) Memorie intorno all' accaduto per il consiglio de' Dieci 1628.

(2) *Hist. de Venise* de Bapt. Nani, liv. 7.

« nous sachions tous obéir et commander à
« notre tour; qu'une juste et louable ambition,
« que l'éclat de la souveraineté se concilie avec
« la modération qui convient à la vie privée et
« que tout le monde porte sans murmure le joug
« des lois.

« Eh quoi ! nous croirions-nous en droit
« d'accuser la Providence, parce que nous ne
« serions pas tous dans des positions sembla-
« bles ? Nous ne pourrions souffrir l'existence
« d'un conseil de dix membres, qui, au bout
« d'un an, font place à d'autres, parce que nous
« ne pouvons pas y entrer tous à-la-fois ? Je vois
« avec chagrin qu'il y a des gens qui accusent
« la sévérité de la justice; c'est avouer qu'on la
« redoute, et qu'on ne veut l'abolir que pour se
« rendre coupable impunément. Ah! au nom
« du ciel, au lieu d'invectiver contre les juges,
« invectivons contre les crimes.

« Je ne parle point de l'antiquité vénérable
« de ce tribunal, de la sanction donnée à son
« autorité par les siècles : j'oublie qu'il est notre
« ouvrage, que nous le choisissons et le com-
« posons, mais je soutiens qu'il est le frein né-
« cessaire des ambitieux, le gardien des lois et
« de la liberté. Sans cet appui, que nous arri-
« vera-t-il à nous-mêmes et à ceux qui vien-
« dront après nous? Il arrivera qu'à force d'être

« impunis et égaux, nous ne pourrons plus
« être vengés ni protégés. Songez-y bien, le
« conseil des Dix est la sauve-garde des indivi-
« dus et des familles, non moins que celle de
« l'état : il préserve même les méchants, par la
« terreur salutaire qu'il inspire. Diminuez son
« autorité, qui en profitera? les coupables : qui
« en souffrira? vous-mêmes, qui serez exposés à
« des insultes impunies. Mais est-ce bien à ce
« tribunal qu'on en veut? ne serait-ce pas plutôt
« de l'autorité du gouvernement qu'on est ja-
« loux? Singulière jalousie, qui tend à se priver
« soi-même et sa postérité d'un glorieux avenir!

« Que ceux qui ne se tiennent point assez
« honorés du titre d'enfants et de sujets de la
« république, sortent d'avec nous; que ceux qui
« apparemment veulent être criminels, puisqu'ils
« ne veulent point de juges, soient rejetés comme
« des monstres. Notre égalité consiste à ne point
« commettre d'offenses, comme à n'en point re-
« cevoir. Loin de nous cette doctrine qui ménage
« le crime puissant, et qui trouve les peines trop
« sévères !

« Quelques législateurs ont mieux aimé laisser
« certains crimes impunis que les prévoir; les
« nôtres, au contraire, ont institué des juges in-
« flexibles pour les plus petites fautes, afin que
« l'ordre public ne pût pas recevoir la moindre

« atteinte. Heureuse patrie ! admirable constitu-
« tion ! où le pouvoir appartient aux lois, où la
« liberté est le prix de l'obéissance, où les plus
« élevés sont les moins indépendants ! Aussi est-il
« dans l'antiquité, est-il dans l'Europe moderne
« un état auquel le nôtre puisse porter envie ?
« L'étendue de notre territoire suffit à notre
« ambition ; la durée de notre république passe
« celle de toutes les autres. Aujourd'hui il s'agit
« de nous surpasser nous-mêmes, de mériter
« la confiance de nos sujets, l'estime des autres
« nations, et les suffrages de la postérité. Puisse-
« t-elle dire que la noblesse vénitienne sut se
« montrer digne de l'empire que Dieu lui avait
« donné ; qu'elle ne voulut régner que par la
« modération et par les lois, et que volontai-
« rement, unanimement, elle se soumit elle-
« même à des peines sévères et à un tribunal
« inflexible. »

La gravité de l'orateur et l'autorité de ses
paroles ramenèrent tous les esprits. On sentit
que l'aristocratie a plus besoin que tout autre
gouvernement de professer des principes de justice et de modération ; que, pour faire tolérer la
différence des conditions, il fallait un tribunal
devant lequel les grands et les petits fussent
égaux ; et qu'il était indispensable de donner
cette satisfaction aux peuples et ce frein aux

XIV.
Nouvelles
attributions
données
au conseil.

nobles. Non-seulement on adopta les propositions des commissaires, mais on nomma Nani chef du conseil des Dix, et on consigna dans le procès-verbal la mention du service qu'il venait de rendre à la république. L'autorité du tribunal s'en accrut au point que bientôt après, en 1624, il se fit attribuer exclusivement, par une loi du grand conseil, toutes les causes criminelles dans lesquelles des nobles se trouveraient impliqués, et que jusques-là, il avait eu seulement la faculté d'évoquer; de sorte que, lorsque l'évocation n'avait point lieu, les patriciens étaient jugés par le tribunal ordinaire, c'est-à-dire par la quarantie criminelle (1).

Pour introduire cette innovation, on profita d'une accusation de vol, à l'occasion de laquelle un noble fut traduit devant la quarantie. L'accusé, après avoir subi publiquement tout ce qu'ont d'humiliant l'information, l'interrogatoire, les confrontations indispensables dans ces sortes d'affaires, s'était jeté aux pieds de ses juges, pour

---

(1) Paul Sarpi avait donné ce conseil en 1615, dans son ouvrage sur le gouvernement de Venise, où il dit en parlant des quaranties : « qu'on leur ôte, autant qu'on le pourra, le droit de juger les nobles dans les affaires criminelles, par-là cette magistrature se trouvera dépouillée en partie du privilége de noblesse.

protester de son innocence, et avait été absous, mais à une très-faible majorité, de sorte que ce jugement ne l'avait point réhabilité complètement dans l'opinion publique.

A cette occasion, on fit répandre parmi la noblesse, qu'il y avait un grand inconvénient, pour le corps souverain de l'état, à ce que le peuple pût voir quelques-uns de ses maîtres assis sur le banc des accusés, et sur-tout à ce qu'il pût soupçonner qu'ils n'étaient acquittés que par faveur. Il importait, disait-on, d'assurer toujours une exacte justice, mais aussi d'éviter un spectacle, qui ne pouvait que porter atteinte au respect que les sujets devaient au patriciat, et à leur confiance dans les lois : en conséquence on fit décider que toutes les accusations criminelles, dont les nobles pourraient être l'objet, ne seraient plus portées devant la quarantie, mais devant le conseil des Dix, nécessairement.

Par cette loi, la quarantie n'eut plus de juridiction que sur les sujets; la magistrature perdit de sa considération, et les nobles se virent soustraits à la justice ordinaire, pour être toujours traduits devant un tribunal qui jugeait secrètement et sans formalités.

La république eut, à-peu-près vers cette époque, quelques démêlés de peu d'importance avec le saint-siége.

XV. Démêlés avec le pape.

Le pape nomma à l'évêché de Padoue Frédéric Cornaro, déja évêque de Bergame et cardinal, mais qui, en sa qualité de fils du doge régnant, ne pouvait accepter aucun bénéfice : la prohibition contenue dans la loi était manifeste. Le cardinal supplia le pape d'excuser son refus : le pape ne voulut point revenir sur sa nomination : le sénat persista dans son opposition, et l'évêché demeura vacant jusqu'à la mort du doge.

C'est vers ce même temps (en 1622) que, pour effrayer l'ambition des ecclésiastiques vénitiens, qui solliciteraient ou accepteraient quelque bienfait des princes étrangers, une loi expresse, rendue à la majorité de mille et douze voix, contre cent vingt, chargea le conseil des Dix de les punir.

Un autre Vénitien, Charles Querini, avait obtenu de la cour de Rome l'évêché de Sébénigo; les décemvirs découvrirent qu'il l'avait fait solliciter en sa faveur par une puissance étrangère, et le nouvel évêque, au lieu d'être installé dans son siége, fut banni de la république à perpétuité.

En 1621, Grégoire XV, profitant d'un moment où les Vénitiens réclamaient son intervention, pour l'affaire de la Valteline, leur demanda vivement le rappel des jésuites. Le gouvernement se montra inébranlable dans son refus, malgré les instances de la cour de France (1).

Son successeur, Urbain VIII, donna, dix ans après, le titre d'éminence aux cardinaux, en leur enjoignant de l'exiger de tous les princes, excepté des rois (2). La république de Venise, qui

---

(1) On peut voir dans la correspondance de M. Courtin de Villiers, ambassadeur de France à Venise, la note présentée à ce sujet, et la réponse qu'il reçut. Pag. 283 et 375 du vol. 9310 — 85.
3
(2) Il s'était formé à Paris, en 1692, une réunion de gens de lettres, qui s'assemblaient pour discuter des matières de politique, de droit public, de théologie et de philosophie morale. Elle ne devait être composée que de treize académiciens : on y remarquait Fontenelle, d'Herbelot, Charles Perrault, l'abbé de Dangeau, l'abbé Testu, l'abbé de Caumartin, Renaudot et le président Cousin. L'abbé de Choisy, chez qui elle s'assemblait au Luxembourg, en était secrétaire. Il avait tenu le journal des séances de la petite académie pendant l'année 1692, et ce journal se trouva parmi les autres papiers que l'abbé laissa à sa mort au marquis d'Argenson, son parent. Le marquis de Paulmy, fils de celui-ci, raconte qu'il y a trouvé « une dissertation lue par d'Herbelot, sur l'origine du nom de *pape*, et sur l'usage qui s'est établi dans l'église latine de le donner à l'évêque de Rome, exclusivement à tout autre. Je trouve, indépendamment de ce que tout le monde sait, ajoute-t-il, que l'on agita beaucoup, en 1630, sous le pontificat d'Urbain VIII, quel titre on donnerait aux cardinaux. On fut sur le point de les

prenait rang parmi les couronnes, ne voulut rien changer aux formules qu'elle avait employées jusque alors avec les membres du sacré collége. Quelques cardinaux se crurent obligés de refuser les lettres du gouvernement vénitien; mais il se maintint dans son droit. Cette contestation ne fit que le constater, et depuis, les cardinaux étrangers se virent réduits à garder l'incognito lorsqu'ils passèrent à Venise (1). Ce débat, au

---

appeler *perfectissime* et *votre perfection*; enfin cela passa à *éminentissime* et *éminence*. Il est remarquable qu'Urbain VIII ordonna qu'on les traiterait ainsi, sous peine d'excommunication. M. Camus, évêque de Belley, qui, dans ce temps-là, prêchait et faisait des romans dévots, hasardait dans ces deux sortes d'ouvrages, des choses fort singulières. Il dit en chaire que MM. les cardinaux avaient abandonné aux évêques le titre d'illustrissime et de révérendissime, comme ils donnaient à leurs valets-de-chambre leurs vieux habits violets et leur linge sale.

(*Loisirs d'un ministre-d'état.*)

(1) La république ne se refusait pas à rendre des honneurs aux cardinaux, lorsque cela était sans conséquence. Par exemple le 20 mai 1498, Dominique Grimani, cardinal du titre de saint Nicolas *inter imagines*, et fils du procurateur Antoine Grimani, ayant été nommé patriarche d'Aquilée, sur la représentation du sénat, vint pour remercier la république, qui s'empressa de lui rendre de grands honneurs, quoiqu'il fût né son sujet. Le procurateur Grimani, le doge, le Bucentaure, allèrent au-devant du cardi-

reste, n'était fondé que sur de misérables subtilités. D'une part on prétendait qu'une république ne pouvait pas avoir le même rang que les

---

nal. (Chronicon venetum. *Rerum italicarum scriptores*, tom. XXIV, pag. 5o.) Ces exemples n'étaient cependant pas sans conséquence. En général la république était inquiète de voir de temps en temps des membres de ses conseils les plus intimes passer dans le conseil d'un prince étranger, c'est-à-dire de voir le pape choisir d'anciens sénateurs pour les revêtir de la pourpre. Si elle eût osé, elle aurait interdit cette dignité à tous ses patriciens. Il arrivait quelquefois que les cardinaux, les évêques étaient pris parmi les nobles de terre-ferme ou les citadins, mais rarement. Le cardinal Commendon, par exemple, était né dans cette dernière classe : il avait ambitionné, dans sa jeunesse, un emploi dans la chancellerie ducale; et ayant éprouvé quelques difficultés pour l'obtenir, il alla à Rome, y prit l'habit ecclésiastique, devint évêque de Zante, fut appelé en cette qualité au concile de Trente, et y défendit avec tant de zèle les priviléges de la cour de Rome, qu'il mérita le chapeau. Lorsqu'il vint à Venise, le doge fut obligé, par l'étiquette, de lui donner la main. Commendon eut la malice de dire qu'il se reconnaissait encore plus obligé envers la république qu'envers le saint-père; car, si elle n'avait pas refusé ses services, il n'aurait jamais eu l'honneur de siéger au-dessus de sa sérénité.

Le dépit que ce remerciement excita chez les Vénitiens fut tel, qu'on lit dans un des réglements de l'inquisition d'état, écrit plus de cent ans après (l'art. 3o du 2e supplément) : È ancora verde la memoria del disconcio occorso poco più di

couronnes; de l'autre, les Vénitiens ne faisaient pas dériver leur droit de l'ancienneté, de la puissance de leur république, mais de ce qu'elle possédait, ou avait possédé quelques colonies, qui avaient été des royaumes autrefois.

L'ambassadeur de Venise à Rome y eut une dispute de préséance avec le magistrat revêtu du titre de préfet du prétoire, qui prétendait avoir le pas sur tous les ambassadeurs. Le carrosse du préfet passa celui du ministre; c'en fut assez pour que la république rappelât son représentant et refusât toute audience au nonce du pape, jusqu'à ce que cette insulte eût été réparée (1).

XVI.
Démêlés avec le duc

Une autre contestation, pour un sujet presque aussi léger, brouilla, pendant quelque temps,

---

cento anni fà, nella creatione del Commendone, quale mottegiò agramente il nostro governo. Aussi fut-il arrêté qu'on chargerait l'ambassadeur de la république à Rome de s'opposer à la promotion de tout Vénitien non noble.

Au reste, patriciens ou sujets, tous devenaient suspects à l'aristocratie, dès qu'ils entraient dans les dignités ecclésiastiques. Elle voyait ses secrets transpirer, et les chapeaux devenir le prix de cette trahison : cependant elle était obligée de ménager le saint-siége; aussi avait-on coutume de dire : Pour les fauteurs de la cour d'Espagne, la corde; pour ceux de la cour de Rome, des évêchés.

(1) *Memorie recondite* di Vittorio Siri, tom. VII, p. 441.

la république avec le duc de Savoie. Ce prince, depuis que le pape avait prescrit le nouveau cérémonial dont on devait user avec les cardinaux, n'était nullement disposé à leur donner un titre que la république leur refusait. Pour s'en dispenser, il prit, dans un traité qu'il eut à signer avec un cardinal infant d'Espagne, la qualité de roi de Chypre et de Jérusalem. Les Vénitiens en furent très-choqués. Ils portèrent leurs plaintes dans toutes les cours, et menacèrent de cesser toute communication avec le duc.

de Savoie pour le titre royal de Chypre.

Dans le fait, les ducs de Savoie n'avaient jamais possédé le royaume de Chypre. Un prince de cette maison en avait épousé l'héritière, et en avait été chassé avec elle : le duc de Savoie prétendait à la reversibilité. Le droit des Vénitiens prenait sa source dans une usurpation qu'ils avaient favorisée, et dans une résignation arrachée à la veuve de l'usurpateur. Le duc de Savoie se prévalait de ce que le pape, en écrivant au neveu de la dernière princesse du sang des Lusignan, au sujet de la mort de celle-ci, lui avait donné le titre de roi, dans sa lettre de condoléance. Les Vénitiens argumentaient de ce que le royaume de Chypre relevait des soudans d'Égypte, et de l'investiture que le soudan leur avait donnée. A l'époque où l'on se disputait le titre de ce royaume, les Turcs avaient, depuis long-temps, tranché la question; mais quoiq[ue] la république leur eût cédé cette île, elle [ne] voulait pas qu'un autre pût s'en dire le r[oi;] ce qui n'empêcha pas le duc de Savoie de [s']obstiner, et les princes de l'Europe de montr[er] pour cette contestation, toute l'indifféren[ce] qu'elle méritait (1). Nous voudrions pour beau[u]coup, disait un ambassadeur de Venise au m[i]nistre de Savoie, que vous fussiez réellement e[n] possession de Chypre, et non pas les Turcs. C[e] mot piquant était ce qu'il y avait de plus décis[if] dans cette contestation.

XVII.
Contestations pour la souveraineté du golfe.

A ces démêlés frivoles se joignirent quel[-]ques affaires plus sérieuses. La république ava[it] besoin de temps en temps de déployer son ar[-]

---

(1) On peut voir sur cette contestation un manuscrit d[e] la Bibl.-du-Roi, n° 10,125, ayant pour titre: *Discours sur [le] différend de Venise et de Savoie*, touchant le titre royal, l[es] droits sur le royaume de Chypre et la préséance, contenan[t] le jugement des ouvrages de l'auteur du traité du titre royal de Gaspard Giannotti, et de Théodore Graswinckel, pa[r] M. le chevalier Guichenon, 1659, et l'ouvrage de Giannotti auquel celui-ci répond, intitulé: *Parere di Gasparo Giannotti*, sopra un ristretto delle rivoluzioni del reame di Cipr[o,] e delle ragioni che n'ha la serenissima casa di Savoja, e sopr[a] un altro trattato, del titolo regale dovuto a S. A. S.

(Manuscrit de la bibl. du Roi, n° 2181-1527, e[t] n° 10102.)

3.

cienne énergie, pour conserver le droit de souveraineté qu'elle s'était arrogé sur le golfe. Tous ses voisins cherchaient à éluder ses prétentions. On sut que les Allemands, avec lesquels on était alors en guerre, recevaient des grains de Ferrare. Deux galères vénitiennes furent envoyées, pour croiser à l'embouchure du Pò, et, sans respect pour le pavillon du saint-siége, elles s'emparèrent de tous les approvisionnements destinés pour les ennemis. Des marchands de Raguse, qui trafiquaient avec le port d'Ancône, se hasardèrent à traverser l'Adriatique, sans se soumettre au tribut exigé par les Vénitiens; leurs vaisseaux furent confisqués. Le pape eut beau représenter que des bâtiments, qui venaient trafiquer avec les sujets de l'église, devaient être exempts du droit, il fallut que la république de Raguse réparât cette contravention par un désaveu solennel.

Ce fut vers ce temps-là que les Vénitiens eurent à soutenir contre l'Espagne leur prétention de ne laisser entrer dans le golfe aucun bâtiment de guerre étranger. Cette cour avait envoyé prévenir le sénat que l'infante Marie ferait la traversée d'Otrante à Trieste sur la flotte du roi, son frère, pour aller épouser le fils de l'empereur. La république s'y refusa absolument, déclara que, si l'infante se présentait avec la flotte d'Espagne, elle aurait à soutenir un combat pour passer; et la princesse fut obligée de faire le trajet sur les galères de Venise.

Le pape, irrité contre le consul vénitien résidant à Ancône, dont la vigilance gênait le commerce illicite des sujets du saint-siége, fit chasser cet agent, après lui avoir suscité une méchante affaire. Le sénat suspendit toute communication avec la cour de Rome jusqu'à ce que le consul eût été rétabli.

<small>Inscription honorable aux Vénitiens, supprimée par le pape.</small> Mais un grief plus sensible aux Vénitiens que tout ce qui précède, fut l'injure que leur fit Urbain VIII, lorsqu'il fit ôter de la salle royale du Vatican une inscription (1) qui rappelait les services rendus par la république au pape Alexandre III. La légation vénitienne, qui était à Rome, reçut de son gouvernement l'ordre de partir sans prendre congé. Le nonce

---

(1) J'en ai parlé au sujet de la victoire du doge Ziani et du voyage d'Alexandre III à Venise. Il y a dans la Bibl.-du-Roi, sous le n° 768, tout un volume provenant de la bibl. de Dupuy, qui est relatif à cette affaire; c'est la correspondance de MM. de la Thuillerie et du Houssay, ambassadeurs de Louis XIII à Venise, avec le maréchal d'Estrées, ambassadeur à Rome, en 1637, 1638 et 1639, pour l'accommodement d'Urbain VIII et de la république.

n'obtint plus aucune audience du collége, et les choses restèrent pendant dix ans dans cet état, jusqu'à ce que l'inscription eût été rétablie par Innocent X, qui n'attendit pas même la demande des Vénitiens (1).

Pendant que les Français, les Piémontais, les Espagnols, les Autrichiens et les Vénitiens, combattaient autour de Mantoue, la peste ravageait l'Italie : à aucune époque, ce fléau n'avait été ni si général, ni si opiniâtre. Nani assure (2) que Venise perdit soixante mille de ses habitants, et les provinces, plus de cinq cent mille. C'était le quart de la population. *Peste de Venise.*

Il existait, dans les traités que la république avait faits avec la Porte, un article qui autorisait la marine vénitienne à poursuivre les pirates barbaresques dans le golfe, et qui défendait formellement aux commandants turcs de *XVIII. Brouillerie avec les Turcs.*

---

(1) « La nuit du samedi au dimanche dernier, le pape a fait une action qui lui a acquis un grand applaudissement, car il a fait rétablir l'inscription dans la sala regia, que le feu pape y avait fait effacer, sans attendre d'en être prié par les Vénitiens. »

(Correspondance de M. de Saint-Chaumont, ambassadeur de France à Rome, manuscrit de la Bibl.-du-Roi, n° 1099-737. Lettre à M. de Brienne, du 14 novembre 1644.)

(2) Livre 8.

leur donner protection. Le grand-seigneur, en guerre avec la Perse, avait requis les régences d'Alger et de Tunis d'envoyer leur flotte sur les côtes occidentales de son empire, pour protéger le commerce de ses sujets, pendant qu'il conduisait son armée en Asie. Ces Barbaresques formaient donc alors une armée avouée par le sultan; mais, comme ils étaient aussi des pirates, ils se mirent, au lieu de protéger les vaisseaux turcs, à courir sur les autres, et saccagèrent une petite ville de la côte d'Italie, située sur le golfe.

L'amiral chargé de la garde de cette mer les poursuivit. Ils se jetèrent dans le port de la Vallone, où le pacha les reçut. Les Vénitiens les canonnèrent jusque dans cet asyle; la ville répondit avec toute son artillerie. Acharnés à la poursuite des pirates, ils forcèrent l'entrée du port, et y enlevèrent seize des bâtiments barbaresques.

Cet acte de vigueur blessa l'orgueil ottoman. De son camp, devant Bagdad, le sultan ordonna que l'ambassadeur de Venise fût mis aux Sept-Tours. Ce ne furent point les représentations fermes et mesurées que le sénat lui adressa, qui le ramenèrent à des dispositions plus équitables. On dut un retour de modération aux pertes innombrables qu'avait faites une armée de trois cent mille hommes devant Bagdad; à la peste, qui en dévorait les débris; enfin à la fatigue des plaisirs dans lesquels le sultan était plongé. Les Vénitiens payèrent une somme, en réparation du dommage, et l'harmonie fut rétablie entre eux et l'empire ottoman; mais ce ne fut pas pour long-temps.

Ces brouilleries procurèrent aux Vénitiens l'avantage de recevoir sous leur protection, ou domination, deux petites républiques sauvages de la côte orientale du golfe, qui espérèrent trouver, sous le pavillon de Saint-Marc, un asyle contre les vexations des Turcs. Les habitants du district de Macarska, voisins du golfe de Narenta, et anciens alliés des pirates de cette contrée, secouèrent le joug ottoman, en 1646, pour se donner à la république, qui leur conserva tous leurs priviléges. La province de Poglissa, entre Clissa et Almissa, habitée par un peuple pasteur, qui n'avait jamais bâti de ville, ni subi aucune loi, renonça à la protection de la Porte, pour se mettre sous celle de Venise; mais en conservant son gouvernement, ses usages à demi barbares, et son antique indépendance (1).

---

(1) Cette petite république mérite d'être mieux connue.

« Trois classes de personnes composent un peuple de quinze mille ames. La première consiste en vingt familles, qui prétendent descendre de nobles hongrois, qui, dans des temps de troubles, s'étaient retirés dans cette contrée; un plus grand nombre de familles, sorties de la noblesse de Bosnie, forment la seconde ; et le reste du peuple, ou les paysans, la troisième classe. Tous les ans, le jour de Saint-Georges, les habitants de la province de Poglissa se réunissent dans une assemblée qu'ils appellent *Zbor* dans leur langue. Chaque classe campe à part dans la plaine de Gatta. Dans cette espèce de diète, on élit de nouveau, ou l'on confirme les magistrats. Le *Veliki Knès*, ou le grand-comte, est la première personne de l'état, qu'on tire toujours de la classe des nobles hongrois. Ses électeurs sont les petits-comtes, c'est-à-dire les gouverneurs des villages, qu'on tire de la noblesse originaire de Bosnie, et qui portent à la diète les voix de leurs communautés. Pendant que les petits-comtes élisent un grand-comte, le peuple, divisé en assemblées particulières, qui représentent les habitants des villages, élit à son tour les petits-comtes, pour l'année suivante, ou confirme ceux qui le méritent. En même temps, la première classe s'occupe de l'élection d'un capitaine et de deux procurateurs.

« Rarement l'élection d'un grand-comte se fait sans violence, parce qu'il y a toujours des partis opposés. Dans un tel cas, après qu'on a essayé en vain de réussir, par la voie du scrutin, quelque zélé partisan d'un des prétendants s'empare de la cassette où sont conservés les priviléges de la province, et dont la garde est confiée au grand-comte. Le ravisseur s'enfuit, pour porter la cassette dans la maison du prétendant, dont il favorise l'élection : alors chaque membre du conseil a le droit de le poursuivre à coups de mousquet, de pierres ou de couteau, et plusieurs usent de ce droit dans toute son extension. Si ce galant-homme a bien pris ses mesures, et s'il parvient sain et sauf dans la maison du prétendant, le grand-comte est dûment élu, et personne n'ose plus s'opposer à son élection.

« Les lois de ce peuple se ressentent de la barbarie des siècles dans lesquels elles ont été compilées. Il y en a cependant aussi quelques-unes de très-raisonnables. Quand il survient quelque dispute au sujet d'un fonds de terre, le juge se transporte sur les lieux, et écoute le plaidoyer, assis par terre sur son manteau étendu ; il prononce la sentence avant de se lever, et termine d'ordinaire le procès sur-le-champ. Quand un habitant tue un de ses concitoyens, le gouverneur du village, accompagné des notables, va dans la maison du meurtrier, y mange, boit et prend tout ce qui s'y trouve de meilleur ; après quoi on avertit du cas le grand-comte, qui, en venant aussi tout de suite sur les lieux, achève de piller le reste. Si le meurtre n'est pas accompagné de circonstances atroces, la peine du meurtrier consiste en quarante tollers, ou à-peu-près huit sequins, qu'on lui fait payer. Cette amende s'appelle *karvarina*, sang répandu ou prix du sang. Autrefois on condamnait les meurtriers à être lapidés ; aujourd'hui on leur inflige une peine pécuniaire, parce que le grand-comte ne veut pas risquer que le délinquant appelle de sa sentence. Il arrive cependant quelquefois qu'on lapide un condamné sur-le-champ, pour qu'il n'ait pas le temps d'appeler au provéditeur-général de la Dalmatie.

« L'épreuve par le feu et par l'eau bouillante est encore en usage chez les habitants de Poglissa, d'où il arrive que beaucoup d'innocents sont à moitié brûlés ou tout-à-fait estropiés. Ils emploient encore une autre espèce de torture, qui vaut bien les belles inventions des peuples policés dans ce genre. Quand un homme est soupçonné d'un crime, on lui met des éclats de sapin entre la chair et les ongles : ils ne se serviraient pas d'un autre bois, parce que leurs statuts ordonnent précisément cette espèce, et que ce peuple ne souffre pas des innovations.

« Malgré la barbarie de leurs lois, les habitants de Poglissa sont humains, hospitaliers et bons amis, quand ils ne se croient pas en droit de se défier de ceux qu'ils fréquentent. Leur ignorance les rend ombrageux ; par cette raison, il est impossible d'en tirer aucune lumière, touchant les anciens documents, ou d'autres choses dignes de la curiosité d'un voyageur ; ils craignent toujours que l'étranger qui sait lire ne soit un chercheur de trésors.

« Comme les anciens Esclavons adorèrent le *dieu Vid*, les bergers de Poglissa ont une dévotion particulière à Saint-Vito, dont ils célèbrent la fête, en allumant des bois odoriférants autour de leurs cabanes. Ils croient qu'il s'élève un vent du nord qui détruit leurs plantations, quand on emporte la glace, qui se conserve toute l'année dans leurs montagnes : dans cette persuasion, ils ne permettent à personne d'en faire provision. Ils traitent le sexe avec peu d'égards, et, comme tous les Morlaques, ils ne parlent jamais des femmes, sans se servir auparavant d'une formule d'excuse. Ces traits prouvent assez la rudesse et la grossièreté de leurs mœurs.

« Robustes, bien faits, sobres, accoutumés au travail, les habitants de Poglissa sont tous bons soldats, en cas de besoin. Leur pays est inaccessible aux armées ; mais eux peuvent en sortir en corps respectable. Le desir de se venger les engagea, il n'y a pas long-temps, à descendre en grand nombre jusqu'aux bords de la Cettina, et à menacer Al-missa; on fut obligé d'employer du canon pour les faire retirer.

« Dans le territoire de Poglissa se trouve un village appelé *Pirun Dubrava*, qui signifie la forêt de Pirun. On y adorait peut-être anciennement le dieu Pirun, qui était aussi l'objet du culte des Slaves à Novogorod, avant que Jvan Basilovitz eût conquis cette fameuse ville et la province qui en dépend. »

(*Voyage en Dalmatie*, par l'abbé Fortis, tom. II.

FIN DU TOME QUATRIÈME.

TABLE DES MATIÈRES

CONTENUES DANS CE VOLUME.

PAGE.

Livre XXV. Rivalité de l'empereur Charles-Quint et de François Ier. — Guerre en Italie. — Combat de la Bicoque. — Bataille de Pavie. — Traité de Madrid. — Traité de Cognac. — Prise de Rome par les Impériaux. — Nouvelle expédition des Français à Naples. — Paix de Bologne, 1519-1529....... 1

Livre XXVI. Vacance du trône de Milan. — Guerre contre les Turcs, 1530-1540. — Acquisition de Marano dans le Frioul. — Paix de trente ans, 1540-1570.. 55

Livre XXVII. Guerre de Chypre. — Siéges de Nicosie et de Famagouste. — Bataille de Lépante, 1570-1573.. 127

Livre XXVIII. Paix de trente ans. — Passage de Henri III à Venise. — Peste de 1575. — Henri IV reconnu roi de France par les Vénitiens. — Le saint-siége acquiert Ferrare, 1574-1604. Coup-d'œil sur la situation du gouvernement vénitien à cette époque.. 189

Livre XXIX. Différend entre la république et le pape Paul V, 1605-1607........................... 258

PAGE.

Livre XXX. Guerre des Uscoques et guerre du Montferrat, 1607 - 1618............................ 331

Livre XXXI. Conjuration de 1618.............. 388

Livre XXXII. Guerre de la Valteline. — Guerre pour la succession de Mantoue. — Modifications dans les attributions du conseil des Dix. — Démêlés avec le pape. — Peste à Venise. — Brouilleries avec les Turcs, 1618-1644..................... 543

FIN DE LA TABLE DES MATIÈRES DU TOME QUATRIÈME.

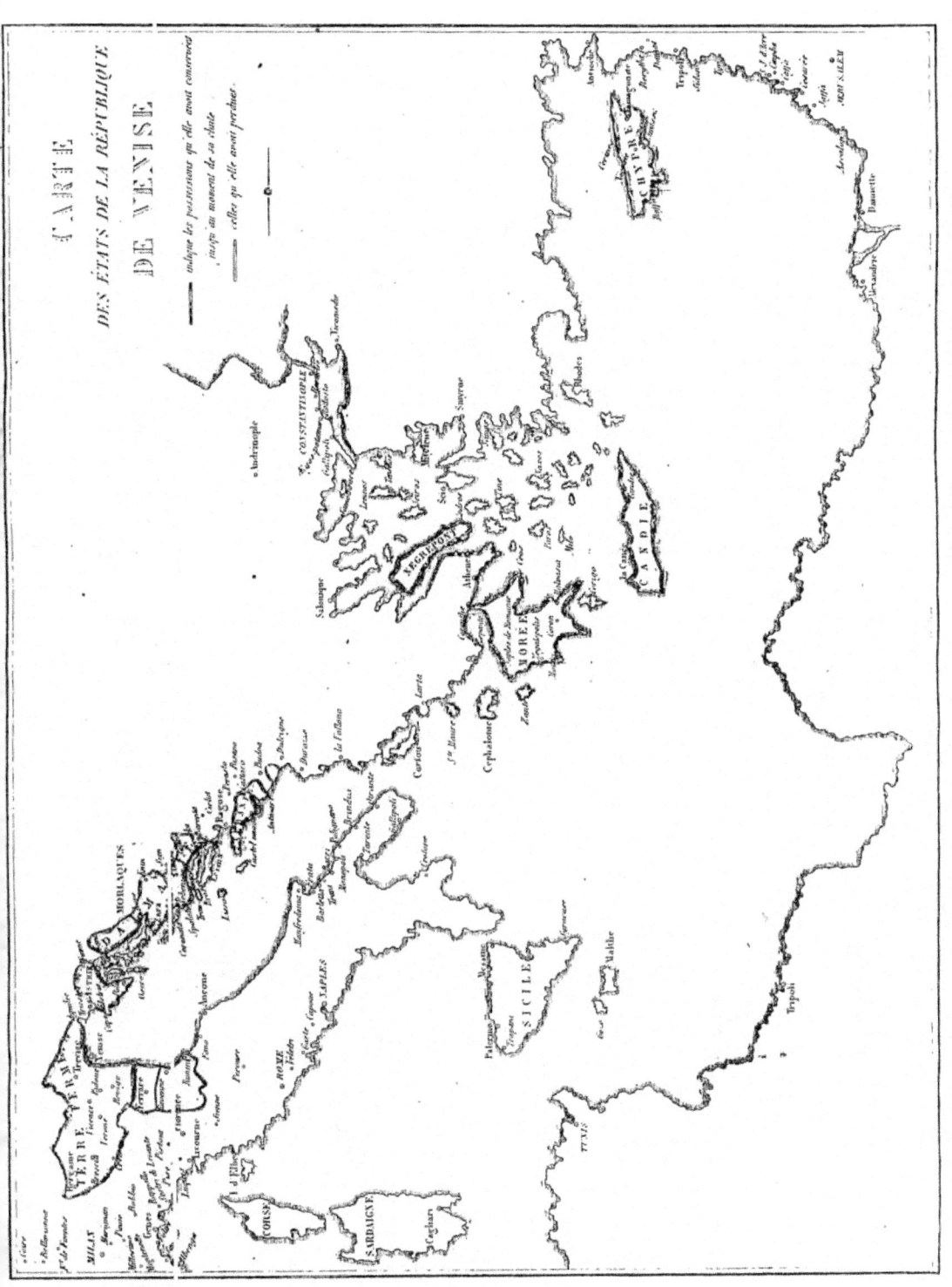

www.ingramcontent.com/pod-product-compliance
Lightning Source LLC
Chambersburg PA
CBHW060415230426
43663CB00008B/1488